MARCEL BOLDORF

SOZIALFÜRSORGE IN DER SBZ/DDR 1945–1953

VIERTELJAHRSCHRIFT FÜR
SOZIAL- UND WIRTSCHAFTSGESCHICHTE

BEIHEFTE

HERAUSGEGEBEN VON
HANS POHL,
RAINER GÖMMEL, FRIEDRICH-WILHELM HENNING,
KARL HEINRICH KAUFHOLD,
FRAUKE SCHÖNERT-RÖHLK, GÜNTHER SCHULZ

Nr. 138

FRANZ STEINER VERLAG STUTTGART
1998

MARCEL BOLDORF

SOZIALFÜRSORGE IN DER SBZ/DDR 1945–1953

URSACHEN, AUSMASS UND BEWÄLTIGUNG DER NACHKRIEGSARMUT

FRANZ STEINER VERLAG STUTTGART
1998

Zugl.: Mannheim, Phil. Diss. 1996

Die Deutsche Bibliothek - CIP-Einheitsaufnahme
[Vierteljahrschrift für Sozial- und Wirtschaftsgeschichte / Beihefte]
(Vierteljahrschrift für Sozial- und Wirtschaftsgeschichte. Beihefte. - Stuttgart : Steiner.
Früher Schriftenreihe.
Nebent.: VSWG-Beihefte
Reihe Beihefte zu: Vierteljahrschrift für Sozial- und Wirtschaftsgeschichte
Nr. 138. Boldorf, Marcel: Sozialfürsorge in der SBZ, DDR 1945 - 1953. - 1998
Boldorf, Marcel:
Sozialfürsorge in der SBZ, DDR 1945 - 1953 : Ursachen, Ausmass und Bewältigung der Nachkriegsarmut / Marcel Boldorf. - Stuttgart : Steiner, 1998
(Vierteljahrschrift für Sozial- und Wirtschaftsgeschichte : Beihefte ; 138)
Zugl.: Mannheim, Univ., Diss., 1996
ISBN 3-515-07237-3

ISO 9706

 Gedruckt auf säurefreiem, alterungsbeständigem Papier. Druck: Druckerei Peter Proff, Eurasburg.
Printed in Germany

INHALT

VORWORT

Der vorliegenden Publikation liegt eine Dissertation zugrunde, die im Wintersemester 1996/97 von der Philosophischen Fakultät der Universität Mannheim angenommen und für die Druckfassung geringfügig überarbeitet wurde.

Mein Dank für die wissenschaftliche Betreuung und Förderung gilt meinem Doktorvater Prof. Dr. Christoph Buchheim, der das Zustandekommen in vielfältiger Weise unterstützte. Probleme, die sich bei der Bearbeitung ergaben, konnten stets im direkten Austausch und in einer kordialen Atmosphäre gelöst werden. Nicht zuletzt kamen der Arbeit die kritischen Hinweise aus dem Oberseminar zugute, an dem die Doktoranden und Examenskandidaten des Lehrstuhls teilnahmen. Weitere Anregungen, die in die vorliegende Version einflossen, gehen auf Prof. Dr. Wolfgang von Hippel und Prof. Dr. Karl Heinrich Kaufhold zurück. Letzterem und den anderen Herausgebern der VSWG verdanke ich die Aufnahme in die Reihe der Beihefte. Die Hermann-Weber Stiftung unterstützte meine Forschungsarbeit und die Drucklegung mit ihrer großzügigen finanziellen Förderung. Auch dafür vielen Dank.

Für die Mühe des Korrekturlesens in den verschiedenen Bearbeitungsstufen bedanke ich mich bei Almut, Annette, Barbara, Christian, Dribs, Johannes, Julia, Nicole, Sophia und Volker. Ein besonderer Gruß gilt meinen Eltern und meinen Freunden und Freundinnen aus Saarbrücken, speziell Marc, Carlos und der „Leipziger 52“, deren Seelen mich in Zeiten der Abwesenheit beflügelt haben.

Mannheim, im Herbst 1997 — Marcel Boldorf

EINLEITUNG

Die Umstrukturierung der gesellschaftlichen und ökonomischen Verhältnisse in der Industriellen Revolution markierte einen Wendepunkt in der Armengeschichte.[1] Unter dem Eindruck der Pauperismuskrise zu Beginn der Industrialisierung konnte Armut nicht mehr allein als selbstverschuldet bzw. als Folge physischer, geistiger oder sittlicher Gebrechen angesehen werden. Die arbeitende Armut („labouring poor") wurde wahrgenommen, während die vorindustrielle Ständegesellschaft von der „obstinaten Weigerung"[2] geprägt war, einen inneren Zusammenhang von Armut und Arbeit anzuerkennen. Von merkantilistischem Denken geprägt, trat der Begriff der menschlichen Arbeit als einer entscheidenden wirtschaftlichen Ressource des Staates, die es produktiv zu machen galt, in den Vordergrund. Die optimale Ausnutzung des Produktionsfaktors Arbeit bildete bis ins 20. Jahrhundert die wesentliche Leitlinie der Armenfürsorge.

Besteht der Zwang zur ökonomischen Verwertung der Arbeitskraft des Menschen? Der französische Sozialist Paul Lafargue hielt diesem von ihm kritisierten kapitalistischen Konzept 1880 ein „Recht auf Faulheit" entgegen.[3] Hierfür soll kein Plädoyer gehalten werden. Gleichwohl stand am Anfang dieser Untersuchung die Frage, ob sich in der SBZ/DDR unter marxistischen Vorzeichen eine Alternative zu den tradierten Fürsorgekonzepten entwickelte. Ernst Bloch schrieb in diesem Zusammenhang beispielsweise von einer naturrechtlichen Parteilichkeit für die „Erniedrigten und Beleidigten", die „an der Wiege des Marxismus"[4] stehe. Die Suche nach einer solchen emanzipatorischen Haltung blieb weitgehend ergebnislos. Vielmehr stand die Fürsorgepolitik in der SBZ/DDR fest in den Traditionen der deutschen Fürsorgegeschichte. In bezug auf die Nutzbarmachung des Produktionsfaktors Arbeit unternahm man besondere Anstrengungen, die auf eine Totalmobilisierung der Arbeitskräfte zielten. Die Sozialfürsorge war der Arbeitsmarktpolitik untergeordnet.

Zunächst beschäftigten die Behörden andere als konzeptionelle Probleme. Das erste von drei Hauptkapiteln dieser Arbeit behandelt unter der

1 vgl. Hunecke, Volker: Überlegungen zur Geschichte der Armut im vorindustriellen Europa, in: Geschichte und Gesellschaft 9 (1983), S. 480-512.

2 ebd., S. 504.

3 Lafargue, Paul: Le droit à la paresse (1880). Dt.: Fetscher, Iring (Hrsg.): Paul Lafargue: Das Recht auf Faulheit & Persönliche Erinnerungen an Karl Marx. Frankfurt/Main 1966, S. 17-53. Lafargue war nicht nur Schüler, sondern auch der Schwiegersohn von Karl Marx.

4 Bloch, Ernst: Naturrecht und menschliche Würde. Frankfurt/Main 1961, S. 213.

Überschrift „Armut als Massenphänomen“ die Nachkriegssituation in bezug auf die Fürsorgeunterstützung. Wie andernorts war auch in der SBZ die Bewältigung der sozialen Folgelasten des Krieges viel mehr von Sachzwängen und Pragmatismus als von ideologischen Vorgaben geprägt. Die Beschreibung der Problematik beginnt mit der Analyse ihrer Ursachen, d.h., es wird nach den Gründen des rapiden Anstiegs der Unterstütztenzahlen nach der bedingungslosen Kapitulation gesucht. In diesem Zusammenhang sind zuallererst die Zwangsmigrationen zu nennen, die während des Krieges als Folge der nationalsozialistischen Aggression begannen und sich bis Ende der 1940er Jahre fortsetzten.[5] Unter den sozialen Kriegsfolgen können sie als gewichtigster Faktor für die gestiegene Unterstützungsbedürftigkeit gelten. Danach wird regional differenziert der Abbau der Unterstütztenzahlen betrachtet. Zu den wichtigsten Mitteln hierbei zählte die Integration in den Arbeitsmarkt, die in der SBZ wie in den anderen Besatzungszonen höchste Priorität genoß. Die quantitative Entwicklung der Arbeitslosigkeit und des Unterstützungsempfangs standen in einem engen Wechselverhältnis zueinander.

Sodann wird unter der Fragestellung des Lebensstandards das allgemeine Ernährungs- und Konsumniveau betrachtet. Materielle Armut betraf nach dem Krieg nicht nur eine abgegrenzte Unterschicht, sondern die Mehrheit der Bevölkerung. Infolge der Einfrierung der Sparkonten sowie des Lohn- und Gehaltsstopps waren die finanziellen Möglichkeiten für die gesamte Bevölkerung beschränkt. Die Preise für lebenswichtige Güter waren auf dem freien Markt so hoch, daß die Rationen der Lebensmittelkarten fast für die gesamte Bevölkerung die Regelversorgung bildeten. Zahlreiche Maßnahmen der Sozialfürsorge, die über die reine Unterstützungsfürsorge hinausgingen, kamen breiten Bevölkerungsschichten zuteil. Hierfür war insbesondere die Volkssolidarität zuständig, der in dieser Arbeit ein eigener Abschnitt gewidmet ist. Über die Teilhabe der Unterstützten, d.h. der Empfänger öffentlicher monetärer Leistungen, an dem niedrigen Lebensstandard gibt eine Untersuchung der Entwicklung der Fürsorgerichtsätze Aufschluß.

Im zweiten Hauptkapitel wendet sich der Blick von den Fürsorgeempfängern zu den Trägern der Sozialfürsorge. Die Politik der verschiedenen Behörden wirkte in unterschiedlichem Maß auf die Fürsorge ein. Vorgaben des Alliierten Kontrollrates, die in der Sozialfürsorge unmittelbar wirksam wurden, gab es nicht. Die beiden Abteilungen Arbeitskraft und Finanzen der Sowjetischen Militäradministration in Deutschland (SMAD) beschränkten sich auf eine Aufsicht und Einflußnahme in ihren jeweiligen Zuständig-

5 vgl. als Überblick über das gesamteuropäische Ausmaß der Migrationsbewegungen: Boldorf, Marcel: Massenzwangsmigrationen in Mittel- und Osteuropa (1933-1950), in: Tessmer, Carsten (Hrsg.): Deutschland und das Weltflüchtlingsproblem. Opladen 1994, S. 21-34.

keitsbereichen. Es gab zwar Eingriffe in die Finanzhoheit deutscher Behörden und Direktiven für die Arbeitskräftelenkung, wovon auch die Fürsorgeempfänger betroffen waren. Der Einfluß der Besatzungsbehörden auf fürsorgepolitische Konzeptionen im eigentlichen Sinne blieb aber aus drei Hauptgründen gering: 1.) Es gab keine sowjetischen Modelle oder Erfahrungen, die in das weiter entwickelte deutsche Fürsorgesystem hätten eingebracht werden können. 2.) Die Einzelkenntnisse über die Problemlagen, die sich aus dem föderalistischen Aufbau des besetzten Gebietes ergaben, fehlten.[6] 3.) Die Fürsorgepolitik fiel ohnehin nicht in das zentrale Interessenfeld der sowjetischen Besatzungsbehörden.[7] Dies steht im Kontrast zur einhelligen Meinung der westlichen und östlichen Forschung, daß die SMAD „'alle grundsätzlichen Entscheidungen [...] über die Gestaltung des politischen, ökonomischen und geistig-kulturellen Lebens' getroffen habe."[8] Im Bereich der Sozialfürsorge stimmte die Abteilung Arbeitskraft der SMAD bei den wöchentlich stattfindenden Besprechungen in Karlshorst den Anliegen der deutschen Zentralverwaltung meist anstandslos zu.

Das größte Gestaltungspotential in der Fürsorgepolitik lag in den Händen der im Herbst 1945 eingerichteten deutschen Zentralverwaltung für Arbeit und Sozialfürsorge (ZVAS), die in der SBZ-Periode zweimal die Bezeichnung wechselte: Seit dem 19. Juni 1946 hieß sie Deutsche Verwaltung für Arbeit und Sozialfürsorge (DVAS), und am 12. Februar 1948 wurde sie als Hauptverwaltung für Arbeit und Sozialfürsorge (HVAS) in die Deutsche Wirtschaftskommission (DWK) eingegliedert. Die Zentralverwaltung entwickelte seit Anfang 1946 in zunehmendem Maße Leitlinien für die Gestaltung der Sozialfürsorge, arbeitete gesetzliche Regelungen aus und gab Anweisungen an untergeordnete Instanzen. Das Zentralsekretariat (ZS) der SED griff meist nur durch geringfügige Korrekturen ein. In der sozialpolitischen Umsetzung der zentralen Anweisungen erwies sich die traditionelle kommunalpolitische Verankerung der Fürsorge als Hypothek. Beim Umbau gemäß dem „demokratischen Zentralismus" entwickelten die Behörden auf Kreis- und Gemeindeebene eine beachtliche Beharrungskraft. Von einer

---

6 BAP DQ-2 3849. 25.7.47. Protokoll der Präsidiumssitzung der DVAS. Dies war z.B. der Klage des stellvertretenden Chefs der Abt. Arbeitskraft der SMAD Morenow auf der Sitzung zu entnehmen.

7 vgl. Hoffmann, Dierk: Sozialpolitische Neuordnung in der SBZ/DDR. Der Umbau der Sozialversicherung 1945-1956 (Studien zur Zeitgeschichte, Bd. 47). München 1996, S. 17, der zum gleichen Schluß für den Bereich der Sozialversicherung kommt.

8 Foitzik, Jan: Sowjetische Militäradministration in Deutschland (SMAD), in: Broszat, Martin/ Weber, Hermann (Hrsg.): SBZ-Handbuch. Staatliche Verwaltungen, Parteien, gesellschaftliche Organisationen und ihre Führungskräfte in der Sowjetischen Besatzungszone Deutschlands 1945-1949. München 1990, S. 9. Zit. nach: Schönberg, Karl-Heinz u.a.: Errichtung des Arbeiter- und Bauernstaates der DDR 1945-49. Berlin (DDR) 1983, S. 35.

Sichtweise, die die SBZ bzw. DDR-Staatsführung von vornherein als monolithischen Block begreift, wird dabei abgerückt. Die Quellenüberlieferung macht in vielen Bereichen Meinungsverschiedenheiten zwischen den beteiligten staatlichen Organen deutlich.

Das dritte Hauptkapitel „Die Stellung der Fürsorge in der Planwirtschaft" greift einige vorher diskutierte Punkte wieder auf, z.B. die Maßnahmen zum Abbau des Unterstützungsempfangs und zur forcierten Arbeitsmarktintegration sowie die Untersuchungen zum Lebensstandard. Die frühen 1950er Jahre markierten den Übergang zu einer stärker ideologisch geprägten Fürsorgepolitik. Anlaß zu überoptimistischen Zukunftserwartungen gaben, zumindest in der Sichtweise der Behörden, die beachtlichen Erfolge beim Abbau der Unterstütztenzahlen. Es keimte die Hoffnung auf, die Sozialfürsorge könne sich im sozialistischen Staat überflüssig machen. Möglicherweise seien sogar die entsprechenden Fachressorts der Ministerien aufzulösen. Derartige Pläne erwiesen sich als utopisch und gingen, als man sie umzusetzen versuchte, zu Lasten einer geregelten Versorgung der Unterstützungsempfänger.

Eine derart verzerrte Wahrnehmung der Leistungsfähigkeit des im Aufbau befindlichen Wirtschafts- und Gesellschaftssystems wirkte sich auf die Gesamtkonzeption der Sozialpolitik aus. Einerseits wurde in der Praxis, wie angesichts der sozialen Kriegsfolgen unumgänglich, eine auf Pragmatismus basierende Politik betrieben. Andererseits bestand von der ideologisch-theoretischen Seite her ein Defizit. Die meisten zeitgenössischen marxistischen Ansätze zielten lediglich auf eine Kritik der bürgerlichen Sozialpolitik, die als paternalistische Bewahrpolitik im kapitalistischen Staat diene.[9] Nach Stalins Thesen wäre die materielle Sicherheit der Bevölkerung durch das zunehmende Erstarken der sozialistischen Wirtschaft ohnehin gewährleistet. Beim Aufbau des Sozialismus durfte der Sozialpolitik weder eine bewahrende Funktion, noch - gemäß dem Prinzip der Einheitlichkeit - eine isolierte Rolle außerhalb der Gesellschaftspolitik zukommen. Entsprechend wurde der Begriff „Sozialpolitik" bis in die sechziger Jahre hinein vermieden.

Eine erste Konzeption der Sozialpolitik als eines integrativen Bestandteils der Gesellschaftspolitik legte Helga Ulbricht in ihrer 1965 veröffentlichten Leipziger Habilitationsschrift vor.[10] Diese Arbeit beurteilte die ersten 20 Jahre der sozialpolitischen Entwicklung der SBZ/DDR. Ulbricht behauptete, daß im Sozialismus „der Mensch als Ganzes gesehen" werde; hier gelte „die Sorge des Staates dem Menschen überhaupt. Daß

9 Koblitz, Horst Georg/Ruban, Maria-Elisabeth: Soziale Sicherheit, in: Kernig, Claus D. (Hrsg.): Sowjetsystem und demokratische Gesellschaft, Bd. 5. Freiburg / Basel / Wien 1972, Sp. 964.

10 Zum historischen Kontext vgl. Hoffmann, Sozialpolitische Neuordnung, S. 20.

dabei die Betrachtung der Arbeitskraft eine hervorragende Rolle einnimmt, entspringt der einzig richtigen Ansicht, wie der Marxismus sie vertritt, daß die Menschheit nicht ohne Arbeit existieren kann."[11] Gleichzeitig werde in der Sozialpolitik „besonders deutlich, daß die persönlichen Interessen immer nur als Bestandteil der Interessen der gesamten Gesellschaft zu wahren sind. Der einzelne hat kein Recht, mehr für sich zu beanspruchen, als was die Gesellschaft ihm zu geben in der Lage ist. Die Gesellschaft aber ist ihrerseits verpflichtet, ihren Mitgliedern soziale Sicherheit zu gewähren. Es ist aber auch hier mit dem gesellschaftlich-humanitären Charakter untrennbar die ökonomische Bedeutung verbunden."[12] Vier Kerngedanken lassen sich diesem Argumentationsgang entnehmen: 1.) Wirtschaftliche Zielsetzungen haben den Vorrang. 2.) Der Stellenwert der menschlichen Arbeitskraft wird hervorgehoben. 3.) Der persönliche Nutzen des Individuums ist dem gesellschaftlichen Nutzen unterzuordnen. 4.) Soziale Sicherheit wird als eine Art Grundrecht angesehen, das die Gesellschaft zu gewähren habe. Aus letzterem Punkt leitete sie einen passiven und einen aktiven Fürsorgegedanken ab. Der erste gehöre dem Kapitalismus an, er diene der Milderung ökonomischer Ungleichheit durch Zahlung von Sozialleistungen. Der zweite hingegen richte sich auf die Teilnahme am Arbeitsprozeß, weshalb die Sicherstellung des Rechts auf Arbeit zentrale Bedeutung habe. Die staatlichen Maßnahmen müßten darauf gerichtet sein, allen die Teilnahme am Arbeitsprozeß zu ermöglichen. Die Gesamtheit der Mittel, dieses Ziel zu erreichen, bilde die staatliche soziale Fürsorge. Diese „aktive" bzw. „produktive" Fürsorge im Sinne einer Berufsfürsorge mußte bei der Verwendung des Begriffs „Sozialfürsorge", die über eine rein materielle Unterstützungsfürsorge hinausging, mitgedacht werden.[13] In diesem umfassenden Sinn ersetzte dieser Begriff das vermiedene Wort „Sozialpolitik". In der vorliegenden Arbeit werden demgegenüber die Termini Fürsorge bzw. Fürsorgeunterstützung in einem eingeschränkten Sinn, d.h. in begrifflicher Kontinuität zur öffentlichen (Armen-) Fürsorge gebraucht.

Ulbrichts Analyse wurde in der DDR seit den 1970er Jahren vielfach rezipiert und prägte den Tenor der Darstellungen zur Sozialpolitik. Zur Sozialfürsorge erschien 1987 eine Dissertation von Marita Meja. Der allgemeinen Linie der DDR-Geschichtsschreibung folgend, erläutert sie „das soziale Wesen der sozialistischen Gesellschaft"[14] in seiner Genese, wobei

---

11 Ulbricht, Helga: Aufgaben der sozialistischen Sozialpolitik bei der Gestaltung der sozialen Sicherheit in der Deutschen Demokratischen Republik. Habil. Leipzig 1965, S. 118.

12 ebd., S. 5-6.

13 vgl. z.B. Matern, Jenny: Schulung und Beschäftigung als Faktoren positiver Sozialfürsorge, in: Arbeit und Sozialfürsorge (AuS) 3 (1948), H. 18, S. 349-351.

14 Meja, Marita: Die Entwicklung der Sozialfürsorge auf dem Gebiet der sowjetischen Besatzungszone Deutschlands bzw. DDR während der antifaschistisch-

große Mühe aufgewandt wird, den progressiven Charakter der Neuerungen in der „antifaschistisch-demokratischen Umwälzung“ der Jahre 1945 bis 1949 herauszustellen. Hierin unterscheidet sich die Darstellung in Ermangelung einer kritischen Distanz kaum von den zugrunde liegenden Quellen. Es mangelt oft an einer umfassenden, substantiellen Auswertung des Archivmaterials, das ihr auch nicht in vollem Umfang zugänglich war, sowie an einer kritischen Distanz zu den überlieferten Selbstdarstellungen der Behörden.

In neueren Gesamt- und Überblicksdarstellungen zur Geschichte der Sozialpolitik in der DDR nimmt die Darstellung der Sozialfürsorge keinen größeren Raum ein.[15] Am nächsten reichen an den untersuchten Gegenstand die Studien von Dierk Hoffmann zum Umbau der Sozialversicherung[16] und von Wolfgang Zank zur Entwicklung des Arbeitsmarktes[17] heran. In mancherlei Hinsicht ist die vorliegende Arbeit zu diesen Darstellungen komplementär. Einige Ergebnisse Hoffmanns, z.B. in bezug auf die Entwicklung der Struktur der staatlichen Verwaltungen, konnten gewinnbringend eingearbeitet werden. Die Berührungspunkte mit der Arbeit Zanks ergeben sich vor allem in Hinblick auf die Methoden der Arbeitsmarkteingliederung.

Andere Forschungsgebiete tangieren die Fürsorgepolitik am Rande. Dies gilt etwa für die Untersuchungen zur Vertreibung sowie zur Integration der Flüchtlinge in die Nachkriegsgesellschaft der SBZ. Neben einem Projekt des Instituts für Zeitgeschichte (Außenstelle Berlin) mit dem Titel „Flüchtlingsintegration und Notstandsgesellschaft: Gesellschaftlicher Strukturwandel und 'Umsiedler'-Integrationspolitik in der SBZ/DDR 1945-1952“ sind die Forschungen in Magdeburg[18] sowie die ersten Annäherungen an die Thematik seit den achtziger Jahren von Wolfgang Meinicke[19] und

demokratischen Umwälzung und der Schaffung erster Grundlagen des Sozialismus. Diss. Berlin (DDR) 1987, S. 159.

15 Barthel, Horst: Die Sozialpolitik in der antifaschistisch-demokratischen Umwälzung (1945 bis 1949), in: Winkler, Gunnar (Hrsg.): Geschichte der Sozialpolitik der DDR 1945-1985. Berlin (DDR) 1989, S. 58-63. Frerich, Johannes / Frey, Martin: Handbuch der Geschichte der Sozialpolitik in Deutschland, Bd. 2: Sozialpolitik in der Deutschen Demokratischen Republik, München / Wien 1993.

16 Hoffmann, Sozialpolitische Neuordnung.

17 Zank, Wolfgang: Wirtschaft und Arbeit in Ostdeutschland 1945-49. Probleme des Wiederaufbaus in der Sowjetischen Besatzungszone Deutschlands (Studien zur Zeitgeschichte, Bd. 31). München 1987.

18 Wille, Manfred / Hoffmann, Johannes / Meinicke, Wolfgang (Hrsg.): Sie hatten alles verloren. Flüchtlinge und Vertriebene in der sowjetischen Besatzungszone Deutschlands (Studien der Forschungsstelle Ostmitteleuropa an der Universität Dortmund, Bd. 13). Wiesbaden 1993.

19 Meinicke, Wolfgang: Zur Integration der Umsiedler in die Gesellschaft 1945-1952, in: Zeitschrift für Geschichtswissenschaft 36 (1988), S. 867 ff. Nach dem Ende der

einigen anderen Forschern in der DDR zu nennen. Die Flüchtlingsbevölkerung gehörte zur hauptsächlichen Klientel der Sozialfürsorge, ja das Ausmaß des Unterstützungsproblems läßt sich primär auf die Entwurzelung von Millionen Menschen zurückführen. Berührungspunkte gibt es ferner mit den Forschungen zur Wiedergutmachung, die für die SBZ/DDR jüngst Constantin Goschler[20] und von Olaf Groehler[21] vorlegten. Manche Verfolgten des NS-Regimes erhielten, sofern sie wegen Arbeitsunfähigkeit zum Empfang von Sozialleistungen berechtigt waren, spezielle Zuwendungen.

Schließlich grenzt die Untersuchung an zwei weitere Themenfelder: Dies sind die auf Deutschland bezogenen Forschungen zur Krise der Nachkriegszeit einerseits, zur Geschichte der Armenfürsorge andererseits. Die Untersuchung des Lebensstandards der Masse der Bevölkerung und der Fürsorgeempfänger als spezieller Unterschicht fügt sich in die Debatte um die Versorgungssituation nach dem Zusammenbruch des „Dritten Reichs" ein. Hier werden Verbindungen zu den Untersuchungen deutlich gemacht, die Günter J. Trittel[22] und Paul Erker[23] zu Westdeutschland vorlegten. Zur SBZ/DDR sind diesbezügliche materialreiche Arbeiten von Horst Gaertner[24] und Gerhard Winkler[25] zu erwähnen.

Die Forschungen zur Geschichte der Armenfürsorge in Deutschland begannen mit besonderer Intensität Anfang der achtziger Jahre. Hier ist die dreibändige „Geschichte der Armenfürsorge in Deutschland"[26] von Florian

---

DDR unter Mitarbeit desselben Autors: Plato, Alexander von/ Meinicke, Wolfgang: Alte Heimat - neue Zeit. Flüchtlinge, Umgesiedelte, Vertriebene in der Sowjetischen Besatzungszone und in der DDR. Berlin 1991.

20 Goschler, Christian: Nicht bezahlt? Die Wiedergutmachung für die Opfer der nationalsozialistischen Verfolgung in der SBZ/DDR, in: Buchheim, Christoph (Hrsg.): Wirtschaftliche Folgelasten des Krieges in der SBZ/DDR. Baden-Baden 1995, S. 169-191.

21 Groehler, Olaf: Integration und Ausgrenzung von NS-Opfern. Zur Anerkennungs- und Entschädigungsdebatte in der Sowjetischen Besatzungszone Deutschlands 1945 bis 1949, in: Kocka, Jürgen (Hrsg.): Historische DDR-Forschung. Aufsätze und Studien. Berlin 1993, S. 105-127.

22 Trittel, Günter J.: Hunger und Politik. Die Ernährungskrise in der Bizone (1945-1949). Frankfurt / New York 1990.

23 Erker, Paul: Ernährungskrise und Nachkriegsgesellschaft. Bauern und Arbeiter in Bayern (Industrielle Welt, Bd. 50). Stuttgart 1990.

24 Gaertner, Horst: Materielle Versorgung und das Versorgungssystem in der SBZ/DDR 1945 bis 1961/63. Soz.wiss. Diss. Bochum 1991.

25 Winkler, Gerhard: Betrachtungen zur Entwicklung der Nahrungsmittelversorgung und des Verbrauchs an wichtigen Nahrungsmitteln in der Deutschen Demokratischen Republik seit 1945 unter besonderer Berücksichtigung der Abhängigkeit des Nahrungsmittelkonsums von der Einkommenshöhe vor allem in Arbeiter- und Angestelltenhaushaltungen. Agrarwiss. Habil. Leipzig 1961.

26 Sachße, Christoph/Tennstedt, Florian: Geschichte der Armenfürsorge in Deutschland. Bd. 1: Vom Spätmittelalter bis zum 1. Weltkrieg, Bd. 2: Fürsorge und

Tennstedt und Christoph Sachße hervorzuheben, deren letzter bislang vorliegender Band mit der Darstellung der Fürsorge im „Dritten Reich" abschließt. In mancherlei Hinsicht können Kontinuitätslinien bzw. das Anknüpfen an historische Vorbilder aufgezeigt werden, insbesondere im Bereich der Organisation öffentlicher Sozialarbeit.

Ein entsprechender Vergleich mit den Westzonen/BRD fällt knapp aus. An vergleichbaren Arbeiten liegt diejenige Michael Heisigs zur „Armenpolitik im Nachkriegsdeutschland (1945-1964)" vor, die sich entgegen ihrem Titel auf Westdeutschland beschränkt.[27] Diese versteht sich dezidiert als Personen- und Institutionengeschichte der Fürsorge. Analog zur Ausrichtung des Bremer Forschungsprojektes „Existenzminimum und sozialpolitische Intervention"[28] liegt der inhaltliche Schwerpunkt auf der politischen Diskussion der Richt- und Regelsatzpolitik. Heisig konzentriert sich auf die kontroverse organisatorische Debatte, die in der SBZ/DDR in völlig anderer Form verlief, und die Richtsatzreform. Die Bände 2 und 3 des „Handbuchs der Geschichte der Sozialpolitik in Deutschland" von Johannes Frerich und Martin Frey zeichnen mit einer juristischen Herangehensweise die gesetzliche Entwicklung nach und dokumentieren die zeitgenössischen gedruckten Quellen.[29] Daher fließt in die eigentliche Darstellung der Vergleich nur punktuell ein. Umfassender geht ein eigener Abschnitt am Ende dieser Studie auf die unterschiedliche Entwicklung der Fürsorgesysteme in beiden deutschen Staaten ein. An anderer Stelle wird eine vergleichende Untersuchung des materiellen Unterstützungsniveaus für die Gruppe der unterstützten Vertriebenen bzw. Umsiedler in allen vier Besatzungszonen vorgelegt.[30]

Die vorliegende Arbeit stützt sich maßgeblich auf unveröffentlichte Quellen. Diese liegen im ehemaligen Zentralen Staatsarchiv der DDR, das als Abteilung Potsdam ins Bundesarchiv (BAP)[31] überführt wurde. Die

---

Wohlfahrtspflege 1871 bis 1929, Bd. 3: Der Wohlfahrtsstaat im Nationalsozialismus. Stuttgart u.a. 1980 / 1988 / 1992.

27 Heisig, Michael: Armenpolitik im Nachkriegsdeutschland (1945-1964). Die Entwicklung der Fürsorgeunterstützungssätze im Kontext allgemeiner Sozial- und Fürsorgereform. Phil. Diss. Bremen 1990.

28 Leibfried, Stephan (Hrsg.): Die Entwicklung der Richtsätze in der öffentlichen Fürsorge 1926-1942. Quantitative Studien. Arbeitspapiere des Forschungsschwerpunkts Reproduktionsrisiken, soziale Bewegungen und Sozialpolitik. Bremen 1986.

29 Frerich/Frey, Handbuch der Geschichte der Sozialpolitik in Deutschland, 3 Bde., München / Wien 1993.

30 Boldorf, Marcel: Fürsorgeunterstützung in Deutschland unter dem Einfluß der Zwangsmigrationen der Nachkriegszeit (1945-1952), in: Tagungsband des Instituts für Zeitgeschichte zu: „Flüchtlingsintegration und Notstandsgesellschaft: Gesellschaftlicher Strukturwandel und 'Umsiedler'-Integrationspolitik in der SBZ/DDR 1945-1952" (im Druck)

31 Inzwischen Abt. Berlin in Berlin-Lichterfelde.

Überlieferungen des Arbeitsministeriums sowie seiner Vorgängerbehörden waren besonders ergiebig und bildeten das Rückgrat der Darstellung.[32] Ferner konnten die Bestände des FDGB-Bundesvorstandes sowie des Parteivorstandes und des Zentralkomitees (ZK) der SED eingesehen werden, die in die Stiftung Archiv der Parteien und Massenorganisationen der DDR im Bundesarchiv (SAPMO) eingegliedert wurden. Daß die in Moskau gelagerten Akten der SMAD nicht zugänglich waren, scheint nicht schwerwiegend zu sein, da, wie oben ausgeführt, die sowjetische Einflußnahme in der eigentlichen Fürsorgepolitik nur selten von Bedeutung war. Mitunter ist sie anhand von Aktenvermerken und Gesprächsprotokollen, die deutsche Behörden anfertigten, zu rekonstruieren.

Das Schwergewicht der vorliegenden Untersuchung liegt nicht auf der Motivforschung der einzelnen politisch Handelnden, die nur in Ausnahmefällen - und dies in der Regel in den Anfangsjahren der SBZ - durch ihre Gestaltung der Fürsorgepolitik hervortraten. Dieses Element sollte systematisch zurückgedrängt werden, was sich auch in der Quellenüberlieferung niederschlug. Auf einer Präsidiumssitzung der HVAS vom 17. April 1948 teilte der Vorsitzende Brack zum Beispiel mit, daß in offiziellen Schreiben grundsätzlich die „wir"-Form zu wählen sei.[33] Die leitenden Staatsorgane kehrten das „Kollektiv" hervor - dies galt im besonderen für die Parteiführung der SED.[34] Der einzelne Verantwortliche verschwand hinter dem Deckmantel der Verwaltungsinstitution, der er angehörte. Ein eigenständiges Agieren einzelner Politiker verlor an Gewicht. Vielmehr traten die verschiedenen staatlichen Instanzen in ein Konkurrenzverhältnis zueinander. Daher legt diese Untersuchung das Schwergewicht auf die Wirkungsweise des Behördenapparates in bezug auf die Betroffenen, d.h. die Fürsorgeunterstützten, und nicht auf die sozialpolitischen Akteure.

Die überlieferten Dokumente sind parteiisch. Sie eröffnen den Blickwinkel auf die Fürsorge allein aus der Sichtweise der öffentlichen Verwaltungen. Für diese stellte sich die Fürsorge - und deren Abbau - vor allem als Problem der Finanzierung dar. Entsprechend sind die Texte geprägt. Auf der Ebene der zentralen Archive liegen keine Quellen vor, in denen sich die Betroffenen selbst zu Worte melden. Einen alltagsgeschichtlichen Zugriff, der die Lebensumstände der Betroffenen in den Mittelpunkt rückt, erlauben die Dokumente nicht, und die Schilderung der Not ums Überleben fließt daher kaum in die Darstellung ein. Hierfür wäre eine Erweiterung der Forschung auf lokaler Ebene erforderlich, die der Heterogenität der Problemlagen in einzelnen Gemeinden und Regionen gerecht würde. Allein über den materiellen Lebensstandard können anhand

32 Signatur: BAP DQ-2.

33 BAP DQ-2 3849. 17.4.48. Präsidiumssitzung der HVAS.

34 Hoffmann, Sozialpolitische Neuordnung, S. 17.

der Zusammensetzung des Warenkorbes, der den Fürsorgerichtsätzen zugrunde lag, Aussagen getroffen werden.

Das Problem des subjektiven Blickwinkels scheint sich bei quantitativen, seriellen Erhebungen weniger zu stellen. Wie anhand der statistischen Erfassung der Fürsorgeempfänger gezeigt werden kann, sind die Auswahl- und Erhebungskriterien dort nicht minder entscheidend. Die Schwierigkeiten bei der Interpretation der Statistik ergeben sich durch die Überlagerung mit anderen Bereichen, wie z.B. der erfaßten Arbeitslosigkeit oder dem Rentenempfang. Eine genaue Kenntnis der Kriterien, nach denen gezählt wird, ist zur Beurteilung des Erfolgs bzw. der Erfolglosigkeit der staatlichen Bemühungen um den Abbau des Fürsorgeempfangs relevant.

Die Geschichte der Fürsorge in der SBZ/DDR soll in einen größeren strukturgeschichtlichen Kontext eingeordnet werden. Hierbei sind Begriffe wie „Zentralisierung“ als Kennzeichen der staatlichen Herrschaft oder „soziale Disziplinierung“, die als traditioneller Wesenszug der Fürsorge gelten kann, von Bedeutung. Sie ziehen sich als „roter Faden“ durch die Darstellung. Ganz anders ist die Sichtweise aus der lebensgeschichtlichen Erinnerung des einzelnen Betroffenen, d.h. eines Fürsorgeempfängers. Aus seiner Perspektive waren die Brüche und Einschnitte innerhalb des betrachteten Zeitraums relevant: Hier lassen sich die Ausweitung der Arbeitseinsatzpflicht im Oktober 1948, die Lücken im Leistungssystem im Zuge der Haushaltsreform 1950/51 und die Einführung einer Fürsorgesperre im Zuge des „Aufbaus des Sozialismus“ nennen. Mit der Darstellung des letzteren Punktes endet die Untersuchung im Jahr 1953, nicht allein, weil die Quellen in der Folge nur noch spärlich überliefert sind, sondern auch, weil die wichtigsten Grundlagen für die Sozialfürsorge in der DDR gelegt waren. Die zweite Hälfte der 1950er Jahre nach dem Übergang zum „Neuen Kurs“ gilt als eine Periode, in der wenig experimentiert, sondern das Aufgebaute konsolidiert wurde.

I. ARMUT ALS MASSENPHÄNOMEN IN DER SBZ

1. SOZIALE FOLGELASTEN DES KRIEGES

1.1. Die Ausweitung des Fürsorgeempfangs

Nicht nur in wirtschaftlicher, sondern auch in sozialer Hinsicht blickte das besiegte Deutschland auf gewaltige Folgelasten des Zweiten Weltkrieges. Armut, ein Phänomen, das stets unter den Bedingungen seines historischen Kontextes begriffen werden muß, betraf nicht nur eine mehr oder weniger marginalisierte Randgruppe, sondern die Masse der Bevölkerung, deren Lebensstandard unter das physiologische Existenzminimum[1] gesunken war. Im Mittelpunkt dieser Untersuchung stehen die von der öffentlichen Sozialfürsorge unterstützten Personen, d.h. diejenigen, denen es zeitweise gar an den Geldeinkünften fehlte, um sich an dem Minimalkonsum zu beteiligen. Es handelte sich um die Schicht der Bevölkerung, die in der allgemeinen Not am ärmsten war.

Tabelle 1 zeigt die quantitative Entwicklung des registrierten Unterstützungsempfangs auf dem Gebiet der SBZ/DDR im „langen Jahrzehnt" der 1940er Jahre, das hier durch die Eckdaten 1939 und 1952 begrenzt wird.

Tabelle 1:
Gesamtzahl der Unterstützungsempfänger und Unterstütztenquote (*kursiv*) nach ostdeutschen Ländern und Provinzen (1939-1952)

	Sachsen	Sachsen Anhalt	Thüringen	Brandenburg	Mecklenburg-Vorpommern	Gebiet der SBZ/DDR
Dezember 1939	179.200 *3,4 %*	80.780 *2,2 %*	26.040 *1,5 %*	59.080 *2,0 %*	34.790 *2,5 %*	379.890 *2,5 %*
Dezember 1942	115.000 *2,2 %*	55.300 *1,6 %*	15.200 *0,9 %*	36.400 *1,3 %*	23.500 *1,7 %*	245.400 *1,7 %*
Dezember 1946	467.051 *8,3 %*	272.448 *6,4 %*	155.664 *5,2 %*	90.496 *3,6 %*	84.986 *4,0 %*	1.070.645 *6,1 %*
Dezember 1948	142.659 *2,4 %*	157.419 *3,7 %*	75.245 *2,5 %*	79.766 *3,0 %*	65.429 *3,0 %*	520.518 *2,9 %*
Dezember 1952	148.422 *2,5 %*	97.814 *2,7 %*	51.420 *1,9 %*	51.383 *1,9 %*	84.825 *3,8 %*	433.864 *2,5 %*

Quellen: Die Empfänger öffentlicher Fürsorge am 31. Dezember 1939, in: Wirtschaft und Statistik 20 (1940), S. 247-248. Bevölkerung am 17. Mai 1939, in: Stat. Jb. des Deutschen

1 vgl. Kapitel I., 3.

Reichs 1941/42, S. 8. Die Entwicklung öffentlicher Fürsorge am 31. Dezember 1942, in: Wirtschaft und Statistik 23 (1943), S. 180. BAP DQ-2 3716. 16.2.47. DVAS (Rühl). Kostenvoranschlag für die SBZ bei der Einführung der Unterstützungsrichtsätze [Dez. 1946]. BAP DQ-2 3738. HVAS. Statistik der Fürsorgeempfänger [Stand: 1. Dezember 1948]. BAP DQ-2 780. 12.3.53. Bericht zur Begründung des Beschlusses des Präsidiums des Ministerrates „über Einführung des Sparsamkeitsprinzips in der Sozialfürsorge".

In bezug auf die territoriale Entwicklung liegen innerhalb dieser Zeitspanne im Juli 1945 (Bildung der Länder und Provinzen) und im Juli 1952 (Auflösung der Länder und Umwandlung in Bezirke) zwei erhebliche Brüche vor. Der Gebietsstand der genannten Länder in den Jahren 1939 und 1942 entsprach nicht exakt dem späteren SBZ-Gebiet, weil einerseits leichte Grenzverschiebungen zwischen den Ländern und Provinzen stattfanden, andererseits Landesteile abgetreten wurden (z.B. die sächsischen Gebietsteile östlich der Neiße) bzw. hinzukamen (Vorpommern zu Mecklenburg).[2] Entsprechendes gilt für die Werte des Jahres 1952, die den Stand nach der Umwandlung der Länder in Bezirke wiedergeben. Die Unterstütztenzahlen der 14 Bezirke der DDR wurden gemäß der Zugehörigkeit der Bezirkshauptstadt auf die früheren Länder umgerechnet.[3] Da keine differenzierteren statistischen Angaben vorliegen, muß diese Datenbasis genügen, um den Vergleich zu ziehen. Die Ungenauigkeit bei den aufgelisteten absoluten Zahlen wird durch die Ermittlung der Unterstütztenquote, d.h. der Anzahl der Unterstützten im Verhältnis zur Einwohnerzahl des entsprechenden Gebietes, korrigiert. Diese liefert einen relativ sicheren Indikator für die Entwicklung der unterstützten Armut in den einzelnen Landesgebieten, die im Kern gleich blieben.

Ein weiterer Unsicherheitsfaktor liegt in den Erhebungskriterien der Fürsorgestatistik. Die Angaben für 1939 bezogen sich auf die Zahl der unterstützten „Parteien", d.h. erfaßt wurde nicht die absolute Zahl der Fürsorgeempfänger, sondern lediglich die Zahl der Haushalte, die Unterstützung empfingen, unabhängig davon, ob es sich um Alleinstehende oder Familien handelte. Lediglich für das Jahr 1942 lag eine Doppelzählung vor: Es wurden sowohl die einzelnen Personen wie auch die Parteien gezählt, die Unterstützungsleistungen erhielten. Aus beiden Angaben ergibt sich ein Umrechnungsfaktor von 1,4. Mit dessen Hilfe werden die Schätzwerte für das Jahr 1939 errechnet, angesichts der vorhandenen Daten die einzige Möglichkeit, eine Vergleichsbasis herzustellen. Von Vorteil ist allerdings, daß sich alle Angaben auf den Monat Dezember der betrachteten Jahre

2 Die vorpommerischen Kreise, die 1945 Mecklenburg angegliedert wurden, hatten fast 500.000 Einwohner, die nicht unterschlagen werden dürfen. Mithilfe der vorliegenden pommerischen Unterstütztenquote der Jahre 1939 und 1942, die mit derjenigen Mecklenburgs jeweils fast identisch war, wurden für Vorpommern Näherungswerte errechnet, die in Tabelle 1 ausgewiesen sind.

3 Zu den geringen Abweichungen vgl. Stat. Jb. der DDR 1957, S. 10.

beziehen. Dadurch werden saisonale Schwankungen als wesentlicher Ungenauigkeitsfaktor ausgeschaltet.

Die in Tabelle 1 vorgelegte quantitative Betrachtung steckt für die vorliegende Untersuchung einen weiten Rahmen. Das markante Ergebnis ist, daß die Unterstützenquote im Dezember 1952 wieder auf dem Wert angekommen war, der für dasselbe Gebiet bereits 1939 festgestellt werden konnte. Zunächst gilt das Augenmerk der sprunghaften Erhöhung der Unterstütztenzahlen zwischen 1942 und 1946, der allmähliche Abbau der Unterstützungslast wird in anderen Kapiteln dieser Arbeit behandelt.[4]

Die erfaßte Zahl der Unterstützungsempfänger lag im Dezember 1946 auf dem vierfachen Wert der Kriegszeit. Dieser Wert entsprach ungefähr demjenigen im Juni 1946, als erstmals eine zonenweite Fürsorgestatistik erstellt werden konnte (vgl. die Tabellen 4 und 5). Noch größer war die Unterstützungslast unmittelbar nach Kriegsende. Dies wird deutlich, wenn man allein das Land Sachsen betrachtet, für das bereits 1945 statistische Erhebungen vorlagen. Im September 1945 waren dort 710.000 Unterstützungsempfänger erfaßt, diese Zahl sank in der ersten Jahreshälfte 1946 bereits beträchtlich (Januar: 671.500, Juni: 491.500).[5] Wie bei allen statistischen Angaben aus der amtlichen Erfassung des Unterstützungsempfangs gilt es zu beachten, daß diese stets von den Bewilligungskriterien der Fürsorgebehörden abhängen, also kein absolutes Maß zur Messung der Armut sind. Auf dieses Problem wird bei den Betrachtungen zur regionalen Verteilung der Armut und zur Höhe der geleisteten Unterstützungsbeträge eingegangen.[6]

Für den gewaltigen Anstieg gab es mehrere Erklärungsgründe, die alle auf den Krieg zurückgeführt werden können. Hierbei sind, von den Betroffenen aus betrachtet, äußere Umstände, d.h. verwaltungstechnische und rechtliche Veränderungen, von persönlich erlittenen Schicksalen, d.h. der durch den Krieg allgemein gestiegenen Unterstützungsbedürftigkeit, abzugrenzen.

Die Funktionstüchtigkeit der Sozialversicherung kam erst allmählich wieder in Gang. Als erste wurden die Krankenversicherungen, dann die Rentenversicherungen im ersten Halbjahr 1946 auf Länderebene wieder aufgebaut. Dies erklärt die für Sachsen belegten, rapide gesunkenen Unterstütztenzahlen in diesem Zeitraum. Aber auch als die Sozialversicherungskassen vielerorts wieder arbeiteten, blieben aufgrund fehlenden Personals, bürokratischer Hemmnisse und Finanzierungslücken vielfach Rückstände bei der Rentenauszahlung zu beklagen, so daß viele

---

4 vgl. Kapitel I., 2.; III., 2.

5 BAP DQ-3724. 8.3.46. Landesverwaltung Sachsen (Wirtschaft und Arbeit, Soziale Fürsorge) an die DVAS.

6 vgl. Kapitel I., 1.3. und I., 4.

Rentner und andere potentielle Leistungsempfänger auf kommunale Unterstützungsleistungen angewiesen waren.[7] Außerdem glaubte man anfangs in der SBZ aus ideologischen Gründen, auf die Etablierung einer Arbeitslosenversicherung verzichten zu können. Dies verschleppte ihre Wiedereinrichtung auch auf Länderebene, so daß sie erst im Januar 1947 zonenweit eingeführt wurde.[8] Auf den Zusammenhang zwischen dem Empfang von Fürsorge- und Arbeitslosenunterstützung wird an späterer Stelle einzugehen sein.

Für eine Reihe ehemaliger Leistungsempfänger waren nach Kriegsende infolge der geänderten Gesetzeslage die Ansprüche an die Sozialversicherung weggefallen.[9] Die Flut von nationalsozialistischen Sondererlassen und Versorgungsgesetzen wurde außer Kraft gesetzt, so daß zahlreiche Gruppen von „Versehrten", die vorher eine bevorzugte Versorgung erhalten hatten, nunmehr auf öffentliche Unterstützung angewiesen waren. Erst im Juli 1948 nahmen die Behörden die Rentenzahlungen an Kriegsopfer und Invalide sowie deren Hinterbliebene wieder auf.[10]

Die angewachsene Unterstützungsbedürftigkeit nach dem Krieg beruhte im wesentlichen auf zwei Gründen. Traditionell waren Alter, Unfall, Krankheit, Verwitwung wichtige Armutsrisiken. Aufgrund der Schwächung der Bevölkerung durch mangelhafte Ernährung traten Krankheiten, insbesondere Tuberkulose, vermehrt auf. Ferner zählten Kriegsopfer, die durch die Kriegshandlungen einen Körperschaden erlitten hatten, zu den Fürsorgeempfängern sowie die Hinterbliebenen, die im Krieg einen Angehörigen, d.h. den zumeist männlichen Haushaltsvorstand, verloren hatten. Insbesondere alleinstehende Mütter mit Kindern waren oft auf Unterstützung angewiesen. Inwieweit diese spezifisch kriegsbedingte Unterstützungsbedürftigkeit in der allgemeinen Fürsorge aufging bzw. sich für die entsprechenden Gruppen von Fürsorgeempfängern Sonderfürsorgebereiche entwickelten, wird in Abschnitt 5 dieses Kapitels untersucht.

Der zweite Faktor, der die Unterstützungsbedürftigkeit anwachsen ließ, war die Entwurzelung infolge der Kriegsereignisse. Vom Verlust der angestammten Heimat waren Millionen von Menschen betroffen, die oft langfristig zur Klientel der Fürsorgebehörden zählten. Die Entwurzelung beruhte zur Hauptsache auf den Massenzwangsmigrationen der deutschstämmigen Bevölkerung, die im Winter 1944/45 einsetzten, und bildete die quantitativ

---

7 Hoffmann, Sozialpolitische Neuordnung, S. 47-48.

8 AuS 2 (1947), H. 5, S. 103-105. SMAD-Befehl Nr. 28/1947 vom 28. Januar 1947. Verordnung über die Pflichtversicherung gegen Arbeitslosigkeit in der sowjetischen Besatzungszone Deutschlands. Vgl. auch: Hoffmann, Sozialpolitische Neuordnung, S. 53-54.

9 BAP DQ-2 3728. 2.9.48. Hauptverwaltung für Arbeit und Sozialfürsorge (HVAS). Die Entwicklung der Sozialfürsorge in der sowjetischen Besatzungszone seit 1945. Vgl. auch Zank, S. 133.

10 vgl. Kapitel I., 5.

wichtigste Ursache für das Ausmaß des Unterstützungsempfangs. Obgleich die Flüchtlinge und Vertriebenen auf eine gehobene soziale Herkunft zurückblicken mochten, gehörten sie, ökonomisch gesehen, zumindest zeitweise zur Unterschicht, sofern sie Leistungen aus der Sozialfürsorge empfingen.

1.2. Der Zusammenhang zwischen Ansiedlung und Fürsorgeempfang

Wie in den Westzonen erfolgte in der SBZ die Lenkung der Flüchtlinge und Vertriebenen vor allem in die agrarisch strukturierten Gebiete. Urban geprägte Gebiete, wie in der SBZ das Land Sachsen, verweigerten wegen der prekären Ernährungs- und Wohnraumsituation zunächst die Aufnahme von Umsiedlern, ja entwickelten sogar Pläne zur Aussiedlung der bereits aufgenommenen Migranten.[11] Dies verstärkte den Zuzug in die ländlichen Gebiete und verschärfte auch dort die Wohnraumknappheit.[12] Erst im November 1946 verständigten sich die zuständigen Zentralverwaltungen, die Deutsche Verwaltung für Arbeit und Sozialfürsorge (DVAS) und Zentralverwaltung für deutsche Umsiedler (ZVU), in einer gemeinsamen Anweisung auf eine arbeitsmarktorientierte Verteilung der Umsiedler.[13] Infolge dessen wurde ab 1947 der größte Teil der Flüchtlingsströme nach Sachsen eingewiesen, das als eigentliches Industrieland der SBZ die besten Möglichkeiten für eine Arbeitsintegration besaß.[14]

---

11 BAP DQ-1 5548. 10.8.45. Rundverfügung der sächsischen Landesverwaltung, Abt. Inneres und Volksbildung, an die Oberbürgermeister und Landräte. Plan zur Lenkung des Flüchtlingsstromes aus dem Land Sachsen.

12 vgl. Rusche, Michael: Die Eingliederung der Vertriebenen in Mecklenburg-Vorpommern, dargestellt unter besonderer Berücksichtigung der Wohnraumproblematik, in: Wille/Hoffmann/Meinicke, S. 133-147; Hoffmann, Johannes /Wille, Manfred / Meinicke, Wolfgang: Flüchtlinge und Vertriebene im Spannungsfeld der SBZ-Nachkriegspolitik, in: Wille/Hoffmann/Meinicke, S. 19-21.

13 BAP DO-1 10, Nr. 13., 7.11.46. Anweisung der DVAS (Brack) und der ZVU (Engel) an die Landes- und Provinzialbehörden für Arbeit und Sozialfürsorge sowie die Landesämter für Umsiedler. Die Lenkung sollte idealiter in zwei Schritten erfolgen: 1.) Prüfung des Arbeitskräftebedarfs durch die Landesarbeitsämter (insbesondere der Fachkräftebedarf), 2.) Festlegung des Aufnahmelandes durch die DVAS im Einvernehmen mit der ZVU und den Landesarbeitsämtern.

14 vgl. ausführlich zu den hier nur kurz skizzierten Phasen der Umsiedlerlenkung: Boldorf, Fürsorgeunterstützung in Deutschland unter dem Einfluß der Zwangsmigrationen.

Tabelle 2:
Lenkung der Umsiedler in der SBZ während der Hauptzuwanderungsphase (1946-1948)

Zeitraum	Sachsen	Sachsen-Anhalt	Thüringen	Branden-burg	Mecklen-burg	SBZ
bis 1.6.46	544.799	680.933	488.456	590.649	837.901	3.142.738
1.6. bis 31.12.46	271.943	330.993	162.638	86.244	231.791	1.083.609
1947	268.251	190.026	134.000	57.511	22.087	671.875
1948	92.673	25.448	30.403	15.328	1.119	164.971
Summe	*1.177.666*	*1.227.400*	*815.497*	*749.732*	*1.092.898*	*5.063.193*
Registrierte am 1.1.49	**997.798**	**1.051.024**	**685.913**	**655.466**	**922.088**	**4.312.289**

Quellen: BAP DO-1 10, Nr.19. 19.4.49. DVdI, HA Umsiedler. Gesamtzahl der in die sowjetische Besatzungszone gekommenen Umsiedler nach Aufnahmeländern (Stand: 1.1.49). Anm.: Die Gesamtzahl der nach dem 1. Juni 1946 registrierten Zugewanderten („Summe") lag um mehr als 750.000 Personen höher als die Zahl der Umsiedler, die am 1. Januar 1949 tatsächlich von den lokalen Behörden als Ansiedler gemeldet wurden („Registrierte"). Die Differenz beider Werte erfaßt die maximale Zahl derer, die sich nur kurzfristig in der sowjetischen Zone niederließen und innerhalb des Zeitraumes von 1946 bis Ende 1948 in die Westzonen weiterzogen - und dies trotz der Grenzsperrung, die die britische Militärregierung am 30. Juni 1946 verfügte.[15] Das Phänomen der Binnenumsiedlung und -wanderung leistet keinen Beitrag zur Erklärung der Differenz, da ein erneuter Wohnortwechsel innerhalb der SBZ in die Registrierung am 1. Januar 1949 einging. In der Tabelle sind die Flüchtlinge und Vertriebenen nicht erfaßt, für die die SBZ ein Transitgebiet im eigentlichen Sinne darstellte, z.B. 1.136.640 Umsiedler aus den polnischen Gebieten, die Ende 1946 via Mecklenburg in die Britische Besatzungszone gelangten.[16]

Zu dem Zeitpunkt, als die arbeitsmarktpolitisch notwendige Kurskorrektur erfolgte, war bereits der weitaus größte Teil der Umsiedler, über vier Millionen Menschen, zugewandert. Nachträgliche Umsetzungen einiger Zehntausend Facharbeiter änderten wenig an folgendem negativen Befund, zu dem die Hauptverwaltung für Arbeit und Sozialfürsorge (HVAS) der Deutschen Wirtschaftskommission (DWK) 1949 kam: „Es lag damals nicht in der Macht der mit der Organisation der Aufnahme und Sesshaftmachung der Umsiedler beauftragten Z.V.f.d.Ums. [sic], alle ankommenden Fachkräfte an Orten anzusiedeln, an denen eine ihren beruflichen Fähigkeiten entsprechende Beschäftigungsmöglichkeit bestand oder geschaffen werden

15 Zank, S. 150. Zank kommt in einer Überschlagsrechnung zu dem Schluß, daß 550.000 Umsiedler in der SBZ zeitweise wohnhaft waren und in die Westzonen weiterzogen.

16 BAP DO-1 10, Nr. 13. ZVU, fol. 179.

konnte."[17] Eine Schwierigkeit lag zum Beispiel darin, daß die Transporte mitunter in solch dichter Folge eintrafen, daß die Kapazitäten der Durchgangslager nicht ausreichten, um dort eine arbeitsmarktgerechte Weiterleitung zu organisieren. Meist wurde die direkte Weiterleitung in ländliche Gebiete angeordnet.[18] Ferner war der unzureichend entwickelte Behördenapparat[19] der Masse der aufzunehmenden Menschen nicht gewachsen.

Nach ihrer Ankunft waren die Migranten, sofern sie keine Arbeit fanden bzw. zugewiesen bekamen, als erstes mit dem Problem konfrontiert, einen Anspruch auf Unterstützung zu begründen. Bis April 1947 galt in der SBZ das tradierte Fürsorgerecht, d.h. die Reichsfürsorgeverordnung (RFV) des Jahres 1924, die während des „Dritten Reiches" Gesetzeskraft behalten hatte. Diese legte fest, daß der Bezirksfürsorgeverband „vorläufig" zur Unterstützung verpflichtet sei, in dessen Bezirk sich der Unterstützungsuchende „bei Eintritt der Hilfsbedürftigkeit" befand. „Endgültig verpflichtet" sei der Verband, wo der „gewöhnliche Aufenthalt" liege.[20] Zwar galt der Zusatz, daß der Landesfürsorgeverband eintreten müsse, falls der gewöhnliche Aufenthalt „nicht zu ermitteln oder vorhanden" sei, doch bargen diese Bestimmungen die Gefahr, daß sich die Behörden auf Gemeinde- oder Kreisebene durch buchstabengetreue Auslegung der Verpflichtung zur Unterstützung zu entziehen suchten, indem sie auf die Zuständigkeit der Landesbehörden verwiesen. Für Unterstützungsuchende konnte dies erhebliche Verzögerungen oder gar ein vergebliches Warten auf Unterstützungsleistungen bedeuten.

Daß solche Bedenken nicht unbegründet waren, machten die Rundschreiben mehrerer Landesregierungen deutlich, die, wie beispielsweise in Thüringen, darauf hinwiesen, daß „Umsiedler aus den abzutretenden Ostgebieten am Zuweisungsort einen neuen gewöhnlichen Aufenthalt sofort begründen."[21] Eine gleichlautende Anordnung erließ ebenfalls im Herbst

17 BAP DQ-2 3727. 9.3.49. HVAS. Wandel der Bevölkerungsstruktur in Beziehung zum Zweijahresplan.

18 BAP DQ-2 3799. 24.3.48. DVAS, Abt. Statistik (Donau). Bericht über die in die SBZ aufgenommenen Ostumsiedler.

19 vgl. Schwartz, Michael: Zwischen Zusammenbruch und Stalinisierung. Zur Ortsbestimmung der Zentralverwaltung für deutsche Umsiedler (ZVU) im politisch-administrativen System der SBZ, in: Mehringer, Hartmut (Hrsg.): Von der SBZ zur DDR. Studien zum Herrschaftssystem in der Sowjetischen Besatzungszone und in der Deutschen Demokratischen Republik. München 1995, S. 46-52.

20 Reichsgesetzblatt (RGBl.) I. 1924, S. 101. Verordnung über die Fürsorgepflicht vom 13. Februar 1924 (§ 7: Zuständigkeit).

21 BAP DQ-2 3721. 29.10.45. Rundschreiben des thüringischen Landesamtes des Inneren an die Bezirksfürsorgeverbände.

1945 die Mecklenburgische Landesverwaltung,[22] während in Sachsen und Brandenburg der mögliche rechtliche Schwebezustand erst im Frühjahr 1946 beseitigt wurde.[23] Eine Hintertür ließ allerdings ein Zusatz zur Anordnung in Thüringen offen: „Solche Personen, die nicht aus den zur Abtretung gelangenden Gebieten stammen, behalten im allgemeinen ihren bisherigen gewöhnlichen Aufenthalt. Bei eintretender Hilfsbedürftigkeit sind die Ersatzkosten in dem gesetzlich vorgesehenen Umfange von dem Bezirksfürsorgeverband des gewöhnlichen Aufenthaltes zu fordern."[24] Wie aus einer Beschwerde des Landes Sachsen hervorging,[25] nutzten an der Landesgrenze gelegene thüringische Sozialämter diese Regelung, um für die Krankenversorgung von sächsischen Unterstützungsempfängern eine Kostenerstattung zu verlangen.

Die DVAS versuchte, solche bürokratischen Hemmnisse zu unterbinden.[26] Die hohen finanziellen Lasten, der sich die Sozialbehörden durch die Aufnahme der Umsiedler ausgesetzt sahen, führten jedoch trotz erneuter Klarstellung in der Durchführungsverordnung zur Fürsorgeverordnung im September 1947[27] immer wieder dazu, daß sich Dienststellen der Verpflichtung zur Unterstützungszahlung entzogen, indem sie sogar Abschiebungen vornahmen.[28] In einem „Merkblatt über die Betreuung der Heimkehrer durch die Sozialversicherung und Sozialfürsorge"[29] wurde im Mai 1948 ebenfalls hervorgehoben, daß der Kreis, in dem die Hilfsbedürftigkeit eintrat, zuständig für Unterstützungszahlungen sei, sofern kein fester Wohnsitz nachzuweisen war. Der Nachdruck, mit dem das Merkblatt zur Einhaltung der Bestimmungen ermahnte, läßt den Umkehrschluß zu, daß diese häufig unterlaufen wurden.

Quellen, die eine differenzierte Analyse des Zusammenhangs zwischen Fürsorgeempfang und den Migrationsbewegungen erlauben, sind spärlich überliefert. Der Grund hierfür mag in den Kompetenzabgrenzungen der Verwaltungen liegen, die an den Bevölkerungstransfers beteiligt waren.[30] Die

---

22 ebd. 21.11.45. Präsident des Landes Mecklenburg-Vorpommern. Abteilung Arbeit und Sozialwesen an die Oberbürgermeister und Landräte (Wohlfahrtsämter)

23 ebd. 20.3.46. Rundschreiben der Landesverwaltung Sachsen, Wirtschaft und Arbeit, Soziale Fürsorge (Matern) an die Oberbürgermeister und Landräte (Sozialämter). 29.5.46. Provinzialverwaltung Mark Brandenburg, Arbeit und Sozialwesen, an die Sozialämter.

24 ebd. 29.10.45. Rundschreiben des thüringischen Landesamtes des Inneren an die Bezirksfürsorgeverbände.

25 ebd. 11.12.46. Landesverwaltung Sachsen an die DVAS.

26 ebd. 19.12.46. DVAS (Matern). Aktennotiz.

27 ZVOBl. 1947, S. 220 (zu Ziffer 3, Abs. 2).

28 vgl. BAP DQ-2 3750. 16.3.49. Runderlaß der Landesverwaltung Sachsen-Anhalt an die Sozialämter.

29 BAP DQ-2 3728. 21.5.48. HVAS.

30 vgl. z.B. Schwartz, S. 55-57.

Abteilung Arbeitskraftlenkung der DVAS bzw. HVAS erfaßte in der Arbeitslosenstatistik die Umsiedler als Kategorie, was in deren besonderer Vermittlungssituation begründet lag. In der Tätigkeit der Abteilung Sozialfürsorge war der Umstand sekundär, ob es sich bei dem Fürsorgeempfänger um einen Umsiedler handelte oder nicht. Hier wurden vor allem Maßnahmen gefördert, die die Senkung der Unterstütztenzahlen zum Ziel hatten. Das Interesse der jeweiligen Verwaltungsbehörde bestimmte die Basis der Datenerhebung.

Eine detaillierte Aufschlüsselung zum hier interessierenden Zusammenhang gewährt eine Statistik für das Land Sachsen, die den Zeitraum von 1946, als die Lenkung der Zuwanderung begann, bis 1949 erfaßt.

Tabelle 3:
Bevölkerungszusammensetzung und Anteil der Fürsorgeunterstützten *(kursiv)* in Sachsen (1946-1949)

	Juni 1946	Nov. 1946	März 1947	Juni 1947	März 1949
Kern-bevölkerung	4.848.646 *415.329*	4.756.352 *314.498*	4.709.858 *294.534*	4.766.962 *262.266*	4.791.736 *137.547*
Deutsche Ansiedler	551.734 *110.290*	817.252 *142.546*	946.812 *185.602*	897.986 *151.447*	983.232 *113.343*
vorübergehend Anwesende	685.073 *76.136*	74.642 *5.611*	31.635 *568*	35.498 *20*	-
Ausländer / Staatenlose	16.838 *299*	17.416 *299*	15.410 *492*	16.772 *486*	-
Summe	6.102.291 *602.054*	5.665.662 *462.854*	5.703.715 *481.196*	5.717.218 *414.219*	5.774.968 *250.890*

Quellen: BAP DQ-2 3785. 30.6./18.12.46. DQ-2 3786. 24.4./17.7.47. DQ-2 3775. 6.5.49. (Sächsisches Ministerium für Arbeit und Sozialfürsorge). Die Kategorie „Ausländer / Staatenlose“ umfaßte auch die „staatenlosen Ansiedler“. Unter der Kategorie „vorübergehend Anwesende“ wurden „z.B. Umsiedler, Heimkehrer und Insassen von Quarantänelagern“ gefaßt. Im März 1949 werden keine Personen mehr als „Ausländer/Staatenlose“ bzw. „vorübergehend Anwesende“ ausgewiesen.

Seit der Aufhebung des Zuzugsstopps im März 1946[31] war das bevölkerungsreichste Land der SBZ Durchgangs- und Aufnahmegebiet für Tausende von vertriebenen Umsiedlern. Diese werden in Tabelle 3 einerseits als „deutsche Ansiedler“, andererseits als „vorübergehend Anwesende“ gezählt. Bei der zweiten Gruppe handelte es sich zum großen Teil um Sudetendeutsche, für die eine heimatferne Seßhaftmachung in Mecklenburg

31 Just, Regine: Die Lösung der Umsiedlerfrage auf dem Gebiet der Deutschen Demokratischen Republik, dargestellt am Beispiel des Landes Sachsen (1945-1952). Diss. Magdeburg 1985, S. 47.

und Sachsen-Anhalt verfügt worden war.[32] Nach Abschluß ihrer „geregelten Umsiedlung“, die im Juni 1946 begann und im Oktober 1946 endete, verblieb nur ein Bruchteil - 1.450 Personen - in Sachsen. Entsprechend verminderte sich die Zahl der „vorübergehend Anwesenden“, die im November 1946 registriert wurde, auf 74.642 Umsiedler.

Der Anteil der Unterstützungsempfänger an diesen verschiedenen Gruppen der sächsischen Bevölkerung differierte je nach Dauer des Aufenthalts. Für die Umsiedler stieg die Chance, eine Unterstützung zu erhalten, wenn sie sich niederließen und somit von den lokalen Sozialbehörden betreut werden konnten. Im Juni 1946 wurden 15,1 Prozent aller in Sachsen registrierten Umsiedler unterstützt, hierunter 11,1 Prozent der „vorübergehend Anwesenden“ und 20,0 Prozent der „deutschen Ansiedler“. Die 1947 erfaßten 31.635 (März) bzw. 35.448 (Juni) „vorübergehend Anwesenden“ erhielten zu einem sehr geringen Teil Unterstützungszahlungen. Im Juni 1947 waren es nur 20 Fürsorgeempfänger, d.h. 0,06 Prozent der Gesamtzahl. Es muß angenommen werden, daß es sich fast ausschließlich um Lagerinsassen handelte, die Sachleistungen zu ihrer Versorgung erhielten. Im Laufe des Jahres 1947 wurde die Niederlassung zur Voraussetzung für den Unterstützungsempfang.

Besonders große Erfolge erzielten die Ämter für Arbeit und Sozialfürsorge beim Abbau der Unterstützungsbedürftigkeit der „Kernbevölkerung“. In dieser Bevölkerungsgruppe sank die Unterstütztenquote von 8,6 Prozent (Juni 1946) über 5,5 Prozent (Juni 1947) auf 2,9 Prozent (März 1949). Diese Entwicklung korrespondierte mit einem wachsenden Gewicht der Umsiedler an den Unterstützungsempfängern, im März 1949 lag ihr Anteil bei 45,2 Prozent. Dieser für Sachsen erhobene Prozentsatz entsprach dem Mittel, das sich zonenweit seit Anfang 1947 feststellen ließ.[33] Als die Hauptzuwanderung ihren Abschluß gefunden hatte, gehörte fast die Hälfte der Fürsorgeempfänger zu den Umsiedlern.

Keineswegs betrafen die sozialen Folgen des Krieges auf dem SBZ-Gebiet allein die deutsche Bevölkerung, denn es befanden sich dort bei Kriegsende ebenso wie in anderen Gebieten des Reiches zahlreiche ehemalige Kriegsgefangene, die mit anderen Verschleppten zur Gruppe der Displaced Persons (DPs) zusammengefaßt wurden. Die geringe Anzahl von

---

32 BAP DO-1 10, Nr. 13. 1.1.47. ZVU. Verteilung der „600.000 Umsiedler“ aus der CSR: Mecklenburg: 221.028, Sachsen-Anhalt: 205.518, Thüringen: 116.458, Brandenburg: 41.585, Sachsen: 1.450.

33 BAP DQ-5 1579. 24.1.48. DVAS (Rühl). Tätigkeitsbericht 1947. BAP DQ-2 3728. HVAS. Statistische Übersicht über die von der Sozialfürsorge unterstützten Personen von Januar bis August 1948. Der prozentuale Anteil der Umsiedler an der Gesamtzahl der Unterstützten betrug zonenweit im November 1947: 45,4 %, Januar 1948: 47,6 %, Juni 1948: 48,0 %, August 1948: 47,5 %. Vgl. auch HVAS (Hrsg.): Jahrbuch für Arbeit und Sozialfürsorge. Bd. 2: 1947/48. Berlin 1948, S. 313.

„Ausländern und Staatenlosen" im Juni 1946 verdeutlicht, daß die Repatriierung der DPs in der SBZ ebenso zügig wie in den Westzonen durchgeführt worden war.[34] Ein Unterstützungsempfang war für diese besonders betroffenen Opfer der nationalsozialistischen Verbrechen so gut wie ausgeschlossen, wie die geringe Zahl von 299 Unterstützten belegt. Sowohl die anfangs geltende RFV als auch Fürsorgeverordnung vom 22. April 1947 schränkten der Leistungsanspruch auf „hilfsbedürftige Deutsche"[35] bzw. auf die deutsche Bevölkerung[36] ein. Für Ausländer fehlte die rechtliche Grundlage für einen Leistungsempfang.

Im Folgenden soll der Frage nachgegangen werden, warum die Umsiedler auch nach ihrer Ansiedlung und Seßhaftwerdung in besonderem Maße zur Klientel der Sozialfürsorge gehörten. Da die Berechtigung zum Unterstützungsempfang in engem Zusammenhang mit der Feststellung der Arbeitsunfähigkeit stand, soll dieses grundsätzliche Kriterium in bezug auf die Flüchtlingsbevölkerung untersucht werden. Es gilt, den Kreis der potentiellen Erwerbspersonen von demjenigen der Nichterwerbspersonen, d.h. der Altersrentner, Invaliden und Kinder, die keine Arbeit suchten, abzugrenzen. In Anbetracht einer weitgehenden Arbeitseinsatzpflicht in der SBZ handelte es sich bei ersterer Gruppe um die arbeitsfähigen Meldepflichtigen, d.h. alle Frauen zwischen 15 und 50 und alle Männer zwischen 14 und 65 Jahren. Nur die Nichterwerbspersonen waren nicht meldepflichtig und wurden nicht als Arbeitsfähige gezählt (s. auch Kapitel I., 2.). Die Statistiken über den Anteil der arbeitsfähigen Meldepflichtigen an der Gesamtzahl der Umsiedler machen somit eine Aussage über die Arbeitsfähigenquote.

Erste Angaben zur Arbeitsfähigkeit lagen im Dezember 1946 vor. Zu diesem Zeitpunkt wurden zonenweit 41,6 Prozent der Umsiedler als Arbeitsfähige erfaßt.[37] In Sachsen waren es sogar nur 21 Prozent. Diese niedrigen Prozentsätze beruhten darauf, daß die Aufnahme der Umsiedler aus den polnischen Gebieten Ende 1946 noch im Gange war, so daß die Regi-

---

34 Jacobmeyer, Wolfgang: Vom Zwangsarbeiter zum heimatlosen Ausländer. Die Displaced Persons in Westdeutschland 1945-1951 (Kritische Studien zur Geschichtswissenschaft, Bd. 65). Göttingen 1985, S. 82-86. Zur Zwangsarbeit in Sachsen, wo es eine Reihe rüstungsrelevanter Betriebe gab, vgl. Külow, Marion (Bearb.): Archivalische Quellennachweise zum Einsatz von ausländischen Zwangsarbeitern und Kriegsgefangenen während des Zweiten Weltkrieges (Zwangsarbeiter-Inventar), (Veröffentlichungen des Sächsischen Staatsarchivs Leipzig, Bd. 4). Leipzig ^{2}1994, S. I-III.

35 RGBl. I. 1924, S. 101. Verordnung über die Fürsorgepflicht vom 13. Februar 1924 (§ 7,1).

36 ZVOBl. 1947, S.55 ff. Anlage zum SMAD-Befehl Nr. 92 vom 22. April 1947. Verordnung über Sozialfürsorge in der sowjetischen Besatzungszone Deutschlands (§ 1).

37 BAP DO1-10, Nr. 13. ZVU. Arbeitsfähige Umsiedler. Stand: 1.12.46; auch zitiert bei: von Plato/Meinicke, S. 90.

strierung bei den Arbeitsämtern erst zum Teil durchgeführt war.[38] Die auf einmal aufzunehmende große Zahl an Umsiedlern überforderte die Kapazitäten der zuständigen Arbeitsämter. Der Rückstau konnte im Laufe des Jahres 1947 bewältigt werden, so daß sich die Zahl der arbeitsfähigen, meldepflichtigen Umsiedler in der SBZ von 1.507.446 (Dezember 1946) auf 2.138.026 (Dezember 1947) erhöhte.[39] Für die Entwicklung war der Zeitraum zwischen März 1947 und Juni 1947 beispielhaft: Hier ging zwar die Gesamtzahl der Umsiedler von 4.197.948 auf 4.144.586 leicht zurück, dagegen erhöhte sich die Zahl derer, die als arbeitsfähig eingestuft wurden, von 1.761.675 auf 1.940.003 Registrierte. Im Dezember 1947 lag der Anteil der arbeitsfähigen Meldepflichtigen an der Gesamtzahl der Umsiedler bei 48,2 Prozent. Er stieg bis Januar 1949 auf 49,8 Prozent.[40] Dieser Prozentsatz lag weit unter der von Zank für die gesamte SBZ-Bevölkerung ermittelten Arbeitsfähigenquote, die sich 1946 auf 60,1 Prozent und 1950 auf 61,9 Prozent beziffern läßt.[41]

Von den Anfang 1949 registrierten 2,15 Millionen arbeitsfähigen Umsiedlern standen nur 1,49 Millionen in einem Beschäftigungsverhältnis, während rund 660.000 zwar meldepflichtig, aber nicht erwerbstätig waren.[42] Diese nicht erwerbstätigen Erwerbspersonen (diese waren von den Nichterwerbspersonen zu unterscheiden) galten nicht alle als Arbeitslose. Der größte Teil unter ihnen konnte Gründe zur Befreiung von der Einsatzpflicht geltend machen. Daher wurden sie von den Behörden auch als „nicht einsatzfähig" eingestuft. Es handelte sich zum großen Teil um alleinerziehende Frauen (vgl. Tabelle 7). Im nächsten Kapitel wird auf die Bedingungen, unter denen man eine Arbeitsaufnahme ablehnen konnte, eingegangen. Nur 72.419 Meldepflichtige waren als Arbeitslose registriert, d.h. diesen unmittelbar verfügbaren Arbeitskräften konnte trotz ihrer Arbeits- und Einsatzfähigkeit keine Arbeit zugewiesen werden. Die Arbeitslosenquote unter den Umsiedlern lag somit bei nur 3,4 Prozent, obgleich 1949 nur 34,4 Prozent der Gesamtzahl bzw. 69,2 Prozent der arbeitsfähigen Umsiedler in einem Beschäftigungsverhältnis standen. Sowohl die niedrigere Zahl der Arbeitsfähigen als auch der hohe Anteil der vom Arbeitseinsatz Freigestellten

---

38 BAP DO1-10, Nr. 13. [Dezember 1946]. ZVU, Abt. Statistik. Statistischer Bericht zur Arbeitsfähigkeit der Umsiedler.

39 BAP DQ-2 3799. 23.3.48. DVAS, Abt. Erfassung und Statistik (Donau). Vierteljährliche Entwicklung der Umsiedlerzahlen.

40 BAP DO1-10, Nr. 19. 19.4.49. DVdI, HA Umsiedler. Arbeitseinsatz der Umsiedler.

41 Zank, S. 33.

42 Vergleichbare Zahlenangaben: ebd., S. 151; Barthel, Horst: Die wirtschaftlichen Ausgangsbedingungen der DDR. Zur Wirtschaftsentwicklung auf dem Gebiet der DDR 1945-1949/50 (Forschungen zur Wirtschaftsgeschichte, Bd. 14). Berlin (DDR) 1979, S. 181.

zeigen, daß vor allem mobile Arbeitskräfte, z.B. junge, ledige Männer, die SBZ verließen und in die Westzonen weiterzogen.[43]

Der hohe Umsiedleranteil an der fürsorgeunterstützten Bevölkerung läßt sich ferner auf den Zusammenhang zwischen der geographischen Ansiedlung während der Hauptzuwanderungsphase und der Verfügbarkeit von Arbeitsplätzen zurückführen. Die Umsiedler ließen sich bis Oktober 1946 zu 86 Prozent in Landkreisen und zu 14 Prozent in Stadtkreisen nieder.[44] Aufgrund der verstärkten Einweisung nach Sachsen im Zuge der gelenkten Ansiedlung der Jahre 1947/48 und dem Beginn der Binnenumsiedlung bzw. -wanderung ist anzunehmen, daß sich dieses Verhältnis leicht zugunsten der urbanen Gebiete verschob. 1949 stellte ein Bericht der HVAS zur Bevölkerungsstruktur bezüglich der Arbeitsmarktintegration fest: „Von etwa 890.000 heute in der Landwirtschaft unselbständig Beschäftigten kann man fast 50 % Umsiedler rechnen, das sind ca. 25 % der überhaupt beschäftigten Umsiedler."[45] Darüber hinaus erhielten bis 1949 mindestens 85.000 Umsiedler[46] eine Neubauernstelle im Zuge der Bodenreform. Ursprünglich waren jedoch lediglich 17,2 Prozent der aus der CSR stammenden Umsiedler und 22,3 Prozent derjenigen aus den polnischen Gebieten im Agrarsektor beschäftigt gewesen. Dieser Vergleich der Beschäftigungsverhältnisse vor und nach der Vertreibung verdeutlicht die Fehlallokation der Arbeitskräfte bei der Zuwanderung bis Ende 1946.

Die Priorität der Arbeitsbehörden lag nach der erfolgten Ansiedlung auf der schnellstmöglichen Eingliederung in den Arbeitsprozeß. Oftmals wurden die Umsiedler unmittelbar gegen Gewährung von freier Kost und Logis als Landarbeiter beschäftigt, zum Teil unter sozial unwürdigen Bedingungen: „Sie fristen gewöhnlich ein Sklavendasein; arbeiten für Essen und Trinken, sind nicht in der Sozialversicherung und bilden im übrigen einen politischen Gefahrenherd, weil sie sich in den meisten Fällen von dem Gedanken einer möglichen Rückkehr in ihre alte Heimat noch nicht freigemacht haben."[47] Zumeist bestand kein festes Arbeitsverhältnis, sondern die Landarbeiter wurden lediglich saisonal während der Aussaat und der Erntearbeiten

---

43 von Plato/Meinicke, S. 91.

44 Zank, S. 145. Tabelle 21.

45 BAP DQ-2 3727. 9.3.49. HVAS. Wandel der Bevölkerungsstruktur in Beziehung zum Zweijahresplan.

46 ebd.; vgl. auch: Bauerkämper, Arnd: Problemdruck und Ressourcenverbrauch. Wirtschaftliche Auswirkungen der Bodenreform in der SBZ/DDR (1945-1952), in: Buchheim, Folgelasten, S. 302. Bauerkämper beziffert die Zahl der Umsiedler-Neubauern bis Oktober 1947 auf 85.700; Zank, S. 149, auf 88.000 (bis Juli 1948); Meinicke, Bodenreform, S. 63, gibt als Gesamtzahl bis zum Ende der Bodenreform 91.155 an, wobei hier möglicherweise die Aufgabe von Neubauernstellen unberücksichtigt bleibt, vgl. dazu die Ausführungen im folgenden Kapitel.

47 BAP DQ-2 3727. 9.3.49. HVAS. Wandel der Bevölkerungsstruktur in Beziehung zum Zweijahresplan.

beschäftigt. Die Beschäftigung im Agrarsektor bedeutete eine schnelle, aber keineswegs eine dauerhafte Eingliederung in den Arbeitsprozeß.

In bezug auf die besonders angespannte Lage in Mecklenburg bemerkte ein Mitarbeiter der HVAS 1949, „dass bei dem ausgesprochenen Agrarcharakter dieses Landes ein Verbleiben dieser Menschen nur möglich ist, wenn entweder die Grundlagen seines Wirtschaftslebens geändert werden oder die Menschen in andere Länder der Zone gebracht werden, die vom Standpunkt einer berufsmässig richtigen Unterbringung der geeignete Platz wären."[48] Die berufsfremde Arbeitsunterbringung hatte zum einen die beschriebene Fluktuation der Arbeitskräfte in den landwirtschaftlichen Betrieben zur Folge, die immer wieder zum temporären Unterstützungsempfang führte. Zum anderen war der bedeutende Anteil der Umsiedler, der vormals im gewerblichen Sektor beschäftigt war, am Ort der Ansiedlung nicht in Arbeit zu vermitteln.[49]

1.3. Die Gesamtentwicklung und regionale Verteilung der Armut

Eine quantitative Übersicht der Entwicklung des Fürsorgeempfangs in der SBZ-Periode läßt in mancherlei Hinsicht an Differenzierung zu wünschen übrig. Die folgende Statistik (Tabelle 4) weist nur die Gesamtzahl der von der Sozialfürsorge unterstützten Personen aus. Hierbei bleibt offen, wie hoch der jeweilige prozentuale Anteil der voll unterstützten und derjenige der teil- oder zusatzunterstützten Leistungsempfänger war. Letztere erhielten in Ermangelung eines ausreichenden Arbeitsentgelts bzw. im Fall einer zu geringen Rente eine ergänzende monetäre Unterstützung. Empfänger solcher subsidiärer Unterstützungsleistungen waren zum Beispiel Heimgewerbetreibende, deren Arbeitsverdienst unter dem Niveau der Fürsorgerichtsätze lag.[50] Auch für die Landarbeit war charakteristisch, daß eine „Verschiebung der Unterstützungsempfänger von Zusatzunterstützungsempfängern zu Vollunterstützungsempfängern aus jahreszeitlichen Gründen"[51] erfolgte.

Bis Juni 1946 lagen nur aus einzelnen Ländern Angaben über die Zahl der Fürsorgeempfänger vor. Die mangelnden Erfassungskapazitäten der Behörden hatten zur Folge, daß eine Registrierung der Unterstützten bzw. eine Meldung zur Zentralverwaltung nach Berlin nicht erfolgten. Die Voraussetzung zur Erstellung einer zonenweiten Statistik war die Funktions-

---

48 ebd.

49 von Plato/Meinicke, S. 66.

50 BAP DQ-2 3726. 13.7.48. Sächsisches Ministerium für Arbeit und Sozialfürsorge. Statistik der Sozialen Fürsorge.

51 BAP DQ-2 3728. 7.6.49. HVAS, Abt. Sozialfürsorge. Zwischenbericht über die Entwicklung der Sozialfürsorge aufgrund der Statistik März/April 1949.

tüchtigkeit des hierarchischen Behördenapparats. Solange hier personelle Engpässe und andere Mängel bestanden, wurde die vorhandene Armut nicht aktenkundig. Eine vollständige statistische Erfassung ist ohnehin unmöglich, weil es stets einen Anteil „verschämter Armer“ gibt, der die behördlichen Leistungen nicht in Anspruch nimmt.

Tabelle 4:
Zahl der Fürsorgeunterstützungsempfänger in der SBZ/DDR (ohne Berlin) 1946-1954 [in Tausend Personen]

Jahr	Jan.	Febr.	März	April	Mai	Juni	Juli	Aug.	Sept.	Okt.	Nov	Dez.
1945												
1946						1.031						1.071
1947	1.103	1.137	1.158	1.116	1.067	1.059			1.005	989	996	
1948	1.016	1.058	1.024	965	908	867	807	808	804	778		521
1949												
1950	565	571	577									527
1951												490
1952	490				495				427			434
1953	439											316
1954			314			283						

Quellen: BAP DQ-2 3716. 16.2.47. Kostenvoranschlag für die SBZ bei der Einführung der Unterstützungsrichtsätze [Jahresmittel 1946], DQ-2 3728. 2.9.48. Die Entwicklung der Sozialfürsorge in der SBZ seit 1945 [Juli 1946; Verifikation für 1947, 1948], SAPMO, ZPA, NL-182 1159. Fürsorgestatistik [Januar-Juni 1947], BAP DQ-2 3788. 8.9.48. Fürsorgestatistik [Januar-August 1948, September, Oktober handschriftlich ergänzt], BAP DQ-2 3737. 17.5.50. Fürsorgestatistik [Januar-März 1950], BAP DQ-2 780. 16.9.52. Gestaltung der Sozialfürsorge entsprechend der ökonomischen Entwicklung [Mai 1952], SAPMO, ZPA, IV 2/611/84. Statistik der Sozialfürsorge [jeweiliger Stand am 31. Dezember, 1950-1954], BAP DQ-2 846. 4.2.53. Bericht über Maßnahmen zur Einführung des Sparsamkeitsprinzips in der Sozialfürsorge [Januar/Oktober 1952], BAP DQ-2 780. 12.3.53. Bericht zur Begründung der Ausnahmeregelung des Ministerratsbeschlusses vom 20. Dezember 1952 [Dezember 1952, Januar 1953].

Insbesondere in der Hauptzuwanderungsphase war von einer Unstetigkeit in der Unterstützungsbewilligung wegen der hohen Fluktuation der Flüchtlingsbevölkerung auszugehen, wie am Beispiel Sachsens gezeigt wurde. Auch die saisonale Beschäftigung führte zu einem kurzzeitigen, temporären Unterstützungsempfang. In Anbetracht dieser Umstände lag die Gesamtzahl der Unterstützten zwischen Januar 1947 bis zum Frühjahr 1948 auf einem erstaunlich konstanten Niveau. Die knapp über einer Million liegende Zahl ließ sich auf das anhaltende Einströmen von Umsiedlern bei gleichzeitiger erfolgreicher Arbeitsvermittlung zurückführen. Erst im Laufe des Jahres 1948 gelang es, die Zahl der Unterstützungsempfänger nachhaltig zu senken. Der Beitrag der im Juli 1948 eingeführten Rentenzahlungen an Invalide sowie Hinterbliebene von Kriegstoten zur Entlastung der Sozialfürsorge muß als gering eingestuft werden, da der Stand der Monate August und

September von rund 800.000 Unterstützungsempfängern bereits bei Inkrafttreten der Verordnung im Juli erreicht war. Diesen Befund erhärtet die Feststellung der HVAS, daß die Renten zahlreicher „Zusatzunterstützungsempfänger [...] nach der neuen Kriegsrentenverordnung häufig unter dem Richtsatz liegen",[52] so daß sie subsidiäre Unterstützungsleistungen erhielten.

Die einschneidende Senkung auf 521.000 Fürsorgeemfänger im Dezember 1948 beruhte auf einer Änderung der Anspruchsvoraussetzungen, die es im folgenden Kapitel zu untersuchen gilt. Für das Jahr 1949 liegen keine nach Monaten differenzierenden Angaben vor, jedoch läßt sich der Jahresdurchschnitt bei regionalen und saisonalen Schwankungen[53] auf ca. 576.000 beziffern.[54] Bis Anfang der 1950er Jahre änderte sich das Ende 1948 erreichte Niveau kaum; erst im Zuge des „Aufbau des Sozialismus" 1952/53 gelang es, den Kreis der Fürsorgeempfänger erneut entscheidend zu vermindern.[55]

Tabelle 5:
Gesamtzahl der Unterstützungsempfänger und Unterstütztenquote (*kursiv*) nach Ländern der SBZ (1946-1948)

	Sachsen	Sachsen-Anhalt	Thüringen	Brandenburg	Mecklenburg	SBZ
Juni 1946	491.565	296.702	55.777	100.975	85.669	1.030.688
Dezember 1946	467.051 *8,3 %*	272.448 *6,4 %*	155.664 *5,2 %*	90.496 *3,6 %*	84.986 *4,0 %*	1.070.645 *6,1 %*
Januar 1948	360.841	308.849	142.366	98.630	106.124	1.015.810
Oktober 1948	253.299 *4,4 %*	244.599 *5,6 %*	116.724 *3,9 %*	73.154 *2,8 %*	89.872 *4,3 %*	777.648 *4,3 %*
Dezember 1948	142.659 *2,4 %*	157.419 *3,7 %*	75.245 *2,5 %*	79.766 *3,0 %*	65.429 *3,0 %*	520.518 *2,9 %*

Quellen: BAP DQ-2 3785. DVAS. Bericht über hilfsbedürftige Unterstützungsempfänger [Juli 1946]; DQ-2 3716. 16.2.47. DVAS (Rühl). Kostenvoranschlag für die SBZ bei der Einführung der Unterstützungsrichtsätze [Dez. 1946]; DQ-2 3728. 8.9.48. HVAS. Fürsorgestatistik 1948 [Jan. 1948]; DQ-2 3788. HVAS. Fürsorgestatistik Oktober 1948. DQ-2 3738. HVAS. Statistik der Fürsorgeempfänger. Stand: 1.12.48.
Die Differenz zur Tabelle 3 in bezug auf die Zahl der registrierten Unterstützten in Sachsen (Juni 1946) liegt vermutlich größtenteils darin begründet, daß hier nur die unter-

52 BAP DQ-2 3728. 10.1.49. HVAS (Hartung). Bericht über die Entwicklung der Sozialfürsorge aufgrund der Fürsorgestatistik im November 1948.

53 Die Zahl der Unterstützungsempfänger erhöhte sich etwa in Sachsen von 142.659 im Dezember 1948 auf 250.890 im März 1949, vgl. BAP DQ-2 3775. 6.5.49. Sächsisches Ministerium für Arbeit und Sozialfürsorge. Einwohnerstand nach der Statistik vom März 1949.

54 BAP DQ-2 3739. 24.2.50. Ministerium für Arbeit (Abt. Sozialfürsorge). Aufstellung der Frauen, die von der Sozialfürsorge Unterstützung erhalten.

55 vgl. Kapitel III., 2.

stützten Ansiedler erfaßt sind, nicht jedoch die temporär unterstützten „vorübergehend Anwesenden“. Als im November 1946 die Fürsorgestatistik infolge einer zurückgehenden Bevölkerungsfluktuation eine größere Genauigkeit aufweist, weicht die Angabe kaum mehr von dem für Dezember 1946 erfaßten Wert ab.

Bevor im nächsten Kapitel die spezifischen Arbeitsmarktstrategien zur Beseitigung des Unterstützungsproblems betrachtet werden, soll der mögliche Zusammenhang zwischen der Lenkung der Umsiedler und der regionalen Verteilung der Armut untersucht werden. Die in Tabelle 5 erfaßte Unterstütztenquote, d.i. der jeweilige Anteil der Unterstützungsempfänger an der Gesamtbevölkerung, differierte Ende 1946 recht stark nach Ländern der SBZ. In Sachsen empfingen 8,3 Prozent der Bevölkerung Unterstützungsleistungen. In dem bevölkerungsreichsten Land der SBZ lebte gleichzeitig fast die Hälfte aller Unterstützten, obgleich es prozentual am wenigsten Umsiedler aufnahm. Wie im Vorangehenden dargestellt, konnten die größten Erfolge bei der Arbeitsintegration der Kernbevölkerung erzielt werden, so daß der Anteil der Umsiedler an den Fürsorgeempfängern kontinuierlich stieg.[56] Es bleibt die Frage offen, ob sich angesichts der demgegenüber niedrigen Unterstütztenquote in Mecklenburg (Dezember 1946 = 4,0 Prozent) tatsächlich ein Zusammenhang zwischen der Lenkung der Umsiedler und der in verschiedenen Regionen registrierten Zahl der Unterstützungsempfänger herstellen läßt.

Die Quellenlage läßt für die Jahre 1947/48 in Sachsen und Sachsen-Anhalt einen horizontalen Querschnitt zur Untersuchung der Unterstützten- und Umsiedlerquoten einzelner Stadt- und Landkreise zu. Im Dezember 1947[57] lagen die Werte in den sächsischen Großstädten, die wegen Wohnraummangel kaum Vertriebene aufzunehmen hatten, zwischen ca. 5 Prozent (Dresden) und 8 Prozent (Chemnitz), so daß der Landesdurchschnitt von 6,2 Prozent einenteils unterschritten, andernteils überschritten wurde. Die absolut höchste Umsiedler- und Unterstütztenquote in Sachsen hatte der an der Neißegrenze gelegene Stadtkreis Görlitz (10,4 Prozent). Da die Stadt weitgehend unbeschädigt blieb, bot sie einerseits für zahlreiche Umsiedler

56 BAP DQ-2 3755. 14.2.51. Ministerium für Arbeit Sachsen-Anhalt, Abt. Sozialwesen. Bericht über den Stand der Sozialfürsorge in den Jahren 1948, 1949 und 1950 im Lande Sachsen-Anhalt. Erst ab 1949 läßt sich in Sachsen-Anhalt eine gegenläufige Tendenz beobachten. Der Anteil der Umsiedler an der Gesamtzahl der Unterstützten sank bei gleichzeitigem starken Abbau des Unterstützungsempfangs (Dezember 1948: 63,2 Prozent von 222.914 Unterstützten, Dez. 1949: 58,1 Prozent von 160.151, Dez. 1950: 51,9 Prozent von 138.029).

57 BAP DQ-2 3752. 6.2.48. Sächsisches Ministerium für Arbeit und Sozialfürsorge, HA Sozialfürsorge und Sozialversicherung. Verhältnis der Zahl der Fürsorgeunterstützungsempfänger zur Zahl der Einwohner. Stand: 31.12.1947.

Wohnraum. Sie bildeten fast ein Drittel der Bevölkerung von Görlitz.[58] „Andererseits ist [die Stadt] infolge ihrer Lage hart an der Grenze und des fehlenden Hinterlandes wirtschaftlich besonders schlecht gestellt."[59] Das Görlitzer Amt für Arbeit und Sozialfürsorge beklagte deshalb die andauernde strukturell bedingte Arbeitslosigkeit.

Ähnlich hohe Unterstütztenanteile wie Görlitz verzeichneten die in der Nähe der Grenze zu Nordböhmen gelegenen Landkreise Dippoldiswalde (10,3 %), Freiberg (10 %) und Flöha (9,4 %). Gemessen am Schnitt der sächsischen Landeskreise, hatten sie einem mittleren Anteil an Umsiedlern.[60] Trotz ihrer Nachbarschaft zum Sudetenland zählten die Kreise im Erzbergbaugebiet Aue (2,6 %), Auerbach (4,6 %) und Annaberg (5,1 %) wegen der dort vorgenommenen forcierten Arbeitsintegration zu denjenigen Sachsens mit den niedrigsten Unterstütztenquoten. Gleichzeitig gehörten auch die Umsiedlerquoten zu den niedrigsten des Landes.[61] Wegen Wohnraumknappheit siedelten die Behörden arbeitsunfähige Personen aus, darunter zahlreiche Unterstützungsempfänger. Das Erzbergbaurevier hatte hier, wie in vielerlei anderer Hinsicht, eine Ausnahmestellung.

In den bevölkerungsarmen Landkreisen Sachsens, wie etwa Hoyerswerda (3,2 %), Weißwasser (4 %) und Zittau (4,4 %), die alle drei in der Nähe der deutsch-polnischen Grenze lagen, waren die Unterstütztenquoten ebenso niedrig wie im Erzbergbaugebiet. Gleichzeitig lagen, zumindest in den Kreisen Weißwasser (28,8 %) und Zittau (29,2 %), die Umsiedlerquoten ausgesprochen hoch. Da diese grenznahen ostsächsischen Kreise einen niedrigen Stand an Unterstützten hatten, läßt weder die Grenznähe noch der hohe Anteil an Umsiedlern auf eine besonders hohe Unterstütztenquote schließen. Eindeutige Folgerungen zur regionalen Verteilung der Armut lassen diese Beobachtungen nicht zu. Bemerkenswert erscheint vor allem, daß in dem urban geprägten, industrialisierten Sachsen kein markantes Gefälle bei der Unterstütztenquote der Stadt- und Landkreise festzustellen ist.

Auch in Sachsen-Anhalt lassen sich in einzelnen Kreisen Umsiedler- und Unterstütztenquote miteinander vergleichen. Die Untersuchung dieses

---

58 Jahn, Manfred: Sachsen als Durchgangs- und Aufnahmeland für zwangsausgesiedelte Deutsche, in: Wille, Manfred (Hrsg.): 50 Jahre Flucht und Vertreibung. Gemeinsamkeiten und Unterschiede bei der Aufnahme und Integration der Vertriebenen in die Gesellschaften der Westzonen/Bundesrepublik und der SBZ/DDR. Magdeburg 1997, S. 159. Grundlage ist die Tabelle zur „Ansiedlung von vertriebenen Deutschen im Land Sachsen (Stand: 30.9.1947)".

59 BAP DQ-3752. 28.6.48. Landesregierung Sachsen, Ministerium für Arbeit und Sozialfürsorge, HA Sozialfürsorge und Sozialversicherung an die HVAS.

60 Jahn, S. 159. Die Umsiedlerquote betrug in Flöha 16, 4 %, in Freiberg 19,4 % und in Dippoldiswalde 22,8 %. Der Schnitt der sächsischen Landkreise lag bei 19,7 %.

61 ebd., S. 160. Aue: 7,7 %, Annaberg: 10,2 %, Auerbach: 15,0 % (der letztere Landkreis weicht leicht ab).

Landes erscheint umso angebrachter, weil es mit seiner dualistischen Wirtschaftsstruktur - industrielle und agrarische Kreise - einen die SBZ insgesamt prägenden Nord-Süd-Gegensatz auf seinem Landesgebiet vereinigte. Ferner spiegelte die dortige Umsiedlerquote relativ genau den Zonenschnitt wider: Im April 1949 lag sie bei 24,4 Prozent, in der SBZ waren es 24,2 Prozent.[62] Im Vergleich zu Sachsen waren die Unterschiede der Unterstütztenquoten zwischen Stadt- und Landkreisen ausgeprägter.[63] In den größten Städten des Landes (Halle: 3,1 %, Magdeburg: 3,4 % und Dessau: 4,4 %) lag die Quote niedriger als der Landesschnitt von 5,6 Prozent. Der Anteil der ansässig gewordenen Umsiedler in den genannten Städten bewegte sich zwischen 4,2 Prozent (Magdeburg) und 6,1 Prozent (Dessau), d.h. er war erheblich niedriger als der Landesdurchschnitt von 32,9 Prozent. Entsprechend hoch mußte die Umsiedlerquote in den ländlichen Gebieten liegen. Die höchsten Werte erreichten die nördlichsten Kreise des Landes, d.h. Osterburg (44,6 %), Salzwedel (44,1 %) und Stendal (41,4 %). In diesen Kreisen lag der Anteil der Fürsorgeempfänger an der Kreisbevölkerung zwischen 6,9 und 8,8 Prozent, d.h. höher als in den Stadtkreisen, allerdings nicht in dem Maße, wie es die Umsiedlerquote vermuten ließe. Andere sachsen-anhaltinische Kreise mit einem mittleren Gewicht an aufgenommenen Umsiedlern (z.B. Weißenfels mit 31,3 % Umsiedlern und 12,6 % Unterstützten; Bernburg mit 37,7 % Umsiedlern und 10,1 % Unterstützten) wiesen die höchsten Unterstütztenquoten auf.

Anhand dieser differenzierten Betrachtungen läßt sich in den beiden Ländern, in denen ungefähr zwei Drittel aller Unterstützungsempfänger der SBZ wohnten, feststellen, daß zwischen der Umsiedlerquote und der Unterstütztenquote keine eindeutige Übereinstimmung bestand. Lediglich für die Städte - mit dem Ausnahmefall Görlitz - kann festgestellt werden, daß eine geringe Zuweisung an Flüchtlingen mit einer niedrigen Unterstütztenquote korrespondierte. Die Beobachtung, daß SBZ-weit der größte Teil der Unterstützten Umsiedler waren, läßt folglich nicht den Schluß zu, daß es in den Hauptzuweisungsgebieten auch die höchsten Unterstütztenquoten gab. Demzufolge ist von einer mangelhaften Erfassung und Versorgung der potentiell Bedürftigen in den ländlichen Gebieten auszugehen.

Für diese Feststellung spricht die durchweg niedrige Anzahl registrierter Unterstützungsempfänger in Mecklenburg, das unter allen deutschen Ländern prozentual am meisten Flüchtlinge und Vertriebene aufnahm. Die dortige landesweite Umsiedlerquote war ebenso hoch wie diejenige in den

---

62 Hoffmann/Wille/Meinicke, S. 19.

63 BAP DQ-2 3775. Ministerium für Arbeit und Sozialwesen Sachsen-Anhalt. Anteil der Umsiedler an der Gesamtbevölkerung. Anteil der Fürsorgeempfänger an der Gesamtbevölkerung. Stand: 30. September 1948.

Landkreisen im Norden Sachsen-Anhalts. Zur niedrigen Unterstütztenquote erklärte die DVAS, daß die ca. 85.000 Registrierten „nur der wirklich unterstützte Personenkreis" seien, „die Gesamtzahl derer, die unterstützt werden müßte, ist erheblich größer."[64] Die Zubilligung der Unterstützung hing vom lokalen Lohnniveau ab. Dieses war im Agrarsektor besonders niedrig, mit der Folge, daß die Niedriglöhne die Unterstützungssätze und -quote nach unten drückten. Außerdem war die Bewilligungspraxis der kommunalen Sozialbehörden entscheidend. Fehlte es dem Fürsorgeträger an finanziellen Mitteln, sank die Höhe der Leistungen und die Zahl der Bewilligungen. Beide Kriterien hatten den größten Einfluß auf die Entwicklung der Unterstütztenzahlen, was in Kapitel I., 4. ausführlich untersucht wird.

Im Vergleich zur saisonalen Beschäftigung in der Landwirtschaft, die den Abbau der Unterstütztenzahlen kaum langfristig beeinflußte, konnten im Sekundärsektor dauerhafte Arbeitsplätze angeboten werden. Aus diesem Grund erzielten die Arbeits- und Sozialbehörden in den industriellen Gebieten, d.h. in Sachsen und Teilen Sachsen-Anhalts, die größten Erfolge beim Abbau des Unterstützungsempfangs. Im Dezember 1948 lag die sächsische Unterstütztenquote bereits unterhalb derjenigen der Agrarländer Mecklenburg und Brandenburg (vgl. Tabelle 5). Dies leitet zu den bei der Arbeitsintegration beschrittenen Wegen über.

2. EINBEZIEHUNG DER FÜRSORGEEMPFÄNGER IN DEN ARBEITSPROZEß

2.1. Unterstützungsbezug und Arbeitsvermittlung

In der SBZ wie in den westlichen Besatzungszonen stand in der Nachkriegszeit die optimale Ausnutzung des Produktionsfaktors „Arbeit" im Mittelpunkt der Anstrengungen der Besatzungsmacht und der deutschen Verwaltungen. Ideologisch wurde dies im Gebiet der nachmaligen DDR besonders aufgewertet, wie es 1949 die Vizepräsidentin der HVAS Jenny Matern pointiert ausdrückte: „Wir vertreten als eines der Grundrechte das Recht auf Arbeit, das selbstverständlich die Pflicht zur Arbeit einschließt. Wir wissen, dass dabei noch viel Erziehungsarbeit geleistet werden muss, ehe alle unsere Mitbürger zu der Überzeugung kommen, dass jeder zur gesellschaftlichen Arbeit verpflichtet ist."[65] Als eine der „sozialen

64 BAP DQ-2 3716. 16.2.47. DVAS (Rühl). Kostenvoranschlag für die SBZ bei der Einführung der Unterstützungsrichtsätze.

65 BAP DQ-2 3387. 7.1.49. HVAS (Matern) an den sächsischen Arbeitsminister Gäbler.

Gewährungen des Staates"[66] verankerte die DDR-Verfassung von 1949 in Artikel 15 das Recht auf Arbeit als Grundrecht. Als solches stand es zum ersten Mal in einer deutschen Verfassung und stellte ein positives gesellschaftsbezogenes Gestaltungsrecht dar. Im „Gesetz der Arbeit" vom 19. April 1950 verpflichtete sich der Staat schließlich, jedem Bürger der DDR einen seinen Fähigkeiten entsprechenden und zumutbaren Arbeitsplatz nachzuweisen.[67]

Die von sowjetischen Vorstellungen dominierte Arbeitsmarktpolitik der Nachkriegszeit zielte auf eine Totalmobilisierung der Arbeitskräfte. Die systematische Erfassung der arbeitsfähigen Bevölkerung begann im September 1945.[68] Mit der Wiedereinführung eines Arbeitsbuches knüpfte die SMAD an die Praxis der nationalsozialistischen Arbeitskräftelenkung an.[69] Die Gewerkschaften betonten zwar, daß ihre grundsätzliche Auffassung dahin gehe, daß das Arbeitsbuch nicht erforderlich sei und bei der nächsten Gelegenheit abgeschafft werden müsse. Dennoch könne „unter den heute noch obwaltenden Umständen" nicht darauf verzichtet werden.[70]

Das Arbeitsbuch diente der Erfassung des beruflichen Werdegangs aller unselbständigen Beschäftigten. Als solche galten auch Heimarbeiter und Heimgewerbetreibende, daher waren auch alle mithelfenden Familienangehörigen, außer der Ehefrau und den minderjährigen Kindern, arbeitsbuchpflichtig.[71] Die effektive Nutzung des Arbeitsbuches verzögerte sich dadurch, daß es wegen Papiermangels nicht in ausreichender Zahl gedruckt werden konnte. Zunächst führten es nur einige sächsische Arbeitsamtsbezirke ein. Erst 1948 vermochte es eine entscheidende Rolle bei der Arbeitskräftelenkung zu spielen, nachdem ein halbes Jahr zuvor den sächsischen Behörden für Arbeit und Sozialfürsorge die Herstellung für die

66 Roggemann, Herwig: Die DDR-Verfassungen: Einführung in das Verfassungsrecht der DDR; Grundlagen und neuere Entwicklung. Berlin [4]1989, S. 47.

67 Gesetzblatt (GBl.) der DDR 1950, S. 350. Gesetz der Arbeit zur Förderung und Pflege der Arbeitskräfte, zur Steigerung der Arbeitsproduktivität und zur weiteren Verbesserung der materiellen und kulturellen Lage der Arbeiter und Angestellten vom 19.4.50 (§ 1).

68 BAP DX-1. Befehl 16/1945 vom 15.9.45. Herbeiführung eines planmäßigen (organisierten) Arbeitseinsatzes der arbeitsfähigen Bevölkerung in der Sowjetischen Besatzungszone Deutschlands.

69 Zank, S. 86-87. Frerich/Frey, Bd. 2, S. 36.

70 BAP DQ-2 254. 15.5.46. DVAS (Juristische Abteilung). Bericht über die Tagung der arbeitsrechtlichen Kommission des FDGB vom 9. und 10. Mai 1946.

71 AuS 2 (1947), H. 3, S. 38-42. Verordnung über die Wiedereinführung des Arbeitsbuches und die Einführung einer Kontrollkarte in der sowjetischen Besatzungszone Deutschlands vom 4.2.47.

gesamte Zone übertragen worden war.[72] Nur Personen, die gewöhnlich keine Lohnarbeit verrichteten, unterlagen bei gelegentlicher und kurzfristiger Beschäftigung nicht der Arbeitsbuchpflicht. Mit 150 Mark Strafe sollte hingegen derjenige bedacht werden, der sich kein Arbeitsbuch ausstellen ließ.

Konnte ein Arbeitsbuchpflichtiger nicht sofort in eine andere Tätigkeit vermittelt werden, zog das Amt für Arbeit und Sozialfürsorge das Arbeitsbuch für die Dauer der Arbeitslosigkeit ein und stellte eine Meldekontrollkarte aus. Bei der Beendigung eines Beschäftigungsverhältnisses mußte man sich innerhalb von 48 Stunden auf dem Arbeitsamt zur Anbringung eines Sichtvermerks melden. Die Arbeitslosen und die Fürsorgeempfänger unterlagen gleichermaßen der Kontrollpflicht, für letztere war jedoch ausschließlich die Meldekontrollkarte von Interesse, das Arbeitsbuch erhielten sie erst beim Antreten eines Arbeitsverhältnisses. Die Arbeitsämter waren für die Lebensmittelzuteilung zuständig.[73] Meldete sich ein Arbeitsloser nicht zur Registrierung für den Arbeitseinsatz, drohte der Entzug der Lebensmittelkarten.[74] Die DVAS argumentierte, daß es sich hierbei um eine „Erziehungsmaßnahme“ handele, die Karten würden „dem einzelnen nicht 'entzogen', sondern ihre Aushändigung von der Erfüllung der Bestimmungen des Befehls abhängig gemacht.“[75] Dadurch, daß in ländlichen Bezirken der Ausschluß aus der Lebensmittelversorgung oft nicht wirksam war, weil anderweitig Lebensmittel besorgt werden konnten, wurden hier Ordnungsstrafen verhängt. Wenn auch diese keine Wirkung zeigten, erwogen die Behörden gar die Anordnung von Kolonnenarbeitseinsätzen unter polizeilicher Aufsicht oder von Freiheitsstrafen.[76]

Die optimale Ausnutzung des Produktionsfaktors „Arbeit“ bedeutete in erster Linie die Beseitigung der anfangs hohen Arbeitslosigkeit (s. Tabelle 6). An zweiter Stelle galten die Anstrengungen der Ausweitung des Kreises der Erwerbspersonen mit dem Ziel, möglichst viele, d.h. auch die beschränkt arbeitsfähigen Personen in die Arbeitsvermittlung einzubeziehen. Es traten immer wieder strukturelle Engpässe auf dem Arbeitsmarkt auf, die von drei

---

72 Frerich/Frey, Bd. 2, S. 36. SAPMO, FDGB A 124. 17.5.47. FDGB Buvo (Steinke). Bericht über die Konferenz der Abteilung Arbeitslenkung am 13. und 14. Mai 1947 in Bad Kösen.

73 Meinicke, Wolfgang: Zur Eingliederung der Vertriebenen in den Arbeitsprozeß, in: Wille, 50 Jahre Flucht und Vertreibung, S. 273.

74 AuS 1 (1946), H. 1, S. 3. Befehl Nr. 65 der SMAD vom 15.9.45 betr. den organisierten Arbeitseinsatz der arbeitsfähigen Bevölkerung in der SBZ. Aufgenommen im Kontrollratsbefehl Nr. 3 vom 17.1.46 (§ 9 und § 19), vgl. AuS 1 (1946), S. 9.

75 AuS 1 (1946), H. 2, S. 29-30. Ergänzende Richtlinien zum Kontrollratsbefehl Nr. 3 (§ 20, Strafen).

76 AuS 1 (1946), H. 1, S. 7. Richtlinien zum Befehl Nr. 153 der SMAD vom 29.11.45 (zu § 1 c).

Faktoren beeinflußt waren:[77] 1.) den umfangreichen Anforderungen der Besatzungsmacht, deren Nachfrage sich allein 1946 auf 960.956 Arbeitskräfte belief, 2.) der Einschränkung der Arbeitsfähigkeit aufgrund der mangelhaften Versorgungslage, 3.) Allokationsproblemen auf dem Arbeitsmarkt wegen der räumlichen Trennung von Angebot und Nachfrage an Arbeitskräften infolge der beschriebenen Seßhaftmachung der Umsiedler. Zur Überwindung dieser Schwierigkeiten wurde in größerer Zahl als in den Westzonen vom Mittel der Zwangsarbeitseinweisungen Gebrauch gemacht. Im Juli 1947 betrug ihr Anteil an der Gesamtzahl der Vermittlungen 12,7 Prozent, senkte sich aber bis Anfang 1949 auf ein Prozent.[78]

Der Kontrollratsbefehl Nr. 3 vom 17. Januar 1946 legte die Registrierpflicht der Personen im arbeitsfähigen Alter fest, d.h. für alle Frauen von 15 bis 50 und alle Männer von 14 bis 65 Jahren.[79] Die Richtlinien über die Erfassung der arbeitsfähigen deutschen Bevölkerung in der SBZ vom 1. Oktober 1945 blieben hiervon unberührt.[80] Demzufolge waren Selbständige, Schüler und Studenten sowie dauernd Arbeitsunfähige (Invalide, Schwerarbeitsbehinderte) auch weiterhin von der Meldepflicht befreit. Darüber hinaus wurde ein Kreis von Personen festgelegt, die als Nichtarbeitsuchende in einer Sonderkartei zu führen waren. Hierzu zählten Frauen mit einem Kind unter sechs beziehungsweise zwei Kindern unter 15 Jahren, solche, die einem „großen Haushalt" vorstanden, und Frauen zwischen 46 und 50 Jahren. Der SMAD-Befehl 153 vom 29. November 1945 erweiterte den Kreis der Nicht-Meldepflichtigen um Kulturschaffende, Selbständige („Personen der freien Berufe") und kirchliches Personal.[81] Für alle anderen potentiell Erwerbsfähigen blieben als Hinderungsgrund zur Aufnahme einer Erwerbsarbeit lediglich gesundheitliche Mängel. Hierüber entschied in der Regel eine amtsärztliche Untersuchung.

Bei der Erfassung der Arbeitslosen wurde die Arbeits- und die Einsatzfähigkeit festgestellt. Die Arbeitsbehörden registrierten alle Erwerbspersonen, die ohne Arbeit und voll oder eingeschränkt arbeitsfähig waren. Hierunter fielen auch diejenigen, die nicht einsatzfähig, d.h. arbeitsbefreit, waren (vgl. Abschnitt 2.2. dieses Kapitels). Sie erhielten eine blaue Arbeitslosenkontrollkarte, auf der die Beurteilung der Einsatzfähigkeit vermerkt war, und mußten sich regelmäßig zu bestimmten Kontrolltagen auf dem

---

77 vgl. ausführlich: Zank, S. 58-85.

78 Donau, Willi: Arbeitsvermittlung - nicht Arbeitseinweisung, in: AuS 4 (1949), H. 17, S. 386. AuS 4 (1949), H. 5, S. 99. Vgl. auch Zank, S. 104-109.

79 AuS 1 (1946), H. 1, S. 9. Kontrollratsbefehl Nr.3 vom 17.1.46. Renten- und Pensionsansprüche bestanden in der SBZ allerdings erst für Frauen ab 60 Jahren.

80 AuS 1 (1946), H. 2, S. 26-27. Richtlinien zum Befehl Nr. 65 der SMAD. Erste Verordnung über die Erfassung und Zählung der arbeitsfähigen deutschen Bevölkerung vom 1.10.45. Zum Folgenden: §§ 3 und 7.

81 BAP DX-1. Befehl Nr. 153 vom 29.11.45 (§ 3).

Arbeitsamt melden. Die anfangs vorgesehene wöchentliche Meldepflicht[82] setzte sich in der SBZ nicht durch. Die Häufigkeit der Kontrollmeldungen variierte vielmehr nach der örtlichen Arbeitseinsatzlage. In Sachsen-Anhalt und Thüringen war eine monatliche Vorsprache bei den Arbeitsbehörden vorgeschrieben.[83] Ob bei der Entscheidung über die Vermittlung in ein Arbeitsverhältnis „ein strenger oder milder Maßstab angewendet wird", hing ebenfalls von der Einsatzlage ab.[84] Mit dem Kontrollstempel des Arbeitsamtes wurde der Nachweis über die Erfüllung der Meldepflicht erbracht. Für meldepflichtige Unterstützungsbedürftige bestand nur mit der aktuell gestempelten Karte ein Anrecht auf die Auszahlung von Unterstützungsleistungen. Bei vorübergehender Arbeitsunfähigkeit erfolgte eine befristete Zurückstellung vom Arbeitseinsatz, die in der Regel drei Monate betrug. Die Kontrollkarte erhielt ein Befreiungsvermerk, wenn amtsärztlich eine dauernde Arbeitsunfähigkeit konstatiert wurde, etwa für Invalide. In diesem Fall war der Unterstützungsbezug dauerhaft gesichert.

Für die Arbeitsfähigen unter den Fürsorgeempfängern, die in der Statistik der Arbeitsämter als Arbeitsuchende auftraten, galt der Grundsatz der bevorzugten Vermittlung. Hierzu waren sie in den Vermittlungskarteien besonders gekennzeichnet. Auf eine enge Verzahnung der Arbeits- und Sozialbehörden wurde erhöhter Wert gelegt, letztere sollten „in ständiger Fühlungsnahme [sic] mit den Vermittlungsstellen der Arbeitsämter"[85] stehen. Trotz der Betonung der engen Kontakte zwischen den beteiligten Ämtern bzw. Abteilungen gab es öfters Mängel bei der Erfassung der Unterstützungsempfänger als Arbeitslose. Das sächsische Ministerium für Arbeit und Sozialfürsorge berichtete zum Beispiel Ende 1948, daß keine intensive Vermittlung stattfinde, weil „ein großer Teil der einsatzfähigen Fürsorgebezieher, die von den Sozialämtern mit Laufzetteln den Arbeitsämtern zur Vermittlung in Arbeit gemeldet wurden," dort nicht „als Arbeitsuchende in die Arbeitslosenkartei aufgenommen wurden."[86] Die Zahlen seien zwischen den Arbeits- und Sozialämtern sofort abzustimmen.

Erste Arbeitsschutzrechte, die die Ablehnung einer zugewiesenen Arbeit einräumten, legten die Richtlinien der DVAS zum SMAD-Befehl 153/1945

82 Festgelegt im SMAD-Befehl Nr. 65 vom 15.9.45 und bestätigt durch die Richtlinien zum Kontrollratsbefehl Nr. 3 (zu § 7), vgl. AuS 1 (1946), H. 1, S. 10.

83 BAP DQ-2 3726. 10.12.47. Ministerium für Arbeit und Sozialpolitik Sachsen-Anhalt an die Ämter für Arbeit und Sozialfürsorge. BAP DQ-2 3718. 13.4.48. Rundverfügung des thüringischen Ministeriums für Arbeit und Sozialwesen.

84 BAP DQ-2 3716. 17.1.47. Präsident des Landesarbeitsamtes Sachsen an die Landratsämter und Stadträte der kreisfreien Städte.

85 BAP DQ-2 3721. 22.5.46. Landesverwaltung Sachsen, Wirtschaft und Arbeit, Soziale Fürsorge (Matern) an die Landräte und Oberbürgermeister.

86 BAP DQ-2 3387. 1.12.48. Sächsisches Ministerium für Arbeit und Sozialfürsorge an die Arbeitsämter.

fest:[87] Neben der Vorlage eines amtsärztlichen Attestes über Arbeitsunfähigkeit konnte der Nachweis über die Gesundheitsschädlichkeit einer Tätigkeit oder die mangelnde Einhaltung von Arbeitsschutzbestimmungen erbracht werden. Weitere mögliche Ablehnungsgründe lagen vor, wenn die Arbeitsstelle in zu großer Ferne vom Wohnort nachgewiesen wurde bzw. wenn die Unterkunft, die Verpflegung oder der Unterhalt von Angehörigen nicht gesichert waren. Die Verordnung zur Pflichtversicherung gegen Arbeitslosigkeit vom 28. Januar 1947 fügte weitere Gründe hinzu, die die Ablehnung rechtfertigten.[88] Solche triftigen Gründe lagen vor, wenn die Arbeitsstelle durch „Ausstand oder Aussperrung" frei wurde oder wenn der Betrieb die tarifliche oder ortsübliche Bezahlung nicht einhielt.

Während die Arbeitslosenunterstützung auf dem Arbeitsamt und nicht bei den Sozialversicherungskassen bezogen wurde,[89] mußten die Anträge auf Fürsorgeleistungen auf dem Sozialamt gestellt werden. Sie waren dem Arbeitsamt zur Stellungnahme über die Einsatzfähigkeit des Antragstellers zuzuleiten. Das Sozialamt hatte seinerseits den Nachweis über die ordnungsgemäße Meldung beim Arbeitsamt zu prüfen sowie die Erkundungen der Sozialkommissionen[90] als Basis zur Entscheidung über die Bemessung der Unterstützung zu verwenden. Die enge Verknüpfung des Unterstützungsbezugs mit der Arbeitsvermittlung hatte sich im Land Sachsen herausgebildet, das in diesem wie auch in anderen sozialpolitischen Bereichen für zonenweite Regelungen Vorbildcharakter hatte. Die übrigen Länder der SBZ wurden angehalten, sich am sächsischen Modell zu orientieren.[91]

Der Unterstützungsbezug aus der Arbeitslosenversicherung war unmittelbar an die Vermittelbarkeit gekoppelt. Leistungen aus der Arbeitslosenversicherung erhielten Arbeitslose nur, wenn ihnen die Arbeitsbehörden keine Arbeit zuweisen konnten und sie „in den letzten 12 Monaten unmittelbar vor Beginn der Arbeitslosigkeit während 26 Wochen Beiträge für die Arbeitslosenversicherung gezahlt" hatten.[92] Die Erfüllung der Anwartschaftszeit berechtigte zu einem sechsmonatigen Bezug der Arbeitslosenunterstützung, wobei eine Karenzzeit von sieben Tagen eingehalten werden mußte, an denen noch keine Leistungen gezahlt wurden.[93] Der Leistungsanspruch verfiel, wenn eine zugewiesene Arbeit abgelehnt oder eine Arbeitsstelle eigenmächtig aufgegeben wurde. Ferner rangierten Einnahmen aus anderen Sozialversicherungsleistungen wie Kranken-, Schwangeren- oder

87 vgl. Zank, S. 105.
88 AuS 2 (1947), H. 5, S. 104 (§ 10).
89 Frerich/Frey, Bd. 2, S. 36.
90 Zu den ehrenamtlichen Organen der Außenfürsorge, vgl. Kapitel II., 2.
91 BAP DQ-2 3726. 6.11.48. HVAS an die Ministerien für Arbeit und Sozialfürsorge der Länder.
92 AuS 2 (1947), H. 5, S. 104 (§ 8).
93 ebd., S. 105 (§ 15, Absatz 1).

Wochengeld sowie Rentenbezug vor der Arbeitslosenunterstützung.[94] War ein eigenes Einkommen vorhanden oder lebte der Arbeitslose mit Verwandten zusammen, die in der Lage waren, für seinen Unterhalt finanziell aufzukommen, wurde keine Unterstützung gewährt. Auf Bezug der Arbeitslosenunterstützung bestand also kein unmittelbar erworbener Anspruch, sondern er war an die Bedürftigkeit geknüpft. Der Charakter der Arbeitslosenversicherung ähnelte hinsichtlich der Finanzierung (Beiträge von Arbeitnehmern und Arbeitgebern) und der Bedürftigkeitsprüfung eher der Erwerbslosenfürsorge im Sinne der Verordnung vom 15. Oktober 1923 als der versicherungsrechtlichen Regelung des Arbeitsvermittlungs- und Arbeitslosenversicherungs-Gesetzes (AVAVG) von 1927.[95]

Arbeitslose, die aus diesen Regelungen herausfielen, waren auf Unterstützung durch die Sozialfürsorge angewiesen. Dies betraf den größten Teil der Arbeitslosen, da meist die Anwartschaftszeit nicht erfüllt werden konnte.[96] Der Befehl 92/1947 der SMAD legte hierzu explizit fest, daß alle Personen zu unterstützen seien, „die hilfsbedürftig sind, einschließlich der Arbeitslosen, die keine Mittel aus der Sozialversicherung erhalten."[97] Die genaueren Erläuterungen der ersten Durchführungsverordnung zum Befehl 92 sahen für die Fürsorgeempfänger dieselben Bedingungen vor, wie sie für die Empfänger von Arbeitslosenunterstützung galten: „Arbeitsfähige Arbeitslose, die hilfsbedürftig sind, erhalten Unterstützung, sofern sie sich der vom Arbeitsamt festgesetzten regelmäßigen Kontrolle unterziehen. Die Unterstützung wird nicht gewährt, wenn der Arbeitslose eine ihm nach seinem Alter, seinem Gesundheitszustand und seinen häuslichen Verhältnissen zumutbare Arbeit ablehnt."[98] Diese Regelung trug dem Umstand Rechnung, daß es Gründe für die Arbeitslosigkeit geben konnte, die der arbeitsfähige Unterstützungsempfänger nicht zu vertreten hatte, wenn etwa zeitweise Engpässe auf dem Arbeitsmarkt auftraten. Im allgemeinen sicherten die Bedingungen des Unterstützungsbezuges, sei es aus der Arbeitslosenversicherung, sei es aus der Sozialfürsorge, die Durchsetzung einer faktischen Arbeitspflicht.

94 ebd., S. 104 (§ 9).

95 Frerich, Johannes /Frey, Martin: Handbuch der Geschichte der Sozialpolitik, Bd. 1: Von der vorindustriellen Zeit bis zum Ende des Dritten Reiches. München / Wien 1993, S. 197.

96 Zahlenangaben bei: Frerich/Frey, Bd. 2, S. 37.

97 ZVOBl. 1947, S. 55. Befehl 92/1947 der SMAD vom 22.4.47 (§ 2).

98 ZVOBl. 1947, S. 129. 1. Durchführungsverordnung (zu Ziff. 2/II).

Tabelle 6:
Entwicklung der Arbeitslosigkeit in der SBZ/DDR (ohne Berlin) 1946-1954 [in Tausend]

Jahr	Jan.	Febr.	Mär.	Apr.	Mai	Juni	Juli	Aug.	Sept.	Okt.	Nov.	Dez.
1945										581	590	502
1946	474	435	386	342	310	301	251	203	182	249	196	208
1947			231			130			107	109	117	122
1948	151	143	137	122	114	107	106	134	158	156	173	211
1949	297	354	390	364	338		288	301	323			325
1950	395		398	345	308			234				
1951	349			301	280	236	207	191	190	162	148	159
1952	191	194	170	134	96	78	68	63	67	67	74	83
1953	104	129	131	117	107	80	72	62	73	68	68	80
1954	95	100	91	71	49	36	30	28	40	37	35	42

Quellen: BAP DQ-2 3403. [Januar-November 1946, Mai-Dezember 1948, Januar-April 1949], DQ-2 3858 [Oktober-November 1947; Januar-März 1948], SAPMO, ZPA, IV 2/2027/21. 25.5.49. Vierteljahresbericht über die Arbeitsmarktlage [März 1949], BAP DQ-2 3867. 30.7.49. Bericht über die Arbeitsmarktlage in der SBZ [Mai 1949], DQ-2 2070. 21.9.49. Erläuterungen über die Zahl der Arbeitslosen [Juli-August 1949], DQ-2 906. 22.5.50. Ministerium für Arbeit [April-Mai 1950]. Vgl. auch: Barthel, S. 60 , Zank, S. 173, Statistisches Jahrbuch der DDR 1955, S. 119. Registrierte Arbeitssuchende [1951-1956 (Stand: jeweils Monatsmitte)].
Anm.: Die Angaben der Archivquellen stimmen mit denjenigen der offiziellen Veröffentlichungen der Zentralverwaltung (z.B. Kölln, H.: Die Arbeitsmarktlage in der sowjetischen Besatzungszone Deutschlands (ohne Berlin) April 1946; in: Arbeit und Sozialfürsorge 1 (1946), S. 146-149 [Oktober 1945-April 1946]) bzw. der Tagespresse (z.B. Neues Deutschland vom 13.7.46 [Januar/April/Mai 1946]) überein.

Trotz des Einströmens von Millionen Umsiedlern vermochte das geschilderte System der Arbeitsvermittlung die Arbeitslosigkeit auf einen Stand zu reduzieren, daß man 1947 eine Vollbeschäftigung als erreicht ansehen konnte. Bereits im Laufe des Jahres 1946 entstand ein struktureller Arbeitskräftemangel.[99] HVAS-Präsident Brack bemerkte diesbezüglich auf einer Präsidiumssitzung seiner Verwaltungsbehörde: „Vor 1933 mußte man die Arbeitsplätze suchen, während man heute intensiv tätig sein muß, um Arbeitskräfte zu finden."[100] Ausschlaggebend waren die Vermittlungserfolge des Jahres 1946. Von Januar bis November konnten 3,07 Millionen Vermittlungen vorgenommen werden. Der höchste Monatswert war im April mit 318.514, der niedrigste im November mit 233.735 erfolgten Vermittlungen zu verzeichnen.[101] Gleichzeitig stieg die Gesamtzahl der unselbständig Beschäftigten im genannten Zeitraum von 4,7 Millionen auf 5,7

99 Frerich/Frey, Bd. 2, S. 34.
100 BAP DQ-2 3849. 20.5.48. HVAS (Brack). Protokoll der Präsidiumssitzung.
101 BAP DQ-2 3403. DVAS, Abt. Statistik. Arbeitslosen- und Arbeitsvermittlungsstatistik.

Millionen.[102] Eine Gegenüberstellung der Gesamtzahl der Vermittlungen und der erzielten Mehrbeschäftigung läßt allerdings erkennen, daß es sich in zwei Dritteln der Fälle um kurzfristige Arbeitsverhältnisse handelte. Dies erklärten die 901.041 registrierten berufsfremden Vermittlungen im Jahr 1946. Es ist davon auszugehen, daß von diesen kurzzeitigen Beschäftigungsverhältnissen zum größten Teil die im Agrarsektor aufgenommenen Umsiedler betroffen waren. 1947 sank das Vermittlungsvolumen, die Arbeitslosenquote verharrte allerdings bis Mitte 1948 auf niedrigem Niveau. In der Senkung des Fürsorgeempfangs ließen sich bis dahin jedoch keine derartigen Erfolge erzielen. Im Folgenden soll der Zusammenhang zwischen Arbeitslosen- und Unterstütztenquote näher betrachtet werden.

2.2. Verstärkte Kontrolle und gesetzliche Erweiterung der Arbeitseinsatzpflicht

Aufgaben, die sich an wirtschaftspolitischen Zielsetzungen orientierten, rückten im Zuge der Realisierung des SMAD-Befehls 234/1947, dem ersten konzentrierten Programm zum Wirtschaftsaufbau der SBZ, in den Mittelpunkt der Arbeit der DVAS. Es wurde ein Aktionsausschuß gebildet, der die bisherige dezentrale Arbeit koordinieren und eine zonenweite Planung unterstützen sollte. Gleichzeitig durfte er den einzelnen Abteilungen der Zentralverwaltung Arbeitsanweisungen erteilen.[103] Besondere Bedeutung wurde der Propaganda zur Hebung der Arbeitsmoral beigemessen. Planung und Planbarkeit - und dies vielfach im Hinblick auf die Interessen der sowjetischen Besatzungsmacht - wurden für die DVAS auch in sozialpolitischen Bereichen dominant. Die SMAD erteilte eine Instruktion über die Regelung der Arbeitsbeschaffung und die Verteilung der Arbeitskräfte, die auf eine Systematisierung der Arbeitskräftelenkung zielte.[104]

Angesichts von „Finanzprobleme[n] in der Ostzone“[105] verstärkte die SMAD im Laufe des Jahres 1948 die Überprüfung der deutschen Verwaltungsbehörden. Zu diesem Zweck setzte die Abteilung Finanzkraft in Karlshorst zwei Kommissionen ein. Während sich die eine mit der Frage der Reparations- und Besatzungskosten beschäftigte, suchte die andere nach praktikablen Wegen zur Kürzung der Haushalte der Länder, Kreise und Gemeinden. Zeitlich läßt sich die Errichtung dieser sowjetischen Kommissionen zwischen die Zentralisierung der wirtschaftlichen Kom-

102 vgl. Zank, S. 170-172. Zank geht von einer höheren Zahl von Erwerbspersonen aus (6,4 Millionen im März, 7,8 Millionen im Dezember 1946). Auch in seiner Aufstellung fällt die größte Zunahme der Erwerbstätigkeit in das Jahr 1946.

103 BAP DQ-2 3849. 30.10.47. Präsidiumssitzung der DVAS.

104 vgl. BAP DQ-2 3849. 6.11.47. Präsidiumssitzung der DVAS.

105 BAP DQ-2 3753. 14.6.48. HVAS (Wiederhold). Bericht über die Sitzung in der Zentralfinanzverwaltung am 11.6.48.

petenzen in der DWK im Februar 1948 und die zentrale Steuerung der Reparationsproduktion durch die Gründung des Amtes für Reparationen bei der DWK im Sommer 1948 ansiedeln. Um das Ziel der Beschränkung der staatlichen Ausgaben zu erreichen, stellte die SMAD insbesondere fest, daß „die bisherigen Ausgaben in der Sozialfürsorge [...] in Zukunft nicht mehr gebilligt werden" könnten.[106] Es wurde der Übergang zu einer „produktiven Fürsorgepolitik" postuliert. Hierunter verstand man die Förderung aller Maßnahmen, die dienlich waren, „den Hilfsbedürftigen wieder voll am Wirtschaftsleben teilhaben und in den Produktionsprozeß eingliedern zu lassen."[107]

Bei Überprüfungen in Erfurt war die SMA Thüringen zu dem Schluß gelangt, daß häufig ungerechtfertigte Unterstützungen gewährt würden. In manchen Fällen wurde die Höhe der Leistungen kritisiert. Die SMA wiederholte die Kontrollen in anderen thüringischen Städten.[108] In Sachsen-Anhalt stellte die sowjetische Behörde „Verstöße gegen den planmäßigen Aufbau" fest, womit eine mangelnde Kontrolle übergeordneter Behörden über untere Verwaltungsinstanzen kritisiert wurde.[109] Die kritischen Beobachtungen, die die SMAD im Sommer 1948 in Thüringen machte, lassen sich eher als nachträgliche Untermauerung der Sparbeschlüsse in der Fürsorge verstehen, denn als Stein des Anstoßes, der die nachfolgenden restriktiven Änderungen bewirkte. Die HVAS bemühte sich, das Vertrauen der SMAD wiederherzustellen.

Die Abteilung Arbeitskraft der SMAD erarbeitete einen eigenen Entwurf zur Änderung der im September 1947 erlassenen ersten Durchführungsverordnung zur Fürsorgeverordnung. Am 22. und 23. Juli 1948 stellte der SMAD-Vertreter Dawidow seine Vorlage den Angehörigen der DWK-Hauptabteilungen Finanzen sowie Arbeit und Sozialfürsorge zur Diskussion. Die HVAS-Referentin Wiederhold faßte ihren Eindruck des Verordnungsentwurfs wie folgt zusammen: Dieser zeichne „sich durch völlige Verwirrung des Verwaltungsrechts aus und durch Unklarheiten in der Formulierung über die Bestimmungen des materiellen Fürsorgerechtes und eine starke Herabsetzung der Leistungen, die unter dem Niveau des Armenrechts von 1870 liegen."[110] Ferner hob sie als wichtiges Ergebnis der

106 ebd. Desweiteren sollten die Ausgaben für die öffentlichen Verwaltungen erheblich reduziert werden, vgl. Kapitel II., 1.

107 BAP DQ-2 3718. 26.5.48. HVAS (Matern) an die Ministerien für Arbeit und Sozialfürsorge der Länder.

108 BAP DQ-2 3718. 29.10.48. SMAD an HVAS (Brack) bzgl. der Überprüfung der Umsetzung des Befehls 92 in Thüringen.

109 BAP DQ-2 3981. 26.5.48. DVAS an das Ministerium für Arbeit und Sozialpolitik Sachsen-Anhalt.

110 BAP DQ-2 3388. 30.7.48. HVAS (Wiederhold). Aktenvermerk betr. Verhandlungen bei der SMAD in Karlshorst.

Besprechung hervor, daß künftig „Arbeitsfähige [...] unter keinen Umständen unterstützt werden sollten." Die Abteilung Sozialfürsorge der HVAS erarbeitete daraufhin alternative Entwürfe, um den sowjetischen Vorstellungen näher zu kommen. Die Verpflichtung zur Arbeitsleistung auch für eingeschränkt Arbeitsfähige wurde stärker herausgearbeitet. Die Leiter der Ämter für Arbeit und Sozialfürsorge sollten verpflichtet werden, das Fehlen von Arbeitseinsatzmöglichkeiten zu bestätigen, bevor Unterstützungen geleistet wurden.

Die HVAS trat für die Beibehaltung der Regelungen der ersten Durchführungsverordnung ein, weil deren „völlige Umgestaltung [...] die erfreulichen Ansätze" in der Sozialfürsorge „in ihrer Entwicklung erheblich stören, Unklarheit schaffen und Verwirrung stiften" würden.[111] Demgegenüber unterstützte die Hauptabteilung Finanzen der DWK die Vorstellungen der SMAD.[112] Die Einwände der HVAS fruchteten nicht. In der Endversion der zweiten Durchführungsverordnung zum Befehl 92 wurde der Passus, der auch Arbeitsfähigen Unterstützung gewährte, ersatzlos gestrichen.

Parallel zu den legislativen Änderungsdiskussionen seit Sommer 1948 verstärkten die Arbeitsämter auf Weisung der SMAD die Kontrolle der nicht arbeitsuchenden Registrierten.[113] Die Finanzabteilung der SMAD verlangte zwingend, daß „die Zahl der Unterstützten und der Aufwand herabgedrückt werden."[114] Die Ministerien der Länder sollten die Auflage erhalten, im dritten Quartal 1948 die Zahl der „objektiv arbeitsfähigen" Unterstützungsempfänger um zehn Prozent zu senken. Eine Sonderprüfung aller arbeits-, aber nicht einsatzfähigen Frauen war vorzunehmen. Arbeitsfähigen Personen sollte keine Dauerunterstützung mehr gezahlt werden, „damit der Bezug der Unterstützung den Charakter einer Selbstverständlichkeit"[115] verliere. Mit der Minimierung von Fürsorgeleistungen für Arbeitsfähige korrespondierte eine stärkere Sanktionierung der Regelungen zur Einsatz- und Erwerbsfähigkeit. Die Bestimmungen des Kontrollratsbefehls wurden weiter eingeschränkt, was vor allem die bisher vom Arbeitseinsatz freigestellten Frauen, Rentenempfänger und Schwerbeschädigte betraf. Es war das erklärte Ziel, daß der Kreis der Arbeitsuchenden „anschwellen" müsse.[116]

Das Augenmerk der Arbeitsvermittlungsorgane richtete sich vor allem auf die arbeitsfähigen, aber nicht einsatzfähigen Frauen, weil der Anteil der

---

111 ebd.

112 ebd.

113 BAP DQ-2 3735. 5.8.48. HVAS (Matern). Protokoll der Besprechung in Karlshorst.

114 BAP DQ-2 3753. 14.6.48. HVAS (Wiederhold). Bericht über die Sitzung in der Zentralfinanzverwaltung am 11.6.48.

115 ebd.

116 BAP DQ-2 3387. 1.12.48. Sächsisches Ministerium für Arbeit und Sozialfürsorge an die Arbeitsämter.

weiblichen Unterstützten bzw. Arbeitslosen denjenigen der männlichen beträchtlich überstieg.[117] Die Nicht-Einsatzfähigkeit war in aller Regel durch die Versorgung von Kindern und pflegebedürftigen Familienangehörigen begründet. In den ersten Ausarbeitungen der Fürsorgeverordnung im Februar 1946 sollte die Wahrnehmung dieser Aufgaben durch die Hausfrau noch besonderen Schutz genießen: Frauen wurde eine Erwerbsarbeit nicht zugemutet, wenn dadurch „die geordnete Erziehung ihrer Kinder oder die Erfüllung ihrer Hausfrauenpflichten gefährdet" seien.[118] Die Festlegung des Befehls 153/1945 der SMAD, die Mütter mit einem Kind unter sechs Jahren der Arbeitsverpflichtung enthob, wurde in der ersten Durchführungsverordnung zum Befehl 92 übernommen. Ferner erhielten alle Alleinerziehenden einen Anspruch auf Unterstützungsbezug, sofern sie zwei Kinder unter 15 Jahren oder ständig pflegebedürftige Familienangehörige zu versorgen hatten.[119] In der Zeitschrift „Arbeit und Sozialfürsorge" der DVAS wurde dies als „sichtbarer Beitrag" zum „soziale[n] Charakter des neuen deutschen Arbeitsrechtes" hervorgehoben.[120]

Dessenungeachtet verschärfte die zweite Durchführungsverordnung zur Fürsorgeverordnung die Regelungen deutlich: „Als erwerbsunfähig [sic] im Sinne der Sozialfürsorge" - gemeint war: nicht einsatzfähig bzw. arbeitsbefreit - galt eine Fürsorgeempfängerin nur noch, „wenn in der Familie keine andere Person zur Wartung [sic] eines Kindes im Alter bis zu 3 Jahren oder wenn zwei und mehr Kinder im Alter bis zu 8 Jahren vorhanden und ihre Unterbringung in Kindergärten und Tagesstätten nicht gegeben ist [...]".[121] Ihre Meldekontrollkarte wurde mit einem Freistellungsvermerk versehen, der die jederzeitige Verfügbarkeit für den Arbeitsmarkt gewährleisten sollte.[122] Die Einrichtung von Betriebskindergärten diente dem Ziel, die Erweiterung der Arbeitseinsatzpflicht praktisch durchführbar zu machen und sozial zu flankieren. Es zählte zu den prioritären Aufgaben der Abteilung „Mutter und

---

117 vgl. Tabelle 7 (Angaben zu den „nicht einsatzfähigen Frauen" und detaillierte Aufschlüsselung der Arbeitsfähigen im Oktober 1948) und Tabelle 8.

118 SAPMO, ZPA IV 2/2027/36. 19.2.46. DVAS. Entwurf einer Verordnung zur Sozialfürsorge.

119 ZVOBl. 1947, S. 219. 1. Durchführungsverordnung (zu Ziffer 2/VI). Diese Regelung entsprach dem Befehl 10 der SMAD vom 8.1.47, der dies allgemeingültig formulierte.

120 Liebrandt, M.P.: 1947 - ein Jahr fortschrittlicher sozialer Arbeit, in: AuS 2 (1947), H. 23/24, S. 507.

121 ZVOBl. 1948, S. 469. Anordnung zur Verordnung über Sozialfürsorge vom 21.9.48. § 2 (5).

122 BAP DQ-2 3750. 29.10.49. Sächsisches Ministerium für Arbeit und Sozialfürsorge an die Arbeitsämter des Landes Sachsen. Wortlaut des Vermerks: „Fürsorgeempfänger! Von der Meldepflicht bis auf weiteres befreit. Grund: Unversorgte Familienangehörige. Jederzeitiger Widerruf im Bedarfsfalle vorbehalten."

Kind“ der Sozialbehörden, die Betriebe hierin zu unterstützen. „Arbeitserleichternde Einrichtungen“ wie Nähstuben oder Schuh-reparaturwerkstätten dienten der Entlastung der berufstätigen Frauen.[123] Es wurden Fälle aktenkundig, in denen Unterstützungen entzogen wurden, weil bei Einweisung der Kinder in Tagesstätten eine Möglichkeit zur Arbeitsvermittlung für weibliche Erwerbspersonen bestanden hätte.[124] Gleichzeitig eröffneten die Einrichtungen zur Kinderbetreuung unterstützungsbedürftigen Frauen die Chance, mit der Annahme einer Erwerbsarbeit den Status der Fürsorgeempfängerin zu verlassen. Als 1948 solche Konzepte diskutiert wurden, reichte die Zahl der Tagesstättenplätze jedoch bei weitem nicht aus, um die geplante Eingliederung der Fürsorgeempfängerinnen in den Arbeitsprozeß zu ermöglichen.[125] Daher war vorgesehen, daß die betroffenen Frauen untereinander ihre Kinder beaufsichtigten, damit zumindest eine Halbtagstätigkeit ausgeübt werden konnte.[126]

Frauen über 50 und Männer über 65 Jahren schieden nicht gänzlich aus der Arbeitsvermittlung aus. Obwohl sie aufgrund des Kontrollratsbefehls Nr. 3 nicht mehr als meldepflichtig galten, sollten sie, soweit sie Fürsorge bezogen und noch arbeitsfähig waren, wie die meldepflichtigen Personen behandelt werden.[127] Die Monatsstatistik der Arbeitsämter erfaßte sie jedoch nicht als Arbeitslose, und sie konnten nicht arbeitsverpflichtet werden. Auch bei den Bemühungen, Schwerbeschädigte in den Arbeitsprozeß einzugliedern, entwickelten die Arbeitsbehörden der SBZ vielfältige Aktivitäten mit dem Ziel, möglichst wenige Beschädigte in den Kreis der Invalidenrentner gelangen zu lassen.[128] Für Schwerbeschädigte genoß die Berufsfürsorge Priorität, teilweise wurde hierbei einer „schematischen“ Beurteilung der Fälle eine Absage erteilt. Der bevorzugten beruflichen Integration Schwerbeschädigter dienten spezielle Schwerbeschädigtenwerkstätten, die jedoch aufgrund politischer Vorbehalte nur kurzzeitig existierten.

---

123 BAP DQ-2 3718. 26.5.48. HVAS (Matern) an die Ministerien für Arbeit und Sozialfürsorge der Länder.

124 BAP DQ-2 3387. 19.10.48. Fernschreiben der sächsischen Ministerialreferentin Kuntz an die HVAS.

125 BAP DQ-2 3388. 1.12.48. HVAS. Matern an Brack. Im September 1948 gab es erst 276 Betriebskindergärten und Kindertagesstätten, die 12.134 Kinder versorgten.

126 BAP DQ-2 3718. 14.4.48. Rundverfügung des thüringischen Ministeriums für Arbeit und Sozialfürsorge an die Städte und Kreise.

127 BAP DQ-2 3726. 4.9.48. Ministerium für Sozialwesen Mecklenburg an die Arbeitsämter. BAP DQ-2 3750. 29.10.49. Sächsisches Ministerium für Arbeit und Sozialfürsorge an die Arbeitsämter.

128 vgl. Boldorf, Marcel: Eingliederung der Kriegsopfer und Schwerbeschädigten Ostdeutschlands in den Arbeitsprozeß, in: Buchheim, Folgelasten, S. 405-412.

Tabelle 7:
Gliederung der Unterstützungsempfänger nach den Kriterien der Arbeitsvermittlung

	Arbeits-einsatz-fähige m / w	Nicht einsatz-fähige Frauen	Kinder unter 14	Personen im Renten-alter	Invalide	Kranke, sonstige Personen	Summe
März 47	31.497	224.989	552.762	142.765	54.245	51.161	1.158.108
Nov. 47	63.690	204.912	460.644	151.090	40.788	58.842	995.869
Okt. 48	67.102	152.512	306.759	161.450	40.498	49.327	777.648

Quellen: BAP DQ-5 1579. 24.1.48. DVAS (Abt. Sozialfürsorge). Tätigkeits- und Jahresbericht 1947. DQ-2 3788. HVAS. Fürsorge-Statistik Oktober 1948.

Die beschriebenen Maßnahmen fanden statistisch ihren Niederschlag. Infolge verstärkter Überprüfung des Unterstützungsempfangs von Seiten der Arbeits- und Sozialbehörden senkte sich die Zahl der arbeitsbefreiten Frauen kontinuierlich. Es ist anzunehmen, daß sie jetzt als voll einsatzfähig eingestuft wurden, was wiederum das Ansteigen der Zahl der Arbeitsfähigen (s. Tabelle 8) zu erklären vermag. Mit ihnen fielen zwischen März 1947 und Oktober 1948 246.000 Kinder aus der Fürsorgestatistik. Nur zu einem geringen Teil war diese Senkung auch auf die Zuerkennung von Rentenansprüchen für Waisen zurückzuführen,[129] weil auch hier anzunehmen ist, daß die Rentensätze unter den Fürsorgerichtsätzen lagen.

Die markanteste Veränderung der monatlich erhobenen Unterstützten-zahl lag im zweiten Halbjahr 1948, als sie sich von ungefähr 800.000 (Juli-August 1948) auf 521.000 (Dezember 1948) verminderte (s. Tabelle 4). Diese Entwicklung war umso untypischer, weil die allgemeine Bedürftigkeit in den Wintermonaten in der Regel stieg. Unter saisonalen Einflüssen sanken dann zum Beispiel die Beschäftigungsquoten in der Landwirtschaft oder im Baugewerbe. Im Dezemberwert 1948 schlugen sich nicht nur die verstärkten Überprüfungen, sondern vor allem die gesetzlichen Änderungen der im September 1948 erlassenen zweiten Durchführungsverordnung nieder. Zum einen sollten die Unterstützungszahlungen an Arbeitsfähige drastisch eingeschränkt werden. Zum anderen nahm die Zahl der Frauen, die durch die Ausweitung des Kreises der einsatzfähigen Erwerbspersonen nicht mehr unterstützt wurden, beträchtlich zu. Mit der Senkung der Altersgrenze der Kinder, die zur Freistellung rechtfertigte, unterlagen die betroffenen Frauen der Einsatzpflicht.

In der Übergangsphase, als sich die gesetzliche Änderung wohl noch wenig niederschlug, liegt für Oktober 1948 (vgl. auch Tabelle 7) eine detaillierte Statistik vor. Die 777.648 registrierten Fürsorgeempfänger

129 ZVOBl. 1948, S. 363-365. 21.7.48. Verordnung über die Zahlung von Renten an Kriegsinvalide und deren Hinterbliebene.

gliederten sich wie folgt auf:[130] Es gab 67.102 arbeits- und einsatzfähige Unterstützungsempfänger, davon waren 11.767 männlichen und 55.335 weiblichen Geschlechts. Aus diesen Zahlen wird ersichtlich, daß die Arbeitsvermittlungsbehörden bei der Erfassung und Vermittlung der voll einsatzfähigen Unterstützungsempfänger erfolgreich arbeiteten. Die Anzahl der arbeits-, aber nicht einsatzfähigen Fürsorgeempfängerinnen hatte sich auf 152.512 gesenkt. Diese waren zum größten Teil wegen der Versorgung minderjähiger Kinder oder pflegebedürftiger Familienangehöriger von der Arbeitseinsatzpflicht ausgenommen. Die Verengung der Freistellungsgründe bewirkte ihre faktische Verpflichtung zur Arbeit. Diesem Kreis von Frauen galt fortan das besondere Interesse der Arbeitsvermittlung. Eine entsprechende Kategorie für Männer gab es nicht, weil ihnen keine entsprechenden Gründe für eine Arbeitseinsatzbefreiung eingeräumt wurden. Die übrigen Unterstützungsempfänger waren Kinder (306.759), Männer über 65 Jahre (95.146), Frauen über 60 (43.917), Invalide (40.498) und zusatzunterstützte Rentner (22.387). Außerdem wurden 42.194 als „Kranke“ und 7.153 als „sonstige Personen“ ausgewiesen.

Graphik:
Entwicklung von Arbeitslosigkeit und Fürsorgeempfang (Oktober 1945 bis Januar 1951) [in 1000 Personen][131]

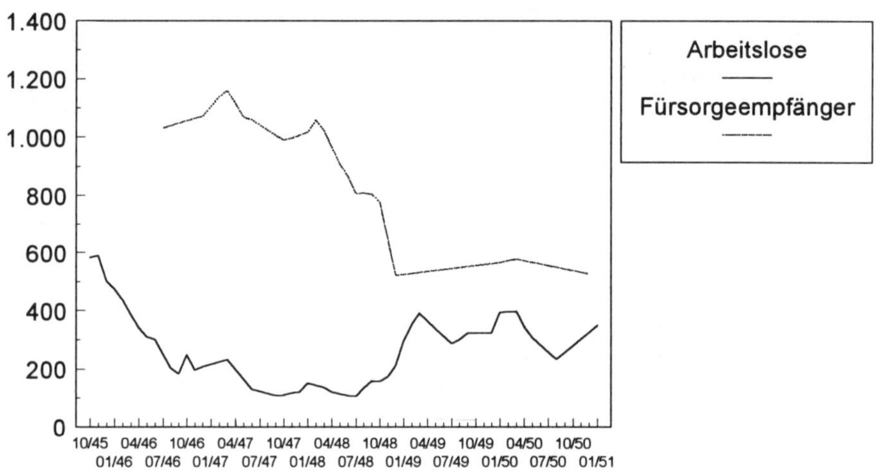

Vergleicht man die Registrierung der Fürsorgeempfänger mit der der Arbeitslosen, fällt eine gegenläufige Entwicklung auf. Während sich die Zahl

130 BAP DQ-2 3788. [Oktober 1948]. HVAS. Fürsorgestatistik.

131 vgl. zu den in Graphik 1 erfaßten Zahlenwerten die Tabellen 4 und 6.

der Fürsorgeempfänger senkte, erhöhte sich diejenige der erfaßten Arbeitslosen in der zweiten Jahreshälfte 1948 beträchtlich. Um den Anstieg der Arbeitslosigkeit zu erklären, soll eine weitere Differenzierung in der Betrachtung der statistischen Daten vorgenommen werden.

Tabelle 8:
Arbeitsuchende (registrierte Arbeitslose) nach Kriterien der Einsatzfähigkeit (September 1948-September 1949)

	voll erwerbsfähige Männer	voll erwerbsfähige Frauen	beschränkt erwerbsfähige Männer	beschränkt erwerbsfähige Frauen	Gesamtzahl Arbeit-suchende
September 1948	26.000	56.000	57.000	19.000	158.000
September 1949	49.000	174.000	59.000	41.000	323.000

Quelle: Zank, S. 173. Tabelle 25.

Die Arbeitslosenstatistik wies im September 1948 als voll erwerbsfähig 26.000 Männer und 56.000 Frauen aus, als beschränkt erwerbsfähig galten 57.000 Männer und 19.000 Frauen. Diese Zahlen erhöhten sich im Laufe des Winters beträchtlich und verblieben 1949 auf hohem Niveau, so daß im September 1949 49.000 voll erwerbsfähige Männer und 174.000 Frauen sowie 59.000 erwerbsbeschränkte Männer und 41.000 Frauen registriert waren. Die größte Steigerung mit 118.000 Personen erfuhr die Gruppe der als voll erwerbsfähig geltenden Frauen.[132] Hier schlug sich nieder, daß von den 152.500 Fürsorgeempfängerinnen, die im Oktober 1948 nicht als arbeitseinsatzfähig galten, ein großer Teil infolge der Regelungen der zweiten Durchführungsverordnung zur Arbeitsaufnahme gezwungen wurde. Sie tauchten jetzt in den Statistiken als arbeitseinsatzfähig auf, indem sie in der Karteiführung der Arbeitsbehörden von der Kartei „der vorübergehend vom Arbeitseinsatz befreiten" in die „der arbeitsuchenden und zur Vermittlung zur Verfügung stehenden Personen" rückten.[133] Es kam der Umstand zum Tragen, daß bei Bestehen einer Melde- und Einsatzpflicht die Statistik der Arbeitslosigkeit nicht nur diejenigen auswies, die freiwillig Arbeit suchten, sondern die Gesamtzahl der als arbeitsfähig definierten Arbeitslosen. Es ist anzunehmen, daß die gestiegene Arbeitslosigkeit zum größten Teil auf diese Erweiterung der Arbeitseinsatzverpflichtung für alleinstehende Frauen zurückzuführen war. Daß die Senkung der Zahl der Unterstützungs-

132 vgl. in bezug auf die Umsiedler in Sachsen: Just, S. 118.

133 Grodecki, Walter: Karteiführung und Behandlung der AK-Karten bei Verzug und bei überbezirklicher Vermittlung von Arbeitskräften, in: AuS 2 (1947), H. 23/24, S. 511.

empfänger von Oktober bis Dezember 1948 um einiges größer als die Zunahme der zum Arbeitseinsatz gezwungenen Frauen ausfiel, war dem Umstand geschuldet, „daß im Zonendurchschnitt mit jeder Frau, die aus der Fürsorge ausschied und in den Arbeitsprozeß eingereiht wurde, 2,2 Kinder aus der Fürsorgestatistik herausfielen“.[134] Letztere waren natürlich nicht als Arbeitsuchende registriert.

Diese Interpretation der steigenden Arbeitslosigkeit als ein in der Hauptsache statistisches Phänomen, das in einer numerischen Verschiebung von den Unterstützungsempfängern zu den meldepflichtigen Arbeitslosen begründet lag, rückt die bisher in der Forschung getroffenen Aussagen zur Entwicklung der Arbeitslosigkeit im Jahr 1948 in ein anderes Licht. Kaum ist der Argumentation Horst Barthels zu folgen, der die verstärkte Rückkehr von Kriegsgefangenen im März und April 1948 als Erklärungsgrund anführt.[135] Zeitlich lag diese Heimkehrwelle ein halbes Jahr vor dem markanten Anstieg der Arbeitslosenzahlen. Im übrigen lag die Zahl der Heimkehrer bereits seit 1946 auf unverändert hohem Niveau.[136] Ihre Schwierigkeiten bei der Arbeitssuche lassen sich mit dem Problem der beruflichen Eingliederung des Stroms der Umsiedler gleichsetzen, der seit 1947 nachließ.[137] Die Aufnahme dieser Millionen Migranten hatte bis zu diesem Zeitpunkt keinen Anstieg der Arbeitslosigkeit zur Folge.

Andere Einflüsse auf die Wirtschaft tragen eher zur Erklärung der steigenden Arbeitslosigkeit bei.[138] Das mit der Berlin-Blockade einsetzende West-Embargo gegen die SBZ verstärkte die Ressourcenengpässe und entzog Teilen der Wirtschaft Absatzmöglichkeiten. Mit der verstärkten

---

134 Matern, Jenny: Schulung und Beschäftigung als Faktoren positiver Sozialfürsorge, in: AuS 3 (1948), H. 18, S. 350. Das Verhältnis zwischen der Zahl nicht einsatzfähiger Frauen und Kindern unter 14 in der Fürsorgestatistik (Tabelle 7) kommt der Einschätzung der DVAS-Vizepräsidentin recht nah.

135 Barthel, Horst: Die wirtschaftlichen Ausgangsbedingungen der DDR. Zur Wirtschaftsentwicklung auf dem Gebiet der DDR 1945-1949/50 (Forschungen zur Wirtschaftsgeschichte, Bd. 14). Berlin (DDR) 1979, S. 61.

136 BAP DO1-10, Nr. 19. 9.1.50. Ministerium des Inneren, HA Staatliche Verwaltung, Abt. Bevölkerungspolitik. Zusammenstellung der gesamten Heimkehrer, Zivilinternierten und Umsiedler. 1948 und 1949, als die Hauptrückwanderung der Kriegsgefangenen aus der UdSSR zu verzeichnen war, hatte die Aufnahme der Heimkehrer ein größeres quantitatives Gewicht als diejenige der Umsiedler. Bereits 1946 wurden aber 438.328 und 1947 367.723 Heimkehrer gezählt, die zu 60,2 bzw. 39,7 Prozent aus dem Westen kamen. In den beiden Folgejahren blieb die Zahl der Heimkehrer unverändert hoch, der Anteil der Rückwanderung aus dem Westen betrug allerdings noch 24,8 Prozent von 472.395 (1948) und 1,3 Prozent von 406.585 ehemaligen Gefangenen (1949).

137 vgl. die Ausführungen in Kapitel I., 1. sowie: Meinicke, Integration der Umsiedler, S. 868.

138 vgl. Barthel, Ausgangsbedingungen, S. 61-62. Zank, S. 171-172.

Wirtschaftsplanung und -lenkung erhöhte sich der Druck auf die Privatwirtschaft in bezug auf die Ressourcenzuteilung. Im Zuge der Währungsreform verlor insbesondere dieser Teil der Wirtschaft angespartes Kapital. Die Summe dieser Einflußfaktoren wird als Grund für Entlassungen angeführt, ein Zusammenhang, der sich am Beispiel der Schwerbeschädigten- und Umsiedlerproduktionsgenossenschaften belegen läßt. Diese Zusammenschlüsse einzelner Erzeuger wurden in Folge der logistischen Engpässe in der Nachkriegszeit von der Deutschen Handelszentrale mangelhaft mit Rohmaterialien beliefert.[139] Dies führte zur Liquidierung zahlreicher defizitär wirtschaftender Genossenschaften.[140] Wie das Zusammenwirken der genannten Einflüsse zu Massenentlassungen führte, zeigte das Beispiel der Gablonzer Bijouindustrie, die sich im Thüringer Wald angesiedelt hatte.[141] Für das betroffene, ohnehin strukturschwache Gebiet bedeutete es ein von den Arbeitsvermittlungsbehörden schwer zu meisterndes Ansteigen der Arbeitslosigkeit.

Eine weitere Ursache für den Anstieg der Arbeitslosigkeit vermutet Wolfgang Zank im Rückgang der Beschäftigten im land- und forstwirtschaftlichen Bereich.[142] Dieser Sektor hatte im Zuge einer „Reruralisierung" eine bedeutende Anzahl von Vertriebenen aufgenommen und so einem überschüssigen Arbeitspotential eine zeitweise Versorgung bieten können. Auf einer Sitzung im Zentralsekretariat konstatierte Georg Chwalczyk von der ZVU eine schwierige Lage der Landwirtschaft, weil sie „mit 500.000 Menschen überbesetzt" sei.[143] Darunter zählten auch viele, die für Mangelberufe eingesetzt werden könnten. Man solle die Kontrolle „des landwirtschaftlichen Teils der Umsiedler"[144] in Mecklenburg beginnen, da dieses Land mit 23 Prozent der Gesamtzahl den größten Anteil der Umsiedler aufgenommen habe. Den Arbeitsämtern oblag es, in diesen Bereich lenkend einzugreifen.

Von 1949 bis 1952 fiel die Gesamtzahl der Berufstätigen in der Landwirtschaft um ungefähr 540.000 bis 592.000.[145] Diese Senkung führte

---

139 Boldorf, Eingliederung der Kriegsopfer, S. 413.

140 vgl. ebd. In Mecklenburg wurden aus den genannten Gründen von den im Zeitraum 1945 bis 1950 gegründeten 35 Produktionsgenossenschaften 24 aufgelöst.

141 Kaltenborn, Steffi: Der Versuch zur Wiederbelebung des Gablonzer Kunsthandwerks im Land Thüringen - Utopie oder reale Möglichkeit? In: Buchheim, Folgelasten, S. 399-401.

142 Zank, S. 172.

143 SAPMO, FDGB A 152. 8.3.49. FDGB Buvo. Bericht über die Kommissionssitzung betr. Neubearbeitung des Umsiedlerproblems im Zentralsekretariat am 3.3.49.

144 ebd.

145 Laut Statistischem Jahrbuch der DDR 1969, S. 20, senkte sich die Gesamtzahl der Berufstätigen im Primärsektor von 2,242 Millionen (1949) auf 1,65 Millionen (1952). Das Statistische Jahrbuch 1956, S. 169 weist für 1952 allerdings einen Wert

zu einem Abbau der Unterbeschäftigung im Agrarsektor. Sie spiegelte die vermehrte Aufgabe von Neubauernstellen sowie einen Rückgang der lohnabhängig Beschäftigten in der Landwirtschaft wider.[146] Die Löhne, die im gewerblichen Sektor bezahlt wurden, lagen über dem niedrigen Niveau im Agrarsektor. Jedoch erfolgte eine Abkehr vom ernährungsmäßig gesicherten Landleben erst dann, wenn die Sicherheit bestand, in städtischen Gebieten einen besser bezahlten Arbeitsplatz zu finden. Der seit den späten 1940er Jahren einsetzende Urbanisierungsschub bereitete der extensiven Ausdehnung der Beschäftigung im Agrarsektor ein Ende.[147]

Die Motivation zur Binnenwanderung lag kaum darin, in der Stadt verbesserte Unterstützungsbedingungen anzutreffen, zumal hierfür infolge der vermehrten Kontrollen und der verschärften Gesetzeslage die Voraussetzungen fehlten. Insbesondere kann die zwischen 1949 und 1950 um 237.000 fallende Zahl der landwirtschaftlich Beschäftigten den markanten Anstieg der registrierten Arbeitslosigkeit seit Oktober 1948 nicht erklären. Vielmehr stagnierte die Zahl der Arbeitslosen zwischen März 1949 und März 1950, während in der Folgezeit ab 1951 ein kontinuierliches Sinken der Arbeitslosigkeit bei leichten saisonalen Schwankungen festzustellen war (siehe Tabelle 6). Diese Entwicklung erfolgte trotz der Landflucht und der Aufgabe zahlreicher Höfe, die den Neubauern im Zuge der Bodenreform zugeteilt worden waren.[148]

Der Leiter der Abteilung Arbeitskraft der SMAD, P. J. Morenow, stellte auf einer Ministerbesprechung den Zusammenhang zur beginnenden Planwirtschaft her.[149] Mit dem Einsetzen des Halbjahresplanes 1948 und den Vorbereitungen zum Zweijahresplan 1949/50 hätten die Betriebe ihren Arbeitskräftebedarf überprüft und Rationalisierungsentlassungen vorgenommen. Demgegenüber läßt sich einwenden, daß auch in den Vorjahren, beispielsweise 1946, der Arbeitsmarkt von einer hohen Fluktuation der Arbeitskräfte und einer verbreiteten berufsfremden Beschäftigung gekennzeichnet war. Dennoch nahm die Zahl der Arbeitslosen seit Kriegsende kontinuierlich ab. Der hohen Fluktuation vermochten auch die Bestimmungen des Kontrollratsbefehls Nr. 3, die die Arbeitsvermittlung bei den Arbeitsämtern monopolisierten, nur unzureichend entgegenzuwirken. Ein

---

von 1,702 Millionen Beschäftigten im Bereich „Land-, Forst- und Wasserwirtschaft" aus.

146 vgl. Nehrig, Christel: Zur sozialen Entwicklung der Bauern in der DDR 1945-1960, in: Zeitschrift für Agrargeschichte und Agrarsoziologie 41 (1993), S. 68-71.

147 Scherstjanoi, Elke: „Friedenshektarerträge" auf Vorkriegsanbauflächen. Zur Bewältigung von Kriegslasten in der ostdeutschen Landwirtschaft (1950), in: Buchheim, Folgelasten, S. 337.

148 Bauerkämper, S. 321.

149 SAPMO, ZPA IV/2027/21. 17.2.49. Weck (Leiter der Abteilung Sozialfürsorge/ Gesundheitswesen des Zentralsekretariats). Protokoll einer Ministerbesprechung.

Wechsel des Arbeitsplatzes war verboten, wenn das Arbeitsamt nicht zustimmte. Der Arbeitgeber hatte dem Amt die Entlassungen von Arbeitskräften innerhalb eines Tages mitzuteilen, bei Zuwiderhandlung erhielt er eine Strafe, die bis zu 10.000 Mark oder Gefängnis bis zu einem Jahr betragen konnte.

Zusammenfassend soll der Schluß gezogen werden, daß der beim ersten Blick augenfällige Anstieg der Arbeitsuchenden bzw. Arbeitseinsatzpflichtigen im zweiten Halbjahr 1948 nur zum geringeren Teil auf wirtschaftlichen Gründen beruhte, hauptsächlich aber auf einer Erweiterung der Definition der Einsatzpflicht, die die statistisch erfaßte Arbeitslosigkeit vergrößerte. Die Schwierigkeit lag darin, daß es sich bei den durch die Steigerung des Zwangs zur Arbeitsaufnahme hinzugekommen Arbeitslosen fast ausnahmslos um schwer vermittelbare Fälle handelte. Dieser Umstand verlangte nach spezifischen Arbeitsmarktstrategien.

2.3. Spezielle Arbeitsbeschaffungsprogramme

Auf einer Konferenz im Februar 1949 beschlossen die Arbeitsminister der Länder und HVAS-Vertreter ein sogenanntes „Arbeitsbeschaffungsprogramm“ mit dem Ziel der Errichtung eines „umfassenden Systems der öffentlichen Arbeiten“, das den Zweijahresplan 1949/50 ergänzen sollte.[150] Mit der SMAD abgestimmt, sah das Programm die Schaffung von Arbeitsplätzen für 109.000 Erwerbspersonen in den Bereichen der Forst- und Landwirtschaft, z.B. Meliorationsarbeiten, sowie bei Wasserstraßenregulierungen vor. Hierzu wurden 284,4 Millionen Mark veranschlagt, die zum Teil aus laufenden Mitteln der Sozialversicherungskassen stammen sollten. Die DWK erweiterte auf ihrer Sitzung vom 22. Juni 1949 die Verordnung über die Pflichtversicherung gegen Arbeitslosigkeit dahingehend, daß die Gelder nicht nur für Unterstützungszwecke, sondern nun auch für „Arbeitsvorhaben von gesellschaftlicher Bedeutung“ verwandt werden durften.[151] Planungsfehler, Abstimmungs- und Finanzierungsprobleme beeinträchtigten die Umsetzung des Programms. Dennoch konnte zum 31. Juli 1949 registriert werden, daß 80.239 Arbeitskräfte in den genannten Bereichen Beschäftigung gefunden hatten, davon 44.167 ehemalige Arbeitslose.

Neben diesem staatlichen Programm zielten die Arbeitsvermittlungsmaßnahmen auf die Unterbringung der Arbeitsuchenden in privaten und volkseigenen Betrieben. Der Tendenz nach handelte es sich bei den Anfang 1949 registrierten Arbeitslosen um problematische Fälle. Durch die

---

150 BAP DQ-2 3735. [15.8.49]. HVAS. Arbeitsministerkonferenz.

151 ZVOBl. 1949, S. 492. Anordnung über die Änderung der Verordnung über die Pflichtversicherung gegen Arbeitslosigkeit vom 22.6.49 (zu § 7).

Änderung der gesetzlichen Bestimmungen in der zweiten Durchführungsverordnung wurden Frauen arbeitseinsatzpflichtig, die nur schwer vermittelbar waren. Eine Vermittlung in den gewerblichen Sektor stieß an ihre Grenzen, weil es in vielen Regionen an solchen Arbeitsmöglichkeiten mangelte und zumeist Facharbeiter gefragt waren. Die Arbeitsintegration von Fürsorgeempfängern sollte daher auch auf administrativem Weg vorangetrieben werden. Eine sächsische Rundverfügung an die Arbeitsämter sah im Dezember 1948 zum Beispiel vor, daß alle Betriebe, die Kräfte anforderten, Fürsorgeempfänger als Hilfsarbeiter einzustellen hätten. Ferner sei die Halbtagsarbeit, insbesondere bei Frauen mit Kindern, zu fördern.[152]

Vielfach zeigte sich in den volkseigenen Betrieben eine Abwehrhaltung, die sich gegen die Einstellung von Schwerbeschädigten richtete. Die Erfüllung eines hoch gesetzten 10-prozentigen Einstellungssolls lehnten die meisten Betriebe ab. Sie betrachteten sowohl zusätzliche Investitionen für Schwerbeschädigte, z.B. für Arbeitshilfenentwicklung oder behindertengerechte Arbeitsplatzgestaltung, als auch besondere Einrichtungen für „Mutter und Kind" als einen Aufwand, mittels dessen ansonsten vom Staat zu gewährende Versorgungsleistungen aus dem Betriebsfonds befriedigt wurden.[153] Diese Gelder fehlten an anderer Stelle, so daß sich die Betriebsleitungen wie auch die Betriebsgewerkschaftsleitungen gegen die Zusatzausgaben sträubten.

Das Hauptaugenmerk der Arbeitsvermittlungsbehörden richtete sich auf den Agrarsektor. Zwar stieß die Aufnahme des überschüssigen Arbeitskräftepotentials seit 1949 an ihre Grenzen, doch hatte die Beschäftigung in der Landarbeit als Konzept zur beruflichen Integration der Umsiedler und zur Senkung der Arbeitslosigkeit auch zu Beginn der fünfziger Jahre noch nicht an Bedeutung verloren. Angesichts ihrer geringen Erfolge wurde die Binnenumsiedlung nur als „Teillösung" angesehen. Die Anstrengungen der Arbeitsbehörden sollten sich zunächst auf die Suche nach einer „sinnvollen Beschäftigung am Orte ihrer jetzigen Ansiedlung"[154] konzentrieren. Die weiteren Planungen zielten darauf, Industrien und Handwerkszweige in den Agrargebieten anzusiedeln, die „Beschäftigungsmöglichkeiten für am Ort vorhandene Spezialarbeiter bieten." In diesen Kontext läßt sich zum Beispiel der Aufbau einer Stahlindustrie im Land Brandenburg einordnen.

Der Prozeß der Abnahme der lohnabhängig Beschäftigten im Primärsektor betraf vor allem die in privaten Betrieben ständig angestellten Lohnarbeiter. Ihre Zahl nahm zwischen 1950 und 1952 um rund 189.000

---

152 BAP DQ-2 3387. 1.12.48. Sächsisches Ministerium für Arbeit und Sozialfürsorge an die Arbeitsämter.

153 Boldorf, Eingliederung der Kriegsopfer, S. 407. Meja, S. 100.

154 BAP DQ-2 3727. 5.3.49. HVAS. Wandel der Bevölkerungsstruktur in Beziehung zum Zweijahresplan.

ab.[155] Es kann angenommen werden, daß diese Entwicklung zeitlich bereits früher einsetzte. Trotz zunehmender Mechanisierung der Höfe bestand eine saisonale Nachfrage nach unständig beschäftigten Arbeitskräften. Zur Aussaat und zur Erntearbeit stieg der Bedarf an Arbeitskräften, die keine besondere Ausbildung benötigten. Das Ziel der Behörden war seit 1948, für arbeitslose Fürsorgeempfänger zumindest eine Teilzeitbeschäftigung als landwirtschaftliche Hilfskräfte zu erreichen, so daß der Verdienst auf die Fürsorgeunterstützung angerechnet werden konnte.[156] Bereits bei einer Tätigkeit, die ein Drittel der regulären Arbeitszeit betrug, waren Teilbeträge zur Sozialversicherung zu entrichten. Für die in der Verordnung zur Arbeitslosenversicherung festgelegte Anwartschaftszeit führte die DVAS eine flexible Regelung ein.[157] Im Agrarsektor setzte man die Frist von 26 Wochen auf 26 Tage herab. Beim Ausscheiden aus der temporären Tätigkeit wurde eine geringe Arbeitslosenunterstützung gewährt, so daß die aus Fürsorgemitteln zu erbringenden Unterstützungsleistungen gesenkt wurden. Der tariflich festgesetzte Mindestlohn von 50 Pfennig in der Stunde wurde zuweilen um die Hälfte unterschritten, obgleich von Seiten der Behörden auf korrekte Entlohnung gedrungen wurde.[158] Das niedrige Lohnniveau in der weitgehend noch in privatem Besitz befindlichen Landwirtschaft war eine Folge des Überangebots an Arbeitskräften in den ländlichen Gebieten. Obwohl der 1946 geschlossene Tarifvertrag für die Landwirtschaft die Auszahlung der Tariflöhne ausschließlich in Geld vorsah,[159] entlohnten die Bauern ihre Landarbeiter teilweise mit Naturalien. Diese rechneten die Sozialämter auf die monetären Unterstützungsleistungen an.

---

155 Stat. Jb. 1956, S. 171. Dem stand ein viel geringerer Anstieg der lohnabhängig Beschäftigten im „sozialistischen Bereich" der Landwirtschaft um rund 42.000 gegenüber.

156 Zum Folgenden: BAP DQ-2 3728. 9.4.49. HVAS (Zumpe). Bericht über das „Experiment Stendal". Stellungnahme der SMAD und Auftrag zur Überprüfung durch die HVAS.

157 ZVOBl. 1948, S. 62. 2. Durchführungsverordnung zur Verordnung über die Pflichtversicherung gegen Arbeitslosigkeit vom 27.12.47. Die Regelung, daß 26 Wochen Beiträge zu leisten seien, wurde durch die unbestimmte Formulierung ersetzt: „Anwartschaft wird durch eine versicherungspflichtige unselbständige Beschäftigung begründet."

158 AuS 3 (1948), H. 5/6, S. 85. Abdruck eines Schreibens des stellvertretenden Leiters der Abteilung Arbeitskraft der SMAD (Tschernjajew) an die DVAS (Brack) vom 23.3.48.

159 Gries-Schwerin, Karl: Sozialversicherungsbeiträge und Lohnerhöhung nach dem Tarifvertrag für die Landwirtschaft, in: AuS 3 (1948), H. 16/17, S. 320-322. Bei „freier Station" war vorgesehen, daß der Landarbeiter bis zu zwei Mark an den Arbeitgeber zu entrichten hatte. Von Seiten der Sozialverwaltung betrachtet lag der Vorteil des Geldlohnes darin, daß dieser eine bessere Grundlage zur Berechnung der Beitragsleistungen zur Sozialversicherung bot.

Gegen die von den Behörden generell angestrebte sozialversicherungspflichtige Beschäftigung gab es Widerstand. Zum einen bedeuteten die zu leistenden Sozialabgaben für die landwirtschaftlichen Arbeitgeber eine zusätzliche finanzielle Belastung. Zum anderen bestand die Pflicht, die Hilfsarbeiter sowie ihre Familie in den Kreis der Selbstversorger einzugliedern.[160] Die Landwirte sträubten sich daher insbesondere, alleinstehende Frauen mit kleinen Kindern zu beschäftigen. Verhandlungen mit der Hauptverwaltung Handel und Versorgung, zumindest für die Familienangehörigen eine Zuteilung von Lebensmittelkarten zu erreichen, verliefen ergebnislos.[161] Die Behörden registrierten auch Fälle von Schwarzarbeit, um die Sozialversicherungspflicht zu umgehen.[162] In Thüringen bezahlten die Gemeinden bei Kurzarbeit oder unständiger Beschäftigung die Beiträge zur Sozialversicherung. Diese Verfahrensweise verurteilte die HVAS schärfstens, weil damit die Arbeitgeber von ihrer Pflicht zur Beitragsleistung entbunden wurden.[163] Die agrarische Teilzeitbeschäftigung entlastete die öffentlichen Haushalte auch noch auf andere Art. Bei Arbeitslosigkeit wurden zumindest kurzzeitig Sozialversicherungsleistungen in Anspruch genommen. Im Gegensatz zur staatlichen Finanzierung der Sozialfürsorge flossen hier die Arbeitnehmer- und Arbeitgeberanteile in die Finanzierung ein. Die Mitglieder der Sozialkommissionen sollten zur Überwachung der sozialversicherungspflichtigen Tätigkeit bei den landwirtschaftlichen Arbeitgebern angehalten werden.

Für Fürsorgeempfänger waren Arbeitseinweisungen vorgesehen, die den Charakter einer sozialen Disziplinierung trugen. Die erste Durchführungsverordnung zur Fürsorgeverordnung sah diesbezüglich vor, daß der Unterstützungsbezug von der „Anweisung angemessener Arbeit gemeinnütziger Art"[164] abhängig gemacht werden konnte. Die Arbeitseinsätze erfolgten in der SBZ uneinheitlich. Sie konzentrierten sich auf das Jahr 1948, als SMAD und HVAS die Maßnahmen zur Senkung der Unterstütztenzahl verstärkten und die Zahl der registrierten Arbeitseinsatzpflichtigen beträchtlich zunahm. Im land- und forstwirtschaftlichen Bereich wurden die Fürsorgeempfänger zur Schädlingsbekämpfung, etwa des Fichtenborkenkäfers oder des Kar-

---

160 BAP DQ-2 3726. 10.9.48. Ministerium für Arbeit und Sozialpolitik Sachsen-Anhalt an die HVAS. BAP DQ-2 3867. 30.7.49. Bericht über die Arbeitsmarktlage in der SBZ, April-Mai 1949 (für Mecklenburg und Sachsen).

161 BAP DQ-2 3753. 14.6.48. Wiederhold. Bericht über die Sitzung in der Zentralfinanzverwaltung am 11. Juni 1948.

162 BAP DQ-2 3728. 1./2.6.48. HVAS. Protokoll über die Arbeitstagung der Abteilungen Sozialfürsorge der Ministerien der Länder.

163 BAP DQ-2 3728. 3.3.49. HVAS. Protokoll über die Arbeitstagung der Abteilungen Sozialfürsorge der Ministerien der Länder.

164 ZVOBl. 1947, S. 129. 1. Durchführungsverordnung (zu Ziff. 2/IV).

toffelkäfers, eingesetzt.[165] Die Lohn- und Arbeitsbedingungen seien unter Mitwirkung des FDGB so zu gestalten, „daß eine gute Arbeitsleistung gewährleistet bleibt". Die Bezahlung sollte nach dem tariflichen Mindestlohn von 50 Pfennig pro Stunde erfolgen. Daß dies nicht immer der Fall war, bewies das Einschreiten der HVAS gegen untertariflich bezahlte Pflichtarbeit im Juni 1949.[166]

Eine andere Variante der Arbeitsverpflichtung bestand darin, daß Fürsorgeempfänger zum Pilzesammeln angehalten wurden.[167] Der Sammelerlös wurde von der Unterstützung abgezogen. Die Maßnahme spiegelte Liquiditätsengpässe des thüringischen Kreises Schleiz wider. Mit ähnlicher Zielsetzung fand im Frühjahr 1948 in Mecklenburg eine Kräutersammlung statt.[168] Diese Aktion wurde von den Sozialkommissionen unterstützt, indem diese Sammelstellen und Trockenräume einrichteten sowie den Abtransport regelten. Da auch hier niedrige Sammellöhne ausgezahlt wurden, konnte nur wenig an Unterstützungsgeldern eingespart werden.[169] Als 1949 eine rückblickende Bilanz gezogen wurde, mußte sogar festgestellt werden, daß teilweise keine Bezahlung der Arbeiten erfolgt war, weil die gesammelten Kräuter nicht abgesetzt werden konnten.[170]

Die geschilderten Arbeitseinsätze zeigen, daß diese hinsichtlich ihres ökonomischen Nutzens fragwürdig waren. Disziplinierende Absichten schienen im Vordergrund zu stehen, die Anfang der 1950er Jahre vermehrt in die Diskussion gerieten.[171] Es galt, eine faktische Arbeitspflicht im Bewußtsein der Menschen zu verankern und ihre durchgreifende Umsetzung zu garantieren. Die beschrittenen Wege dienten dem Ziel, alle erdenklichen Möglichkeiten der Arbeitsintegration zu nutzen, um die öffentlichen Fürsorgeleistungen zu senken. Dennoch konnte die Zahl der Fürsorgeempfänger erst 1952/53 entscheidend vermindert werden.

---

165 BAP DQ-2 3720. 16.6.48. Sächsisches Ministerium für Arbeit und Sozialfürsorge (Kuntz) an die Räte der Stadt- und Landkreise.

166 SAPMO, FDGB 5/3/1479. 11.6.49. HVAS (Bohlmann) an FDGB-Bundesvorstand (Buchow) bzgl. einer Pressenotiz in der Berliner Zeitung vom 8.6.49. Auch das „Neue Deutschland" vom 13.5.49 hatte darüber berichtet, was von der Westpresse aufgegriffen wurde, vgl. BAP DQ-2 3728. 20.5.49. HVAS. Protokoll der Arbeitstagung vom 17.5.49 der HVAS mit den Landesvertretern und Organisationen.

167 BAP DQ-2 3718. 22.12.48. DVdI, HA Umsiedler (Büttner) an die HVAS.

168 BAP DQ-2 3728. 1./2.6.48. HVAS. Protokoll über die Arbeitstagung der Abteilungen Sozialfürsorge der Ministerien der Länder.

169 Schulz-Schwerin: Die Sozialkommission in der Gemeinde, in: AuS 3 (1948), H. 16/17, S. 342-343.

170 BAP DQ-2 3728. 20.5.49. HVAS. Protokoll der Arbeitstagung vom 17.5.49 mit Vertretern der Länder und der gesellschaftlichen Organisationen.

171 Zumpe, Paul: Müssen Sozialfürsorge-Empfänger gemeinnützig beschäftigt werden? In: Demokratischer Aufbau 5 (1950), H. 9, S. 241.

3. LEBEN AN DER ARMUTSGRENZE: DER LEBENSSTANDARD DER MASSE DER BEVÖLKERUNG

3.1. Die zeitliche Bedingtheit des „normalen Lebensstandards"

In der Fürsorgedebatte wurde die „biologische Methode" oft kritisiert, d.h. die Reduzierung der Diskussion des Existenzminimums auf die Frage der ausreichenden Ernährung.[172] Idealiter sollte für jeden Bürger ein „normaler Lebensstandard" garantiert werden, der eine angemessene Beteiligung an den gesellschaftlichen Ressourcen bietet, so daß eine soziale Isolierung von Armutsschichten vermieden wird. In Zeiten allgemeiner Not wie der Nachkriegszeit verschob sich der Gradmesser für den normalen Lebensstandard jedoch nach unten. Er lag unterhalb des physiologischen Existenzminimums, d.h. einer Grenze, die die zum Überleben ohne Mangelerscheinungen notwendigen Nährstoffe sicherte. Das Phänomen „Armut" betraf in der Nachkriegszeit nicht nur eine abgegrenzte Unterschicht, die einer Unterstützung „würdig" war, sondern die Masse der Bevölkerung, die jahrelang an Unterernährung litt. In historischer Perspektive zeigte sich, daß ein Warenkorb, der ein Existenzminimum in einem umfassenderen Sinne garantierte, erst durchsetzbar wurde, als eine wirtschaftliche Entwicklung festzustellen war, die keine Mehrheit, sondern nur noch eine Minderheit unter das Existenzminimum fallen ließ. Die Frage des Lebensstandards reduzierte sich für die Masse der Bevölkerung auf die Sicherung des minimalen Ernährungsbedarfs. Angesichts der desolaten Ernährungssituation konnte die Versorgung mit gewerblichen Konsumgütern als sekundär angesehen werden, ganz im Sinne der Feststellung Teutebergs: „Der Mensch kann auf die Befriedigung aller anderen Bedürfnisse im Notfall verzichten, unter Umständen sogar auf Bekleidung und Behausung, in keinem Fall aber auf die Ernährung."[173]

Für die Versorgungssituation grundlegend war das Rationierungssystem, das daher in seinen Grundzügen skizziert wird. Im November 1945 trat an die Stelle des Zulagensystems der NS-Zeit, das auf einzelne Nahrungsmittelgruppen abgestimmte Karten eingeführt hatte, die Gesamtlebensmittelkarte, auf der alle bewirtschafteten Waren außer Kartoffeln zusammengefaßt waren. Die Kartengruppen unterschieden nach beruflicher Tätigkeit, die Differenzierung entsprach dem Prinzip der „materiellen Interessiertheit", das auch zur Rechtfertigung unterschiedlicher Lohngruppen diente. Es wurde

172 Vgl. auch zum Folgenden: Leibfried, Stephan: Existenzminimum und Fürsorge-Richtsätze in der Weimarer Republik, in: Sachße, Christoph/Tennstedt, Florian (Hrsg.): Jahrbuch der Sozialarbeit 4. Reinbek 1981, S. 482-485.

173 Teuteberg, Hans J./Wiegelmann, Günter: Unsere tägliche Kost. Geschichte und regionale Prägung (Studien zur Geschichte des Alltags, Bd. 6). Münster 1986, S. 226.

zunächst nach sechs, ab Februar 1947 nach fünf Kartengruppen unterschieden.[174] Von diesem Zeitpunkt an galten die Kartengruppen I und II für Schwerst- bzw. Schwerarbeiter. Die übrigen Arbeiter (Kartengruppe III) erhielten eine bessere Versorgung als der Rest der Bevölkerung, zu dem unter anderem Angestellte zählten (Kartengruppe IV). Für Kinder bis zum 15. Lebensjahr galt die Kartengruppe V, die ab dem 1. Oktober 1948 nach Altersstufen differenzierte (V a: 9-15 Jahre, V b: 5-9 Jahre, V c: 1-5 Jahre, V d: Säuglinge bis 1 Jahr). Nach der Gründung der DDR wurde dieses Kartensystem in der Verordnung vom 3. November 1949[175] abgeschafft und mit der Einführung der „Grundkarte", die der vorherigen Kartengruppe IV entsprach, wieder auf das Muster zurückgeführt, das seit 1939 in Deutschland eingeführt worden war. Die Grundkarte ergänzten fünf Zusatzkarten (A bis E), die analog zu den vorherigen Kartengruppen Zulagen gewährten. Gleichzeitig hob man die Aufteilung in zwei Kategorien auf, nach denen die Lebensmittelkarten von 1945 bis 1949 städtische von ländlichen Gebieten unterschieden hatten. Die Kategorieneinteilung war damit begründet worden, daß die Bevölkerung auf dem Land einen leichteren Zugang zu zusätzlichen Versorgungsmöglichkeiten hätte.[176]

Um den Begriff „Masse der Bevölkerung" zu bestimmen, greift die wissenschaftliche Literatur im allgemeinen auf die Kategorie des „Normalverbrauchers" zurück. Da diese im Lebensmittelkartensystem der SBZ nicht mehr existierte, muß der normale, durchschnittliche Verbrauch auf eine andere Art bestimmt werden. Die Vorgehensweise, die Rationen eines „fiktiven Normalverbrauchers" als arithmetisches Mittel der Zuteilungen der Kartengruppen I bis III festzusetzen, verbietet sich.[177] Sowohl in der NS-Zeit als auch in den Westzonen erfaßte der Begriff des Normalverbrauchers stets die unterste Versorgungsgruppe, d.h. die Versorgungslage des größten Teils der Bevölkerung. Insofern muß man in der SBZ seit Februar 1947 die Kartengruppe IV mit der Kategorie des Normalverbrauchers gleichsetzen, was durch quantitative Betrachtungen unterstützt wird: 1947/1948 gehörten dieser Kartengruppe 45 bis 46 Prozent der ausgegebenen Karten an.[178]

---

174 vgl. BAP DX-1. SMAD-Befehl Nr. 12/1947 vom 11. Januar 1947 (Abs. 3). Die Sätze der Angestelltenkarte lagen nur unwesentlich über dem Versorgungsniveau für die „sonstige Bevölkerung" (Kartengruppe VI). Diesem Umstand trug der Befehl 12/1947 der SMAD Rechnung, mit dem die Kartengruppe VI abgeschafft und fortan in die Kartengruppe IV überführt wurde.

175 GBl. der DDR 1949, S. 31-34. Verordnung über die Verbesserung der Versorgung der Bevölkerung mit Lebensmitteln und Industriewaren vom 3. November 1949.

176 Zank, S. 66. Vgl. auch die näheren Erklärungen unter Tabelle 10.

177 Winkler, Gerhard, S. 84, übernommen von Gaertner, S. 102. Zum System der Lebensmittelkarten vgl. Gaertner, S. 93-94.

178 BAP DL-1 3721. HVHV. Versorgungspläne III. Quartal 1947 - III. Quartal 1948. Derselbe Prozentsatz wird angegeben bei: Winkler, Gerhard, S. 85, mit Verweis auf:

Dieser Prozentsatz lag über demjenigen der Kriegszeit, als im Schnitt 40 Prozent der Bevölkerung als „Normalverbraucher" galten.[179] Die Kartengruppe IV in der SBZ entsprach der Kategorie des Durchschnittsverbrauchers auch in höherem Maß als die Grundkarte in der Bizone, denn dort betrug der Anteil der Normalverbraucher ohne Zulagenempfang nur 30 Prozent.[180] Einen höheren Anteil an Normalverbrauchern an der durch Lebensmittelkarten versorgten Bevölkerung gab es lediglich in der Französischen Besatzungszone (52,9 Prozent in Rheinland-Pfalz), wobei dort ebenso eine hohe landwirtschaftliche Selbstversorgungsquote existierte.[181] In dem hier interessierenden Kontext ist von Bedeutung, daß - solange das Rationierungssystem bestand - die Lebensmittelzuteilungen für Fürsorgeempfänger der jeweils untersten Kartengruppe, d.h. der Masse der Bevölkerung, entsprachen. Im Ernährungsbereich gab es für sie keine zusätzliche Einschränkung.

Zur Abschätzung, inwieweit die Rationen die tatsächliche Lebensmittelversorgung der Masse der Bevölkerung zu sichern vermochten, sollen parallele Versorgungsmöglichkeiten einbezogen werden. Die Sperrung der Sparkonten in der SBZ nach Kriegsende fror eine Gesamtsumme von 70 Milliarden Reichsmark ein.[182] Die Maßnahme brachte Millionen von Sparern um ihre Altguthaben, so daß es der Altbevölkerung in der SBZ in gleichem Maße wie den Flüchtlingen und Vertriebenen an verfügbaren Geldmitteln zur zusätzlichen Versorgung mangelte. In Anlehnung an die sowjetische Neue Ökonomische Politik der frühen 1920er Jahre sollte durch die Möglichkeit des Verkaufs „freier Spitzen" ein legaler freier Markt zur privaten Bedürfnisbefriedigung geschaffen werden. Dieser blieb in seiner Bedeutung gering,[183] weil die Landwirte ihre Erzeugnisse für den Schwarzen Markt zurückhielten, auf dem noch höhere Gewinne zu erzielen waren. Da dadurch das System der gebundenen Löhne und Preise „aus den Angeln gehoben" werde, verurteilte die SED diese Aktivitäten aufs schärfste: „Die Besitzer von Waren, insbesondere von Nahrungsmitteln, haben eine Diktatur errichtet, die Diktatur des Preiswuchers. Sie sind heute die wahren Ausbeuter, sie sind die Nutzniesser des verlorenen Krieges, ob sie nun Lebensmittelverbreiter oder

---

Ziegelmeyer, Wilhelm: Drei Jahre Ernährungswirtschaft in der Ostzone. Berlin 1948, S. 107. Gleichzeitig wurden rund 25 Prozent der Karten an Kinder ausgegeben, so daß die Kartengruppen IV und V gut 70 Prozent der Empfangsberechtigten erfaßten.

179 Borkenhagen, Erich: Die Versorgung von Volk und Wehrmacht, in: von der Decken, S. 65.

180 Trittel, S. 216.

181 Hudemann, Sozialpolitik, S. 110.

182 Winkel, Harald: Wirtschaftsgeschichte Deutschlands 1945-1965, in: HdWW, Bd. 9, S. 107.

183 Gries, S. 84.

Händler mit Gebrauchtwaren oder Grossbauern oder Schwarzhändler sind."[184] Die Betätigung auf dem Schwarzen Markt hatte für die Mehrzahl der Bevölkerung Ausnahmecharakter. Zum einen war sie illegal, zum anderen konnten die Käufe nur durch die Veräußerung von Wertgegenständen aus dem persönlichen Besitz finanziert werden, die nicht in beliebiger Anzahl zur Verfügung standen.[185]

An dem Mangel an parallelen Versorgungsmöglichkeiten änderte auch die Errichtung der HO-Läden nichts, weil deren Preise selbst nach der Senkung im Sommer 1949 nur unwesentlich unter dem Schwarzmarktniveau lagen. Wie in den Westzonen und in Österreich[186] schied in der SBZ speziell für die unteren Einkommensschichten eine regelmäßige Zusatzversorgung über parallele Versorgungsmöglichkeiten aus. Sie blieben fast ausschließlich auf die zu relativ niedrigen Preisen erhältlichen rationierten Nahrungsmittel angewiesen. Insofern entsprachen die Sätze der Lebensmittelkarten der durchschnittlichen Versorgung über längere Zeitabschnitte hinweg, wenn auch bis 1949 immer wieder krisenhafte Phasen auftraten. Bei den folgenden Ausführungen gilt es zu beachten, daß die Lebensmittelkarten in keiner der Besatzungszonen die „Garantie für die prompte Zuteilung der festgesetzten Nahrungsmittelmenge"[187] boten.

3.2. Weichenstellungen in der Ernährungspolitik

Grundlage für die Verbesserung der Ernährungssituation war die Steigerung der Nahrungsmittelerzeugung, die die SBZ aus den Erträgen auf dem eigenen Territorium anstrebte. Die anfangs propagandistisch hervorgehobenen sowjetischen Hilfslieferungen war quantitativ unbedeutend,[188] im Gegenteil, bis Ende 1946 wurden Lebensmittel als Reparationszahlungen entnommen.[189] Dies stand in markantem Gegensatz zu den Westzonen, die rund die Hälfte der benötigten Lebensmittel als Hilfeleistungen von den Westalliierten, insbesondere den USA, bezogen.[190] Auch wenn die Beurteilungen zur Produktivitätssteigerung der SBZ-Landwirtschaft unterschiedlich ausfallen,[191] kann festgestellt werden, daß es ihr gelang, die Ernteerträge in dem

184 SAPMO, ZPA IV/2/1/2. 14./15.6.46. Helmut Lehmann. Stenographische Niederschrift der 2. Sitzung des Parteivorstandes der SED.
185 Winkler, Gerhard, S. 88, 90.
186 vgl. Hudemann, Sozialpolitik, S. 87.
187 Boelcke, Willi A.: Der Schwarzmarkt 1945-1948: Vom Überleben nach dem Krieg. Braunschweig 1986, S. 54.
188 Gries, S. 85.
189 vgl. Karlsch, Rainer: Allein bezahlt? Die Reparationsleistungen der SBZ/DDR 1945-1953. Berlin 1993, S. 176-179.
190 Trittel, S. 221.
191 Zank, S. 71; Scherstjanoi, S. 327.

Maße zu steigern, daß die Ergebnisse der Vorkriegszeit für wichtige Agrarprodukte (Brotgetreide, Kartoffeln) 1949/1950 wieder erreicht werden konnten.[192] Das Gebiet der SBZ/DDR, das vor dem Zweiten Weltkrieg ein landwirtschaftliches Überschußgebiet war,[193] vermochte ab diesem Zeitpunkt die Selbstversorgung wieder sicherzustellen. Jedoch blieb die Zahl des gezüchteten Schlachtviehs hinter dem Vorkriegsniveau zurück. Dies war neben dem Futtermangel auf Spaltungsdisproportionen zurückzuführen, weil traditionell „Produkte des Ackerbaus [...] aus Mitteldeutschland [kamen] und [...] veredelt als Erzeugnisse der Viehzucht zu einem beträchtlichen Teil ihren Weg aus Westdeutschland zurück in das Gebiet zwischen Elbe, Werra, Oder und Neiße" fanden.[194] Zudem war der Viehbestand während des Krieges erheblich zurückgegangen und konnte erst allmählich wieder aufgebaut werden.[195] Fleisch blieb in der DDR lange Zeit eine Mangelware, die erst 1958 aus der Bewirtschaftung entlassen werden konnte.

Die Funktionstüchtigkeit der Ernährungsverwaltung war eine zweite Bedingung für die ausreichende Versorgung der Bevölkerung. Die zuständige DVHV nahm die Versorgungslücken vor allem als ein Problem der Organisation der Verteilung wahr. Neben der schwerwiegenden Zerstörung weiter Teile des Transportwesens[196] wirkten sich institutionelle Mängel aus. Auf einer Sitzung der Zentralverwaltung wurde Anfang 1946 festgestellt, daß nach der Auflösung des gewaltigen Apparats des Reichsnährstandes eine Lücke entstanden sei, da die eigene Behörde lediglich über 400 Mitarbeiter verfügte. Den personellen Engpässen suchte man auf lokaler Ebene durch die Gründung von Ernährungsausschüssen entgegenzuwirken. Im Zuge der Herausbildung einer hierarchischen Struktur von Ausschüssen in zahlreichen sozialen und wirtschaftlichen Bereichen führte ein DWK-Beschluß im Mai 1948 Landesernährungsausschüsse ein.

Wenn man die Schwierigkeiten in der Versorgung auf logistische Probleme reduziert, folgt man allzu sehr der zeitgenössischen Optik der Verwaltungen, die stets auf mangelnde Motivation der Bevölkerung und angebliche Sabotageakte, vor allem von seiten „reaktionärer Elemente", zur Begründung des Scheiterns einer adäquaten Umsetzung der Versorgungspläne verwiesen.[197] Die mißliche Versorgungssituation war nicht nur vom niedrigen Stand der Agrarproduktion sowie von logistischen und personellen

---

192 DIW-Wochenbericht 18 (1951), S. 21.

193 Gleitze, Bruno: Ostdeutsche Wirtschaft. Industrielle Standorte und volkswirtschaftliche Kapazitäten des ungeteilten Deutschlands. Berlin 1956, S. 167.

194 Roesler, Jörg: Handelsgeschäfte im Kalten Krieg. Die wirtschaftlichen Motivationen für den deutsch-deutschen Handel zwischen 1949 und 1961, in: Buchheim, Folgelasten, S. 194-195.

195 Bauerkämper, S. 302.

196 Zank, S. 23-26; Gries, S. 86-93.

197 Gaertner, S. 82-89, ist geneigt, diesen Aspekt stark zu betonen.

Engpässen abhängig, sondern auch von den ernährungspolitischen Entscheidungen der Zentralverwaltung.

Ab 1948 schienen mehrere Gründe für eine Verbesserung der Versorgung zu sprechen: Die DWK trieb die Behebung der logistischen Probleme voran und erhöhte die personelle Ausstattung der Ernährungsverwaltungen. Es waren nicht länger Lebensmittel als Reparationen zu liefern, das Ernteergebnis fiel wesentlich besser als 1947 aus. Dennoch schätzten die zentralen Organe in Besprechungen die Möglichkeiten einer Erhöhung der Rationen sehr pessimistisch ein: „Entgegen den Veröffentlichungen in der Tagespresse, wonach auf Grund der Ernteergebnisse dieses Jahres mit einer nennenswerten Verbesserung der allgemeinen Lebensmittelversorgung zu rechnen sei, wurde [...] auf die ernste Versorgungslage hingewiesen." Alle bisherigen Erklärungen müßten „papierne Deklamationen" bleiben, „da auf Grund der bisherigen Regelung der Ablieferungspflicht der HV Handel und Versorgung auch bei einer Steigerung der Ernteerträgnisse [sic] für die Versorgung der gesamten Bevölkerung im günstigsten Falle die gleichen Versorgungsmengen wie im Vorjahre zur Verfügung stehen."[198] Der gesamte landwirtschaftliche Mehrertrag sollte in die „freien Spitzen" fließen und fiel für die reguläre Versorgungsplanung aus. Die von seiten der Industriegewerkschaften geforderte Höhergruppierung bestimmter Berufsgruppen im Kartensystem und die Diskussion zur besseren Versorgung der Randgebiete entbehrten somit einer Grundlage. Eine baldige Erhöhung der Sätze der Lebensmittelkarten erschien illusorisch. Propagandistisch sah man sich aber einem Druck ausgesetzt, weil die Währungsreform in den Westzonen durch Enthortung der Bestände eine spürbare Verbesserung des Warenangebots zur Folge hatte, was auch für die Ernährungssituation galt.[199] Ein entsprechender Effekt blieb bei der Währungsreform in der SBZ aus.[200]

Eine spürbare Entlastung erhoffte sich die Ernährungsverwaltung der SBZ davon, die behördlicherseits zu beschaffende Menge an Lebensmitteln zu verringern. Dabei setzte man auf die Erhöhung der Zahl der Selbstversorger, denn diese erhielten keine Grundnahrungsmittel - außer Kaffee-Ersatz, Salz und Zucker. Als Selbstversorger galten alle selbständigen Landwirte und die ständigen Arbeitskräfte landwirtschaftlicher Betriebe. Auf Anordnung der SMAD waren alle zeitweilig beschäftigten Landarbeiter als

198 SAPMO, FDGB A 149. 9.6.48. FDGB-Buvo. Hausmitteilung. Jendretzky an Göring bzgl. der Besprechung am 8.6.48 bei der HVHV zum „Gesamtproblem der Lebensmittelversorgung".

199 vgl. z.B. Abelshauser, Werner: Wirtschaftsgeschichte der Bundesrepublik Deutschland 1945-1980, Frankfurt/Main 1983, S. 51-52.

200 Winkler, Gerhard, S. 91. Der dort postulierte Zusammenhang zwischen der Verbesserung der Versorgungslage und der Währungsreform bleibt unklar (übernommen bei Gaertner, S. 101).

Teilselbstversorger eingestuft worden, d.h. sie erhielten nur Lebensmittelkarten, wenn die Versorgung aus eigener Produktion nicht sichergestellt war.[201] Die Praxis zielte nun darauf, auch die Saisonarbeiter voll in die Selbstversorgung einzubeziehen. Gegen diese Verpflichtung gab es aus dem Kreis der Landwirte allerdings Widerstand.[202] Die Bauern weigerten sich zum Beispiel, Mütter mit Kindern als Landarbeiterinnen einzustellen. Insofern standen die Pläne der Hauptverwaltung Handel und Versorgung (HVHV) der DWK den gleichzeitig betriebenen Anstrengungen der HVAS zur Bekämpfung der Arbeitslosigkeit entgegen, von deren Seite die Ausdehnung der saisonalen Beschäftigung in der Landwirtschaft als probates Mittel zur Reduzierung der amtlich erfaßten Arbeitslosigkeit angesehen wurde.[203] Die HVAS hatte in Verhandlungen mit der HVHV erfolglos auf die Entlastung der Höfe gedrängt.[204] Nach dem Scheitern der Verhandlungen zwischen den beiden Hauptverwaltungen der DWK war der Weg frei, amtlicherseits die Selbstversorgerzahl zu erhöhen.

Tabelle 9:
Entwicklung der amtlich verfügten Selbstversorgung in der SBZ 1947-1948 [in Tausend Personen]

Zeitraum	Nicht-Selbstversorger (incl. Teilselbstversorger)	Selbstversorger
Juli-August 1947	16397,9	2175,0
September 1947	16204,9	2368,0
Oktober-Dezember 1947	16207,0	2464,0
Januar-März 1948	16301,0	2481,0
April-Juni 1948	16218,3	2497,5
Juli-September 1948	16227,0	2395,0
Oktober-Dezember 1948	15216,9	3400,0

Quelle: BAP DL-1 3721. HVHV. Versorgungspläne III/47 - IV/48.

Eine sehr markante, sprunghafte Erhöhung gab es vom dritten zum vierten Quartal 1948. Von September auf Oktober 1948 stieg die Zahl der landwirtschaftlichen Selbstversorger um rund eine Million. Dies geschah zum Teil unter Zwang. Im Land Brandenburg gab es Fälle, in denen die Behörden der Landbevölkerung willkürlich Lebensmittelkarten entzogen, indem sie

201 Gaertner, S. 96.

202 BAP DQ-2 3726. 10.9.48. Ministerium für Arbeit und Sozialpolitik Sachsen-Anhalt an die HVAS. DQ-2 3867. 30.7.49. Bericht über die Arbeitsmarktlage in der SBZ, April-Mai 1949 (für Mecklenburg und Sachsen).

203 vgl. Kapitel I., 2.

204 BAP DQ-2 3753. 14.6.48. HVAS (Wiederhold). Bericht über die Sitzung in der Zentralfinanzverwaltung am 11.6.48.

behaupteten, daß es sich um Selbstversorger handele.[205] Protest gab es von seiten des FDGB-Bundesvorstandsvorsitzenden Hans Jendretzky und des mecklenburgischen Landwirtschaftsministers Otto Müller (CDU), denn viele Höfe waren angesichts der Abgabeverpflichtung kaum in der Lage, sich selbst zu versorgen. Die Erhöhung der Zahl der Selbstversorger hatte weitreichende ernährungswirtschaftliche Folgen, wie sich in der folgenden modellartigen Rechnung erkennen läßt.

Tabelle 10:
Gesamtmenge der in der SBZ (ohne Berlin) verteilten Lebensmittel pro Tag (Vergleich des III. und IV. Quartals 1948)

		III. Quartal 1948			IV. Quartal 1948		
		R_M [kg]	E_{KG}	M_{KG} [t]	R_M [kg]	E_{KG}	M_{KG} [t]
Brot	KG I	0,450	404,0	181,8	0,500	304,3	152,2
	KG II	0,410	1348,5	552,9	0,460	1512,2	695,6
	KG III	0,360	2651,4	954,5	0,400	2651,5	1060,6
	KG IV	0,310	6848,9	2123,2	0,350	6031,8	2111,1
	KG V	0,260	3766,5	979,3	0,310 0,260	911,2 2599,2	282,5 675,8
ΣM_{KP} [t]				**4791,7**			**4977,8**
Kartoffeln	KG I	0,500	404,0	202,0	0,600	304,3	182,6
	KG II	0,460	1348,5	620,3	0,510	1512,2	771,2
	KG III	0,410	2651,4	1087,1	0,510	2651,5	1352,3
	KG IV	0,410	6848,9	2808,0	0,510	6031,8	3076,2
	KG V	0,410	3766,5	1544,3	0,510 0,420	911,2 2599,2	464,7 1091,7
ΣM_{KP} [t]				**6261,7**			**6938,7**
Fleisch	KG I	0,0418	404,0	16,89	0,0418	304,3	12,72
	KG II	0,0418	1348,5	56,37	0,0418	1512,2	63,21
	KG III	0,0277	2651,4	73,44	0,0277	2651,5	73,45
	KG IV	0,0209	6848,9	143,14	0,0209	6031,8	126,06
	KG V	0,0159	3766,5	59,89	0,0159	3510,4	55,82
ΣM_{KP} [t]				**349,73**			**331,26**
Fett	KG I	0,0218	404,0	8,81	0,0218	304,3	6,63
	KG II	0,0218	1348,5	29,40	0,0218	1512,2	32,97
	KG III	0,0109	2651,4	28,90	0,0109	2651,5	28,90
	KG IV	0,0100	6848,9	68,49	0,0100	6031,8	60,32
	KG V	0,0118	3766,5	44,44	0,0118	3510,4	41,42
ΣM_{KP} [t]				**180,04**			**170,24**

Quelle: BAP DL-1 3721. Versorgungspläne III/48 und IV/48. Abkürzungen: KG: Kartengruppe, R_M [kg]: gewichtetes Mittel der täglich verausgabten Rationen [in Kilogramm], E_{KG}: Empfängerkreis pro Kartengruppe [in 1000 Personen], M_{KG} [t]: verteilte Menge pro Kartengruppe [in Tonnen], ΣM_{KP} [t]: Summe der pro Kartenposition verteilten Mengen [in Tonnen].

205 vgl. Gaertner, S. 74.

Es liegen nur Zahlenangaben über den Empfängerkreis der verschiedenen Kartengruppen vor, und es erfolgt keine Differenzierung nach den Kategorien I und II. Zur Kategorie I zählten bis zum 1. Oktober 1948 die 16 größten Städte der SBZ. Dresden und Leipzig nahmen ebenso wie der sowjetische Sektor Berlins nochmals eine Sonderstellung ein, die sich durch höhere Sätze auszeichnete. Am 1. Oktober 1948 wurden die beiden sächsischen Großstädte in die Kategorie I aufgenommen, die von diesem Zeitpunkt an 18 Städte umfaßte und auch für die Berliner Randgemeinden galt. Zur Kategorie II zählten alle übrigen Gemeinden. Wenn man eine relativ realistische Zahl der Gesamtmenge eingesparter Lebensmittel errechnen will, sollte wegen der unterschiedlichen Rationssätze in Stadt und Land eine Schätzung der Verteilung der Bevölkerung vorgenommen werden:
Schätzung des Empfängerkreises nach Kategorie I: Unter der vereinfachenden Annahme, daß es sich bei der städtischen Bevölkerung ausschließlich um Nicht-Selbstversorger handelte, wurde diese Empfängergruppe mit der Einwohnerzahl der 18 größten Städte gleichgesetzt. Die rund 200.000 Einwohner der Berliner Randgemeinden blieben unberücksichtigt, weil sie erst Ende 1948 in die höhere Versorgungsstufe kamen. Um den Einwohnerstand 1947/48 einigermaßen korrekt zu erfassen, wurde in Ermangelung anderer Quellen das arithmetische Mittel der Volkszählungen vom 29.10.46 und 31.8.50 gewählt, da die Einwohnerzahlen der Städte Ende der vierziger Jahre zum Teil erheblich höher lagen als nach Kriegsende (Urbanisierung, anhaltende Flucht- und Heimkehrwelle u.a.). Die so ermittelte Größe des Empfängerkreises nach Kat. I umfaßte 3.152.798 Personen.
Der Empfängerkreis nach Kategorie II: Rechnerisch ermittelt sich der Empfängerkreis nach Kategorie II als Differenz aus der mittleren Anzahl der Kartenverpflegten (ohne Selbstversorger) im Zeitraum Juli 1947 bis Dezember 1948 und der Anzahl der Kartenversorgten nach Kategorie I, d.h. 12.957.630 Personen.
Aus diesen Angaben läßt sich das gewichtete Mittel (R_M) der täglich verausgabten Lebensmittelrationen in der SBZ errechnen.

Durch die Erhöhung der Rationen ergaben sich Änderungen in der Menge der zur Verteilung kommenden Lebensmittel. Zwar mußten fortan ca. 186 Tonnen Brot und ca. 677 Tonnen Kartoffeln täglich mehr verausgabt werden, doch lag dieser Mehrbedarf erheblich unter den zusätzlichen Mengen, die benötigt worden wären, wenn man die Anzahl der Selbstversorger auf gleichem Niveau belassen hätte. Die zusätzlich benötigten Mengen konnten durch die Mehrerträge im Ackerbau aufgebracht werden.

Da die Fleisch- und Fettrationen nicht stiegen, setzte die Erhöhung der Zahl der Selbstversorger auf einen Schlag täglich 18,5 Tonnen Fleisch und fast zehn Tonnen Fett frei. Dies könnte nun auf eine Schonung des Viehbestandes durch verminderte Schlachtungen deuten. In der Tat gab es im Winter 1948/49 - im Gegensatz zum Vorjahr - keine Berichte über Notschlachtungen. Die Zahl der gehaltenen Nutztiere stieg von 1948 (knapp 3,8 Millionen Großvieheinheiten) bis 1949 (4,4 Millionen) erstmals seit Kriegsende beträchtlich.[206] Der Zuwachs dürfte allerdings in der Phase des Wiederaufbaus des Viehbestandes zum größten Teil auf Jungtieren beruhen, die ohnehin nicht im schlachtreifen Alter waren.

206 DIW-Wochenbericht 18 (1951), S.19 (z.T. auf Schätzungen beruhend).

Die im Bewirtschaftungssystem eingesparten Mengen an Fleisch und Fett führten zu einer anderen wirtschaftspolitischen Maßnahme. Im Oktober 1948 verkündete die DWK die Bildung einer Staatlichen Handelsorganisation (HO), in deren Einzelhandelsgeschäften die Bevölkerung neben den rationierten Waren Konsumgüter und Lebensmittel zu Preisen kaufen konnten, die nahezu das Schwarzmarktniveau erreichten.[207] In der historischen Forschung wurde die Einrichtung der HO-Läden bisher nur unter dem Blickwinkel der Erhöhung der Staatseinnahmen, d.h. der Abschöpfung des Geldüberhangs, betrachtet. Horst Barthel untersuchte ausführlich die Rolle der HO-Akzise für die Konsolidierung des Zonen- bzw. Staatshaushaltes,[208] die bereits 1950 die zeitgenössische Sichtweise des vormaligen DWK-Vorsitzenden Heinrich Rau würdigte: „Ohne die HO hätten wir also die Planerfüllung und -übererfüllung im Jahre 1949 nicht in diesem Umfang gehabt."[209] Die hier angestellten Betrachtungen zeigen, daß außerdem eine wesentliche materielle Voraussetzung für die Eröffnung der HO-Läden war, daß im Bewirtschaftungssystem große Mengen an Fett und Fleisch freiwurden. Der begünstigte Zugang besserverdienender Schichten zu Lebensmitteln auf der einen Seite und die positiven wirtschaftlichen Effekte auf der anderen Seite erfolgten zu einem maßgeblichen Teil auf Kosten der aus der Kartenversorgung ausgeschlossenen Landbevölkerung.

Tabelle 11:
Bevölkerung der SBZ nach den Versorgungsplänen III/48 und IV/48
[in Tausend Personen]

	SBZ (ohne Bln.)		Sachsen		Sachsen-Anhalt	
	III/48	IV/48	III/48	IV/48	III/48	IV/48
KG I	404,0	304,3	214,8	103,7	89,4	93,9
KG II	1348,5	1512,2	398,7	525,3	413,3	420,8
KG III	2651,4	2651,5	1104,8	1090,8	491,9	497,5
KG IV	6848,9	6031,8	2275,4	2102,4	1708,3	1478,0
KG V	3766,5	3510,4	1194,4	1194,1	944,5	870,8
SV	2395,0	3400,0	420,0	620,0	600,0	885,0
GV	326,3	323,4	116,9	113,6	57,6	57,4
Σ Bevölkerung	**17740,6**	**17733,6**	**5725,0**	**5704,9**	**4305,0**	**4303,4**

207 Zank, S. 68. Vgl. Tabelle 16 zur Entwicklung der HO-Preise.

208 Barthel, Horst: Die Einführung des doppelten Preissystems für Einzelverkaufspreise in der DDR durch die Schaffung der HO-Läden von 1948 bis 1950/51 als komplexe Maßnahme der Wirtschaftspolitik, in: Jahrbuch für Geschichte 31 (1984), S. 275-281.

209 Rau, Heinrich: Rede zur Begründung des Volkswirtschaftsplanes 1950, zit. nach: Barthel: Einführung des doppelten Preissystems, S. 278.

noch Tabelle 11:

	Thüringen		Brandenburg		Mecklenburg	
	III/48	IV/48	III/48	IV/48	III/48	IV/48
KG I	63,7	67,6	23,0	23,8	13,1	15,3
KG II	217,8	228,3	185,0	191,6	133,7	146,2
KG III	480,8	479,3	358,5	364,3	215,4	219,6
KG IV	1125,8	1012,2	974,2	820,2	765,2	619,0
KG V	647,6	616,0	527,7	478,9	452,3	395,6
SV	415,0	545,0	465,0	660,0	495,0	690,0
GV	54,3	53,8	51,6	51,4	45,9	47,2
Σ Bevölkerung	**3005,0**	**3002,2**	**2585,0**	**2590,2**	**2120,6**	**2132,9**

Quelle: BAP DL-1 3721. Versorgungspläne III/48 und IV/48. Abkürzungen: KG: Kartengruppe, SV: Selbstversorger, GV: Gemeinschaftsverpflegte, d.h. Insassen von Kranken- und Heilanstalten, Σ Bevölkerung: Gesamtsumme der Bevölkerung der SBZ (ohne Berlin) bzw. der einzelnen Länder nach ausgegebenen Lebensmittelkarten (zuzgl. Gemeinschaftsverpflegte).

In allen Ländern erkennt man im vierten Quartal die deutliche Zunahme der Selbstversorger, deren Anteil an der Gesamtzahl der Kartenempfänger zonenweit bei 19,2 Prozent lag und nach Ländern (Sachsen: 10,9 Prozent, Mecklenburg: 32,4 Prozent) differierte. Sie erlaubte ferner Um- und Höhergruppierungen im Kartensystem, wie aus Tabelle 11 ersichtlich wird. Diese waren von der grundsätzlichen Haltung der DVAS in der Arbeitsmarktpolitik geprägt, daß die Verbesserung der Versorgungslage Voraussetzung für die Hebung der Arbeitsmoral und Steigerung der Arbeitsleistungen sei.[210]Mit dieser Zielsetzung übereinstimmend erfolgten Höherstufungen im Kartensystem. In die Kartengruppe II gelangten zusätzliche 163.700 „Schwerarbeiter“, was zum Teil auf Rückstufungen aus der Kartengruppe I beruhte. Diese beschränkten sich auf Sachsen, denn in den anderen Ländern erhöhte sich die Zahl der „Schwerstarbeiter“ leicht. Während die Zahl der Versorgten nach Kartengruppe III konstant blieb, senkte sich diejenige nach Kartengruppe IV, was die Übernahme der Landbevölkerung in die Selbstversorgung widerspiegelt. Inwiefern diese Um- und Höhergruppierungen zu einer nachhaltigen Verbesserung der ernährungsmäßigen Versorgung der Masse der Bevölkerung führten, soll im Folgenden untersucht werden.

210 BAP DQ-2 3849. 3.7.47. Präsidiumssitzung der DVAS. Brack zu Lamin (SMAD), der die Ansicht vertrat, „daß durch die vorbildliche Sozialpolitik in der Zone das Interesse an der Arbeit zurückgehe.“

3.3. Entwicklungsphasen des Ernährungsstandes

Die kalorische Versorgung, gemessen in Kilokalorien (kcal), wird im allgemeinen als Basisgröße bei der quantitativen Erfassung des Ernährungsstandards gewählt, weil der Energiegehalt der Nahrung die Grundlage für deren Sättigungswert ist. Hiermit ist noch keine Aussage über den Nährstoffgehalt gemacht, d.h. über den Anteil an Kohlenhydraten, Fetten, Eiweiß (Proteinen), Mineralstoffen und Vitaminen. Die Festlegung eines Mindestwertes für ein ernährungsphysiologisches Existenzminimum ist nicht eindeutig. Es wird in der Regel zwischen einem Grundumsatz, der selbst in einem Zustand totaler Ruhe erforderlich ist, und einem Arbeitsumsatz unterschieden, der mit größerer körperlicher Arbeitsleistung steigt.[211]

Ernährungswissenschaftliche Untersuchungen der 1990er Jahre gehen von einem Grundumsatz von 1.673 kcal aus, so daß bei nur leichter körperlicher Tätigkeit (Büroarbeit) ein Bedarf von mindestens 2.600 kcal erforderlich wäre.[212] Die Fachliteratur der 1960er Jahre stufte den Grundumsatz auf ein Mittel von 1.500 kcal ein, rechnete man den Arbeitsumsatz hinzu, auf 2.000 (Frauen) bis 2.400 kcal (Männer).[213] Letzteren Wert schlugen der Völkerbund 1936 und die Vereinten Nationen 1946 als Mindestsatz vor. Unter dem Eindruck der Hungerkrise nach dem Krieg wurden die Maßstäbe weitaus niedriger gesetzt. Unter pragmatischen Erwägungen setzten die Westalliierten 1.550 kcal als zu erreichendes Minimum an.[214] Der an der Berliner Humboldt-Universität lehrende DVHV-Vizepräsident Ziegelmeyer sah in der Neuauflage seiner Publikation „Rohstoff-Fragen der deutschen Volksernährung“ unter verändertem Titel 2.000 kcal als zu erreichendes Existenzminimum für arbeitende Menschen an, das erforderlich sei, „um Hungererscheinungen und Epidemien zu verhindern.“[215] Helmut Lehmann, Mitglied der Abteilung Sozialpolitik des Zentralsekretariats der SED, setzte mit 2.200 kcal für den Normalbedarf parteiintern ein ambitioniertes Ziel.[216]

Bei der Berechnung des Kaloriengehaltes der rationierten Grundnahrungsmittel in der SBZ wurde auf die etwas niedrigeren zeitgenössischen

---

211 Kofrányi, Ernst/Wirths, Willi: Einführung in die Ernährungslehre, Frankfurt/Main [11]1994, S. 308.

212 ebd., S. 301, 309. Silbernagl, Stefan / Despopoulos, Agamemnon: Taschenatlas der Physiologie, Stuttgart/New York/München [3]1988, S. 196.

213 Kofrányi, 1. Aufl., S. 21-22.

214 Trittel, S. 216.

215 Ziegelmeyer, Wilhelm: Die Ernährung des deutschen Volkes. Ein Beitrag zur Erhöhung der deutschen Nahrungsmittelproduktion. Dresden, Leipzig 1947, S. 54. Zur Biographie Ziegelmeyers, vgl. SBZ-Handbuch, S. 1063 f.

216 SAPMO, ZPA IV/2/1/2. 14./15.6.46. Stenographische Niederschrift der 2. Sitzung des Parteivorstandes der SED.

Angaben zurückgegriffen.[217] Der kalorische Brennwertgehalt wird heute meist um zwei bis drei Prozentpunkte höher ausgewiesen.[218] Das Quellenproblem der Beurteilung der Nahrungsmittelqualität in der Geschichte stellt sich für das Jahrfünft nach dem Krieg verstärkt, da mit einem Verfall der Energiewerte gerechnet werden muß. Nach der Analyse verschiedener Lebensmittel im Sommer 1947 schlug das Hygienische Institut der Universität Hamburg aufgrund der minderen Warenqualität eine Korrektur der Kalorienwerte um 1,2 bis 1,3 Prozent für Brot und Kartoffeln, um 3,7 Prozent für Fleisch nach unten vor.[219] Zu einer amtlichen Neufestsetzung kam es jedoch nicht, so daß sich auch die neuere Historiographie, die im Folgenden vergleichend herangezogen wird, der damaligen amtlichen Werte bedient.[220] Insofern liegen die benutzten Werte der Tendenz nach eher zu hoch als zu niedrig.

217 Sperling, S. 349.

218 vgl. Wirths, Willi: Lebensmittel in ernährungsphysiologischer Bedeutung. Paderborn u.a. [3]1985.

219 Sperling, S. 349.

220 Zank, S. 67. Trittel, S. 216.

Tabelle 12:
Versorgung der Masse der Bevölkerung der SBZ mit Grundnahrungsmitteln qua Lebensmittelkarte (1945-1958) [Tägliche Ration pro Kopf in Gramm]

Zeitraum der Zuteilung	Bezeichnung der Kartengruppe	regionale Differenzierung	Brot (2450 kcal/kg)	Nährmittel (3500 kcal/kg)	Fleisch (1600 kcal/kg)	Fett (7500 kcal/kg)	Zucker (3940 kcal/kg)	Kartoffeln (680 kcal/kg)	Kalorienwert
1. Nov. 1945 - 31. Juli 1946	Kartengruppe VI	Kat. I Kat. II	250 200	15 10	15 15	7 7	15 15	350 300	1114 940
	Kartengruppe V	Kat. I Kat. II	250 200	15 10	20 15	20 10	25 25	350 300	1259 1002
1.Aug 1946 - 31. Jan. 1947	Kartengruppe VI	Kat. I Kat. II	300 250	20 15	15 15	7 7	15 15	400 350	1288 1114
	Kartengruppe V	Kat. I Kat. II	300 250	25 20	20 15	20 10	25 25	400 350	1450 1193
1. Febr. 1947 - 30. Sept. 1948	Kartengruppe IV	Kat. I Kat. II	350 300	25 20	25 20	10 10	20 20	450 400	1520 1338
	Kartengruppe V	Kat. I Kat. II	300 250	25 20	20 15	20 10	25 25	450 400	1484 1227
1. Okt. 1948 - 31. März 1949	Kartengruppe IV	Kat. I Kat. II	350 350	25 20	25 20	10 10	20 20	550 500	1588 1528
	Kartengruppe V	Kat. I Kat. II	300-350 250-300	25-40 20-50	20 15	20 10	25 25	500-550 400-500	1518-1727 1227-1523
1. Apr. - 30. Nov. 1949	Kartengruppe IV	Kat. I Kat. II	350 350	25 20	25 20	10 10	25 25	550 500	1608 1548
	Kartengruppe V	Kat. I Kat. II	300-350 250-300	25-40 20-50	20 15	20 10	35 35	500-550 400-500	1557-1766 1266-1562
1. Dez. 1949- 30. Aug. 1950	Grundkarte	-	400	35	30	15	25	-	1777
	Kinderkarte	-	300-400	25-50	20	20	35	-	1157-1890
1. Sept. 1950 - 28. Mai 1958	Grundkarte		400 (nur bis 31. Dez. 1950)	35 (nur bis 31. Dez. 1950)	45	30	40	-	

Quellen: BAP DL-1 3721. HVHV. Abt. V: Kartenwesen und Sonderverpflegung. Übersichten zur Entwicklung der Grundrationssätze in der SBZ. Grundlage für die Erhöhungen der Sätze waren die SMAD-Befehle 96/1945, 121/1945, 148/1945, 194/1946, 339/1946, 12/1947, 151/1948 sowie die DWK-Beschlüsse S 32/1949 und S 188/1949. GBl. der DDR 1950, S. 1225.

Fleisch- und Fettrationen für Kartengruppe VI wurden erst ab 1. Dezember 1945 bewilligt, des weiteren wurden in beiden Kategorien - abweichend von den hier genannten Zeitpunkten - die Kartoffelzuteilungen bereits am 1. Januar 1947, die Zuckerrationen am 1. März 1949 und die Fettrationen am 1. Juli 1949 (auf 11,6 Gramm) erhöht. Beim täglichen Kalorienverzehr wurde die tägliche Zuteilung von 30 Gramm Marmelade mit 75 kcal eingerechnet, nicht jedoch die abgegebene Milch an Kinder (1/4 Liter für Kinder bis 5 Jahre bzw. 1/2 Liter für Säuglinge bis zu einem Alter von einem Jahr). Ab 23. Mai 1949 (Aufhebung der Bewirtschaftung der Kartoffeln) ist keine einheitliche Kalorienberechnung mehr möglich. Der Wert der Grundkarte von 1.777 kcal ergibt sich, wenn man einen Verbrauch von 500 Gramm Kartoffeln zugrundelegt.

Die hier aufgeführten Rationssätze waren von der DVHV festgelegt und bestimmten eine „Sollration“. Die konkrete Umsetzung der Nahrungsmittelzuteilung oblag unteren Verwaltungsinstanzen. Obgleich es krisenhafte Einschnitte gab, blieb die Abweichung vom kalorischen Soll gering.[221] Es kann angenommen werden, daß die Lebensmittelkartensätze die Ernährungslage langfristig erfaßten, zumal alternative Versorgungsmöglichkeiten, wie oben dargelegt, in den Nachkriegsjahren fehlten. Grundsätzlich galt dies bis zum 23. Mai 1949, als die Kartoffeln aus der Bewirtschaftung entlassen wurden. Fortan konnten sie im freien Verkauf erworben werden, sofern sie denn erhältlich waren. Der Übergang zu einer schichtenspezifischen Versorgung, in der das Einkommen der Haushalte eine wachsende Rolle spielte, setzte in der DDR 1950 ein. Die prekäre Versorgungslage bestimmte die öffentliche Diskussion maßgeblich,[222] denn bis zur Staatsgründung konnten in den unteren Versorgungsstufen noch nicht einmal die Werte des Grundumsatzes, die keinesfalls dem Existenzminimum entsprachen, erreicht werden.

Möglicherweise entzog sich die tatsächliche Versorgungsnot in ihrer Tragweite dem Blickfeld der Parteiverantwortlichen, da Helmut Lehmann im Mai 1946 intern eine zufriedenstellende Zwischenbilanz eröffnete. An Nahrungsmitteln stünden zur Verfügung „in der englischen und französischen Zone 1000 Kalorien für Normalverbraucher, für Schwerarbeiter 1140 Kal. [,] in der amerikanischen Zone 1250 Kal., in der sowjetischen Zone 1500 Kal. täglich. Diese 1500 Kalorien täglich entsprechen dem mittleren europäischen Lebensstandard der vom Krieg berührten Länder.“[223]

In der Realität herrschte bis Februar 1947 eine Unterversorgung, die den niedrigen Stand des Jahres 1945 nur unwesentlich überstieg. Die Landbevölkerung, etwa in Klein- und Mittelstädten, die entgegen der amtlichen Annahme ohne weiteres keinen regelmäßigen Zugang zu den Quellen der landwirtschaftlichen Selbstversorgung hatte, traf die Krise wegen der niedrigeren Zuteilungen in Kategorie II am härtesten. Während der gesamten SBZ-Periode konnte der Übergang zu einer annähernd ausreichenden kalorischen Versorgung nicht erreicht werden. Zwar konnten die Sätze Jahr für Jahr allmählich gesteigert werden, wozu die beschriebenen Maßnahmen im Oktober 1948 ihren Beitrag leisteten. Die Rationserhöhungen der untersten Kartengruppen VI bzw. IV bewegten sich jedoch im Gegensatz zu

221 Winkler, Gerhard, S. 47-48.
222 vgl. z.B. Gries, S. 119 ff., zu den politischen Implikationen.
223 SAPMO, ZPA IV/2/1/2. 14./15.6.46. Stenographische Niederschrift der 2. Sitzung des Parteivorstandes der SED.

den Kartengruppen I bis III auf einem bescheidenen Niveau.[224] Dies galt um so mehr, weil das arbeitsmarktorientierte Konzept der staatlichen Verwaltungen seit Oktober 1947 auf eine systematische Ausweitung der Betriebsessen zielte, was zu Lasten der regulären Versorgung ging. Maßgeblich begünstigt wurden die Arbeiter in den besonders geförderten industriellen Schwerpunktbereichen.[225] Bei den Rationenzuteilungen waren neben der geringen Qualität der Produkte immer wieder die Substitution durch Ersatzstoffe, Stockungen aufgrund der Mängel des Transportsystems, ja manchmal gar der Ausfall der regulären Versorgungssätze zu beklagen.[226] Dies betraf vor allem Fleischzuteilungen, die noch bis 1949 durch Eier, Eipulver, Käse und Fisch ersetzt wurden. Statt Fett gaben die Verteilungsstellen zuweilen Sirup oder Süßwaren aus. Hinzu kam, daß zur Berechnung des Austauschverhältnisses allein der Kaloriengehalt und nicht der Nährwert berücksichtigt wurde. Obgleich die angeführten Rationssätze das physiologische Existenzminimum jahrelang nicht erreichten, überlebte die Mehrzahl der Bevölkerung. Dies ist durch den Umstand erklärbar, daß sich der Körper auf eine Unterversorgung einzustellen vermag, ein Phänomen, das bis heute in Entwicklungsländern festgestellt werden kann.[227]

Ordnet man die deutsche Ernährungskrise der Nachkriegszeit in eine langfristige Entwicklung ein, wird der Ausnahmecharakter der Periode um so deutlicher.[228] Aus Tabelle 13 wird deutlich, wie niedrig die Kalorienversorgung im Langzeitvergleich lag. In der Mangelperiode stieg der Anteil der aus Kohlenhydraten bezogenen Kalorienwerte beträchtlich.

---

224 Warum Winkler, Gerhard, S. 90-91 (übernommen bei Gaertner, S. 102), von einer Erhöhung der Sätze „in verhältnismäßig schneller Folge" schreibt, bleibt in Anbetracht seiner eigenen Kalorienberechnungen unverständlich. Zutreffender erscheint die Einschätzung Zanks, S. 71, der die Erhöhung im Oktober 1948 als „symbolisch" bezeichnet. Zu korrigieren ist auch die von Gaertner, S. 102, getroffene Feststellung, daß im Oktober 1948 auch die niedrigste Ration (Kartengruppe IV, Kategorie II) auf über 1600 kcal angelangt sei.

225 vgl. dazu detaillierter: Zank, S. 70-71.

226 Zank, S. 68; Gaertner, S. 93; Winkler, Gerhard, S. 59, 64; Gries, S. 105.

227 vgl. Hudemann, Sozialpolitik, S. 112-115.

228 Der Langzeitbetrachtung in Tabelle 13 liegen zwar unterschiedliche Erhebungskonzepte zugrunde, doch ist der Bezugspunkt aller Berechnungen jeweils die Masse der Bevölkerung zum Untersuchungszeitpunkt bzw. ein repräsentativer „Normalverbraucher".

Tabelle 13:
Kalorienaufkommen aus den Hauptnährstoffgruppen im Wandel der Zeit (prozentuale Anteile am jeweiligen Durchschnittsverbrauch)

Jahr	Territorium	Proteine [in %]	Fett [in %]	Kohlenhydrate [in %]	Kalorienwert
1900	Deutsches Reich	16,6	33,5	49,9	3263
1930	Deutsches Reich	16,8	39,3	43,9	3178,3
1936 a 1936 b	Deutsches Reich	16,7 12,3	38,1 34,6	45,3 53,1	3237 keine Ang.
1939	Deutsches Reich	12,5	22,0	65,5	2435
1943/44	Deutsches Reich	10,9	19,1	70,0	1981
1944/45 1945, Sept.	Deutsches Reich Hamburg	11,8 11,4	18,2 13,4	70 75,2	1630 1470
1947	Bizone SBZ	11,4 - 12,4 9,9	8,5 - 10,1 10,4	78,3 - 79,9 79,7	1318-1426 1299
1949	DDR	10,0	11,4	78,6	1699
1950/51	BR Deutschland	15,4	35,9	48,7	2840
1955	DDR	12,2	34,3	53,5	2843

Quellen: 1900, 1930, 1936 a, 1950/51, 1974/75: Teuteberg, S. 233, 236-241; 1936 b, Sept. 45 (Hamburg, 80. Zuteilungsperiode): Ziegelmeyer, S. 54-55; 1939, 1943-45: Sperling, S. 345; 1947 (Bizone): Erker, S. 57, Trittel, S. 317 (Fußnote 107), Sperling, S. 345; 1947, 1949 (SBZ/DDR): BAP DL-1 3721, 1955: Winkler, S. 176 (bestätigt durch Haushaltsrechnungen 1958/59).

Umgekehrt entwickelten sich der Eiweiß- und Fettverbrauch. Milch als wichtiges Eiweißprodukt erhielten in der SBZ nur Kinder bis fünf Jahre auf Lebensmittelkarte, in der Bizone auch Erwachsene in geringen Mengen (100 ml täglich). Ähnlich verhielt es sich mit den Fleischzuteilungen. Nachdem die Rationen in den Westzonen 1947 drastisch gesunken waren,[229] verharrten sie in ganz Deutschland auf einem Niveau, das wesentlich unter dem Verbrauch der Friedenszeiten lag. Auch die Fettlücke, die aufgrund der Autarkiebestrebungen des „Dritten Reichs" bereits 1934 einsetzte,[230] setzte sich in der

229 Schön, Irmgard: Wandlungen in den Verzehrsgewohnheiten bei Fleisch von 1945 bis zur Gegenwart, in: Protzner, Wolfgang (Hrsg.): Vom Hungerwinter zum kulinarischen Schlaraffenland (Beiträge zur Wirtschafts- und Sozialgeschichte, Bd. 35). Stuttgart 1987, S. 105.

230 Hachtmann, Rüdiger: Lebenshaltungskosten und Reallöhne während des „Dritten Reichs", in: Vierteljahrschrift für Sozial- und Wirtschaftsgeschichte 75 (1988), S. 50-52.

Nachkriegszeit fort. Es wird deutlich, daß Zeiten des Mangels insbesondere dadurch geprägt sind, daß Protein- und Fettanteile der Nahrung in erheblichem Maße zurückgehen. Eine Normalisierung trat erst in den 1950er Jahren ein, so daß man das Vierteljahrhundert nach dem Krieg mit dem Schlagwort „von der Fettlücke zum Fettberg" charakterisieren kann. Auch der Ernährungswissenschaftler Gerhard Winkler stellte bei seiner ernährungsphysiologischen Auswertung von Haushaltsrechnungen in der DDR der späten 1950er Jahre bereits einen übermäßigen Konsum an Fett fest.[231]

Der hohe vegetabile Anteil der Ernährung trug in allen Besatzungszonen der Tatsache Rechnung, daß sich bei der Veredelung der Nahrung zu Fleischprodukten durch Verfütterung von Feldfrüchten, insbesondere Kartoffeln und Getreide, ein Kalorienverlust von ca. 75 Prozent ergab. Auf westlicher Seite wurde dies als Argument zum Abbau der Viehbestände bei gleichzeitigem Ausbau der Ackerfläche angeführt.[232]

Tabelle 14:
Typische Tagesrationen der untersten Versorgungsgruppen im Jahr 1947

	USBZ / Bizone [g]	Kaloriengehalt [kcal]	SBZ R_M [g]	Kaloriengehalt [kcal]
Brot	335 - 357	820,6 - 874,7	310	759,5
Nährmittel	40 - 45	140,0 - 157,5	21	73,5
Kartoffeln	270 - 285	183,6 - 193,8	410	278,8
Fleisch	10 - 14	16,0 - 22,4	21	33,6
Fisch	17 - 18	23,8 - 25,2	-	-
Fett	8 - 9	60,0 - 67,5	10	75,0
Käse	2	0,4	-	-
Milch	100 ml	4,5	-	-
Zucker	17 - 18	69,0 - 70,9	20	78,8
Marmelade	-	-	30	75,0
Summe kcal		1313 -1416,9		1374,2

Quellen: Erker, S. 57 (USBZ, Frühjahr 1947). Trittel, S. 317 (Bizone, 107. Zuteilungsperiode vom 13.10. bis 9.11.47), BAP DL-1 3721. Grundration R_M (SBZ: 1.2.47 bis 30.9.48) der Kartengruppe IV.

Wie bereits deutlich wurde, betraf der niedrige Ernährungsstandard keineswegs die SBZ allein, wie auch ein Vergleich der Zusammensetzung einer typischen Tagesration in der Bizone 1947 mit den durchschnittlichen mittleren Sätzen der untersten Versorgungsgruppe in der SBZ erhellt.

Die Tabelle 14 zugrunde liegenden Verbrauchsrechnungen können für den Zeitraum von Anfang 1947 bis zum Frühjahr 1948 als typisch gelten.

231 Winkler, S. 328-335.
232 Trittel, S. 223.

Auch der Zeitpunkt für einen synchronen Schnitt im Februar 1948[233] trifft einen mittleren Wert dieser längeren Phase, in der die durchschnittliche Mindestkalorienversorgung aller Besatzungszonen kaum differierte, relativ genau. Hieraus kann allerdings nicht allgemein abgeleitet werden, daß das Versorgungsniveau des Nachkriegsjahrfünfts in West und Ost durchgehend gleich war, wie die folgende Übersicht veranschaulicht.

Tabelle 15:
Vergleich der kalorischen Versorgung der untersten Versorgungsgruppen in den Besatzungszonen (1945-1949)

Zeitraum	BBZ / USBZ bzw. Bizone	Abweichende und ergänzende Angaben	SBZ (Kat. I und II)	Abweichende und ergänzende Angaben
05.-09.45	1000-1200	846 (09.45)	-	-
09.45-02.46	1380-1580	1521-1701 (11-12.45)	940-1114 (ab 12.45)	
03.46-10.46	1015-1235		940-1114 (bis 07.46)	1020-1263 1100 (03/46)
14.10.46-30.03.47	1330-1550		1114-1288 (bis 02.47)	
31.03.47-31.03.48	1100-1400	1120 (05/47) 1342 (02/48)	1338-1520	1325 (11/47) 1296-1473 (02/48)
01.04.-30.06.48	1350-1760	1298 (03/48)	1338-1520	1136 (03/48)
01.07.48-30.09.48	1830-1990	1990 (07.48)	1338-1520	1309-1489
01.10.48-31.03.49	1830-1990		1528-1588	1495-1554
01.04.49-30.05.49	1830-1990		1528-1588	1526 (06/49)

Quellen: *BBZ/USBZ bzw. Bizone*: Trittel, S. 91, 216. Abweichende und ergänzende Angaben: Winkel, S. 34-35. *SBZ*: BAP DL-1 3721 (vgl. Tabelle 12). Abweichende und ergänzende Angaben: Zank, S. 67. Gaertner, S. 104 (nach BAP DL-1 788). Winkel, S. 34-35.

Zur Erklärung kann ein wesentlicher struktureller Unterschied angeführt werden, der die Versorgung in den verschiedenen Besatzungszonen prägte. Während sich die SBZ autark versorgte, war die Ernährungskrise in den Westzonen nur mittels Importen zu meistern. Daher war dort die Versorgung der Bevölkerung in weitaus höherem Maße als in der SBZ von der alliierten Deutschland- und Besatzungspolitik abhängig. Die seit September 1945 im Westen erreichten hohen Kalorienwerte beruhten auf den anfänglich umfangreichen westalliierten Lieferungen zur Versorgung von Millionen DPs auf

233 Gaertner, S. 105, nach: BAP DL-1 788. DVHV. 1.4.48. Vergleich der Besatzungszonen im Februar 1948. Die Werte sind in Tabelle 15 eingearbeitet.

deutschem Territorium, die wegen der beschleunigten Rückführung allerdings weiten Teilen der deutschen Zivilbevölkerung zugute kamen.[234]

Die Phasen mangelhafter Versorgung beruhten zum einen wie in der SBZ auf den Unzulänglichkeiten des zerstörten Transportwesens und mangelnden personellen Kapazitäten der Ernährungsverwaltungen. Zum anderen spielte bei den bedeutenden US-Lebensmittelhilfen eine wesentliche Rolle, daß diese gegen Ende des Haushaltsjahres unter dem Druck knapper werdender Haushaltsmittel nachließen.[235] Die fehlenden Lieferungen, gepaart mit der geringfügigen agrarischen Produktion in den Wintermonaten, führten in den Jahren 1946 bis 1948 zu Winter- und Frühjahrskrisen im Westen Deutschlands.[236] Besonders betroffen waren die Städte im Ruhrgebiet, wo die Tagesrationen zuweilen unter 1000 kcal sanken. Auch in der SBZ trafen die Versorgungslücken vor allem die Großstädte, wie das Beispiel Leipzigs zeigte.[237] Die Sonderzuteilungen des 1948 von der Sowjetunion gelieferten Getreides waren der Versuch, „der Überzeugungskraft westzonaler Lebensmittelimporte etwas entgegenzusetzen".[238] Vermutlich fielen in der SBZ die Schwankungen aufgrund der autarken Versorgung geringer aus, zumindest bei den Grundnahrungsmitteln Brot, Nährmittel und Zucker. Die Rationen stiegen kontinuierlich, auch wenn das Anfangsniveau weitaus niedriger als im Westen lag.

Die seit Mitte 1948 sich öffnende Schere in der Versorgungssituation zugunsten der Westzonen erklärt sich durch einen Wandel der Politik der Westalliierten. Im Zuge der Westintegration ihrer Besatzungszonen verfolgten die Westalliierten das Ziel, den Teufelskreis der Unterversorgung bei geringer Arbeitsproduktivität von der Ernährungsseite her zu durchbrechen. Nachdem die Fleischrationen Anfang 1948 noch einmal gekürzt worden waren, weil die Bauern kaum noch ablieferten, und auch das Enthortungsgesetz im März kaum Wirkung zeigte,[239] wurden im Juni die

---

234 Buchheim, Christoph: Die Wiedereingliederung Westdeutschlands in die Weltwirtschaft 1945-1958 (Quellen und Darstellungen zur Zeitgeschichte, Bd. 31). München 1990, S. 19. Jacobmeyer, Wolfgang: Ortlos am Ende des Grauens: 'Displaced Persons' in der Nachkriegszeit, in: Bade, Klaus J. (Hrsg.): Deutsche im Ausland - Fremde in Deutschland. Migration in Geschichte und Gegenwart. München 1992, S. 368-369. Von Mai bis September 1945 waren aus Deutschland und Westeuropa bereits 5,2 Millionen DPs in ihre Ausgangsländer zurückgeführt worden.

235 ebd., S. 15, 20.

236 vgl. Erker, S. 53-63, Trittel, S. 17 ff.

237 Gries, S. 99 ff.

238 ebd., S. 85.

239 Wildt, Michael: Am Beginn der „Konsumgesellschaft". Mangelerfahrung, Lebenshaltung, Wohlstandshoffnung in Westdeutschland in den fünfziger Jahren. Hamburg 1994, S. 33.

positiven wirtschaftlichen Effekte der Währungsreform durch eine besonders ertragreiche Ernte ergänzt.

Im langfristigen Vergleich blieb die Ernährungslage in der SBZ dann hinter derjenigen der Westzonen zurück. Das Auseinanderdriften der Nahrungsmittelversorgung seit Mitte 1948 führte in Ostdeutschland zu einem erheblichen Legitimationsdruck, dem durch Erhöhung der Selbstversorgerquote und Umgruppierung innerhalb des Kartensystems nur kurzfristig begegnet werden konnte. Unabwägbar bleibt hier, inwieweit mit der Freigabe der Kartoffeln aus der Bewirtschaftung auch ihre Erhältlichkeit gesteigert werden konnte. Der geringe Preis von 12 Pfennigen pro Kilo (im Jahresdurchschnitt) blieb für jedermann erschwinglich. Die Rationenerhöhungen des Dezembers 1949 nach der Staatsgründung betrafen Fleisch, Fett und Zucker. Berechnungen des DIW belegten, daß das Fleischaufkommen in der DDR seit dem Jahr 1947 derart gestiegen war, daß die mit der Erhöhung der Zuteilungen übernommene Verpflichtung erfüllt werden konnte.[240] Nachdem die Sätze am 1. September 1950 abermals angehoben wurden, war der Stand erreicht, auf dem sie bis zur Aufhebung der Rationierung am 28. Mai 1958 verharrten. 1950 gelang die Überwindung des Hungers, wenn die Ernährung auch auf einer vegetabilen Basis verblieb.[241] Nachdem Brot und auch die Nährmittel Ende Dezember 1950 freigegeben worden waren, nahm die Bevölkerung den größten Teil der Kalorien über nicht bewirtschaftete Lebensmittel auf.

Keine Erhöhungen, sondern zum Teil empfindliche Kürzungen mußten im September 1950 die Sperrgebietsbewohner an der Grenze zur Bundesrepublik hinnehmen.[242] Die monatlichen Sätze betrugen dort 1000 g gegenüber 1350 g Fleisch auf der Grundkarte, 250 g statt 900 g Fett und 250 g statt 1200 g Zucker. Die Zuteilung von täglich 8,3 Gramm Fett bzw. Zucker lag auf dem Niveau der Mangeljahre 1945/46 (vgl. Tabelle 12). Der Aufenthalt in diesem Gebiet sollte von der Ernährungsseite her unattraktiv gemacht werden.

Die Absicht war, die Lebensmittelversorgung der Mehrzahl der Bevölkerung in zunehmendem Maße über die HO-Läden zu gewährleisten. Deshalb sollten Preissenkungen erfolgen, die jedoch zunächst auf sich warten ließen. Für Personen im Arbeitsprozeß erlangten Sonderzuteilungen und insbesondere die Werkküchenessen immer mehr an Bedeutung.[243] Diese

240 Die Fleischversorgung in der Sowjetischen Besatzungszone, in: DIW-Wochenbericht 17 (1950), H. 15, S. 61-62.

241 vgl. auch Hübner, Peter: Konsens, Konflikt und Kompromiß: soziale Arbeiterinteressen und Sozialpolitik in der SBZ/DDR 1945-1970 (Zeithistorische Studien, Bd. 3). Berlin 1995, S. 146. Barthel, Ausgangsbedingungen, S. 166.

242 BAP DL-1 3721. [nach September 1950]. Ministerium für Handel und Versorgung der DDR. Festlegung der Rationssätze.

243 Frerich/Frey, Bd. 2, S. 27.

Möglichkeiten boten sich den Personen außerhalb des Arbeitsprozesses, insbesondere den Arbeitslosen und Fürsorgeempfängern, nicht. Doch auch nach der Gründung der DDR traten vereinzelt wieder Engpässe auf, die die aus der Bewirtschaftung entlassenen Güter wie zum Beispiel Kartoffeln betrafen (in Sachsen 1951).

3.4. Die Überwindung des „doppelten Preisniveaus“ als Voraussetzung zur Steigerung des Lebensstandards

Die bisherigen Ausführungen fokussierten ausschließlich auf die Ernährungssituation. Eine solche Betrachtungsweise wird einer umfassenden Behandlung des „normalen Lebensstandards“ nicht gerecht. Zunächst sollen die methodischen Barrieren, die der Berechnung eines Indexes der Lebenshaltungskosten in der Nachkriegszeit entgegenstehen, dann die praktische Relevanz dessen reflektiert werden.

In Zeiten, in denen dem Verbraucher die Wahl seiner Konsumgüter freisteht, kann mit Hilfe der Erhebung über Wirtschaftsrechnungen eine durchschnittliche Verbrauchsmenge ermittelt werden: Zum Beispiel legte das Statistische Reichsamt 1936 einen Warenkorb für einen Haushalt mit „einfacher Lebenshaltung“ fest.[244] Für die Betrachtung des „normalen Lebensstandards“ der unteren Einkommensklassen könnte die Bewegung der Preise für diesen im Vergleich zur Entwicklung der Einkommen betrachtet werden, wobei man einen der Menge nach unveränderlichen Verbrauch annimmt. Im Augenblick einer diktierten Zuteilung und Bewirtschaftung der Nahrungsmittel bestimmen die Rationssätze den regelmäßigen Verbrauch. Die Verbrauchsänderung wird nicht vom Verbraucher bestimmt, sondern unterliegt dem Einfluß der Bewirtschaftung. In der Nachkriegszeit war der Konsum von der Veränderung der Rationssätze, dem Austauschverhältnis zwischen unterschiedlichen Warengruppen oder mitunter gar davon abhängig, ob die Konsumgüter überhaupt zur Verteilung gelangten. Wie bereits in der Abschätzung paralleler Versorgungsmöglichkeiten dargelegt, waren die wenigen noch freien Waren und Leistungen von der Masse der Bevölkerung nicht zu bezahlen. Daher unterschied sich der Verbrauch im Nachkriegsdeutschland in seiner strukturellen Zusammensetzung erheblich von demjenigen der Vorkriegszeit.

Ein Vergleich mit dem Konsum eines Haushaltes mit einfacher Lebensführung von 1936 würde verzerrend wirken. Legte man den Berechnungen den Vorkriegsstandard zugrunde, ergäbe sich - da man Schwarzmarktpreise

244 vgl. zum Mengenschema: Leibfried, Stephan (Hrsg.): Die Entwicklung der Richtsätze in der öffentlichen Fürsorge 1926-1942. Arbeitspapiere des Forschungsschwerpunkts Reproduktionsrisiken, soziale Bewegungen und Sozialpolitik. Bremen 1986, S. 140-141.

einrechnen müßte - ein irreal hoher Wert für den Lebenshaltungskostenindex der Nachkriegszeit, dessen Aussagekraft gering wäre, da er angesichts der Einkommenslage ohnehin nicht dem realen Verbrauch der Mehrheit der Bevölkerung entsprechen konnte. Dies galt nicht nur für die Ernährung, sondern auch für andere Konsumgüter. Für viele Angehörige der unteren Einkommensgruppen war zum Beispiel die Einführung der Punktkarten im Dezember 1948 die Voraussetzung, daß erstmals nach Kriegsende Neuanschaffungen an Textilien stattfinden konnten. Anfangs vermochte die Rationierung eine Basisversorgung zu garantieren, später war ihre allmähliche Aufhebung das Zeichen für die Steigerung des Konsums.

In der Praxis gründete die Verbrauchsbeschränkung seit Kriegsende auf dem „doppelten Preisniveau“: Die Preise des Schwarzen Marktes orientierten sich am Gewinninteresse privater Verkäufer, diejenigen der HO-Läden seit Oktober 1948 am staatlichen Interesse einer wirkungsvollen Abschöpfung des Kaufkraftüberhangs. Beide lagen in ihrem Niveau deshalb weit über dem für den Durchschnittsverbraucher erschwinglichen Maß. Dem standen die Preise für die rationierten Güter gegenüber. Ein Index, der die Steigerung der Preise für die auf Lebensmittelkarten zu beziehenden Waren berechnete, war nur für die untersten Klassen der Einkommensbezieher relevant und soll an späterer Stelle betrachtet werden.[245] Erst als die duale Struktur des Preissystems nivelliert war, gab es wieder eine Grundlage für die Berechnung eines Lebenshaltungskostenindexes, der alle wesentlichen Aspekte der Bedürfnisbefriedigung der Bevölkerung einbezog. In diesem Sinne war auch die Absichtserklärung der Regierung der DDR anläßlich der Erhöhung der Rationssätze kurz nach der Staatsgründung zu verstehen: „Die Regierung erstrebt auch, bis zum Ende des Jahres 1950 ein einheitliches Preissystem herbeizuführen. Dazu ist es notwendig, die Subventionen für Lebensmittel und Rohstoffe aufzuheben und zur Beseitigung des gegenwärtigen doppelten Preisniveaus eine Preisregulierung durchzuführen.“[246]

245 vgl. Kapitel I., 4.

246 GBl. der DDR 1949, S. 31-34. Verordnung über die Verbesserung der Versorgung der Bevölkerung mit Lebensmitteln und Industriewaren vom 3. November 1949.

Tabelle 16:
Entwicklung der HO-Preise für Grundnahrungsmittel [Mark/kg]

	Butter	Margarine	Fleisch (Schweinekamm)	Zucker	Weizenmehl	Milch
1948	130,-	110.-	82,50	33.-	20,-	
1949	100,- / 60.-	70,- / 36,-	67,50/ 40,-	24,- / 12,-	20,- / 6,-	
1950	48,- / 24,-	18,- / 14,-	30,- / 15,-	12,-	4,80 / 1,60	2,50
1951	24,-	14,-	15,-	7,60 / 7,40	1,32	2,-
1952	20,-	12,-	11,20	3,- / 2,80	1,32	2,-
1955-58	20,-	4,-	11,20	3,-	1,32	1,12

Erhebungszeitpunkte (Quellen): November 1948 (Winkler, S. 162, Gaertner, S. 64); Mai/September 1949 (Winkler, S. 162, Gaertner, S. 98-99, Zank, S. 69); April/Oktober 1950 (Winkler, S. 162); 1951 ff. (Stat. Jbb. der DDR und DIW-Wochenberichte). Die Preisangaben des Stat. Jb. 1957 weichen erheblich von denjenigen der Stat. Jbb. 1955, 1956 und 1959 ab, sie wurden daher außer Acht gelassen, zumal die komplementären Quellen die notierten Preise bestätigen. Die angegebenen Preise für 1955 entsprechen dem Stand bis zur Aufhebung der Rationierung am 31. Mai 1958 (vgl. Stat. Jb. der DDR 1959).

Die Preissenkungen zwischen Mai und September 1949 gaben Anlaß zu dieser Hoffnung. Doch erst im Laufe des Jahres 1950 lag das Preisniveau auf einer Höhe, die eine vergleichende Berechnung der Lebenshaltungskosten in beiden deutschen Staaten sinnvoll erscheinen ließ.[247] Dieser Vergleich rückte aus politischen Gründen in den Vordergrund. Das DIW legte der Ermittlung der Lebenshaltungskosten im September 1950 einen Warenkorb zugrunde, der dem durchschnittlichen Verbrauch einer vierköpfigen Familie mit zwei Verdienern in der BRD im ersten Halbjahr 1950 entsprach. Im Ernährungsbereich stimmte die mengenmäßige Zusammensetzung weitgehend mit dem 1936 vom Statistischen Reichsamt ermittelten Verbrauch eines Haushalts mit einfacher Lebensführung überein. Geringer wurden allerdings die Ausgaben für Neuanschaffungen (Bekleidung, Haushaltsgegenstände) angesetzt. Hinzugezählt wurde ferner ein elastischer Bedarf (Kulturbedarf), der kleine Mengen an Bohnenkaffee, Bier und Tabakwaren sowie geringe Ausgaben für Bildung, Unterhaltung, Körperpflege und Beförderung in öffentlichen Verkehrsmitteln umfaßte.

In der DDR war zum Erwerb des Warenkorbs ein ungefähr dreimal so hoher Aufwand wie in der BRD nötig. Mit einem Preis von 650 DM-Ost bei einem monatlichen Höchstlohn von 312 Mark brutto[248] war er für nahezu alle

247 Zum Folgenden: Ein Kaufkraftvergleich zwischen Westdeutschland und der Sowjetzone, in: DIW-Wochenbericht 17 (1950), H. 50, S. 199-201.

248 Weber, Hermann: Die DDR 1945-1990 (Oldenbourg-Grundriß der Geschichte, Bd. 20). München 21993, S. 36. Stand von 1951.

Bürger unerschwinglich. Der Berechnung lagen die höheren in Tabelle 16 für 1950 ausgewiesenen HO-Preise zugrunde. Nur wenn man den Warenkorb auf den unbedingt lebensnotwendigen Bedarf reduziert, ändert sich das Bild. Die reinen Ernährungskosten lagen in der DDR auf 80 Prozent des Westniveaus, was die niedrigeren Preise für rationierte Güter widerspiegelte. Allerdings flossen auch bei dieser Berechnung weitere Konsumgüter und die Inanspruchnahme von Dienstleistungen in geringem Maße ein, so daß sich rechnerisch mit 149 Mark ein ebenso hoher Einkommensbedarf wie in der BRD ergab. Erst Mitte der 1950er Jahre erreichten die Einzelhandelsverkaufspreise der HO-Läden ein niedrigeres, konstantes Niveau, das der Masse der Bevölkerung die Teilnahme an einem sich immer mehr normalisierenden Konsum gestattete.[249] Inwiefern auch die Fürsorgeempfänger an dem allgemeinen Versorgungsniveau partizipieren konnten, wird im folgenden Kapitel untersucht.[250]

4. DIE MATERIELLE LAGE DER UNTERSTÜTZUNGSEMPFÄNGER

4.1. Das Unterstützungsniveau auf dem Gebiet der SBZ bis 1947

Für das Niveau der monetären Unterstützungsleistung war der örtliche Richtsatz der Fürsorge entscheidend. Die allgemeinen Reichsgrundsätze im Jahr 1924 legten Bestimmungen zu „Art und Maß der öffentlichen Fürsorge" fest, ohne jedoch eine einheitliche Höhe der Unterstützungssätze vorzuschreiben. Wie in der folgenden Tabelle zu sehen, zahlten Mitte der 1920er Jahre die sächsischen Kommunen die höchsten Richtsätze auf dem späteren SBZ-Gebiet.

---

249 Winkel, Harald: Die Wirtschaft im geteilten Deutschland 1945-1970. Wiesbaden 1974, S. 193. Auf der Basis von 1960 berechnet, sanken sie von 189,8 Prozent (1950) auf 110,4 Prozent (1955). Vgl. auch Winkler, Gerhard, S. 161, der die Steigerung der HO-Mengenumsätze betrachtet. Barthel: Einführung des doppelten Preissystems, S. 283, betont die geringe Rolle der HO im Jahr 1950.

250 Ein Vergleich mit Westdeutschland erfolgt am Ende der Arbeit (Kap. IV).

Tabelle 17:
Entwicklung der Fürsorgerichtsätze für alleinstehende Hauptunterstützungsempfänger in ausgewählten Städten der SBZ (1926-1946/47) [RM pro Monat]

	Allgemeine Fürsorge					Gehobene Fürsorge					SBZ
Stadtkreise	1926	1930	1936	1941	1942	1926	1930	1936	1941	1942	1946/47
Dresden	41	44,50	37	37	31,50	52	55,50	42	42	36,50	36,50
Leipzig	39,90	43,35	37	37	31,50	49,75	54,20	42,90	42,90	36,50	31,50
Pirna	-	-	35	35	28,50	-	-	40,25	40,25	33	
Plauen	43,30	52	36	36	28,50	49	56	41,50	41,50	33	
Halle	30,50	36	28	31	28,60	38	47	35	38,75	33	24,80 /30
Magdeb.	32	44	36	36	28,50	40	54,50	44	44	33	
Erfurt	28	36	32,25	32,25	28,60	42	52,50	37,10	37,10	32,90	
Gera	-	-	34,65	34,65	26,50	-	-	37,85	37,85	30,50	
Cottbus	-	-	30	30	29,70	-	-	34,50	34,50	34,15	
Potsdam	-	-	34,50	34,50	33	-	-	42	42	38	35
Schwerin	-	-	32,50	32,50	28,50	-	-	39	39	33	max. 20
Rostock	-	-	30	30	28,50	-	-	39	39	33	max. 20

Quellen: Angaben für die Jahre 1926, 1930, 1936: Statistisches Reichsamt (Bearb.): Die öffentliche Fürsorge im Deutschen Reich in den Rechnungsjahren 1932-1936, Heft 1: Die Richtsätze der öffentlichen Fürsorge am 1. Oktober 1936 (Statistik des Deutschen Reichs, Bd. 512,1). Berlin 1938. Angaben für 1941: dass.: Die Richtsätze der öffentlichen Fürsorge am 1. Januar 1941 (Statistik des Deutschen Reichs, Bd. 582) Berlin 1941. Angaben für 1942: dass.: Die Richtsätze der öffentlichen Fürsorge am 1. Juli 1942 (Statistik des Deutschen Reichs, Bd. 595). Berlin 1944 (Nachdruck Osnabrück 1975). SBZ: BAP DQ-2 3724. März 1946. Halle. BAP DQ-2 3722. 10.11.47. Wohlfahrtsamt Leipzig. BAP DQ-2 3716. 16.1.47. DVAS (Rühl). Höhe der Fürsorgeunterstützungen (bzw. Richtsätze) in den Ländern und Provinzen der SBZ.

1926 gehörten die fünf größten sächsischen Städte (Leipzig, Dresden, Chemnitz, Plauen, Zwickau) sogar zu den zwölf Städten des Deutschen Reichs mit den höchsten Richtsätzen.[251] Selbst die Unterstützungssätze der kleineren sächsischen Städte lagen nicht nur erheblich über dem Reichsdurchschnitt, sondern erreichten zu jenem Zeitpunkt das Niveau der meisten deutschen Großstädte. Neben einer ähnlichen Höhe der Lebenshaltungskosten mochte ein Grund für die landesweiten Angleichungen in den 1920er Jahren sein, daß die Festlegung eines höheren Satzes zu einem Legitimationszwang in den benachbarten Kreisen und somit zu einer Anhebung führte.[252]

Nachdem für Klein- und Sozialrentner durch die Einführung einer „gehobenen Fürsorge" eine Besserstellung erreicht wurde, stieg bis 1930

251 vgl. Leibfried, Entwicklung der Richtsätze, S. 27. Ähnlich hohe Sätze wie in Sachsen wurden nur im Rhein-Main-Neckar-Gebiet bewilligt (Offenbach, Darmstadt, Mainz, Wiesbaden, Heidelberg, Mannheim und ab 1930 Frankfurt/Main).

252 Sachße/Tennstedt, Bd. 2, S. 174.

reichsweit das Niveau der Sätze, zum Teil aus wahltaktischen Gründen.[253] Unter dem Einfluß der Weltwirtschaftskrise fielen sie dann innerhalb kürzester Zeit auf einen Tiefstand. Die in den Tabellen 17 und 18 für 1936 notierten Werte geben diesen niedrigen Stand der Jahre 1931/32 wieder, die sächsischen Städte büßten hierbei ihre herausgehobene Position ein. Die nominalen Richtsätze verharrten bis 1941 durchweg auf dem Niveau, auf das sie in den Krisenjahren gesenkt worden waren.[254] Dies war auf die überproportionalen Kürzungen der Reichszuschüsse an die Gemeinden im Bereich der Reichswohlfahrtshilfe zurückzuführen.[255]

Tabelle 18:
Entwicklung der Fürsorgerichtsätze für alleinstehende Hauptunterstützungsempfänger in ausgewählten Landkreisen auf dem Gebiet der SBZ (1936-1946/47) [RM pro Monat]

		Allgemeine Fürsorge			Gehobene Fürsorge			SBZ
Land / Provinz	Landkreis	1936	1941	1942	1936	1941	1942	1946/47
Sachsen	Flöha	32	32	26	36,80	36,80	30	23
	Plauen	30	30	26	34,50	34,50	30	
Sachsen-Anhalt	Osterburg	23,83	23,83	23	30	30	27	19
	Weißenfels	28	28	22	34	34	25	
Thüringen	Heiligenstadt	27	27	20	30	30	23	23,50
	Weißensee	26,40	26,40	20	30,30	30,30	23	
Brandenburg	Ostprignitz	28	28	22	32	32	25,50	bis 35
	Westhavelland	26	26	22,50	30	30	29,50	
	Lübben	24	24	22	30	30	25,50	
Mecklenburg	Hagenow	21	21	21	26	26	24	10
	Malchin	20	21	21	26	26	24	8

Quellen: wie Tabelle 17.

Dem Ziel der reichsweiten Vereinheitlichung der Sätze diente der Richtsatzerlaß vom 31. Oktober 1941. Von der propagierten konsequenten

253 vgl. ebd. und Leibfried, Entwicklung der Richtsätze, S. 59-60. Die Ergebnisse der quantitativen Studie machen die Verringerung der Streuung der Richtsatzhöhe sichtbar.

254 ebd., S. 107-108. Vgl. das Vorwort von: Statistisches Reichsamt (Bearb.): Die Richtsätze der öffentlichen Fürsorge am 1. Januar 1941. (Statistik des Deutschen Reichs, Bd. 582). Berlin 1941, S. 5.

255 Kramer, David: Das Fürsorgesystem im Dritten Reich, in: Landwehr, Rolf / Baron, Rüdeger (Hrsg.): Geschichte der Sozialarbeit. Hauptlinien ihrer Entwicklung im 19. und 20. Jahrhundert. Weinheim/Basel 1983, S. 177. Zwischen Dezember 1934 (643.000) und Dezember 1935 (378.000) ging die Zahl der Wohlfahrtserwerbslosen um 41,2 Prozent zurück. Gleichzeitig wurden Leistungen des Reichs an die Gemeinden (Reichswohlfahrtshilfe) um fast 70 Prozent gesenkt (von 12,6 Millionen auf 3,8 Mill. RM), so daß sich - als gewünschter Effekt - der finanzielle Druck auf die Gemeinden erhöhte.

Anwendung des Bedarfsprinzips konnte keine Rede sein. Die nominale Höhe der Richtsätze für Alleinstehende sank abermals im Vergleich zum Vorkriegsniveau, während die Lebenshaltungskosten gestiegen waren. Die in der Weimarer Republik eingeführte gehobene Fürsorge wurde im „Dritten Reich“ für die „erbgesunde“ Durchschnittsbevölkerung zur Regelfürsorge. Dieser Erweiterung des Empfängerkreises stand die Ausgrenzung unerwünschter, als „Asoziale“ gebrandmarkter Bevölkerungsteile gegenüber, die ihren Anspruch auf Unterstützungsleistungen verloren und in Konzentrations- und Arbeitslager eingewiesen wurden.[256] Legt man den günstigsten Fall zugrunde, daß für die als „würdige Volksgenossen“ eingestuften Unterstützungsempfänger nunmehr die Sätze der gehobenen Fürsorge galten, ändert sich dieses Bild kaum. Selbst wenn einem alleinstehenden Unterstützungsempfänger zwischen 1936 und 1942 der Aufstieg von der allgemeinen in die gehobene Fürsorge zuteil wurde, befand sich zumindest sein reales Einkommen meist unter dem Vorkriegsniveau, denn die Lebenshaltungskosten waren um 11,2 Prozentpunkte gestiegen.[257] Nur einige Landkreise (hier die Beispiele Osterburg, Westhavelland, Hagenow, Malchin) und Stadtkreise (Halle, Cottbus) bildeten hier eine Ausnahme. Die geringfügigen Erhöhungen fielen allerdings deutlicher aus, wenn man die Entwicklung der Kinderzuschläge in die Betrachtung einbezog. Diese wurden im Sinne der NS-Familienpolitik beträchtlich erhöht, so daß für kinderreiche Familien ein Anstieg zu verzeichnen war.[258]

Die intendierte reichseinheitliche Richtsatzstruktur führte zu einer weiteren Angleichung der Sätze innerhalb der einzelnen Länder und Provinzen.[259] Das deutliche Gefälle zwischen Stadt- und Landkreisen blieb erhalten, und die herausgehobene Stellung Sachsens verminderte sich im Zuge der allgemeinen Senkung der Sätze 1941/42 erneut. Zum Zeitpunkt der Erhebung vom 1. Oktober 1942 wiesen die Großstädte über 100.000 Einwohner auf dem späteren SBZ-Gebiet in der gehobenen wie in der allgemeinen Fürsorge fast die gleiche Höhe der Richtsätze auf.

256 Leibfried, Stephan u.a.: Armutspolitik und die Entstehung des Sozialstaats. Bremen 1985, S. 172.

257 Hachtmann, S. 70.

258 Im Gegensatz zur Einschätzung von Sachße/Tennstedt, Bd. 3, S. 248-249. Die von den Autoren pauschal konstatierte Verdopplung der Unterstützungssätze in den Landkreisen sowie eine zehnprozentige Erhöhung in den Städten halten einer Überprüfung anhand der vorliegenden Statistiken nicht stand. Dem widersprechen ganz offensichtlich auch die Ergebnisse von Leibfried, Entwicklung der Richtsätze, S. 109. Dort wird festgestellt, „daß die Reform 1941/42 den Prozeß der Senkung des realen Richtsatzniveaus, der seit der Krise stattgefunden hat, nicht aufgehalten hat.“

259 vgl. Sachße/Tennstedt, Bd. 2, S. 171. Die Reichsfürsorgeverordnung vom 13. Februar 1924 (§ 6) gab den Ländern das Bestimmungsrecht über „Voraussetzung, Art und Maß der zu gewährenden Fürsorge“. Diese Kompetenzzuweisung setzte sich 1942 unter veränderten politischen Vorzeichen durch.

Nach Kriegsende führte die DVAS eine Erhebung bei den Landes- und Provinzialregierungen durch, um sich ein Bild über das bestehende Richtsatzniveau machen zu können.[260] Mit dem Einströmen der Flüchtlinge und Vertriebenen stieg die Zahl der Fürsorgeempfänger ebenso rasch, wie die Unterstützungssätze verfielen. Dem Prinzip des gewöhnlichen Aufenthalts folgend, zählten die Ankömmlinge unmittelbar nach ihrer Ankunft zur Klientel der Fürsorgeämter. Wegen der unterschiedlichen Belastung der Aufenthaltsgemeinden stellten sich wieder erhebliche regionale Gefälle in der Richtsatzhöhe ein. Somit blieb die mit der 1941er Verordnung erfolgte Vereinheitlichung von kurzer Dauer.

Von dem Verfall der Unterstützungssätze waren alle Länder und Provinzen der SBZ betroffen, wenn auch in unterschiedlichem Maße. In Sachsen, dem Land mit den traditionell höchsten Sätzen, wurden ab September 1945 nur noch Notbeihilfen gewährt, die kaum die Höhe der Fürsorgerichtsätze erreichten.[261] Der tatsächlich ausbezahlte Unterstützungsbetrag sank Anfang 1946 im Landesdurchschnitt pro unterstützte Person auf 15 Mark in den Landkreisen und 23,70 Mark in den Stadtkreisen. Dies läßt sich auf zwei Ursachen zurückführen: Einerseits wurde das Gesamtvolumen der zu Unterstützungszwecken vorgesehenen Mittel nicht den neuen Anforderungen angepaßt, denn der monatlich zur Auszahlung gelangende Gesamtbetrag sank von 16,5 Millionen Mark (August 1945) auf 12,7 Millionen Mark (Januar 1946). Andererseits schnellte landesweit die Gesamtzahl der Unterstützten von 384.100 im August auf 710.500 im September 1945 empor. Hiernach blieb sie für den Rest des Jahres auf dem erreichten hohen Niveau und sank im Januar 1946 nur geringfügig auf 671.500. Das Stagnieren der Unterstütztenzahlen erklärte sich durch den sächsischen Zuzugsstopp für Flüchtlinge. Manche Gebiete waren außerordentlich stark von der Aufnahme betroffen, beispielsweise stieg die Unterstütztenzahl im Landkreis Plauen im Spätsommer 1945 von 8.064 auf 40.410. Die Abteilung Soziale Fürsorge des sächsischen Ministeriums für Arbeit und Sozialfürsorge drang auf die Einhaltung von Sätzen, die den Kauf der Lebensmittel, die auf Karte erhältlich waren, erlaubten.[262] Das Gefälle in der Richtsatzhöhe zwischen Stadt und Land nahm in Sachsen im Laufe des

---

260 BAP DQ-2 3716. 16.1.47. DVAS (Rühl). Höhe der Fürsorgeunterstützungen (bzw. Richtsätze) in den Ländern und Provinzen der Sowjetischen Besatzungszone.

261 BAP DQ-2 3981. 23.8.45. Landesverwaltung Sachsen (Inneres und Volksbildung - Sozialverwaltung) an die Kreise (als Bezirksfürsorgeverbände). Zum Folgenden: BAP DQ-2 3724. 8.3.46. Landesverwaltung Sachsen (Wirtschaft und Arbeit, Soziale Fürsorge) an die DVAS.

262 BAP DQ-2 3721. 20.3.46. Sächsische Landesverwaltung (Matern) an die Sozialämter.

Jahres 1946 ab, und Ende des Jahres wurden dort wieder die höchsten Sätze in der SBZ bezahlt.[263]

Nur in den Städten konnten manchmal die früheren Richtsätze, zum Teil sogar diejenigen der gehobenen Fürsorge, beibehalten werden. Generell ließ sich in der gesamten SBZ feststellen, daß die agrarisch strukturierten Gebiete, d.h. die meisten Landkreise, vom Verfall der Sätze vergleichsweise meist stärker betroffen waren (vgl. Tabelle 18 gegenüber Tabelle 17). Dies ließ sich direkt auf die Ansiedlungspolitik der Verwaltungen zurückführen.

Die weitaus niedrigsten Sätze wurden in Mecklenburg ausbezahlt. Da das Land prozentual am meisten Flüchtlinge aufgenommen hatte,[264] war die Finanzlage der Kreise und Kommunen äußerst angespannt. Anfang 1946 führten Liquiditätsschwierigkeiten der Fürsorgebehörden dazu, daß die Unterstützungszahlungen in einigen Städten und Kreisen zeitweise ganz eingestellt wurden.[265] Im Schnitt sanken die ausgezahlten Sätze für Hauptunterstützungsempfänger auf 10 Mark monatlich, obwohl die Zahlungsrückstände der Wohlfahrtsämter auf den Landeshaushalt übernommen wurden.[266] Diese niedrigen Leistungen reichten nicht aus, um den Unterstützten ein Existenzminimum zu sichern, so daß die Landesverwaltung bei der SMAD versuchte, eine Genehmigung zur Erhöhung der Richtsätze auf 20 Mark zu erhalten. Zeitweise konnten in den größeren Städten des Landes die Sätze um 5 bis 10 Mark überschritten werden. Ein Unterstützungsempfänger, der beispielsweise in Schwerin oder Rostock wohnte, verfügte 1946 allenfalls noch über zwei Drittel des Einkommens, das ihm 1942 zur Verfügung stand. Wesentlich höher waren die Einkommenseinbußen im Rest des Landes. Die mecklenburgische Bevölkerung auf dem Lande bzw. die dort aufgenommenen Vertriebenen konnten nur noch mit ungefähr der Hälfte der Unterstützungszahlungen der Kriegszeit rechnen, wie die ausgewählten Kreise Hagenow und Malchin in obiger Tabelle dokumentieren. Überall waren die Lebenshaltungskosten gestiegen. Die Liquiditätsengpässe in den Etats der Verwaltungskörperschaften auf unterer Ebene trafen die Fürsorgeempfänger seit 1945 besonders hart. Die dortigen Etats unterlagen strengen Kontrollen, zuweilen auch Kürzungen der SMA in den Territorien.

Auffallend war ferner, daß in den Ländern und Provinzen unterschiedliche Entwicklungen eintraten, was die Festsetzung der

263 BAP DQ-2 3716. 16.1.47. DVAS (Rühl). Höhe der Fürsorgeunterstützungen (bzw. Richtsätze) in den Ländern und Provinzen der Sowjetischen Besatzungszone.

264 vgl. Kapitel I., 1.

265 BAP DQ-2 3721. 23.4.46. Rundschreiben der Ministeriums für Sozialwesen, Abt. Arbeit und Sozialfürsorge Mecklenburg an die Oberbürgermeister und Landräte des Landes Mecklenburg-Vorpommern.

266 BAP DQ-2 3721. 26.10.46. Rundschreiben der Landesverwaltung Mecklenburg-Vorpommern, Abt. Arbeit und Sozialfürsorge (Moltmann) an die Oberbürgermeister und Landräte des Landes Mecklenburg-Vorpommern.

Richtsatzhöhe betraf.[267] Gemäß der neu erarbeiteten Gemeinde- und Kreisverfassung sollte die Kompetenz in Sachsen den Kreistagen zufallen. In Thüringen erfolgte die Festsetzung durch die Oberbürgermeister bzw. die Landräte, während die Bürgermeister und Gemeindevorstände dazu ausdrücklich nicht befugt wurden. In Mecklenburg griff die Landesregierung direkt reglementierend ein und riet aus pragmatischen Gründen zu Streichungen, ohne einheitliche Sätze vorzuschreiben. Lediglich die Provinzialregierung Brandenburgs unternahm den Versuch, wieder eine Angleichung der Sätze auf dem eigenen Territorium herbeizuführen. Ab 1. Oktober 1946 sollten einheitliche Richtsätze in Höhe von 35 Mark für Hauptunterstützungsempfänger und 20 Mark für Familienangehörige gezahlt werden.[268] Gleichzeitig wurde für jede unterstützte Familie eine Höchstgrenze von 90 Mark festgelegt. Diese Sätze lagen erheblich über dem Niveau von 1942, wie in Tabelle 18 die brandenburgischen Landkreise Ostprignitz, Westhavelland und Lübben zeigen.

Da Brandenburg zu den Gebieten der SBZ gehörte, die besonders von den Flüchtlingszuweisungen betroffen waren, ist sehr zweifelhaft, ob die genannten Richtsätze - per definitionem keine festen Bedarfssätze - tatsächlich regelmäßig in der angegebenen Höhe ausgezahlt wurden. Für die beiden Nachkriegsjahre charakteristisch erscheint das in einem sachsen-anhaltinischen Verordnungsentwurf umrissene Prinzip, aus öffentlichen Mittel lediglich einen Notbedarf zu decken: „Der Hilfsbedürftige hat keinen Anspruch auf Gewährung dieser Richtsätze in voller Höhe, sondern nur auf den Betrag, der notwendig ist, um das zum dringendsten Bedarf noch Fehlende zu decken."[269] Die DVAS regte im Juli 1946 zwar an, daß für Kinder mindestens der Satz der Lebensmittelkarten zu zahlen sei, doch setzte sich dies nicht zonenweit durch.[270]

Das überkommene kommunale Finanzierungssystem war den Erfordernissen der Nachkriegszeit nicht gewachsen und war für die insbesondere in ländlichen Gebieten auftretenden Ausfälle bzw. drastischen Kürzungen der Unterstützungsleistungen verantwortlich. Auf Dauer konnte das Unterstützungsniveau von 1942 nirgendwo aufrecht erhalten werden. Zwar vermochte ein Ausgleich aus Landesmitteln oft die finanziellen Lücken zu schließen, doch unter Umständen mit erheblicher zeitlicher Verzögerung. Die gesetzliche Verankerung eines Finanzausgleichs gehörte zu den

---

267 BAP DQ-2 3716. 16.1.47. DVAS (Rühl). Höhe der Fürsorgeunterstützungen (bzw. Richtsätze) in den Ländern und Provinzen der Sowjetischen Besatzungszone.

268 BAP DQ-2 3721. 14.8.46. Rundschreiben der Provinzialverwaltung Mark Brandenburg, Abt. Arbeit und Sozialwesen.

269 BAP DQ-2 3724. [1946]. Provinzialamt für Arbeit- und Sozialfürsorge der Provinz Sachsen. Entwurf einer Verordnung über Sozialfürsorge.

270 BAP DQ-2 3721. 26.7.46. DVAS. Protokoll der Arbeitstagung der Ländervertreter über Fragen der Sozialen Fürsorge.

wichtigsten Forderungen der finanziell überforderten Kommunen. Dem standen in den verschiedenen Ländern widersprüchliche Konzepte zur Bestimmung der Richtsatzhöhe gegenüber. Auf der einen Seite versuchten die Landesregierungen Sachsens und Thüringens an die Tradition der früheren föderalen Regelungen anzuknüpfen und zur lokalen Festlegungskompetenz zurückzukehren. Auf der anderen Seite war die Landesregierung Brandenburgs bemüht, den seit der Weimarer Republik zu beobachtenden Trend zur Vereinheitlichung der Sätze fortzusetzen. Anfangs gab es Raum für disparate Entwicklungen in den Ländern. Dies änderte sich Ende 1946, als die Berliner Zentralverwaltung in zunehmendem Maße die Zielsetzungen bestimmte.

4.2. Die konzeptionelle Ausarbeitung einer einheitlichen Richtsatzgestaltung

Bereits im November 1945 fanden erste Diskussionen über die Sätze der öffentlichen „Wohlfahrtsunterstützung" für alle Gruppen von Empfangsberechtigten zwischen Archangelski (SMAD) und Helmut Lehmann, damals noch Vizepräsident der ZVAS, in Karlshorst statt.[271] Sie blieben ohne greifbare Ergebnisse. Erst ein Jahr später konkretisierten sich die Planungen der deutschen Zentralverwaltung im Zuge der Novellierung der Reichsfürsorgeverordnung von 1924. Nachdem sich die DVAS und die Abteilung Arbeitskraft der SMAD grundsätzlich über die Einführung einheitlicher Richtsätze für die SBZ verständigt hatten,[272] wurde die Fachreferentin Wiederhold mit dieser Aufgabe betraut. Sie würdigte in einer internen Ausarbeitung den Stellenwert der Richtsätze in der Sozialfürsorge: „Auf der Grundlage des Richtsatzsystems ist eine individuelle, logische und gerechte Beurteilung der Unterstützung möglich [,] und deshalb ist es erforderlich, das Richtsatzsystem wieder anzuwenden und in die Verordnung einzubauen. Die Höhe des Richtsatzes muss sich nach dem Existenzminimum richten."[273] Gleichzeitig stellte sie eine flexible Handhabung in bezug auf die Anwendung der Richtsätze heraus: „Bei den Richtsätzen handelt es sich bekanntlich nicht um feste Unterstützungssätze. Sie haben lediglich die Bedeutung von Masstäben [sic] und Anhaltspunkten zur Ermittlung des notwendigen Lebensbedarfs. [...] Dem Unterstützungsempfänger wird mittels der Richtsätze gewissermassen seine Existenz gesichert."[274] Hier klangen sehr

271 BAP DQ-2 3726. 14.11.45. Aktenvermerk über die Unterredung in Karlshorst.

272 BAP DQ-2 3724. 14.11.46. DVAS (Matern) an die Abteilung Arbeitskraft der SMAD (Kostizyn).

273 BAP DQ-2 3765. [Februar 1947]. DVAS (Wiederhold). Die Richtsätze der sozialen Fürsorge.

274 BAP DQ-2 3765. 21.2.47. DVAS (Wiederhold). Die Problematik der Richtsatzpolitik.

traditionelle Gedanken an: Die Unter-, aber auch die Überschreitung der festzulegenden Sätze wurde als möglich erachtet.

Bereits in der Fürsorgedebatte des ausgehenden 19. Jahrhunderts wurde die „individuelle" Bestimmung des Bedarfs für jede unterstützte Familie mit der „durch Sitte und Gewohnheit herbeigeführten Verschiedenartigkeit der Ansprüche an das Leben auch nur für die Befriedigung der notwendigen Existenzbedürfnisse"[275] begründet. Die Entscheidungen beruhten auf dem Gutdünken ehrenamtlicher Pflegekräfte. Obwohl sich die anfänglichen konzeptionellen Ausarbeitungen der DVAS stark an den Leitlinien früherer Fürsorgemodelle orientierten,[276] so meinte der Begriff „Richtsatz" in den weiteren Diskussionen doch meist eine feste Regelgröße, die als objektive, zum Teil rechtlich sanktionierte Grundlage für den Existenzbedarf jedes Unterstützungsempfängers angesehen wurde. Dies rührte aus der Rolle her, die die Richtsatzpolitik in den Zentralisierungsbestrebungen des „Dritten Reichs" innehatte.[277] Ein einheitliches Richtsatzniveau für die ganze Zone herzustellen, war auch das sozialpolitische Ziel der DVAS. Dies sei „heute leichter möglich als früher", stellte DVAS-Vizepräsidentin Matern gegenüber der Abteilung Arbeitskraft der SMAD heraus, „da durch den Befehl von Marschall Shukow eine einheitliche Lebensmittelnorm zu einheitlichen Preisen in der ganzen Zone besteht."[278] Mit dem hier erwähnten SMAD-Befehl war die Einführung von Grundrationen gemäß den Lebensmittelkarten gemeint.[279]

Die Berechnung des Richtsatzes[280] ging im Ernährungssektor von den Kartensätzen der Kartengruppe VI („sonstige Bevölkerung") nach dem Stand vom November 1946 aus. Die DVAS legte ihr die von der DVHV bzw. der DV Energie und Brennstoff festgesetzten Durchschnittspreise zugrunde. Um die rationierten Lebensmittel nebst 0,4 kg Salz und 4 kg Gemüse monatlich kaufen zu können, wurde ein Betrag von 11,22 Mark für einen Haushaltsvorstand (Hauptunterstützungsempfänger) veranschlagt. Für Körperreinigung und Hygiene waren ein Paket Seifenpulver, ein Stück Seife

275 Cuno, Willi: Grundsätze über Art und Höhe der Unterstützungen. Leipzig 1894, S. 7, zit. nach: Orthbandt, Eberhard: Tarife, Richtsätze, Regelsätze. Dokumentarischer Bericht über eine hundertjährige Problemdiskussion. Stuttgart 1986, S. 16. Orthbandt würdigt die Spannweite der Richtsatzdiskussion in ihrer historischer Perspektive.

276 vgl. Kapitel II., 2.

277 Sachße/Tennstedt, Bd. 3, S. 89, 248-249.

278 BAP DQ-2 3724. 14.11.46. DVAS (Matern) an die Abteilung Arbeitskraft der SMAD (Kostizyn).

279 vgl. auch Heisig, S. 83. Interessanterweise dienten auch in den Westzonen die Lebensmittelkartensätze in richtsatzpolitischen Konflikten als Ausgangspunkt für Vereinheitlichungs- und Zentralisierungsbestrebungen.

280 BAP DQ-2 3775. 8.11.46. DVAS (Ebert). Ermittlung des notwendigen Lebensbedarfs als Grundlage für die Festsetzung der Unterstützungsrichtsätze.

sowie geringe Beträge für Schuhputz, Sand und Soda, Haarschneiden, Rasur und Streichhölzer vorgesehen, deren Summe sich auf ca. 2 Mark belief. Die Ausgaben zur Neuanschaffung von Kleidung und Hausrat waren im Unterstützungssatz nicht enthalten. Für die „Instandhaltung der Kleidung" rechnete die DVAS 1,25 Mark. Schuhreparaturen waren ausgenommen worden, da diese nach Feststellung des Preisamtes mit 5,30 Mark Arbeitslohn ohne Berücksichtigung der Materialkosten besonders teuer waren. Wie bei der Kleidung wurde auf eine zu erwartende Einführung spezieller Berechtigungsscheine verwiesen. Elektrisches Licht wurde drei Stunden täglich zugestanden (d.i. 1,44 Mark monatlich). Für Kohle, Gas oder Holz zur Zubereitung der Mahlzeiten sah der Warenkorb 3 Mark, d.h. den Preis von 15 Kubikmetern Gas oder 2 Zentnern Kohle vor. Heizkosten waren wiederum nicht berücksichtigt. An Kulturausgaben umfaßte der Richtsatz 3 Mark für Zeitungsbezug oder Rundfunkempfang und 50 Pfennige für Mitgliedsbeiträge zu Organisationen wie Partei oder Gewerkschaft. Hinzu kamen 1,50 Mark für kleinere Ausgaben, z.B. das Fahrgeld zum Arbeitsnachweis oder Portokosten. Der so ermittelte monatliche Unterstützungssatz betrug knapp 24 Mark. Für Erwachsene ohne eigenen Haushalt, d.h. in der Regel die Ehefrauen der Unterstützungsempfänger, und Kinder bis 15 Jahre errechnete die Zentralverwaltung niedrigere Sätze von 15,83 Mark bzw. 17,49 Mark. Zwar gestand man diesen sogenannten Zuschlagsempfängern dieselben Ausgaben für die Ernährung zu, doch wurden für kulturelle Zwecke, Instandhaltung der Kleidung, Hygiene, Feuerung und Beleuchtung wesentlich geringere Beträge angesetzt. Der etwas höhere Unterstützungssatz für Kinder beruhte auf der Milchzuteilung, die Erwachsene nicht erhielten. Der Richtsatz wurde durch eine Mietbeihilfe ergänzt, die nach Ortsklassen gestaffelt war. Am Ende der Ausarbeitung wurde betont, daß die errechneten Beträge als Mindestsätze zu verstehen seien, Schwankungen der Lebenshaltungskosten nach oben seien durch Zuschläge auszugleichen.

Der zugrunde gelegte Warenkorb lag wesentlich unter dem Verbrauch, der 1936 für einen Haushalt mit einfacher Lebenshaltung ermittelt worden war. Im Ernährungsbereich läßt sich allerdings festhalten, daß keine Diskriminierung der Fürsorgeempfänger gegenüber der übrigen SBZ-Bevölkerung bestand und die geplante Richtsatzhöhe zum Kauf der rationierten Mengen ausreichte. Durch die Zwangsbewirtschaftung der Nahrungsmittel in der Nachkriegszeit wurde der Ernährungsbedarf der Unterstützungsempfänger auf dem allgemein niedrigen Niveau der Masse der Bevölkerung festgesetzt. Hiermit erhielt das Existenzminimum eine Definitionsgrundlage. Insofern fand die Weimarer Diskussion um die „gerechte Nahrung" für Hilfsbedürftige in einer Zeit des allgemeinen Mangels ihren vorläufigen Abschluß. Nach dem Willen der DVAS handelte es sich um eine vorläufige Regelung, denn der Preis der Waren, die auf die

Lebensmittelkarten erhältlich waren, sollte lediglich für eine „Übergangszeit" die Basis des Richtsatzes bleiben.[281]

In ihrer Darstellung für die SMAD erhöhte die DVAS den Satz für Hauptunterstützungsempfänger auf 30 Mark, für erwachsene Mitunterstützte auf 16 Mark und für Kinder auf 17,50 Mark. Begründet wurde dies damit, daß bei der Bedarfsrechnung weder die Bekleidung noch die Heizkosten berücksichtigt worden waren.[282] Auf Intervention der Abteilung Sozialpolitik des Zentralsekretariats der SED wurde der Satz für erwachsene Familienangehörige auf 20 Mark angehoben, da die Mutter einer Familie, so wurde argumentiert, keinen geringeren Bedarf als die Kinder habe.[283] Die Berechnungen stießen in der SMAD auf Widerstand, weil angesichts des Verfalls der Richtsätze seit 1945 mit einem erheblichen finanziellen Mehraufwand zu rechnen war. Die Befürchtungen wurden von seiten der DVAS zunächst einmal mit dem Hinweis zerstreut, daß nicht alle Unterstützungsempfänger die vollen Sätze erhielten und außerdem die Opfer des Faschismus wie auch die Rentner aus den Mitteln der Sozialversicherung versorgt werden könnten.[284] Die DVAS beharrte wegen der sozialen Brisanz der Thematik auf den ausgearbeiteten Sätzen. Den kontinuierlichen Bedenken der SMAD wegen der Mehrkosten wurde mit dem Hinweis auf westdeutsche Städte begegnet: Zum Beispiel erhalte in München jeder Hauptunterstützungsempfänger 42 Mark monatlich, ein Betrag, der über dem Schnitt der westdeutschen Richtsätze lag.[285] Ländervertreter, insbesondere Mecklenburgs, äußerten sich auf einer Arbeitstagung im Juni 1947 im Hause der DVAS gleichfalls skeptisch bezüglich der Finanzierung. Dennoch wurden die Sätze in den „Richtlinien für die Bemessung der Barleistungen für den Lebensunterhalt eines Hilfsbedürftigen"[286] im September 1947 in der vom Zentralsekretariat der SED vorgeschlagenen Höhe festgesetzt. Damit hatte sich das Bedarfsprinzip grundsätzlich durchgesetzt. Auf dem Schreibtisch der zentralen Bürokratie wurde eine vereinheitlichende Lösung erarbeitet, die wegen der zu erwartenden Finanzierungsprobleme erhebliche Risiken barg. Die Durchführung der zentral erlassenen Bestimmungen übertrug die Zentralverwaltung den Ländern. Analog zur Regelung von 1924 war vom

281 BAP DQ-2 3765. [Februar 1947]. DVAS (Wiederhold). Die Richtsätze der sozialen Fürsorge.

282 BAP DQ-2 3724. 17.12.46. DVAS (Brack) an die SMAD (Morenow).

283 SAPMO, ZPA IV/2/2027/36. 7.1.47. Zentralsekretariat der SED (Abt. Sozialpolitik) an die SMAD (Abt. Finanzkraft).

284 BAP DQ-2 3724. 23.1.47. DVAS (Wiederhold). Bericht über die Verhandlung bei der SMAD, Abt. Finanzen (Smirjow).

285 BAP DQ-2 3716. 10.7.47. DVAS (Bohlmann) an die SMAD (Morenow).

286 ZVOBl. 1947, S. 224-225. 2.9.47. Anhang zur 1. Durchführungsverordnung.

jedem zuständigen Landesministerium ein einheitlicher Richtsatz festzusetzen.[287]

4.3. Das Problem des Finanzausgleichs

Faktisch hing die Richtsatzgestaltung in der Fürsorgegeschichte stets stark von der ökonomischen Leistungsfähigkeit des verpflichteten Fürsorgeträgers ab.[288] Der Statistiker Ernst Mischler stellte hierzu um die Jahrhundertwende kategorisch heraus, daß sich die Höhe der bewilligten Unterstützung nicht nach der vorhandenen Armut, sondern nach den zu diesem Zweck vorgesehenen kommunalen Mitteln richte.[289] Um die Finanzierungsproblematik in der SBZ differenzierter zu erfassen, wird das System der öffentlichen Finanzen im Bereich der Sozialleistungen betrachtet. Die Aufbringung der Haushaltsmittel erfolgte zur Hälfte durch die Gemeinden, die andere Hälfte leisteten die Kreise als Ausgleich. Reichten diese Mittel nicht aus, überwiesen die Abteilungen Sozialfürsorge der Länder und Provinzen die fehlenden Summen an die Kreise. Dies war häufig der Fall, weil die Steuerquellen 1946 „ausschließlich für die Länder bzw. Gemeinden [flossen], während sich die Kreishaushalte aus von den Ländern aufzubringenden Umlagen finanzierten."[290] Diese mitunter zeitaufwendige Verfahrensweise war für die geschilderten Finanzierungsengpässe verantwortlich, die zu Lasten der Fürsorgeempfänger gingen. Bei der Einführung einheitlicher Richtsätze bedurfte es einer Revision, d.h. das System des finanziellen Ausgleichs mußte verbessert werden, was Jenny Matern auch bereits in der Konzeptionierungsphase im November 1946 erkannte.[291] Schon in der Weimarer Republik hatte sich die Konstellation, daß die Reichsregierung die Richtsatzpolitik zwar bestimmen wollte, die Finanzierung aber den untergeordneten Gebietskörperschaften überließ, hemmend auf eine einheitliche Richtsatzgestaltung ausgewirkt.[292]

Im Februar 1947 begann die DVAS mit statistischen Berechnungen, die den finanziellen Mehraufwand auf der Basis der geplanten Richtsätze, die zu jenem Zeitpunkt noch mit der SMAD abzustimmen waren, kalkulierbar machen sollten. Der für die offene Fürsorge erforderliche Gesamtbetrag von

287 ebd., S. 224. § 1 (1).

288 Sachße/Tennstedt, Bd. 2, S. 170.

289 vgl. Mischler, Ernst: Die Methode der Armenstatistik, in: Bulletin de l'Institut International de Statistique 14,2 (1904), S. 112-113.

290 Meier, Hellmut: Die Entwicklung des Haushaltswesens in der Sowjetischen Besatzungszone Deutschlands, Berlin 1960, S. 72.

291 BAP DQ-2 3724. 14.11.46. DVAS (Matern) an SMAD (Kostizyn).

292 Sachße/Tennstedt, Bd. 2, S. 170.

365 Millionen Mark[293] ging von durchschnittlich 920.000 Unterstützten aus, die als Jahresmittel von 1946 angenommen wurden. Dieser Kostenvoranschlag hatte nur sehr begrenzten Wert, da die Vergleichszahlen über die aktuellen laufenden Ausgaben wegen der disparaten Richtsatzstruktur in der SBZ fehlten.[294] Von der gegebenen Situation ausgehend, daß das finanzielle Potential der Kommunen erschöpft war, mußten in jedem Land die entstehenden Mehrausgaben pro Haushaltsquartal erhoben werden. Diese Zahlen lagen erst am 12. September 1947 auf einer zentralen Tagung der Abteilungen Sozialfürsorge der Länderministerien vor,[295] d.h. im selben Monat, in dem die neuen Richtsätze veröffentlicht und rechtskräftig wurden. Die veranschlagten zusätzlichen Mittel differierten sehr stark nach Ländern. Obwohl beinahe die Hälfte der Unterstützten auf sächsischem Gebiet lebte,[296] benötigte Sachsen nur 3,3 Millionen Mark mehr, weil hier das Richtsatzniveau bereits wieder sehr hoch lag. In den anderen Ländern entstand bei weitaus niedrigeren Unterstütztenzahlen ein Mehrbedarf von 4,8 Millionen Mark (Thüringen), 7 Millionen Mark (Mecklenburg) und 9 Millionen Mark (Sachsen-Anhalt). Zu Brandenburg wurden keine Angaben gemacht. Zur Ausarbeitung eines zentralen finanziellen Ausgleichsprogramms kam es wegen des späten Zeitpunkts der Erhebung nicht mehr, obgleich sich das Problem bereits seit längerem abgezeichnet hatte.

Als im September 1947 die deutliche Erhöhung der Sätze in Kraft trat, waren die Etats der Landkreise und Kommunen hoffnungslos überfordert. Als Beispiel sei der Kreis Malchin angeführt.[297] Hier wurden den Hauptunterstützungsempfängern bislang nur 8 Mark, den Zuschlagsempfängern 6 Mark ausbezahlt. Der Kreisetat für Unterstützungsleistungen hatte eine Höhe von 83.000 Mark, dies machte fast 17 Prozent des Gesamtvolumens in Höhe von 497.000 Mark aus. Angesichts der auf 30 bzw. 20 Mark erhöhten Sätze wären für Fürsorgeausgaben künftig über 300.000 Mark erforderlich gewesen. Diese Summe konnte angesichts der fixen Personalkosten des Kreises, die sich auf 349.000 Mark beliefen, unmöglich aufgebracht werden. Unterstützungen wurden daher nur noch alle 14 Tage ausbezahlt, und zwei Monate lang wurden überhaupt keine

293 BAP DQ-2 3716. 16.2.47. Kostenvoranschlag für die SBZ bei der Einführung der Unterstützungsrichtsätze. Rühl (DVAS) ging je zur Hälfte von Hauptunterstützungsempfängern aus, die 30 Mark monatlich und zu zwei Dritteln Mietbeihilfen erhielten, und von Zuschlagsempfängern, für die er einen Mittelwert von 18,75 Mark zugrunde legte.

294 vgl. BAP DQ-2 3716. 5.3.47. DVAS (Matern) an die Zentrale Finanzverwaltung.

295 BAP DQ-2 3716. 15.9.47. DVAS (Rühl). Aktennotiz.

296 BAP DQ-2 3716. 16.2.47. DVAS (Rühl). Kostenvoranschlag für die SBZ bei der Einführung der Unterstützungsrichtsätze.

297 BAP DQ-2 3727. 10.11.47. DVAS (Wiederhold). Bericht über die Teilnahme an einer Arbeitstagung der Stadt- und Kreissozialämter Mecklenburgs.

Zahlungen geleistet. Die Gemeinden überbrückten die mißliche finanzielle Lage mit einem unzureichenden Kredit über 5.000 Mark, den ihr die Volkssolidarität einräumte.[298] Die Ausgleichszahlungen aus Landesmitteln ließen auf sich warten. Presseberichte hatten die Erwartungshaltung innerhalb der Bevölkerung gesteigert. Es gebe „große Schwierigkeiten mit dem Publikum", das die neuen erhöhten Sätze verlangte.[299] In einem Bericht an das Zentralsekretariat der SED stellte die DVAS die Lage in eben diesem mecklenburgischen Kreis als besonders gravierend heraus.[300]

Daß sich in Mecklenburg gebietsweise die Unterstützungssätze mehr als verdreifachten, hatte eine Explosion der für Fürsorgezwecke benötigten Gelder in den Kreishaushalten zur Folge. Die SMA Mecklenburg schritt gegen die offenbar unerwarteten Mehrausgaben rigoros ein. Sie kürzte im mecklenburgischen Landeshaushalt die von den Kreisen angeforderten Mittel im vierten Quartal 1947 von 14,1 auf 10,5 Millionen Mark. Erst im Februar konnte der DVAS-Mitarbeiter Rühl die weiteren Folgen dieser willkürlichen Kürzung in einem Gespräch mit der SMAD in Karlshorst abwenden: „Nach längeren Verhandlungen und Klarstellung der besonderen Notlage Mecklenburgs und unter Anerkennung der positiven Fürsorgearbeit und der sorgfältigen Prüfung der Anträge [...] erklärte sich Herr Moschkin bereit, sofort die SMA Mecklenburg telefonisch zu unterrichten, dass die Richtsätze von 30, 20 bzw. 17,50 RM auch in Mecklenburg zur Auszahlung gelangen müssen."[301]

Vom allgemein gleichen Richtsatzniveau gab es nur noch in den sächsischen Großstädten Dresden und Leipzig Abweichungen nach oben. In Dresden wurden weiterhin die Sätze der gehobenen Fürsorge auf dem Stand von 1942 ausbezahlt (36,50 Mark für Alleinstehende, 33 Mark für Hauptunterstützungsempfänger und 25 Mark für erwachsene Familienangehörige), obwohl die SMA Sachsen dies nicht billigte.[302] Zunächst wurde auch in Leipzig fast die gesamte unterstützte Bevölkerung der Stadt nach der gehobenen Fürsorge versorgt, bis im Frühjahr 1947 die Sätze auf das Niveau der allgemeinen Fürsorge herabgesetzt wurden, so daß Hauptunterstützungsempfänger nur noch 31,50 Mark und Zuschlagsempfänger 21,50 Mark

---

298 Zur Tätigkeit der Volkssolidarität in Fürsorgeangelegenheiten vgl. Kapitel II., 3.

299 ebd.

300 SAPMO, ZPA IV 2/ 2027/ 36. 15.11.47. DVAS (Bohlmann) an das Zentralsekretariat der SED.

301 BAP DQ-2 3753. 16.2.48. DVAS (Rühl). Besprechung bei der SMAD, Abt. Finanzkraft (Moschkin) in Karlshorst.

302 SAPMO, FDGB 5/3/1479. 31.7.49. FDGB Landesvorstand Sachsen an den FDGB-Bundesvorstand.

erhielten.[303] Kurze Zeit später wurde wegen lokaler Teuerungen aus Leipzig eine erneute Angleichung an die Sätze der benachbarten sächsischen Hauptstadt gefordert. Das sächsische Ministerium für Arbeit und Sozialfürsorge unterstützte diese Forderung mit dem Argument, daß die Lebensverhältnisse und -kosten von jeher als gleich angesehen wurden. In Abstimmung mit der Zentralen Finanzverwaltung gab die DVAS dem sächsischen Anliegen statt und erlaubte in Leipzig wieder eine Übernahme der Dresdner Verhältnisse (33 Mark für Hauptunterstützungsempfänger und 25 Mark für erwachsene Familienangehörige).[304] Das Beispiel der sächsischen Großstädte macht die relative Flexibilität der Richtsatzpolitik im ersten Halbjahr 1948 deutlich, die die Bemessung der Unterstützung nach dem notwendigen Lebensbedarf ermöglichte. Gleichzeitig zeigt sich, daß die Zentralisierung so weit fortgeschritten war, daß die Angelegenheit einer Genehmigung der Zentralverwaltungen bedurfte.

Tabelle 19:
Zusammengefaßte Haushaltspläne der Länder und Kreise der SBZ/DDR 1947-1950 [in Mio. RM]

	Haushaltsjahr 1947/48		Etatjahr 1949 (1.4.-31.12.49)		Haushaltsjahr 1950 (1.1.-31.12.50)	
	Ausgaben für Arbeit u. Sozialfürsorge	Anteil an den ges. Landes- und Kreisausgaben	Ausgaben für Arbeit u. Sozialfürsorge	Anteil an den ges. Landes- und Kreisausgaben	Ausgaben für Arbeit u. Gesundheitswesen	Anteil an den ges. Landes- und Kreisausgaben
Sachsen	68,1	8,1 %	272,1	26,3 %	366,7	32,6 %
Sachsen-Anh.	86,7	11,4 %	215,7	25,5 %	292,6	30,5 %
Thüringen	58,7	10,3 %	146,0	22,7 %	200,1	29,8 %
Brandenburg	52,2	9,1 %	123,1	22,1 %	161,0	28,7 %
Mecklenburg	19,6	5,3 %	83,7	16,1 %	135,0	23,6 %
Länder insg.	285,9	9,2 %	840,6	23,3 %	1155,4	29,7 %

Quellen: Meier, S. 74-90. Die Angaben beruhen auf den Etats der einzelnen Länder und schließen die Haushalte der Stadt- und Landkreise, nicht jedoch diejenigen der Gemeinden ein. Die Zahlen für das Haushaltsjahr 1948/49, in das die Währungsumstellung vom 23. Juni 1948 fiel, liegen nur unvollständig vor. Bei der Berechnung des prozentualen Anteils der Sozialausgaben an den gesamten Landesausgaben (incl. Kreise) wurden die Abgaben an die Zonenfinanzverwaltung bzw. an das Finanzministerium der Republik herausgerechnet, vgl. Meimberg, Rudolf / Rupp, Franz: Die öffentlichen Finanzen in der sowjetischen Zone und im Sowjetsektor von Berlin (Bonner Berichte aus Mittel- und Ostdeutschland). Bonn 1951. Die dort angegebenen Summen weisen die Einzeletats der

303 BAP DQ-2 3387. 16.2.48. Sächsisches Ministerium für Arbeit und Sozialfürsorge (Kuntz) an die HVAS und die Zentrale Finanzverwaltung. Vgl. auch: BAP DQ-2 3722. 10.11.47. Wohlfahrtsamt Leipzig an untergeordnete Dienststellen.

304 BAP DQ-2 3387. 22.4.48. Zentrale Finanzverwaltung (Mehlig) an die HVAS. Ebd., 27.4.48. HVAS (Bohlmann) an das sächsische Ministerium für Arbeit und Sozialfürsorge.

Länder nicht aus und geben für den „zusammengefaßte[n] Haushalt" Ausgaben von 814,4 Millionen Mark (Haushalt 1949, Bezugszeitraum nicht explizit ausgewiesen) bzw. 1,19 Milliarden Mark (Haushalt 1950) an. Letztere Angabe entspricht der Summe der Ausgaben von Republik, Ländern und Gemeinden, vgl. Meier, S. 86.

1947/48 wurde erstmals ein Zonenhaushalt aufgestellt, der die Budgets der Zentralverwaltungen, Länder und Kreise umfaßte. Die für den Bereich der Zentralverwaltungen ausgewiesenen Ausgaben für „Arbeit und Sozialfürsorge" waren gering, sie dienten lediglich zur Finanzierung der Verwaltungskosten der DVAS. Die Steuerhoheit lag weiterhin bei den Landesregierungen.

Tabelle 19 umfaßt die Gesamtsumme der geplanten Sozialleistungen der Kreis- und Landeshaushalte, allerdings ohne diejenigen, die von der Sozialversicherung erbracht wurden. Ferner fehlen die Ausgaben der Kommunen. Traditionell unterschied man zwischen offener und geschlossener Fürsorge.[305] Zur offenen Fürsorge zählten alle Leistungen, die nach der Fürsorgeverordnung zu erbringen waren, d.h. nicht nur die laufenden Unterstützungszahlungen, sondern auch die einmalig gezahlten Heimkehrer- und Umsiedlerbeihilfen sowie Sonderbeihilfen für Tuberkulosekranke. Unter den Begriff der geschlossenen Fürsorge fielen die meist von den Ländern getragenen Kosten für Anstaltsunterbringungen, etwa für alte Menschen, Invalide, Schwerbeschädigte, Blinde und „Opfer des Faschismus", sowie die Kosten der Heilfürsorge, z.B. für Tbc-Kranke. Zu den Fürsorgeausgaben gehörte auch die Einrichtung und Erhaltung von Pflege-, Erholungs- und Umschulungsanstalten für die genannten Personengruppen. Des weiteren konnten aus den Etatmitteln Zuschüsse an die Volkssolidarität gewährt und die „fürsorgerische und kulturelle Betreuung der Werktätigen" finanziert werden.

Wegen der unterschiedlichen Struktur der Haushaltspläne der Länder, Kreise und Gemeinden war ein Vergleich nur bedingt möglich.[306] Dieser Umstand ließ Spielräume für partikulare Entwicklungen. Eine Vereinheitlichung fand erst nach Gründung der Republik statt.[307] Entsprechend vielfältig waren die Möglichkeiten der Sozialbehörden, die Soziallasten in den Haushalten der Länder zu verteilen. So wurden die Umsiedlerbeihilfen in Sachsen-Anhalt zum Beispiel den Kreisen zu 75 Prozent aus Landesmitteln

305 BAP DQ-2 3739. 7.3.49. HVAS, Abt. Sozialfürsorge. Stellungnahme zum Haushalt 1949. Einzelplan offene und geschlossene Fürsorge.

306 BAP DQ-2 3739. 5.5.49. HVAS, Abt. Sozialfürsorge. Aktennotiz zur Struktur der Haushaltspläne.

307 Frenkel, Erdmann: Steuerverwaltung und Steuerrecht in der Sowjetischen Besatzungszone (Bonner Berichte aus Mittel- und Ostdeutschland). Bonn [3]1956, S. 19.

erstattet, was in den anderen Ländern unüblich war.[308] Die punktuellen Quellenbelege eröffneten meist nur den Blick auf die Ausgaben im jeweiligen Landeshaushalt; hierunter fielen größtenteils diejenigen der geschlossenen Fürsorge, während die Angaben zu den Kreis- und vor allem den Gemeindehaushalten nicht vorliegen. Lediglich 1950 wurde neben den Etats der Kreise und Länder die Gesamtsumme der Fürsorgeausgaben der Gemeinden ausgewiesen, die sich auf 220,4 Millionen Mark belief.[309]

Die auf zentraler Ebene aggregierten Daten enthalten manche Fehlerquellen, die durch die Übermittlung entstanden: „Wahrscheinlich wird dieselbe Ausgabe einmal in den Statistiken der Land- und Stadtkreise erscheinen und zum zweitenmal [sic] in den Haushaltsmitteln der Länder und Provinzen.“[310] Die zentrale Erfassung wurde auch dadurch erschwert, daß die untergeordneten Behörden im Bestreben, die kommunale Selbstverwaltung zu erhalten, die Kontrolle ihrer Haushalte durch die HVAS ablehnten.[311] Dennoch geben sie ein zusammenfassendes Bild, das die wesentlichen Grundtendenzen der Entwicklung der Fürsorgeausgaben erkennen läßt. In dem betrachteten Zeitraum von 1947 bis 1950 war eine steigende Tendenz der gesamten Sozialausgaben zu verzeichnen. Ihr prozentualer Anteil am ebenfalls steigenden Gesamtvolumen der Kreis- und Landeshaushalte stieg überproportional im Vergleich zu anderen Ausgabenposten. Diese Entwicklung erklärte sich zum einen aus der wachsenden Zahl der Aufgaben, die unter dem Begriff „Sozialfürsorge“ subsumiert wurden. Zum anderen drückte sich aus, daß die von den Sozialbehörden zu erbringenden Leistungen in steigendem Maße finanziell abgesichert waren.

4.4. Kollision der Richtsätze mit den Niedriglöhnen

Die im September 1947 per Verordnung erlassenen Richtsätze orientierten sich am notwendigen Lebensbedarf. Das Dilemma dieser Vorgehensweise beschrieb die DVAS-Fachreferentin Wiederhold bereits ein halbes Jahr vorher in ihren Ausarbeitungen zur „Problematik der Richtsatzpolitik“.[312] Sie stellte heraus, „daß bei konsequenter Anwendung des Richtsatzsystems der Unterstützungsempfänger in mancher Fällen besser versorgt ist als ein Werktätiger mit geringem Einkommen; denn in der Lohnpolitik gibt es keine Richtsätze, die das Existenzminimum sichern.“ Nach den geplanten

308 BAP DQ-2 3739. 1.12.48. HVAS, Abt. Sozialfürsorge. Verteilung der Soziallasten in der Sowjetischen Besatzungszone.

309 Meier, S. 86.

310 BAP DQ-2 3724. 23.1.47. DVAS (Wiederhold). Bericht über die Verhandlung bei der SMAD, Abt. Finanzen (Smirjow).

311 BAP DQ-2 3728. 7.10.48. HVAS (Brack, Matern) an die SMAD (Morenow).

312 BAP DQ-2 3765. 21.2.47. DVAS (Wiederhold). Die Problematik der Richtsatzpolitik.

Bestimmungen seien „alle Geringverdiener ausnahmslos als hilfsbedürftig anzusehen". Andererseits dürfe aber nicht verkannt werden, „dass durch eine zielbewusste Richtsatzpolitik offenbar wird, dass nicht jedes Arbeitseinkommen, das zur Deckung der notwendigen Lebensbedürfnisse erworben wird, diese Aufgabe erfüllt, die Mängel sind jedoch in der Lohn- und evtl. auch in der Preispolitik vorhanden und nicht in der Richtsatzpolitik der Sozialfürsorge." Die Auswirkung sei eine „Senkung der Arbeitsmoral", es könne „nicht die Aufgabe der öffentlichen Fürsorge sein, Mängel der Lohn- und Preispolitik mit öffentlichen Mitteln auszugleichen." Daraus ergab sich die Frage, ob die Sozialfürsorge die zu erwartende finanzielle Besserstellung der Fürsorgeempfänger den Geringverdienern gegenüber ignorieren solle. Gehe man pragmatisch vor und lege das Mindesteinkommen als Höchstgrenze fest, so verzichte die Sozialfürsorge „für einen Teil der Hilfsbedürftigen auf ihren in der Verordnung festgelegten Grundsatz des notwendigen Lebensbedarfs. Sie hebt damit ihre eigenen Bestimmungen auf."

Bereits bei der Diskussion um die Einführung der einheitlichen Sätze im Februar 1947 ging die DVAS davon aus, daß für Mecklenburg nur reduzierte Sätze in Frage kämen.[313] Das von Wiederhold skizzierte Dilemma trat in Mecklenburg ein, nachdem die Anordnung der SMAD im Frühjahr 1948 die nötigen Mittel im Landeshaushalt freigemacht hatte. Gemäß den Richtsätzen hatte eine Familie mit zwei Kindern nun einen Anspruch auf 115 Mark Unterstützung, wenn die Monatsmiete 30 Mark betrug. Betroffen waren vor allem die ländlichen Gebiete, wo Fürsorgeempfänger, insbesondere Vertriebene, in die Landarbeit eingegliedert wurden. Während der Nettoverdienst einer Arbeiterin in den mecklenburgischen Städten 22 bis 30 Mark wöchentlich betrug, waren es in den Landgemeinden lediglich 15 bis 21 Mark. Somit lag der maximale Monatsverdienst in der Landarbeit bei 84 Mark und erreichte noch nicht einmal den Unterstützungssatz von maximal 100 Mark (incl. Mietbeihilfe von 30 Mark), der einer alleinstehenden Fürsorgeempfängerin mit zwei Kindern rechnerisch zustand. Daher gab es kurz nach der Bewilligung der Finanzmittel im Mai 1948 Proteste von seiten des mecklenburgischen Ministeriums für Sozialwesen, in denen dringend eine Begrenzung der Sätze gefordert wurde. Angesichts der gezahlten Niedriglöhne schaffe die Zahlung der Richtsätze „unerträgliche Zustände in den Landgemeinden".[314]

Die Beschwerden beschränkten sich jedoch nicht auf Mecklenburg. Im thüringischen Kreis Gotha wurde über Motivationsschwierigkeiten bei Gemeindearbeitern berichtet, die schwere Arbeiten wie Holzschlagen,

313 BAP DQ-2 3716. 20.2.47. Besprechung der Durchführungsverordnung in der DVAS (Matern, Rühl, Wiederhold, Ebert, Bohlmann).

314 BAP DQ-2 3388. 10.5.48. Ministerium für Sozialwesen Mecklenburg, HA Arbeit und Sozialfürsorge (Brinkmann) an die HVAS.

Straßenbau und Ausschachtung verrichteten.[315] Ihre Löhne lagen unter den Unterstützungssätzen kinderreicher Familien, was auf Grund der überschaubaren örtlichen Verhältnisse allgemein bekannt war. Die Gemeinden verwahrten sich „unter Berufung auf das Selbstverwaltungsprinzip [...] gegen das Diktat von Unterstützungssätzen [...], die nach übereinstimmender Ansicht der Gemeindevertreter nicht nur für die Gemeindefinanzen, sondern auch für die Arbeitsmoral untragbar sind." Gegenüber dem Ministerium wurde die Bitte geäußert, „die Fürsorgeleistungen in ein vernünftiges Verhältnis zum Einkommen der ländlichen Arbeiterbevölkerung zu bringen, etwa durch Festsetzung einer oberen Unterstützungsgrenze." In Sachsen-Anhalt gab es ähnliche Beschwerden aus dem Kreis Calbe.[316] Wenn man von einem Unterstützungssatz einer Familie mit sieben Kindern ausgehe, d.h. 184 Mark (incl. der offenbar niedrigen örtlichen Mietbeihilfe), könne bei einem Normalverdienst von 120 Mark „jeder Werktätige die Sozialfürsorge anrufen, um den Differenzbetrag zu erhalten." Aus dem sächsischen Bautzen wurde sogar bekannt, daß an Arbeiter, deren Lohn unter den Fürsorgesätzen lag, tatsächlich Unterstützungen gezahlt wurden.[317] Da das Problem tariflich nicht zu lösen war, wurde vielerorts um eine Begrenzung der Unterstützungssätze nach oben gebeten.

Nicht nur mit den Niedriglöhnen gerieten die Richtsätze in Konflikt. Mitunter lagen die Leistungen der Arbeitslosenversicherung unter den Sätzen der Fürsorge, so daß das Problem bestand, ob mit Hilfe von öffentlichen Mitteln eine Aufstockung der Arbeitslosenunterstützung auf das Niveau der Bedarfssätze der Sozialfürsorge geleistet werden solle.[318] Als Grundlage zur Berechnung der Arbeitslosenunterstützung diente die Beitragsgruppe des Versicherten, die wiederum auf dem vormaligen Nettoverdienst bzw. der Lohnstufe im Arbeitsprozeß basierte. Die Höhe der Leistungen wurde völlig unabhängig vom Lebensbedarf ermittelt. Bei kinderreichen Familien lagen die Zahlungen der Sozialfürsorge wesentlich höher, da jedes zusätzliche Kind den Bedarfssatz der Familie um 17,50 Mark erhöhte. Als ebenso unhaltbar erwies sich, daß die Unterstützungsberechtigten nach einem kurzzeitigen Arbeitsverhältnis und einer nachfolgenden Übernahme in die Arbeitslosenversicherung geringere Leistungen erhielten als zuvor aus der Fürsorge. Dies betraf angesichts der Niedriglöhne in der Landwirtschaft fast alle zeitweise

315 BAP DQ-2 3718. 20.1.48. Kreissozialamt Gotha an das thüringische Ministerium für Arbeit und Sozialfürsorge.

316 BAP DQ-2 3388. 7.9.48. Sozialamt Calbe an das Ministerium für Arbeit und Sozialpolitik Sachsen-Anhalt.

317 SAPMO, FDGB 5/3/1479. 2.3.48. FDGB-Landesvorstand Sachsen an den Bundesvorstand, Abt. Sozialpolitik.

318 BAP DQ-2 3388. 12.2.48. Anfrage des Ministeriums für Arbeit und Sozialfürsorge Sachsen-Anhalts an die DVAS.

beschäftigten Saisonarbeiter.[319] Gemäß der von ihr in der ersten Jahreshälfte 1948 beschrittenen Linie hieß die HVAS in Erwiderung einer Anfrage des Ministeriums in Sachsen-Anhalt eine Ausgleichszahlung aus Fürsorgemitteln gut, denn „Hilfsbedürftigkeit [sei] auch dann anzunehmen, wenn der notwendige Lebensbedarf aus verwertbarem Vermögen oder sonstigen Einkommen nicht ausreichend bestritten werden kann."[320] Die entsprechenden Fälle waren einer strengen Prüfung zu unterziehen.

4.5. Notlagen nach der Einführung der „Auffanggrenze"

Seit der Einführung eines Existenzminimums mit dem „Elberfelder Tarif" spielte der individuell bestimmte Minimalbedarf bei der Begründung der Unterstützungshöhe eine wichtige Rolle. Gleichzeitig war aber stets die Obergrenze der Unterstützung festgelegt, nämlich der lokale Mindestlohn des ungelernten Arbeiters. Sank dieser unter das Existenzminimum, folgte ihm der Unterstützungssatz. In vielen Gebieten Deutschlands lag dem Richtsatz ohnehin ein verminderter Prozentsatz eines repräsentativen Niedriglohnes zugrunde.[321] Diese die Fürsorgegeschichte seit Mitte des 19. Jahrhunderts durchziehende Konstellation wiederholte sich in der SBZ. 1948 wurde dort die Diskussion unter dem Stichwort der „Auffanggrenze" geführt, womit die Fixierung eines Unterstützungshöchstsatzes, der nicht überschritten werden durfte, gemeint war. Die Diskussion wurde zu jenem Zeitpunkt nicht nur in der SBZ, sondern auch in den Westzonen geführt.[322]

Die DVAS äußerte im Februar 1948 gegenüber den Ministerien für Arbeit und Sozialfürsorge der Länder den Willen, an den Richtsätzen festzuhalten, weil diese als Existenzminimum errechnet worden waren und in vielen Fällen eine Verbesserung für die Fürsorgeempfänger eingetreten war.[323] Diese Linie vertrat die Zentralverwaltung auch gegenüber dem Zentralsekretariat der SED: „Von einer Senkung der Richtsätze muss selbstverständlich Abstand genommen werden", obgleich sich „bei der konsequenten Durchführung der Richtsatzpolitik [...] Probleme [ergeben], die in verschiedenen Ländern bereits die Forderung nach einer Auffanggrenze laut werden liessen."[324] Die HVAS erkannte weitere Legitimationszwänge: „Gegenüber der Entwicklung im Westen ist eine Herabsetzung der Richtsätze

319 vgl. Kapitel I., 2.

320 BAP DQ-2 3388. 23.2.48. DVAS (Bohlmann) an das Ministerium für Arbeit und Sozialfürsorge in Sachsen-Anhalt.

321 Orthbandt, S. 42.

322 Zum Vergleich mit Westdeutschland: Heisig, S. 78 ff., und Kapitel IV. dieses Buches.

323 BAP DQ-2 3724. 26.2.48. DVAS (Matern) an die Ministerien für Arbeit und Sozialfürsorge der Länder.

324 SAPMO, ZPA IV 2/2027/ 36. 25.2.48. DVAS (Matern) an ZS der SED (Lehmann).

und Mietbeihilfen politisch nicht tragbar. Die Festlegung einer Höchstunterstützung inkl. Mietbeihilfe im zentralen Maßstabe ist bei der Verschiedenheit der Struktur der Länder nicht zu vertreten und müßte den Ländern überlassen bleiben."[325]

Mit dieser Haltung zur Richtsatzpolitik geriet die HVAS mit zwei Bereichen in Konflikt, die zu den prioritären Interessen der SMAD zählten: Zum einen wurde das Ziel der Einschränkung der öffentlichen Ausgaben seit dem Frühjahr 1948 in einem rigorosen Sparkurs verfolgt. Hierbei hatte insbesondere die Drosselung der Leistungen in der Sozialfürsorge Vorrang.[326] Zum anderen nährte die Kollision mit den Niedriglöhnen die ständig geäußerte Furcht vor einer „Aushöhlung der Arbeitsmoral", da man nicht gewillt war, den generellen Lohnstopp aufzuheben und die Niedriglöhne den Lebenshaltungskosten anzugleichen. Die SMAD drängte auf Kürzungen in der Fürsorge, wobei die Beschwerden der Sozialbehörden der Länder ihrer Position legitimierend zugute kamen. Der Lohn eines ungelernten Arbeiters wurde mit 50 Pfennigen in der Stunde angesetzt, rechnerisch ergab sich bei einer wöchentlichen Arbeitszeit von 48 Stunden ein Verdienst von 96 Mark in vier Wochen.[327] Künftig waren mit diesem Betrag alle Lebensbedürfnisse abzudecken, unabhängig von der Zahl der Kinder.

Die HVAS scheiterte mit ihren Versuchen, die drohenden Kürzungen in der Richtsatzpolitik zu mildern. Die Arbeitsmarktpolitik und der Finanzbereich waren eben - im Gegensatz etwa zu ordnungspolitischen Vorstellungen in der Sozialpolitik - essentielle Interessenfelder der Besatzungsmacht. Wiederhold äußerte im Vorfeld der bevorstehenden Kürzungen der zweiten Durchführungsverordnung harsche Kritik: Der Befehl 92 habe „ausdrücklich von einer Verbesserung der Sozialfürsorge" gesprochen." Es handele sich um „eine starke Herabsetzung der Leistungen, die unter dem Niveau des Armenrechts von 1870 liegen."[328]

In der Tat setzten sich in den überarbeiteten „Richtlinien für die Bemessung der Barleistungen für den Lebensunterhalt eines Hilfsbedürftigen" die sowjetischen Vorstellungen durch.[329] Der Gesamtbetrag der Unterstützung für eine Familie einschließlich der Mietbeihilfe wurde für Familien mit maximal vier Kindern auf monatlich 90 Mark beschränkt. Als Härtefälle wurden Familien mit fünf oder mehr Kindern angesehen. Auf Anfrage der SMAD im Februar 1948 hatte die HVAS in Mecklenburg 1.602

325 BAP DQ-2 3388. 13.9.48. Entwurf: HVAS an die SMAD (Morenow).

326 BAP DQ-2 3753. 4.3.48. HVAS (Rühl). Aktennotiz über die Besprechung mit der SMAD (Dawidow).

327 BAP DQ-2 3388. 30.7.48. HVAS (Wiederhold). Aktenvermerk betr. die Verhandlungen bei der SMAD in Karlshorst.

328 ebd. Zur Legitimation des Sparkurses vgl. auch Kapitel I., 2.

329 ZVOBl. 1948, S. 474. Richtlinien im Anhang der 2. Durchführungsverordnung, § II (5-7).

solcher Fälle ermittelt.[330] In den anderen Ländern wurden die Familien mit sechs oder mehr Kindern gezählt: In Thüringen waren es 398, in Brandenburg 378 und in Sachsen-Anhalt 579,[331] wobei die Angaben für Sachsen fehlten. Nur in diesen Fällen durfte die Unterstützung einschließlich der Mietbeihilfe auf maximal 135 Mark erhöht werden. Unabhängig davon war das Höchstmaß der Unterstützung auf den ortsüblichen Monatslohn eines ungelernten Arbeiters begrenzt. Mit diesen Regelungen wurde im Oktober 1948 dem Bedarfsprinzip ein Jahr nach seiner Einführung der Rücken gekehrt. Die Kürzungen betrafen kinderreiche Familien besonders. Nach dem bisher geltenden Richtsatzsystem sollten Familien mit zwei Kindern 115 Mark monatlich, mit drei Kindern 132,50 Mark und mit vier Kindern 150 Mark Unterstützung einschließlich der Mietbeihilfe erhalten. Diese Sätze wurden in allen genannten Fällen durch die Einführung der „Auffanggrenze“ auf 90 Mark begrenzt.

Am stärksten waren die Gebiete mit hohem Unterstützungsniveau betroffen. In Sachsen regte sich bereits vor dem Inkrafttreten der zweiten Durchführungsverordnung Protest. Mitte Oktober 1948 sprach eine Resolution des Rates der Stadt Chemnitz von „asozialen Verhältnissen“, die zu befürchten seien: „Wenn das Geld zum Notwendigsten fehlt, greifen die Menschen zur Selbsthilfe, Kinder werden seitens der Großen zum 'Organisieren' und später gar zum Stehlen angehalten.“[332] Das sächsische Ministerium für Arbeit und Sozialfürsorge gelangte zur Einsicht, daß die Begrenzung der Fürsorgesätze nicht durchführbar sei und teilte den Sozialämtern mit, daß aussichtsreiche Verhandlungen mit der HVAS bestünden und daher bis zu einer endgültigen Regelung wie bisher verfahren werden solle.[333] Diese Anordnung wurde in Berlin heftig gerügt, obwohl die Zentralverwaltung die von ihr zu vertretende Verfahrensweise mit dem Hinweis auf Beschwerden aus den Ländern, in denen Kürzungen gefordert wurden, verteidigte. Ab Mitte November 1948 wurde die „Auffanggrenze“ auch in Sachsen durchgesetzt.[334] Die sächsische Ministerialrätin Kuntz wies darauf hin, daß der sächsische Landesberatungsausschuß die „Auffanggrenze“ nur als Übergangsmaßnahme anerkenne, weil ihre Höhe „sozial und politisch untragbar“ sei. Außerdem ließen sich die „sozialen Verhältnisse in

330 BAP DQ-2 3388. 10.5.48. Mecklenburgisches Ministerium für Sozialwesen an die HVAS.

331 BAP DQ-2 3388. 12.2.48. Ministerium für Arbeit und Sozialfürsorge Sachsen-Anhalt an die DVAS. Ebd. 23.2.48. Antwort der DVAS (Bohlmann).

332 BAP DQ-2 3387. 15.10.48. Rat der Stadt Chemnitz an die HVAS.

333 BAP DQ-2 3387. 29.10.48. Sächsisches Ministerium für Arbeit und Sozialfürsorge (Kuntz) an die HVAS.

334 vgl. auch zum Folgenden: BAP DQ-2 3387. 24.11.48. Sächsisches Ministerium Arbeit und Sozialfürsorge (Kuntz) an die HVAS.

dem beinahe bis zum letzten Dorfe durchindustrialisierten Sachsen“ in keiner Weise mit agrarisch strukturierten Gebieten vergleichen.

Am härtesten betroffen waren Familien mit vier Kindern. Eine Berechnung für Leipzig ging von 30 Mark Miete aus, so daß für die Familie nur 60 Mark im Monat oder täglich 33 Pfennig pro Person zur Ernährung verblieben.[335] Das Sozialamt Zwickau bezifferte die Durchschnittsmiete in der Stadt auf 16 Mark und betonte, daß mit den verbleibenden 74 Mark „die auf die Lebensmittelkarte zustehenden Rationen nicht erworben werden können.“[336] Die Sozialbehörden der sächsischen Städte Chemnitz, Pirna, Freiberg und Dresden stellten ähnliche Berechnungen an.[337] Es wurde stets betont, daß es bei den Lebenshaltungskosten in Sachsen unmöglich sei, von den bewilligten Beträgen eine Familie zu ernähren. Fälle, in denen die Richtsätze nicht ausreichten, um die auf Lebensmittelkarte zugeteilten Rationen zu erwerben, wurden 1946/47 allerdings auch in den Westzonen bekannt.[338]

Da die finanziellen Mittel nicht mehr ausreichten, die Rationssätze der Lebensmittelkarten zu kaufen, wurden die Fürsorgeempfänger unfreiwillig auf den Schwarzen Markt gedrängt: „Gerade Frauen mit mehreren Kindern, die auf die unzureichende Geldsumme angewiesen sind, versuchen, die Lebensmittel der Kinder zu erhöhten Preisen zu verkaufen, um das notwendige Geld zum Lebensunterhalt zu beschaffen.“[339] In anderen Städten wurden Fälle gemeldet, in denen kinderreiche Familien dazu genötigt waren, die Lebensmittelkarten ihrer Kinder zu verkaufen.[340] Appellativen Charakter hatte auch die Beschwerde des Sozialamtes Pirna: „Jeder Mensch, der auch nur einen kleinen Funken soziales Mitgefühl in sich trägt, wird verstehen, daß eine sechsköpfige Familie mit 72 Mark Unterstützung im Monat nicht auskommen kann. Hunger und Not, Leid und Elend wird und muß bei sparsamster Wirtschaftsführung in diese Familien einziehen, unterernährte Kinder werden sich ihr klägliches Dasein durch Almosen erbetteln müssen, das Gespenst der Kinderarbeit kann wieder wahre Tatsache werden. Dagegen müssen wir Stellung beziehen, diese unsozialen Zustände dürfen

335 BAP DQ-2 3387. 15.10.48. SED des Kreises Leipzig an das ZK der SED.

336 BAP DQ-2 3387. 20.1.49. Sozialamt Zwickau an das Ministerium für Arbeit und Sozialfürsorge Sachsen.

337 BAP DQ-2 3387. 15.10.48 / 11.1.49. Rat der Stadt Chemnitz an das sächsische Ministerium für Arbeit und Sozialfürsorge. 31.12.48. Sozialamt Pirna. 15.1.49. Sozialamt Dresden an das sächsische Ministerium für Arbeit und Sozialfürsorge. 4.2.49. Petitionsschreiben des Stadtrates Freiberg an die HVAS.

338 Heisig, S. 83-85.

339 BAP DQ-2 3387. 11.1.49. Sozialamt Chemnitz an das sächsische Ministerium für Arbeit und Sozialfürsorge.

340 BAP DQ-2 3387. 20.1.49. Sozialamt Zwickau an das sächsische Ministerium für Arbeit und Sozialfürsorge.

nicht wiederkehren."[341] Die Fürsorgetätigkeit wurde auf lokaler Ebene erheblich beeinträchtigt, weil die ehrenamtlich tätigen Kräfte ihrer Klientel gegenüber die Kürzungen zu vertreten hatten. In einigen sächsischen Stadtkreisen drohten die Mitglieder der Sozialkommissionen mit der Niederlegung ihrer Tätigkeit, um sich auf diese Art dem zentral verfügten Sparkurs zu widersetzen.[342]

Auf Antrag der CDU-Fraktion wurde die Richtsatzproblematik am 8. Dezember 1948 im sächsischen Landtag beraten.[343] Es herrschte bei allen Fraktionen Einigkeit darüber, daß die „Auffanggrenze" von 90 Mark abgeschafft werden müsse. Als Höchstgrenze wurde der tarifliche Mindestlohn des ungelernten Arbeiters in Höhe von 135 Mark akzeptiert. Dieser Beschluß setzte die HVAS unter Zugzwang. In Zusammenarbeit mit den Mitgliedern des Zentralsekretariats Lehmann und Merker versuchte Matern bei der SMAD zu erwirken, daß eine gestaffelte Regelung gefunden werde.[344] Für die Anhebung der Sätze gab es verschiedene Vorschläge. Die „Auffanggrenze" für Familien mit zwei Kindern sollte bei 90 Mark belassen werden. Die Maximalsätze für Familien mit drei Kindern sollten künftig 100 oder 110 Mark, für solche mit vier Kindern 115 oder 120 Mark betragen. Bei den Besprechungen in Karlshorst im Februar 1949 legte die Hauptverwaltung Finanzen der DWK ein finanzielles Konzept vor.[345] Infolge der Anhebung der Sätze entstünden für 24.000 Familien mit drei Kindern und 11.300 Familien mit vier Kindern zonenweit Mehrkosten von monatlich mindestens 522.500 Mark.[346]

Der Höchstsatz der Unterstützungszahlungen pro Familie war unabhängig von der Kinderzahl auf 135 Mark zu beschränken, da dies dem Lohn eines ungelernten Arbeiters entspreche. Bei trotzdem auftretenden Härtefällen sollte die Volkssolidarität eingreifen. In der SMAD wurde die Diskussion dieses Entwurfs zur Chefangelegenheit. Schließlich wurde auf Geheiß von General Kowal, dem stellvertretenden Obersten Chef der

---

341 BAP DQ-2 3387. 31.12.48. Sozialkommission Papstdorf an das Sozialamt beim Landkreisamt Pirna.

342 BAP DQ-2 3387. 13.1.49. Sozialamt Annaberg an das sächsische Ministerium für Arbeit und Sozialfürsorge. Ähnliche Beschwerden gab es in Dresden und Leipzig.

343 BAP DQ-2 3387. 9.12.48. Sächsisches Ministerium Arbeit und Sozialfürsorge an die HVAS. Abschrift eines Schreibens des Präsidenten des Sächsischen Landtags an Ministerpräsident Max Seydewitz.

344 BAP DQ-2 3387. 19.1.49. HVAS (Matern) an das ZS der SED (Merker, Lehmann). BAP DQ-2 3735. 29.1.49. Matern (HVAS). Protokoll einer Besprechung mit der SMAD (Kostyzin).

345 BAP DQ-2 3387. 21.2.49. Unterstützung des Antrages der HVAS durch die HV Finanzen (Abschrift eines Schreibens an die Finanzverwaltung der SMAD in der Anlage).

346 vgl. ebd. Die HV Finanzen legte der SMAD eine Budgeterweiterung um 630.000 Mark vor.

SMAD, am 16. April 1949 die Zustimmung gegeben.[347] Die HVAS hatte ein sofortiges Rundschreiben vorzubereiten. Für Familien mit drei bzw. vier Kindern setzten sich die niedrigeren vorgeschlagenen Sätze von 100 und 115 Mark durch. Der öffentliche Druck war zuletzt nicht nur von den staatlichen Behörden, sondern auch von Massenorganisationen wie dem DFD und dem FDGB ausgegangen.[348] Nach der Erhöhung der „Auffanggrenze" dauerte es wieder eine Weile, bis sich die verfügten Änderungen auf lokaler Ebene durchsetzten.[349] Die folgende Tabelle 20 gibt einen abschließenden Überblick zum Unterstützungsniveau in der SBZ/DDR. Auf den Vergleich mit Westdeutschland wird am Ende des Buches eingegangen.

Tabelle 20:
Die Höhe der Unterstützungsrichtsätze (incl. Mietbeihilfe) 1947-1953

	Sept. 1947-Okt. 1948	Okt. 1948-April 1949	Mai 1949-Okt. 1949	Nov. 1949-Aug. 1950	Sept. 1950-Juni 1953	Nach Juli 1953
Haupt-unterstützte	30.-	30.-	30.-	35.-	45.-	55.-
Mit-unterstützte	20.-	20.-	20.-	20.-	30.-	30.-
Kinder bis 15 Jahre	17,50	17,50	17,50	22,50	32,50 (bis 12/50)	34,50 38,50
vierköpfige Familie	105.-	90.-	90.-	105.-	135.- / 170.-	188.-
sechsköpfige Familie	140.-	90.-	115.-	135.- / 140.-	135.-/ 235.-	261.-

Die vierköpfige Familie wurde mit Vater (Hauptunterstützter) und Mutter (Mitunterstützte) und zwei Kindern unter 15 Jahren berechnet, die sechsköpfige entsprechend mit vier Kindern. Es wurde eine mittlere Mietbeihilfe von 30 Mark hinzugezählt, sofern in dem betreffenden Zeitabschnitt nicht eine Auffanggrenze zum Tragen kam. Nach November 1949, als eine gesetzliche Höchstbegrenzung fehlte, aber in der Regel der lokale Mindestlohn (meist 135.- Mark) als Auffanggrenze galt, ist offen, inwieweit sich die rechnerisch ermittelten Sätze durchsetzten. Bei den Sätzen für Kinder wurde bereits ab dem 1. Januar 1951 nach unter 6-jährigen (34,50 Mark) und Kindern zwischen 6 und 15 Jahren (38,50 Mark) unterschieden.
Quellen: ZVOBl. 1947, S. 224. ZVOBl. 1948, S. 474. GBl. der DDR 1949, S. 81-82. GBl. der DDR 1950, S. 844. GBl. der DDR 1953, S. 910. Leutwein, Alfred: Die Sozialen Leistungen in der Sowjetischen Besatzungszone (Bonner Berichte aus Mittel- und Ostdeutschland), 1. Aufl. Bonn 1954, S. 88-89.

---

347 BAP DQ-2 3387. 16.4.49. SMAD, Abt. Arbeitskraft (Tschernjajew) an HVAS (Matern).

348 BAP DQ-2 3387. 8.2.49. Bundessekretariat des DFD (Wiederhold) an die HVAS. DQ-2 3735. 12.3.49. DVAS (Brack/Matern) an die SMAD (Morenow).

349 BAP DQ-2 3388. 4.6.49. Kreisvorstand der SED Zeitz an die DWK.

4.6. Partizipation der Fürsorgeempfänger am allgemeinen Lebensstandard

Im allgemeinen waren die auf Lebensmittelkarte erhältlichen Waren für die Masse der Bevölkerung erschwinglich. Für Fürsorgeempfänger war dies, wie die sächsischen Beispiele belegen, seit Oktober 1948 nicht mehr selbstverständlich. Deshalb soll abschließend nochmals die Situation der Fürsorgeempfänger in bezug auf den allgemeinen Lebensstandard reflektiert werden.

In Anbetracht der knappen Berechnung der Bedarfssätze konnten sich selbst geringfügige Preiserhöhungen auf die Lebenslage einer unterstützten Familie niederschlagen. Die von der Zentralverwaltung für Statistik berechneten Indexziffern der Lebenshaltungskosten wiesen von 1946 bis 1948 keine Steigerung aus. Auf der Basis von 1938=100 betrugen die ermittelten Jahresdurchschnittswerte 1946=128,9, 1947=127,9 und 1948=128,0.[350] Dem widersprach die aus der Perspektive des Frühjahrs 1947 getroffene Feststellung Thalheims, daß eine Preisstabilität selbst bei den rationierten Gütern des täglichen Bedarfs „eine gefährliche Fiktion“[351] sei, nicht unbedingt. Gemäß seiner Berechnung, die ebenfalls auf der Basis 1938=100 beruhte, lag der Index im Januar 1945 bei 107,8 und stieg bis September 1946 auf 135,9. Letzterer Wert lag zwar über demjenigen, den die ZV Statistik für den gleichen Monat errechnete (127,4), kam aber dem ersten für die Nachkriegszeit ermittelten Wert im Juli 1946 (133,9) sehr nahe.[352] Mit anderen Worten fand in der Nachkriegszeit ein markanter Preisanstieg statt, den Thalheim zutreffend als eine Folge des von den Nationalsozialisten „künstlich aufrechtgehaltenen Preissystems“ analysierte.[353] Diese Preiserhöhungen waren jedoch in der Ermittlung des notwendigen Lebensbedarfs im November 1946 enthalten. Ein anderer Faktor fand bei der Richtsatzfestlegung hingegen keine Berücksichtigung. Wenn Matern ein einheitliches Preisniveau in der SBZ konstatierte, traf das die Realität nur bedingt. Die von der Preisstelle der DVHV festgesetzten Durchschnittspreise setzten sich nicht immer durch: „Die Preise sind nicht nur in den einzelnen Städten und Gemeinden verschieden, sondern schwanken auch jahreszeitlich bedingt z.T.

---

350 BAP DE-1 28327, Bl. 173. Der Index erfaßt die Entwicklung der Verbraucherpreise der Waren und Leistungen des wichtigsten Lebensbedarfs für eine fünfköpfige Arbeiterfamilie. Es werden gleichbleibende Mengen angenommen, doch ist der zugrundegelegte Warenkorb nicht nach Produkten aufgeschlüsselt. Es wird betont, daß die Indexziffern der alten Berechnung (bis April 1945) mit den ermittelten Zahlen nicht vergleichbar seien. Für den Hinweis auf die Quelle sei Dr. André Steiner gedankt.

351 Thalheim: Löhne und Preise, in: DVAS (Hrsg.): Jahrbuch für Arbeit und Sozialfürsorge. Bd. 1: von 1945 bis 31. März 1947. Berlin o.J. [1947], S. 113. Auch in neueren Darstellungen mehrfach zitiert, z.B. Hübner, S. 16. Frerich/Frey, Bd. 2, S. 48.

352 BAP DE-1 28327, Bl. 173.

353 Thalheim, S. 114.

ganz erheblich (z.B. Kartoffeln und Gemüse).“[354] Insofern traf die Einschätzung der Abteilung Sozialfürsorge der DVAS, daß „bei den vereinheitlichenden Auswirkungen der allgemeinen Not [...] eine Differenzierung der Richtsätze nach den früheren Gesichtspunkten (Ortsklassen, Teuerungsklassen usw.) hinfällig“[355] sei, angesichts der regionalen und saisonalen Schwankungen die Realität nicht. Wie am Beispiel der sächsischen Großstädte Dresden und Leipzig gezeigt, führte dies gelegentlich zur Diskussion der Richtsatzhöhe.

Mehr als die Preissteigerungen und -schwankungen wirkte sich für die Fürsorgeempfänger aus, daß sich die auf Lebensmittelkarte erhältliche Menge an Nahrungsmitteln erhöhte, während sich durch die Einführung der „Auffanggrenze“ ihr Einkommen zum Teil erheblich verringerte. Ein Ehepaar mit zwei Kindern benötigte Ende 1946 zum Kauf der rationierten Lebensmittel 52 Mark, doch Mitte 1949 waren es bereits 62,30 Mark.[356] Angesichts des maximalen Unterstützungssatzes von 90 Mark, der auch die Miete umfaßte, reichte das monatliche Einkommen gerade noch zum Wohnen und Essen aus. Anders sah es für eine Familie mit vier Kindern aus, die zum Kauf der auf Lebensmittelkarte vorgesehenen Produkte 96,92 Mark benötigte. Dieser Betrag war mit der monatlichen Unterstützung nicht zu bezahlen, wie an den geschilderten Beispielen im Land Sachsen deutlich wurde.

Nach Einführung der Auffanggrenze im Oktober 1948 reichte die Unterstützung kinderreicher Familien nicht einmal mehr dazu aus, die niedrigen Sätze der Lebensmittelkarten zu erwerben. Die Einführung der Punktkarten im Dezember 1948 zum Erwerb von Schuhen und Kleidung blieb für die Unterstützungsempfänger ohne Wirkung, da es ihnen an finanziellen Mitteln mangelte, um die gewerblichen Gebrauchsgüter bezahlen zu können. Zeitgleich räumte die Eröffnung der HO-Läden Besserverdienenden die Möglichkeit ein, den Konsum zu erweitern. Diese propagandistisch hervorgehobenen Verbesserungen klammerten die Unterschichten aus, sei es durch die Unterstützungssätze der Sozialfürsorge oder durch die erzwungene Einstufung der Landarbeiter als Selbstversorger.[357]

Im Gefolge der inszenierten Feierlichkeiten zur Gründung der DDR nahm sich die provisorische Regierung der allgemeinen Versorgungslage an,

354 BAP DQ-2 3775. 8.11.46. DVAS (Ebert). Ermittlung des notwendigen Lebensbedarfs als Grundlage für die Festsetzung der Unterstützungsrichtsätze.

355 BAP DQ-2 3765. [Februar 1947]. DVAS (Wiederhold). Die Richtsätze der sozialen Fürsorge.

356 Der obigen Annahme folgend, daß die Preise im weitesten Sinne konstant geblieben seien, wurden den folgenden Berechnungen die 1946 von der DVHV festgesetzten Durchschnittspreise zugrundegelegt.

357 vgl. Kapitel I., 3.

die mehr als der Staatsakt im Mittelpunkt des öffentlichen Interesses stand.[358] Am 3. November 1949 wurden nicht nur die Sätze der Lebensmittelkarten erhöht, sondern auch die Fürsorgerichtsätze. Hauptunterstützungsempfänger erhielten ebenso wie ihre Kinder eine monatliche Unterstützungserhöhung von 5 Mark, so daß der Höchstsatz nun 35 Mark, derjenige erwachsener Familienangehöriger 20 Mark und der Kinder 22,50 Mark betrug.[359] Damit diese Erhöhungen überhaupt wirksam werden konnten, mußte die „Auffanggrenze" geändert werden. Aufgehoben wurde sie nicht, sondern sie erhöhte sich nur um die zusätzlich bewilligten 5 Mark pro Person.[360] Demzufolge erhielt eine Familie mit zwei Kindern nun 105 Mark (statt 90 Mark), mit drei Kindern 120 Mark (statt 100 Mark) und mit vier Kindern 140 Mark (statt 115 Mark). Jedoch blieb der „ortsübliche Monatslohn eines ungelernten Arbeiters", dessen Höhe nicht näher festgelegt wurde, auch weiterhin die Obergrenze der Unterstützungsleistung für eine Familie. In Sachsen-Anhalt erfolgte eine für alle Sozialämter des Landes verbindliche Regelung, indem für Familien mit mehr als fünf Kindern die Höchstsätze nach Ortsklassen gestaffelt auf 135 bis 150 Mark festgeschrieben wurden.[361]

Eine novellierte Indexberechnung des Ministeriums für Statistik im Jahr 1951 legte einen erweiterten Lebensbedarf zugrunde.[362] Gemäß der neuen Berechnung stiegen die Ausgaben im Jahresdurchschnitt im Ernährungsbereich von 125,1 (1949) auf 138,8 (1950). Legt man die erhöhten Preise des Jahres 1950 zugrunde, relativieren sich die Richtsatzerhöhungen.[363] Eine Familie mit vier Kindern benötigte 114,10 Mark, um die Lebensmittel zu erwerben, die ihr seit dem 3. November 1949 nach den neuen Sätzen der Grund- bzw. Kinderkarte zustanden. Im Gegensatz zur Periode, in der die „Auffanggrenze" vom Oktober 1948 wirksam war, reichte die Unterstützung aus, um den Kartensatz auszuschöpfen, doch blieb der Rest für die Miete

---

358 Staritz, Dietrich: Die Gründung der DDR. Von der sowjetischen Besatzungsherrschaft zum sozialistischen Staat. München ^{3}1995, S. 195.

359 GBl. der DDR 1949, S. 36. Verordnung über Erhöhung für die Sozialversicherten und Kriegsinvaliden sowie der Richtsätze für Sozialuntersützungsempfänger vom 3. November 1949.

360 GBl. der DDR 1949, S. 81-82. Erste Durchführungsverordnung zur Verordnung über Erhöhung der Mindestrenten für die Sozialversicherten und Kriegsinvaliden sowie der Richtsätze für Sozialunterstützungsempfänger vom 30. November 1949. Abschnitt III (2).

361 BAP DQ-2 3750. 1.12.49. Ministerium Arbeit und Sozialwesen Sachsen-Anhalt an alle Sozialämter des Landes.

362 BAP DE-1 28332. Bl. 249. Lebenshaltungskosten in der DDR (ohne Berlin) für eine vierköpfige Familie. Normalausgaben (ohne HO) auf der Basis 1938=100. Da ein veränderter Warenkorb zugrundegelegt wurde, ist die Berechnung mit der oben zitierten von 1949 (BAP DE-1 28327, Bl. 173) nicht vergleichbar.

363 Stat. Jb. der DDR 1955, S. 101. Einzelhandelspreise für Nahrungsmittel. Waren mittlerer Qualität.

aufzuwenden, sofern die rechnerisch ermittelten 140 Mark nicht ohnehin den ortsüblichen Mindestlohn überstiegen. Der Kauf von Kleidern, Haushalts- und Gebrauchsgegenständen blieb für diese Unterstützungsempfänger bis aufs äußerste reduziert. Das Budget weniger kinderreicher Familien geriet nicht so schnell mit der nach oben verschobenen „Auffanggrenze" in Konflikt, doch waren die Konsummöglichkeiten gleichfalls stark limitiert. Für die Fürsorgeempfänger ließ der Übergang zum Lebensstandard der Vorkriegszeit weiterhin auf sich warten.

5. DIE ENTSTEHUNG VON SONDERFÜRSORGEBEREICHEN

5.1. Die Diskussion um die Gruppenfürsorge

Unter dem Begriff der Gruppenfürsorge verstand man seit seiner Ausprägung in der Weimarer Republik die „Einführung spezifischer Sonderfürsorgen für die verschiedenen Gruppen der Opfer von Krieg und Inflation".[364] Für diese neuen Armutsgruppen wurden Sonderfürsorgebereiche geschaffen, z.B. für Kriegshinterbliebene- und -beschädigte, für Klein- und Sozialrentner sowie für Erwerbslose. Wie geschildert, unterschied sich die 1924 eingeführte gehobene Fürsorge von der allgemeinen Fürsorge durch höhere materielle für Erwerbslose. Wie geschildert, unterschied sich die 1924 eingeführte gehobene Fürsorge von der allgemeinen Fürsorge durch höhere materielle Leistungen und ein gesteigertes Sozialprestige. Denn den Opfern widriger Zeitumstände gebühre der Dank des Vaterlandes, da sie unverschuldet in die Notsituation geraten seien. Das NS-Regime baute die Sonderstellung der gehobenen Fürsorge aus; sie wurde zur Regelfürsorge für alle „würdigen Volksgenossen". Damit hielt das Prinzip der rassischen Auslese in die Bedürftigkeitsprüfung Einzug. Die besondere Behandlung einzelner Gruppen wurde vorangetrieben, indem z.B. die Leistungen in der Kleinrentnerhilfe verbessert und die militärische Versorgungsgesetzgebung in zivile Bereiche hinein ausgeweitet wurde.[365]

Die Abschaffung dieses überkommenen Systems der Gruppenfürsorge forderte in der SBZ vor allem der FDGB. Analog zur Zielsetzung, eine einheitliche Sozialversicherung einzuführen, vertraten die Gewerkschaften das Konzept einer „einheitlichen Sozialfürsorge". Dies schließe nicht aus, daß

364 Sachße/Tennstedt, Bd. 2, S. 88.
365 vgl. Sachße/Tennstedt, Bd. 3, S. 183-187.

„anerkannte Opfer des Faschismus eine Vorrangstellung haben, da die Fürsorge sich nach der Lage der Hilfsbedürftigen zu richten hat.“[366] In der Phase der Ausarbeitung neuer gesetzlicher Bestimmungen für die Sozialfürsorge[367] wurden in den Ländern und Provinzen noch Konzepte verfolgt, die an die Gruppenfürsorge der Weimarer Zeit anknüpften. Ein Entwurf aus Sachsen-Anhalt sah zum Beispiel eine besondere Stellung der „ehemaligen Kleinrentner und der ihnen rechtlich Gleichgestellten“ vor. Entsprechend gab es unterschiedliche Verfahrensweisen in bezug auf die früheren Sondergruppen. Dies äußerte sich zum Beispiel in einer verzögerten Auflösung der Hauptfürsorgestellen, die ausschließlich für die Versehrtenbetreuung zuständig waren. Manchmal wurden auch die Leistungen der gehobenen Fürsorge weiterhin gewährt.

Auch die frühen Verordnungsentwürfe der DVAS unterschieden nach verschiedenen Gruppen von Hilfsbedürftigen, die einzeln aufgezählt wurden, z.B. Umsiedler, Körperbehinderte, Opfer des Faschismus, Arbeitslose ohne Anspruch auf Arbeitslosenunterstützung.[368] Systematisch gesehen kann man nur dann von Sonderfürsorgebereichen sprechen, wenn den entsprechenden Gruppen eine begünstigte Stellung eingeräumt wurde. Ansonsten handelte es sich lediglich um eine rein deskriptive Aufzählung verschiedener Armutsrisiken. Eine derartige Sonderstellung innerhalb der Fürsorgepolitik existierte von vornherein nur für die Opfer des Faschismus (OdF). Die Einführung einer Rentenversorgung für die Kriegsopfer unter den Schwerbeschädigten verzögerte sich wegen kontroverser Diskussionen. Unstrittig war hingegen, daß ihnen eine besondere Berufsfürsorge zuteil werden sollte.

5.2. Fürsorge für die Verfolgten der nationalsozialistischen Gewaltherrschaft

Das Postulat des Antifaschismus bildete in der SBZ bei der Neuorganisation des politischen Lebens die grundlegende Basis.[369] Vor diesem Hintergrund war eine Wiedergutmachung[370] für die Verfolgten des NS-Regimes für erlittene Schäden zu erwarten. Im Gegensatz zur Rückerstattung von Vermögenswerten, die in der SBZ kaum stattfand, steht hier die Individual-

---

366 SAPMO, FDGB 5/3/1479. [Nach 19.2.46, vor 26.5.46]. FDGB-Buvo. Stellungnahme zum DVAS-Verordnungsentwurf vom 19. Februar 1946.

367 Zur Ausarbeitung der Fürsorgeverordnung vom 22. April 1947, vgl. Kapitel II., 1.

368 BAP DQ-2 3724. 7.11.46. DVAS. Entwurf: Verordnung über Sozialfürsorge.

369 vgl. Meuschel, Sigrid: Legitimation und Parteiherrschaft in der DDR. Zum Paradox von Stabilität und Revolution in der DDR 1945-1989. Frankfurt/Main 1992, S. 29-40.

370 Zur Problematisierung des Begriffs vgl. Herbst, Ludolf: Einleitung, in: ders./Goschler, Constantin (Hrsg.): Wiedergutmachung in der Bundesrepublik Deutschland. München 1989, S. 8-10. Goschler, Constantin: Wiedergutmachung. Westdeutschland und die Verfolgten des Nationalsozialismus (1945-1954). München 1992, S. 12-13.

entschädigung im Mittelpunkt, die wiederum von der Globalentschädigung, z.B. Zahlungen an den Staat Israel, abzugrenzen ist. Die sozialpolitischen Richtlinien der SED, die das Zentralsekretariat der Partei am 30. Dezember 1946 erließ, sprachen diesbezüglich von einer „Sonderfürsorge für Opfer des Faschismus“.[371] Die Ausgestaltung dieses Fürsorgebereiches sowie sein Stellenwert im Kontext der deutschen Wiedergutmachung sollen näher betrachtet werden.

Unmittelbar nach Kriegsende schlossen sich ehemalige Verfolgte der NS-Gewaltherrschaft zu Antifa-Ausschüssen und Komitees zusammen.[372] Die Mitglieder gehörten vormals meist der KPD, seltener der SPD an und waren in der Regel ehemalige KZ-Häftlinge. Unter der Bezeichnung „OdF-Ausschüsse“ wurden sie an die gleichnamigen Referate der Arbeits- und Sozialbehörden angebunden. Dadurch erlangten sie den Charakter einer Interessenvertretung, was sich auf den Gebrauch des Begriffes „Opfer des Faschismus“ auswirkte. Als diese Bezeichnung auf rassisch und religiös Verfolgte ausgeweitet wurde, erwirkten die ursprünglichen OdF-Ausschußmitglieder mit der Differenzierung nach reinen Opfern und „Kämpfern gegen den Faschismus“ eine Sonderstellung.[373] Den „Kämpfern“ hielt man einen aktiven Widerstand gegen die NS-Gewaltherrschaft zugute, womit eine Abgrenzung gegenüber der Majorität der jüdischen Opfer, den „Zigeunern“ und anderen Gruppen erfolgte.[374]

Allgemein war als Anerkennungskriterium „die feindliche Haltung des Betroffenen gegen den Faschismus“ entscheidend: „Wer aus rein persönlichen Motiven sich [...] schuldig gemacht hat, scheidet als 'Opfer des Faschismus' von vornherein aus.“[375] Dies führte einerseits dazu, daß viele Inhaftierte nicht als OdF galten. Bereits Ende 1945 wurde herausgestellt, daß ein strenger Maßstab „bei der Beurteilung eines KZ-lers“ anzulegen sei, „da immer wieder kriminelle und unsaubere Elemente versuchen, sich als 'Opfer des Faschismus' auszugeben, um sich damit persönliche Vorteile zu erschwindeln.“[376] Dies galt insbesondere für „Arbeitsscheue“ und „Asoziale“, die von den SBZ-Sozialbehörden eine strenge Behandlung, z.B. bei der Einweisung in Arbeit, erfuhren.

Andererseits führte die Forderung nach einer politisch motivierten Opposition gegen die NS-Herrschaft zur Auslese innerhalb der Gruppe der OdF, die im Zuge der Stalinisierung der SBZ/DDR-Gesellschaft an

371 SAPMO, ZPA NL-182 1159. 3.1.47. Pressedienst der SED: Veröffentlichung der Richtlinien.

372 Zur Ausschußbildung nach Kriegsende, vgl. Kapitel II., 2.

373 vgl. Groehler, S. 109-112.

374 Goschler, Nicht bezahlt, S. 172.

375 BAP DQ-2 3380. 28.11.45. Landesverwaltung Sachsen, Soziale Fürsorge (OdF) an die Stadt- und Landkreise.

376 ebd.

Bedeutung gewann. Besonders eindrücklich läßt sich dies am Beispiel der Zeugen Jehovas schildern, die sich in die Organisationsstruktur der Vereinigung der Verfolgten des Naziregimes (VVN) nicht einpassen wollten.[377] Die verstärkte Bespitzelung und öffentliche Diffamierung der Glaubensgemeinschaft führte schließlich Ende August 1950 zu ihrem Verbot. Der Erhalt des Status als Verfolgter des Naziregimes (VdN) - so wurden die OdF nach Erlaß des Wiedergutmachungsgesetzes im Oktober 1949[378] genannt - war nur durch Unterzeichnung einer Erklärung möglich, in der „ein klares Bekenntnis zur Verfassung der DDR, zur Ächtung der Atombombe und zu allen Bestrebungen, die der Erhaltung des Friedens und dem Aufbau der Wirtschaft dienen",[379] geleistet wurde. Dies veranschaulicht, daß die Auslegung des OdF-Begriffes ausschließlich vom DDR-eigenen Faschismusverständnis geprägt war, welches sich wiederum auf die staatstragende Legitimationsbasis bezog. Vom Verlust der Mitgliedschaft in der VVN und somit dem Entzug der Privilegien waren noch andere politisch Mißliebige betroffen, z.B. frühere Mitglieder der Kommunistischen Partei-Opposition, die als Trotzkisten galten, und ehemalige SPD-Mitglieder, die als „Schumann-Agenten" bezeichnet wurden. Ferner wurden die rassisch Verfolgten, d.h. Juden, Sinti und Roma, in großer Zahl ausgeschlossen. Das „Recht auf Entschädigung und Wiedergutmachung wurde an eine immer höher gelegte Meßlatte der Systemloyalität gebunden."[380]

Die Kriterien für die Anerkennung als Verfolgte waren so eng gesteckt, daß der Kreis der Begünstigten einen relativ geringen Umfang hatte. Widersprüchlich bleiben die genauen Angaben zur Zahl der OdF in den vorliegenden statistischen Quellen. Die Erhebung lag in den Händen der DVAS, die im Juni 1946 auf dem SBZ-Gebiet über 40.000 OdF, darunter fast 11.000 „Kämpfer", zählte.[381] Außerdem lagen zu diesem Zeitpunkt noch 6.585 Anträge zur Bearbeitung vor. Die Angaben beruhten auf mündlichen Mitteilungen der Ländervertreter auf einer zentralen Besprechung und zum Teil auf Schätzungen. Die teilweise Nennung identischer Schätzwerte zur Zahl der „Kämpfer" und „Opfer" legt die Vermutung nahe, daß die Kategorien nicht exakt getrennt wurden bzw. Doppelzählungen vorlagen. Im

377 Groehler, S. 117-118, 125-127.

378 ZVOBl. 1949, S. 765-766. 5.10.49. Anordnung zur Sicherung der rechtlichen Stellung der anerkannten Verfolgten des Naziregimes.

379 BAP DQ-2 3381. 5.9.50. Ministerium für Arbeit (Jung) an alle Landesregierungen. Entwurf eines Rundschreibens.

380 Groehler, S. 127.

381 BAP DQ-2 3723. ZVAS, Ref. OdF. 18.6.46. Zusammenfassung der Fragebögen an die Landes- und Provinzialverwaltungen. Die Zahlenangaben entsprechen denjenigen bei Goschler, Nicht bezahlt, S. 173-174, der auf eine Weiterleitung dieser Aufstellung an das ZK zurückgriff (SAPMO, ZPA IV 2/2027/29). Die Angabe von Groehler, S. 112, fußt auf derselben Quelle.

November 1946 wies eine exakter wirkende „Meldung über O.d.F.“,[382] in der jedoch die Angaben aus Mecklenburg (im Juni insgesamt 1.900 OdF) fehlten, nur noch 27.171 OdF aus, von denen 11.178 als „Kämpfer gegen den Faschismus“ galten. 3.151 Anträge blieben zu bearbeiten. Das abrupte Sinken der erfaßten OdF im zweiten Halbjahr 1946 könnte auch mit der Ausgabe einheitlicher Ausweise zusammenhängen. Die Vorbereitungen hierzu liefen im August 1946 an.[383] Im November wurden nur noch diejenigen erfaßt, die einen Ausweis besaßen. Möglicherweise erhielt mancher der vorher als OdF Registrierten keinen Ausweis mehr. Zur letztgenannten statistischen Angabe paßt eine für Dezember 1946 genannte Zahl von 32.421 anerkannten OdF.[384]

In diese Reihe fügt sich die Zählung im August 1949 ein, die sich auf 36.200 VdN in der SBZ (exklusive Ostberlin) belief. Der Kreis der Ausweisberechtigten weitete sich nur in geringem Maße aus.[385] Die beschriebenen politischen Überprüfungen und das Ziel, Haushaltsmittel einzusparen, führten zur Ablehnung vieler Anträge. Wie gering die Zahl der Entschädigten war, zeigt eine Vergleich mit der Bundesrepublik Deutschland: Hier zählte man rund eine Million Personen, die nach dem Bundesversorgungsgesetz Leistungen empfingen.[386] Auch dort fand allerdings eine politisch motivierte Auslese statt, denn die Gesetzesversion von 1953 versagte verfolgten Kommunisten einen Anspruch auf Entschädigung.[387]

Allen OdF wurden bei der Linderung ihrer Not in den unmittelbaren Nachkriegsjahren besondere Vergünstigungen zuteil, z.B. die prioritäre Zuweisung von Wohnraum. In den beiden bevölkerungsreichsten Ländern der SBZ, Sachsen und dem späteren Sachsen-Anhalt, wurden ihnen oftmals die enteigneten Wohnungen ehemaliger „Naziaktivisten“ überlassen.[388] Eine bevorzugte Behandlung gab es auch bei der Zuteilung von Kleidung, Möbeln und anderen Hausratsgegenständen. Es galt die Regelung, daß die anerkannten OdF bei der Zuteilung von Lebensmittelkarten eine Stufe höher zu gruppieren seien, als es ihrer beruflichen Stellung entsprach. Die Voraussetzung für eine erfolgreiche Eingliederung in den Arbeitsprozeß war eine gesundheitliche Genesung, denn viele Verfolgte hatten lange Zeiten in

---

382 BAP DQ-2 3723. November 1946. DVAS. Meldung über O.d.F. (Zone ohne Mecklenburg). Die November-Erhebung ist besonders interessant, weil dort ein Zusammenhang zwischen Fürsorgeempfang und Zugehörigkeit zur Gruppe der OdF hergestellt wird.

383 SAPMO, ZPA IV 2/2027/29. 4.9.46. ZK der SED (Weck). Aktennotiz.

384 BAP DQ-2 3728. 2.9.48. HVAS. Die Entwicklung in der Sozialfürsorge der sowjetischen Besatzungszone seit 1945.

385 Goschler, Nicht bezahlt, S. 182-183.

386 Heßdörfer, Karl: Die finanzielle Dimension, in: Herbst/Goschler, S. 55.

387 Jasper, Gotthard: Die disqualifizierten Opfer. Der Kalte Krieg und die Entschädigung für Kommunisten, in: Herbst/Goschler, S. 363-372.

388 BAP DQ-2 3723. 18.6.46. ZVAS, Ref. OdF. Zusammenfassung der Fragebögen an die Landes- und Provinzialverwaltungen.

Gefängnissen oder Konzentrationslagern verbracht. Daher wurde ihnen eine bevorzugte Heilfürsorge gewährt. Es waren 1946 bereits 23 Sanatorien und Erholungsheime eingerichtet, die zur körperlichen und psychischen Genesung 1.090 Plätze anboten.[389]

Finanzielle Wiedergutmachungsleistung für die anerkannten OdF gab es vereinzelt.[390] Landesweit erhielten die „Kämpfer gegen den Faschismus" in Brandenburg einmalig 450 Mark und in der Provinz Sachsen 500 Mark, in letzterem Fall auch alle übrigen OdF, sofern die Beträge über Spenden erbracht wurden. In Sachsen hingen die Sonderunterstützungen von den vorhandenen Geldmitteln ab, sie betrugen ungefähr 200 Mark. Dasselbe galt für Thüringen, wo nur einzelne Städte einmalige Beihilfen zahlten. In Mecklenburg, wo das niedrigste Unterstützungsniveau herrschte, gab es keine ergänzenden Zahlungen, allein in Schwerin wurden im Mai und Juni 1945 für die „Befreiten aller Nationen" jeweils 100 Mark ausbezahlt.

Die Etats der OdF-Landes- und Provinzialausschüsse unterlagen im zweiten Quartal 1946 massiven Kürzungen der SMA in den Territorien.[391] Die Einschnitte in die Budgets waren im Vergleich zum ersten Quartal beträchtlich: in Sachsen von 725.000 auf 125.000 RM, in Brandenburg von 250.000 auf 40.000 RM und in der Provinz Sachsen von einer Million auf 500.000 RM. Die SMA-Thüringen lehnte gar die gesamte beantragte Summe von 500.000 RM ab, in Mecklenburg gab es entsprechend der angespannten Haushaltslage gar keinen Etatansatz. Hierdurch wurden die materiellen Sachhilfen für die betroffenen OdF erheblich eingeschränkt.

Für die OdF galt der allgemeine Grundsatz, daß die gesellschaftliche Integration über eine erfolgreiche Arbeitsplatzvermittlung erfolgen sollte. Die ehemaligen „Kämpfer gegen den Faschismus" nahmen eine Sonderstellung ein, da ihnen ohnehin führende Positionen im Bereich der öffentlichen Verwaltung oder des Parteiapparates zugedacht waren. Bei den übrigen Verfolgten führte ihr erlittenes Schicksal zu einer bevorzugten Behandlung im Rahmen der Arbeitsmarktpolitik, z.B. durch Einräumen steuerlicher Vergünstigungen und prioritärer Arbeitsplatzvermittlung. Dies hatte jedoch zunächst nicht die Zahlung einer von Bedürftigkeitskriterien unabhängigen Rente zur Folge, wie sie die NS-Sozialpolitik für „Kämpfer der nationalen Erhebung" kannte, denen ein „Ehrensold" gezahlt wurde.[392]

---

389 Meja, S. 96.

390 BAP DQ-2 3723. 18.6.46. ZVAS, Ref. OdF. Zusammenfassung der Fragebögen an die Landes- und Provinzialverwaltungen.

391 ebd.

392 Eine entsprechende pauschale Aussage bei Schwarz, Walter: Die Wiedergutmachung nationalsozialistischen Unrechts durch die Bundesrepublik Deutschland, Ein Überblick, in: Herbst/Goschler, S. 42, ist mit Hinweis auf Groehler, S. 105, abzulehnen. Eine „Ehrenpension" wurde tatsächlich erst 1965 eingeführt, vgl. Goschler, Nicht bezahlt, S. 184-188.

Für die OdF bzw. VdN wurde kein eigenes Versorgungssystem aufgebaut, sondern sie erfuhren lediglich eine begünstigte Behandlung innerhalb der bestehenden Sozialgesetzgebung. Der allgemeine Grundsatz, daß bei Arbeitsfähigkeit ein Unterstützungsempfang ausgeschlossen war, galt auch für sie. Gemäß der Erhebung vom November 1946[393] gab es unter den OdF insgesamt 2.672 Empfänger von Sozialleistungen. Hierunter wurden 1.329 Personen von den Sozialämtern und 439 aus einem „Sonderkonto OdF" laufend unterstützt, die restlichen 904 OdF waren Rentenempfänger. Drei Viertel der Unterstützungsempfänger aus der Gruppe der OdF erhielten die regional unterschiedlichen Regelsätze der öffentlichen Fürsorge, die nach der zonenweiten Statistik im November 1946 im Schnitt 30,80 Mark betrugen. Ein Vergleich mit den Richtsätzen der Tabellen 17 und 18 läßt erkennen, daß ihnen überdurchschnittliche Leistungen zuteil wurden. Noch besser war die Versorgung der OdF, die aus dem „Sonderkonto" unterstützt wurden. Sie erhielten durchschnittlich ca. 51 RM. Diese Sätze hoben sich von dem allgemein niedrigen Niveau der Sozialfürsorge ab. Der Anteil der Unterstützten an der Gesamtzahl der OdF belief sich auf 6,66 Prozent. Die Unterstütztenquote innerhalb dieser Bevölkerungsgruppe lag somit eineinhalb Jahre nach Kriegsende nur unwesentlich über derjenigen der Gesamtbevölkerung (6,1 Prozent).

Den 904 erfaßten OdF-Rentenempfängern wurden bei Einführung der einheitlichen Sozialversicherung um 50 Prozent erhöhte Sätze zugebilligt.[394] Die Regelung in der Fürsorgeverordnung vom 22. April 1947 übernahm diejenige der Sozialversicherung. Sie sicherte allen fürsorgeunterstützten OdF erhöhte Sätze zu, die laut erster Durchführungsverordnung auf das Anderthalbfache des Richtsatzes festzulegen waren,[395] d.h. der Satz für einen alleinstehenden OdF-Unterstützungsempfänger betrug 45 Mark. Nach der Erhöhung der Richtsätze der Sozialfürsorge am 3. November 1949 waren es 52,50 Mark. Eine Zahlung sehr hoher Altersrenten führte das VdN-Gesetz vom 5. Oktober 1949[396] ein. Die Mindestsätze wurden auf 200 Mark für Vollrenten und 120 Mark für Witwenrenten festgelegt und lagen somit erheblich über dem Niveau der Fürsorgesätze.

Die Verfahrensweise in bezug auf Unterstützungs- bzw. Rentenleistungen erscheint dann nicht mehr so großzügig, wenn man sich den Umfang des Empfängerkreises betrachtet. Unter den Fürsorgeunterstützten waren im November 1946 nur 0,12 Prozent OdF. Diese kleine, nach

393 BAP DQ-2 3723. November 1946. DVAS. Meldung über O.d.F. (Zone ohne Mecklenburg).

394 AuS 2 (1947), H. 5, S. 101. SMAD-Befehl Nr. 28/1947. Verordnung über Sozialpflichtversicherung (§ 67).

395 ZVOBl. 1947, S. 221. 1. DVO (zu Ziff. 5).

396 ZVOBl. 1949, S. 765. 5.10.49. Anordnung zur Sicherung der rechtlichen Stellung der anerkannten Verfolgten des Naziregimes (§ 1).

politischen Kriterien ausgewählte Schar erfuhr zwar eine bevorzugte Fürsorge, da sie, wie für Sonderfürsorgebereiche üblich, „auf positiv bewertete Sozialcharakteristika verweisen konnte."[397] Gemessen an der Zahl derer, die Unterstützung bezogen, war der Bereich aber beinahe zu vernachlässigen. Im Gegensatz dazu erfaßte die gehobene Fürsorge, die 1924 für rund 500.000 Personen konzipiert wurde,[398] ein Vielfaches an Fürsorgeempfängern. 1940 gehörten allein der Gruppe der Sozialrentner beispielsweise 503.405 Parteien an. Die exklusive Stellung der OdF bzw. VdN schlug sich im Fürsorgewesen nieder, ohne daß der Wiedergutmachung eine Breitenwirkung zugekommen wäre. Daran änderte auch das VdN-Gesetz nichts, dessen „sozialer Betreuungsplan"[399] nur eine Minderheit der tatsächlich Verfolgten erfaßte.

5.3. Schwerbeschädigtenfürsorge

Neben der Umformung der Fürsorge nach rassischen Gesichtspunkten fand während des „Dritten Reichs" eine Militarisierung einzelner Bereiche statt. Die Kriegsopferfürsorge, die bereits nach dem Ersten Weltkrieg eine Sonderstellung erhielt,[400] wurde 1938 durch das Wehrmachtsfürsorge- und -versorgungsgesetz (WFVG) neu strukturiert. Die Bemessung des „Versehrtengeldes" orientierte sich nicht mehr an der für den Arbeitsmarkt relevanten Minderung der Erwerbsfähigkeit, sondern an militärischen Kategorien, indem der Dienstgrad zur Anspruchsgrundlage wurde.[401] Außerdem wurde die Versorgung zahlreicher Gruppen von zivilen Beschädigten aufgrund dieser Rechtsvorschriften geregelt. Dies galt etwa für Angehörige des Reichsarbeitsdienstes, des Volkssturmes (Teilnahme an der „nationalen Erhebung"), der SS und der Polizei.

Es war das Ziel der Alliierten, mit dieser Art von Versorgung völlig zu brechen. Dies galt für die SBZ im Besonderen, wie ein Zitat des DVAS-Mitarbeiters Fritz Förster, der bereits Versorgungssachbearbeiter im Reichsarbeitsministerium gewesen war, illustriert: „Mehr als auf jedem anderen Gebiet der Sozialpolitik war hier die Notwendigkeit gegeben, nach Beendigung der Feindseligkeiten neue Wege zu beschreiten. Für eine Versorgung, die den Kriegsbeschädigten und Kriegshinterbliebenen wesent-

397 Sachße/Tennstedt, Bd. 3, S. 249.

398 dies., Bd. 2, S. 93.

399 Groehler, S. 125.

400 RGBl. I. 1920, S. 989 ff. Gesetz über die Versorgung der Militärpersonen und ihrer Hinterbliebenen bei Dienstbeschädigung (Reichsversorgungsgesetz). Vgl. dazu: Hudemann, Rainer: Kriegsopferpolitik nach den beiden Weltkriegen, in: Pohl, Hans (Hrsg.): Staatliche, städtische, betriebliche und kirchliche Sozialpolitik vom Mittelalter bis zur Gegenwart (VSWG-Beiheft, Bd. 95). Stuttgart 1991, S. 270-280.

401 RGBl. I. 1938, S. 1097, § 84, 89.

lich höhere Bezüge zusprach als den Opfern der Arbeit und die den ersteren auch sonst Vorteile gewährte, die den übrigen Beschädigten und Körperbehinderten versagt blieben, war nach diesem Kriege kein Raum mehr."[402] Entsprechend stoppte ein SMAD-Befehl im Mai 1945 das bislang gezahlte „Versehrtengeld". Von diesem Zeitpunkt an wurden die ehemaligen Versorgungsbezieher, ebenso wie die Beamten, deren Pensionsansprüche zum Erliegen gekommen waren, zu Fürsorgeunterstützungsempfängern, die den allgemeinen Grundsätzen der Sozialfürsorge unterlagen.

Zu den Eigenarten der Versorgung gehört es, daß der Staat für ein nicht durch Beitragszahlungen abgesichertes Risiko Ansprüche an die Sozialversicherung gewährt. Die Rentenzahlung erfolgt in der Regel unabhängig von der in der Fürsorge üblichen Bedürftigkeitsprüfung. Die Einführung einer solch umfassenden Sozialleistung wurde in der SBZ abgelehnt, in einer entsprechenden Neuregelung im Land Sachsen mit dem Hinweis, das Land sei „im Interesse des werktätigen Volkes nicht in der Lage, Verpflichtungen aus Hitlers verlorenem Raubkrieg zu übernehmen."[403] Somit war zunächst die Sozialfürsorge für die Kriegsbeschädigten und deren Hinterbliebene zuständig.

Als Schwerbeschädigte galten Personen mit einer Minderung der Erwerbsfähigkeit von mehr als 50 Prozent. Diese waren nur dann rentenberechtigt, wenn sie Invalide, d.h. zu mehr als 66 2/3 Prozent beschädigt waren. In Sachsen wurde eine Rente für Vollinvalide bereits ab August 1945 ausbezahlt, bei einem geringeren Beschädigungsgrad waren gekürzte Teilrenten vorgesehen.[404] Da die Kriegsbeschädigten zunächst von der Versorgung ausgeschlossen waren, wurden Renten nur in Folge eines Berufsunfalls oder einer -erkrankung gezahlt. Die Verordnung über die Sozialpflichtversicherung kodifizierte einheitlich für die SBZ, daß Berufsinvalide eine Rente von zwei Dritteln ihres letzten Verdienstes erhielten, sofern ein völliger Verlust ihrer Arbeitskraft festgestellt wurde.[405] Die Beitragsbemessungsgrenze lag bei 600 Mark, so daß die Höchstrente 400 Mark betrug. Bei einer geringeren Minderung der Erwerbsfähigkeit wurden entsprechende Teilbeträge dieses Höchstsatzes ausbezahlt.

Für Kriegsbeschädigte, die zum Beispiel wegen Erreichen des Rentenalters Ansprüche an die Sozialversicherung hatten, begann der Rentenempfang im ersten Halbjahr 1946 im Zuge der Wiederingangsetzung des Sozialversicherungssystems.[406] Alle anderen blieben wie auch die

---

402 BAP DQ-2 3776. 11.7.46. DVAS (Förster). Aktenvermerk.

403 BAP DQ-2 3757. 11.7.45. Sächsische Landesverwaltung für Inneres und Volksbildung. Verordnung über die Versorgung der Kriegsopfer.

404 Hoffmann, Sozialpolitische Neuordnung, S. 47.

405 AuS 2 (1947), H. 5, S. 97. SMAD-Befehl Nr. 28/1947. Verordnung über Sozialpflichtversicherung (§ 42).

406 Hoffmann, Sozialpolitische Neuordnung, S. 45-49.

Beamten auf die Sozialfürsorge angewiesen. Erst ein SMAD-Befehl vom 23. April 1946 erlaubte den Ländern, Pensionen an solche Bürger auszuzahlen, die keine Ansprüche an die Sozialversicherung besaßen, ohne daß konkrete Ausführungsbestimmungen erlassen oder Angaben über den Kreis der Empfangsberechtigten gemacht wurden.

Deutsche Verwaltungsstellen nahmen dies zum Anlaß, eigene Vorschriften auszuarbeiten. Es gab Bestrebungen, im oben erläuterten Sinn die Unterschiede nach der Ursache der Beschädigung aufzuheben, indem zu den Kriegsbeschädigten auch zivile Kriegsopfer hinzugezählt wurden. Zum einen sah dies ein Entwurf Försters vor, der als Kriegsbeschädigte nicht nur die Angehörigen der ehemaligen Wehrmacht, sondern auch Personen erfaßte, die „durch kriegerische Ereignisse, [...] oder durch die Flucht vor solchen Geschehnissen einen Körperschaden erlitten haben."[407] Zum anderen nahm die thüringische Landesverwaltung eben diese Formulierung in eine Verwaltungsverordnung über die vorläufige Versorgung von Kriegsbeschädigten und -hinterbliebenen vom 15. August 1946[408] auf und nutzte damit die relativ lange Zeitspanne zwischen dem SMAD-Befehl und der Ausarbeitung eines Runderlasses durch die Zentrale Finanzverwaltung (ZFV) aus.

Bezüglich der konkreten Verfahrensweise führte die ZFV mit der SMAD Verhandlungen. Ihr Vertreter Mehlig erklärte allerdings, daß es nicht Aufgabe seiner Verwaltung sei, „bezüglich der Fürsorgeunterstützung den Anstoß zu geben".[409] Demzufolge regelte der Runderlaß im Oktober 1946[410] allein die Frage der Pensionszahlungen an Invalide, „die vormals Ansprüche gegen einen Versorgungsträger hatten". Dieser Anspruch wurde auch auf Militärbeamte, d.h. Offiziere und Beamte militärischer Dienststellen ausgeweitet, allerdings nur, sofern sie nach Januar 1933 beurlaubt worden waren. Das heißt, daß alle Ansprüche, die während der NS-Zeit entstanden, keine Berücksichtigung fanden.

Der Zusatz, daß die Bestimmungen auf Kriegsbeschädigte sinngemäß Anwendung fänden, stellte für diese keinen Versorgungsanspruch her, weil er sich allein auf pensionsberechtigte Personen bezog. Es war nicht mehr von einer Versorgung der Angehörigen der Mannschaftsdienstgrade, geschweige denn von einer Einbeziehung der zivilen Kriegsopfer die Rede. Erst die Verordnung über die Zahlung von Renten an Kriegsinvalide und deren Hinterbliebene[411] vom 21. Juli 1948 führte eine allgemeine Rentenzahlung

---

407 BAP DQ-2 3757. [1946]. ZVAS (Förster). Entwurf. Bestimmungen über die Gewährung von Leistungen an Kriegsbeschädigte und Kriegshinterbliebene sowie an Beamte, Personen in beamtenähnlicher Stellung und deren Hinterbliebene.

408 BAP DQ-2 3757. 19.9.46. Regierungsblatt für das Land Thüringen.

409 BAP DQ-2 3757. 3.8.46. DVAS (Fischer). Aktennotiz.

410 BAP DQ-2 3757. 28.10.46. ZFV (Meyer). Runderlaß Nr. 114 an die Landes- und Provinzialverwaltungen. Auszahlung von Pensionen (Renten) aus Haushaltsmitteln.

411 ZVOBl. 1948, S. 363-365.

ein. Der Auffanggrenze in der Sozialfürsorge entsprechend wurde eine Höchstbegrenzung der Rente auf 90 Mark monatlich festgelegt, so daß die Sätze in den meisten Fällen erheblich unter denjenigen für Berufsbeschädigte lagen.

Grundlage für die Aufnahme in den Kreis der Rentenempfänger war die Feststellung der Arbeitsunfähigkeit. Die Minderung der Erwerbsfähigkeit war das nicht unumstrittene Feststellungskriterium, das der DVAS-Sachbearbeiter Förster als zu „schematisch" bezeichnete.[412] Die Festsetzung eines Prozentsatzes, z.B. wurde beim Verlust einer Hand oder eines Armes sowie bei der Versteifung beider Kniegelenke die Invaliditätsgrenze von 66 2/3 Prozent überschritten, orientiere sich zu sehr an der Einsatzfähigkeit auf dem allgemeinen Arbeitsmarkt. Hierbei kämen vor allem die Kriterien der „groben körperlichen Arbeit" zur Geltung. Für einen Schwerbeschädigten sei es jedoch ohne weiteres möglich, in gewissen Berufen wie ein körperlich Gesunder tätig zu werden, z.B. als Telefonist.

Förster sah in der Beschäftigungsaufnahme auch eine therapeutisch sinnvolle Maßnahme. Er stellte einen Vergleich zwischen einem über 60-jährigen an, der aufgrund langer Krankheit ein Bein verloren hatte, und einem 20-jährigen, der im Krieg einen schweren Körperschaden erlitten hatte. Ersterer sei, zermürbt durch sein Leiden, auf Dauer arbeitsunfähig: „Der junge Mensch hingegen kann noch den Kampf ums tägliche Brot aufnehmen und sich trotz seines Leidens im Leben durchsetzen. Bei ihm dürfen daher die Begriffe 'Arbeitsunfähigkeit' und 'Invalidenrente' überhaupt nicht zur Erörterung stehen." Solche Fälle sollten wie voll Einsatzfähige behandelt werden. Die Vermittlung in Arbeit war durch die Behörden prioritär vorzunehmen. Die Arbeitsaufnahme wurde als optimale Möglichkeit und wesentliche Voraussetzung für eine gesellschaftliche Eingliederung gesehen. Diese politische Linie bewegte sich im Einklang mit den Positionen, die im Alliierten Kontrollrat vertreten wurden.[413]

Zur Eingliederung der Schwerbeschädigten in den Arbeitsprozeß diente eine Verordnung vom 2. September 1946,[414] die für die Betriebe und Verwaltungen ein Einstellungssoll von 10 Prozent festsetzte. Die Durchsetzung dieses ambitionierten Solls, das wesentlich höher als in den anderen Besatzungszonen lag, erwies sich als schwierig.[415] Die volkseigenen Betriebe weigerten sich vielfach, den vorgeschriebenen Anteil an Schwerbeschädigten zu beschäftigen, weil dies zusätzliche Investitionen bedeutete. Aus Betriebsmitteln mußte dann beispielsweise die behindertengerechte Ausstattung eines

412 BAP DQ-2 3769. [1946]. Förster, Fritz: Probleme der Schwerbeschädigtenversorgung (unveröffentlichter Artikel für die Zeitschrift „Arbeit und Sozialfürsorge").
413 Hudemann, Sozialpolitik, S. 403.
414 vgl. AuS 1946, H. 13/14, S. 302.
415 Zum Folgenden vgl. auch Boldorf, Eingliederung der Kriegsopfer, S. 405-409.

Arbeitsplatzes bezahlt werden. Dies waren in der Sichtweise des Betriebskollektivs Ausgaben, die die öffentlichen Haushalte entlasteten, aber nicht dem eigenen Betrieb nutzten. Die Mehrinvestitionen fehlten an anderer Stelle, etwa zur Befriedigung sozialer Bedürfnisse, die im Interesse der Belegschaft lagen. Ferner scheiterte eine berufliche Eingliederung daran, daß es Lücken in der Versorgung mit orthopädischen Geräten gab. Auch die medizinische Fürsorge ließ zu wünschen übrig: 1950 gab es in der DDR erst 60 orthopädische Fachärzte.

Dennoch gelang es in der SBZ/DDR aufgrund strikter Arbeitsvermittlungsbestimmungen, zwei Drittel aller von den Arbeitsämtern registrierten Schwerbeschädigten in Arbeit zu vermitteln.[416] Damit konnte in diesem Bereich eine erfolgreiche Bilanz gezogen werden. Auf der zweiten Planungsbesprechung für Schwerbeschädigtenfragen am 17. Februar 1950 wurde festgestellt, daß in den Betrieben ein Beschäftigtenanteil an Schwerbeschädigten von 8,3 Prozent erreicht war.[417]

Vorbehalte gegenüber Schwerbeschädigten gab es von seiten der Staatsorgane in politischer Hinsicht. Vielfach wurden sie pauschal als ehemalige Militaristen betrachtet. Dies führte zum Beispiel in der Frage der überbetrieblichen Ausbildung zu einer entscheidenden Weichenstellung. Man nahm den Protest im sächsischen Mittweida gegen die Schließung der dortigen Ausbildungsstätte zum Anlaß, einen Propagandafeldzug gegen die Schwerbeschädigtenwerkstätten, die als „Herde antidemokratischer Betätigung“[418] bezeichnet wurden, zu führen. In der Folge richteten sich die Aktivitäten der Behörden ausschließlich auf die betriebliche Ausbildung und Umschulung. Hierin befand sich die Schwerbeschädigtenfürsorge in Übereinstimmung mit dem allgemein eingeschlagenen Weg der betrieblichen Einbindung, der den Arbeitsplatz zum Mittelpunkt des sozialen Lebens machen sollte.

---

416 Die Angaben für die Jahre 1948 und 1951 beliefen sich auf 67 bzw. 66,3 %, vgl. BAP DQ-2 3728. 1.9.48. Bericht von Brack (DVAS) an Morenow (SMAD) betr. Durchführung des SMAD-Befehls 89. BAP DQ-2 3848. 27.6.51. Ministerium für Arbeit (Stegemann). Aktenvermerk.

417 BAP DQ-2 3748. MfA. Bericht über die Planungsbesprechung.

418 BAP DQ-2 3748. 17.2.50. 2. Planungsbesprechung für Schwerbeschädigtenfragen. So die Äußerung eines Mitarbeiters der LSBW Mittweida. Vgl. auch Boldorf, Eingliederung der Kriegsopfer, S. 410-411.

II. ORGANISATION DER FÜRSORGE IN DER SBZ/DDR

1. DER NEUAUFBAU DER BEHÖRDENSTRUKTUR

1.1. Reorganisation zwischen Tradition und Neubeginn

Der Aufbau der Behörden nach den Erfordernissen des „demokratischen Zentralismus“[1] entwickelte sich in der SBZ zur wesentlichen Leitlinie der politischen Führung. 1947 hieß es hierzu bereits im Jahrbuch für Arbeit und Sozialfürsorge der DVAS, es sei „selbstverständlich und entspricht den Grundsätzen der demokratischen Selbstverwaltung, daß die in den Ländern und Provinzen vorhandenen Verwaltungsstellen den gleichen Aufbau und die gleiche Einteilung aufweisen wie die zentrale Verwaltung.“[2] Diese Politik war nicht von Anfang an determiniert, sondern Ergebnis eines Prozesses, in dem die wichtigsten Akteure auf zentraler Ebene - das SED-Zentralsekretariat (ZS), die Zentralverwaltung für Arbeit und Sozialfürsorge, der FDGB - und die Landes- bzw. Provinzialregierungen unterschiedliche Positionen vertraten. Diese Erkenntnis ist nicht unwesentlich, denn in früheren westlichen Forschungsarbeiten erschien die DDR, wie Staritz es formuliert, „häufig noch als Planprodukt, als Ergebnis eines Epochenkalküls, das - noch im Kriege in Moskau entworfen - unbeirrt verfolgt, schrittweise verwirklicht wurde.“[3]

„Demokratisierung“ bedeutete in erster Linie die Beseitigung nationalsozialistischer Strukturen. Während des „Dritten Reichs“ waren die Polizei, die Deutsche Arbeitsfront und die Nationalsozialistische Volkswohlfahrt (NSV) in die öffentliche Unterstützungsfürsorge, den Kern kommunaler Wohlfahrtstätigkeit, einbezogen worden.[4] Zuletzt konnte „die öffentliche Fürsorge [...] als kaum noch ernstzunehmender Konkurrent zur parteiamtlichen 'Volkswohlfahrt',,[5] gelten. Die bedingungslose Kapitulation stellte

---

1 Zur Problematik des Begriffs und Hinweise auf ältere Literatur: Weber, Die DDR, S. 153-154. Zur Rolle der UdSSR in diesem Prozeß vgl. Loth, Wilfried: Stalins ungeliebtes Kind. Warum Moskau die DDR nicht wollte. Berlin 1994, S. 31-35.

2 DVAS, Jb. AuS, Bd. 1, S. 27.

3 Staritz, Dietrich: Geschichte der DDR. Frankfurt/Main 21996, S. 14. Mit Verweis auf: Duhnke, H.: Stalinismus in Deutschland. Die Geschichte der sowjetischen Besatzungszone. Köln/Berlin o.J. [1955] und Nolte, Ernst: Deutschland und der Kalte Krieg. Stuttgart ^{2}1985.

4 Hansen, Eckhard: Wohlfahrtspolitik im NS-Staat. Motivationen, Konflikte und Machtstrukturen im „Sozialismus der Tat“ des Dritten Reichs (Beiträge zur Sozialpolitik-Forschung, Bd. 6), Augsburg 1991, S. 328.

5 ebd., S. 219.

diesbezüglich eine einschneidende Veränderung dar. Die NSV wurde wie alle NS-Massenorganisationen aufgelöst. Ab Sommer 1945 waren es, neben den sich bildenden Hilfsorganisationen, wieder die öffentlichen Verwaltungen, insbesondere die unmittelbar nach Abschluß der Kampfhandlungen eingesetzten Lokalverwaltungen,[6] in deren Händen die Durchführung der Fürsorgepolitik lag. In Ermangelung von alternativen Konzepten hielt es die SMAD in Übereinstimmung mit Helmut Lehmann als Vertreter der deutschen Zentralverwaltung für den pragmatisch einfachsten Weg, die gesetzlichen Änderungen der NS-Zeit sämtlich außer Kraft zu setzen und an die gesetzlichen Bestimmungen der Weimarer Republik anzuknüpfen.[7]

Der Gedanke der Zentralisierung war der öffentlichen Fürsorgepolitik im Deutschen Reich völlig fremd gewesen. Sie war seit ihren Anfängen im 19. Jahrhundert föderal geprägt. In der Behördenhierarchie war der Aufbau besonders uneinheitlich, weil sich die Reichsgesetzgebung in diesem Bereich verbindlicher Regelungen enthielt und lediglich einen Rahmen vorgab. Das anfangs in der SBZ gültige Fürsorgerecht basierte auf der Reichsfürsorgeverordnung (RFV) über die Fürsorgepflicht vom 13. Februar 1924. Diese bestimmte als „Träger der Fürsorge"[8] Landes- und Bezirksfürsorgeverbände. Das jeweilige Landesgebiet bildete in der Regel einen Landesfürsorgeverband. Nur in größeren Ländern, insbesondere Preußen, bestanden mehrere solcher Verbände, während den kleineren Ländern der Zusammenschluß zu einem einzigen Landesfürsorgeverband empfohlen wurde. Die in der Hierarchie nachgeordneten Bezirksfürsorgeverbände umfaßten eine oder mehrere Gemeinden. Je nach regionalen oder demographischen Gegebenheiten gingen sie über die Grenzen politischer Gebietskörperschaften (Kreise) hinweg. Die Fürsorgeverbände besaßen als Körperschaften des öffentlichen Rechts eine finanzielle Eigenständigkeit. Das Land griff nur regelnd ein, wenn einzelne Verbände um die Kostenerstattung stritten[9] und gewährte gegebenenfalls finanzschwachen Verbänden Zuschüsse. Die Bezirksfürsorgeverbände beaufsichtigten die weitere Untergliederung der Fürsorgebehörden, wobei Kompetenzüberlagerungen vermieden und eine zweckmäßige Ergänzung insbesondere der in privater Hand liegenden Einrichtungen der freien Wohlfahrtspflege gewährleistet werden sollten.

Dieser durch die RFV festgelegte organisatorische Aufbau galt im großen und ganzen für das Jahr 1945, weil die mit SMAD-Befehl Nr. 17/1945 am 27. Juli 1945 gegründete Zentralverwaltung für Arbeit und Sozialfürsorge (ZVAS) anfangs als Koordinierungsorgan nur geringe Im-

---

6 Zank, S. 86. Fait, Barbara: Landesregierungen und -verwaltungen, in: SBZ-Handbuch, S. 73.

7 BAP DQ-2 3726. 14.11.45. Unterredung in Karlshorst (Lehmann, ZVAS; Fomin, Archangelski, SMAD).

8 RGBl. I. 1924, S. 100-101. RFV (§§ 1-5).

9 ebd., S. 103 (§§ 16-18).

pulse setzen konnte.[10] Die Landesverwaltungen wiederum beschränkten sich auf ihre Funktion der Oberaufsicht. In Sachsen beschrieb die Abteilung Soziale Fürsorge des Landesamtes Wirtschaft und Arbeit ihr Aufgabenverständnis dahingehend, daß bei „Streitigkeiten zwischen Stadt- und Landkreisen in Fürsorgeangelegenheiten" eine Entscheidung herbeigeführt werden solle.[11] De facto traten in der SBZ 1945/46 die Kreise die Nachfolge der Bezirksfürsorgeverbände als Träger der Fürsorge an.[12]

Die alten Rechtsstrukturen blieben zwar in formaler Hinsicht erhalten, doch zeigten sich Tendenzen zu einer Umgestaltung. Die Übernahme der Geschäfte der Bezirksfürsorgeverbände durch die Kreisverwaltungen führte zum Verlust der früheren finanziellen Eigenständigkeit und zur Eingliederung der Fürsorgeausgaben in den allgemeinen Kreisetat. Die finanziellen Ausgleichszahlungen entfielen innerhalb eines Landesgebietes, doch blieb das Problem mitunter zwischen den einzelnen Ländern der SBZ bestehen.[13] Gelegentlich führten einzelne Ämter in Eigenregie auch mit Fürsorgeverbänden der Westzonen Schriftwechsel über Erstattungsansprüche.[14] Manch eine Sozialverwaltung verfolgte mit dem Drängen auf die Rückerstattungsverpflichtung nach eigenem Bekunden übergeordnete politische Ziele: „Gerade die Fürsorgepflichtverordnung bietet Gelegenheit, auf dem sozialen Sektor eine gewisse Einheit des Deutschen Reiches aufrecht zu erhalten."[15] Solche behördlichen Eitelkeiten konnten zu Lasten der betroffenen Fürsorgeempfänger gehen.

10 Hoffmann, Sozialpolitische Neuordnung, S. 27. Zank, S. 91-94.

11 BAP DQ-2 3981. 25.7.46. Landesverwaltung Sachsen, Wirtschaft und Arbeit, Soziale Fürsorge (Selbmann). 1. Rundverfügung zur Organisation der sozialen Fürsorge.

12 vgl. für Sachsen: ebd. und BAP DQ-2 3724. 23.8.45. Landesverwaltung Sachsen, Inneres und Volksbildung, Sozialverwaltung an die Landkreise und bezirksfreien Städte *als Bezirksfürsorgeverbände*. BAP DQ-2 3721. 29.5.46. Rundschreiben Nr. 161 der Provinzialverwaltung Mark Brandenburg an die Oberlandräte, Landräte und Oberbürgermeister. BAP DQ-2 3721. 21.11.45. Landesverwaltung Mecklenburg, Abt. Arbeit und Sozialfürsorge an Oberbürgermeister, Landräte (Wohlfahrtsämter) betr. Durchführung der Fürsorgepflicht. BAP DQ-2 3724. [1946]. Provinzialamt Arbeit und Sozialfürsorge Sachsen-Anhalt (Schönlank). Entwurf einer Verordnung über Sozialfürsorge (§ 17).

13 vgl. Kapitel I., 1.

14 vgl. BAP DQ-2 3720. 1945/1946. Schriftwechsel einzelner Sozialbehörden der SBZ mit westzonalen Verwaltungen.

15 BAP DQ-2 3720. 24.7.46. Provinzialamt für Arbeit und Sozialfürsorge (Schönlank). Aktenbemerkung betr. Fürsorgegestaltung der Provinz Sachsen.

Übersicht: Der Aufbau der Zonen- und Länderadministration für Arbeit und Sozialfürsorge in der SBZ

Zentrale Ebene	ZVAS DVAS (ab 19. Juni 1946) HVAS (ab 12. Februar 1948)
Landes- und Provinzialverwaltungen	
Sachsen	Ressort Wirtschaft und Arbeit, Soziale Fürsorge
Provinz Sachsen (-Anhalt)	Abt. Arbeit und Sozialfürsorge
Thüringen	Landesamt für Arbeit und Sozialfürsorge Landesamt für Kommunalwesen
Provinz (Mark) Brandenburg	Abt. Arbeit und Sozialwesen
Mecklenburg (-Vorpommern)	Abt. Arbeit und Sozialfürsorge
Landes- und Provinzialregierungen (ab Oktober 1946)	
Sachsen	Ministerium für Arbeit und Sozialfürsorge, Abt. Arbeit und Sozialfürsorge
Sachsen-Anhalt	Ministerium Arbeit und Sozialpolitik, Abt. Arbeit und Sozialfürsorge
Thüringen	Ministerium für Wirtschaft, Arbeit und Verkehr Ministerium für Arbeit und Sozialwesen (ab 9.10.47), Abt. Arbeit und Sozialfürsorge
Brandenburg	Ministerium für Arbeit und Sozialwesen, Abt. Arbeit und Sozialwesen
Mecklenburg	Ministerium für Sozialwesen Abt. Sozialfürsorge

Quelle: SBZ-Handbuch, S. 74 ff. Nach den Kommunal- und Landtagswahlen im Oktober 1946 wurden die bisherigen Abteilungen, Ressorts oder Landesämter der Landes- und Provinzialverwaltungen in Fachministerien umgewandelt. Die Provinzialregierungen Brandenburgs und Sachsen-Anhalts wurden am 12. bzw. 21. Juli 1947 in Landesregierungen umbenannt. Die Abteilungen der Landesministerien hießen im Frühjahr 1948 entsprechend der Entwicklung auf zonaler Ebene „Hauptabteilungen“ (HA).

Die Fürsorgepolitik war in den Augen der SMAD - sie war der dortigen Abteilung Arbeitskraft zugeordnet - ein Teil der Arbeitsmarktpolitik. Die ZVAS gehörte seit ihrer Gründung zu den wirtschaftlichen Zentralverwaltungen.[16] Auch in den Landes- und Provinzialverwaltungen wurde die enge Verbindung zwischen Wirtschafts- und Arbeitsmarktpolitik durch die frühe Eingliederung der für Sozialfürsorge zuständigen Abteilungen bzw. Landesämter in die entsprechenden Verwaltungsbereiche unterstrichen. Dies stand im Widerspruch zur früheren Verankerung der Fürsorgepolitik, die traditionell der Oberaufsicht des Landesinnenministeriums unterlag. Auf der Ebene der Landes- und Provinzialverwaltungen ließ sich die Ressort-

16 vgl. Zank, Wolfgang: Wirtschaftliche Zentralverwaltungen und Deutsche Wirtschaftskommission (DWK), in: SBZ-Handbuch, S. 256. Hoffmann, Sozialpolitische Neuordnung, S. 24.

verschiebung meist reibungslos durchführen. In Sachsen blieb die anfängliche Zuordnung zum Ressort „Inneres und Volksbildung“ von kurzer Dauer, im Herbst wurde die Abteilung Sozialfürsorge von den Landesarbeitsbehörden übernommen. Als gängige Bezeichnungen für die seit 1945 zur Durchführung der Fürsorgeangelegenheiten zuständigen Abteilungen der Landes- und Provinzialverwaltungen setzte sich in den meisten Fällen bereits zu diesem Zeitpunkt die Bezeichnung „Arbeit und Sozialfürsorge“ durch.

Thüringen stellte einen Sonderfall dar, weil hier die Konflikte zwischen den beteiligten Landesämtern offen zu Tage traten. Bis ins Jahr 1946 blieb die Abteilung „Soziale Wohlfahrt“ in das Landesamt für Kommunalwesen, d.h. die Nachfolgebehörde des thüringischen Innenministeriums, eingebunden. Prinzipiell schien durch diese organisatorische Regelung eine größere Autonomie der Kommunen im Fürsorgebereich gewährleistet zu sein. Das Landesamt für Arbeit und Sozialfürsorge, das aus dem ehemaligen Landesarbeitsamt hervorgegangen war, bemühte sich seit Anfang 1946 um den Aufbau einer konkurrierenden Fürsorgeverwaltung innerhalb der Kreisarbeitsämter. Die in Thüringen am schärfsten hervortretende Konfliktsituation spiegelt die unterschiedliche sozialpolitische Herkunft der Bereiche Arbeitsvermittlung und Fürsorgewesen wider, die in der SBZ miteinander verzahnt werden sollten. Zwar erkannten die Arbeitsbehörden an, daß die Arbeitsvermittler bei fürsorgespezifischen Amtstätigkeiten, z.B. der Aufnahme von Unterstützungsanträgen, weder die nötige Zeit noch die Spezialausbildung besaßen, doch handele es sich darum, „allmählich den in Verruf gekommenen Begriff der Wohlfahrtsunterstützung abzuschaffen und den arbeitenden Menschen das Gefühl zu geben, dass sie auf Rat und Verständnis für ihre seelischen und materiellen Nöte ein Recht haben.“[17] Daher müsse die gesamte fürsorgerische Beratung von der „Stelle, die sich mit den arbeitenden Menschen“ befaßt, nämlich dem Landesamt für Arbeit und Sozialfürsorge, übernommen werden.

Die Haltung des thüringischen Landesamtes für Arbeit und Sozialfürsorge entsprach dem Kurs der SMAD und der ZVAS, geriet aber mit den Interessen des Landesamtes für Kommunalwesen in Konflikt. Die Angelegenheit wurde im Sinne des zentralen Kurses entschieden, indem die Ausgliederung der Abteilung „Wohlfahrt“ aus dem Bereich Kommunalwesen und die Überführung in das Landesamt für Arbeit und Sozialfürsorge angeordnet wurde.[18] Ab 1. Oktober 1946 unterlagen auch in Thüringen die Wohlfahrtsämter, Bezirksfürsorgeverbände, Fürsorgestellen für Körperversehrte und -behinderte sowie alle anderen Fürsorgeeinrichtungen der Städte

17 BAP DQ-2 3720. 2.1.46. Thüringisches Landesamt für Arbeit und Sozialfürsorge, Abt. Fürsorge (Lindig). Arbeitsrichtlinien für die Fürsorgestellen der Arbeitsämter Thüringens.

18 BAP DQ-2 3719. 28.9.46. Schreiben des Präsidenten des Landes Thüringen an das Landesamt für Arbeit und Sozialfürsorge.

und Kreise der fachlichen Aufsicht und der Kontrolle des Landesamtes für Arbeit und Sozialfürsorge.[19] Die gleiche Weisung erging an die kommunalen Wohlfahrtsämter, die in Sozialämter umbenannt wurden.[20]

Die geschilderte Ressortverlagerung im Land Thüringen ist ein Beispiel für den Transformationsprozeß, dem das Fürsorgewesen 1946 unterlag. Die allmähliche Auslagerung aus dem Bereich der kommunalen Selbstverwaltung und Überführung in die zentrale Arbeitskräftelenkung beschrieb Landesdirektor Gustav Adolf Müller (SED) vom thüringischen Landesamt für Arbeit und Sozialfürsorge auf einer Konferenz im Oktober 1946 als „Synthese eines straffen Zentralismus mit der notwendigen Freiheit für die Gemeindeorgane“[21], wobei letztere undefiniert blieb. Von Seiten der kommunalen Vertreter wurde hingegen Klage über den Verlust lokaler Autonomie erhoben und Kritik am ständigen „Umorganisieren“ geübt. Den von höherer Ebene verfügten Kurs verteidigte Müller mit den programmatischen Worten: „Die gesamte Sozialfürsorge in ihrer Vielgestaltigkeit und ihrer ganzen Problemstellung muß neu aufgebaut und der Dualismus mit der Wurzel ausgerottet werden.“[22] Als Dualismus wurde hier die Zuteilung der Bereiche Arbeit und Sozialfürsorge zu verschiedenen Ressorts bezeichnet. Dem Prinzip der Einheitlichkeit folgend sollten sie auf allen Verwaltungsebenen zusammengeführt werden.

1.2. Die kontroverse Diskussion um die Struktur der Ämter für Arbeit und Sozialfürsorge

In den Landesverwaltungen vermochte eine zentrale Anweisung die enge Verzahnung von Arbeits- und Sozialbehörden herzustellen. Von dieser politischen Entscheidung versprach man sich eine optimale Reaktion auf die Erfordernisse von Wirtschafts- und Arbeitsmarktpolitik. Infolge dessen wurde die Stellung der Sozialbehörden auf Kreisebene über die Frage der Organisation der Arbeitsvermittlungsorgane mitentschieden. Auf kommunaler Ebene blieben die ehemaligen Wohlfahrts- und Sozialämter hingegen erhalten.[23] Die Arbeitsmarktpolitik genoß in den Augen der politischen

19 BAP DQ-2 3720. 18.10.46. DVAS. Protokoll über die thüringische Landeskonferenz zur Errichtung der Sozialämter.

20 BAP DQ-2 3720. 16.11.46. Rundschreiben des thüringischen Landesamtes für Arbeit und Sozialfürsorge an die Sozialämter. BAP DQ-2 3721. 1.11.46. Schreiben des thüringischen Landesamtes für Kommunalwesen an die Sozialämter der Städte und Kreise betr. Umorganisation der gesamten Sozialfürsorge.

21 BAP DQ-2 3720. 18.10.46. DVAS. Protokoll über die Konferenz zur Errichtung der Sozialämter.

22 ebd.

23 vgl. Abschnitt 1.3. dieses Kapitels zu den Problemen bei der Durchsetzung der Zentralisierung.

Machthaber weitaus größeres Gewicht als die Sozialpolitik. Die Diskussion über den Aufbau der Arbeitsbehörden begann im Frühjahr 1946. Es ging im Kern um die Frage, wie das aus der NS-Zeit übernommene Arbeitskräftelenkungssystem in eine neue Behördenstruktur umzuwandeln sei.

Gemäß den Vorstellungen des Sekretariats des Zentralkomitees der KPD im März 1946 sollte die für die ZVAS entwickelte Struktur auf die nachgeordneten Verwaltungsbehörden übertragen werden. Es sei „untragbar [...], daß ein Teilgebiet (Arbeit) der Abteilung für Arbeit und soziale Fürsorge außerhalb oder neben den Selbstverwaltungsorganen wirken" könnte.[24] Die KPD-Bezirksleitungen sollten diesbezüglich „mit den sozialdemokratischen Genossen Einvernehmen" herbeiführen. Die Linie der KPD zielte auf die Eingliederung der Arbeitsbehörden in die öffentlichen Verwaltungen, d.h. die Gemeinde-, Kreis- und Landesverwaltungen, die im Schriftverkehr der Behörden die Bezeichnung „Selbstverwaltungsorgane" behielten, obgleich ihr traditionell gewachsener Aufgabenbereich immer mehr eingeschränkt wurde. Ein Artikel von ZVAS-Präsident Gustav Gundelach propagierte diese Konzeption in der eigenen Zeitschrift „Arbeit und Sozialfürsorge" unter dem Titel „Die Abteilungen für Arbeit und Sozialfürsorge - ein Teil der demokratischen Selbstverwaltung."[25]

Das stand im Widerspruch zu Konzepten, die vom FDGB vertreten wurden und auf die Wiedererrichtung eines eigenständigen Verwaltungsaufbaus der Arbeitsbehörden zielten.[26] Auf Verlangen der Gewerkschaften, so konstatierte ZS-Mitglied Helmut Lehmann vereinfachend,[27] seien die kommunalen Arbeitsnachweise im AVAVG vom 16. Juli 1927 dem Einfluß der öffentlichen Verwaltung entzogen und als Arbeitsämter zu Organen einer eigenständigen Reichsanstalt umgebildet worden. Die Position des FDGB wurde zu diesem Zeitpunkt in der DVAS von Vizepräsident Albert Voss (CDU) und Präsident Gustav Brack (SED) unterstützt, im Gegensatz zu dessen Vorgänger Gundelach, den er im April 1946 als Präsident abgelöst

24 SAPMO, ZPA IV 2/2027/5. 30.3.46. Sekretariat des ZK der KPD an die KPD-Bezirksleitungen in den Ländern und Provinzen betr. Organisation der Abteilungen für Arbeit und Sozialfürsorge in den Landes- bzw. Provinzialverwaltungen und ihrer Unterorgane.

25 AuS 1 (1946), H. 3, S. 49-50.

26 SAPMO, ZPA IV 2/2027/5. 19.7.46. Zentralsekretariat (ZS) der SED. Belke an Ulbricht. Beim FDGB vertraten Jendretzky und Göring diese Auffassung.

27 SAPMO, ZPA IV 2/2027/21. 14.8.46. ZS der SED, Abt. Arbeit und Sozialfürsorge (Lehmann). Aktenvermerk betr. Aufbau der Arbeitsämter. Zur differenzierten historischen Einordnung vgl. Faust, Anselm: Arbeitsmarktpolitik in Deutschland: Die Entstehung der öffentlichen Arbeitsvermittlung 1890-1927, in: Pierenkemper, Toni / Tilly, Richard (Hrsg.): Historische Arbeitsmarktforschung. Entstehung, Entwicklung und Probleme der Vermarktung von Arbeitskraft. Göttingen 1982, S. 269-270.

hatte.[28] Die Stellung der Arbeitsbehörden war im Juli und August 1946 Gegenstand mehrerer Besprechungen, an denen die sozialpolitisch relevanten Kräfte der SED, des FDGB und der DVAS teilnahmen. Unter Vermittlung des stellvertretenden SED-Vorsitzenden Walter Ulbricht sollten die bestehenden Meinungsverschiedenheiten soweit geklärt werden, daß die deutschen Sozialpolitiker der SMAD gegenüber „einheitlich ausgerichtet werden können."[29]

Als wesentliche „staatspolitische Aufgaben" galten die Erfordernisse der Arbeitskräftelenkung. Die Befürworter eigenständiger Arbeitsbehörden wiesen auf die Nachteile lokaler Egoismen hin. Die Kommunalbehörden seien in erster Linie auf die Versorgung ihres Bezirks mit Arbeitskräften orientiert, worunter die überbezirkliche Arbeitsvermittlung, die zum Beispiel zum Aufbau neuer Industriezweige nötig sei, leiden könne.[30] Brack gab zu bedenken, daß bei einer kommunalen Verankerung der Arbeitsbehörden die Landräte und Bürgermeister zu großen Einfluß auf die personelle Besetzung der Arbeitsämter nehmen könnten.[31] ZS-Mitglied Paul Merker sah diese Einwände als allgemeine Probleme der erstrebten zentralen Lenkung an, glaubte aber, daß die öffentlichen Verwaltungen in dieser Hinsicht leichter zu kontrollieren seien: „Das neue demokratische Deutschland" könne nur aufgebaut werden, „wenn die unteren Selbstverwaltungsorgane für alle Aufgaben interessiert und mitverantwortlich gemacht werden. [...] Es wird zugegeben, daß es Selbstverwaltungen, Bürgermeister und Landräte gibt, die ihren Aufgaben nicht gewachsen sind und Kirchturmpolitik betreiben. Dieser Zustand wird aber nicht gebessert, wenn man sie belässt und [...] selbständige und unabhängige Ämter aufbaut. Schwache Stellen in der Selbstverwaltung müssen ausfindig gemacht und mit Unterstützung der SMA bereinigt werden."[32] Im Grunde schien es sich darum zu drehen, welcher der beiden vorgeschlagenen Wege am besten eine zentrale Kontrolle gewährleisten könne.

---

28 SAPMO, ZPA IV 2/2027/5. [o. Dat.] ZS der SED, Abt. Arbeit und Sozialfürsorge (Merker). Arbeitspapier: „Die Fragen der Struktur für Arbeit und Sozialfürsorge". Ebd. 8.7.46. (Belke). Aktennotiz: Besprechung mit den Genossen Lehmann, Brack, Matern und Herm in der DVAS. Brack bemerkte, daß die Arbeitsämter „von oben nach unten selbständig" sein sollten, und lehnte die in dem Rundschreiben (30.3.46) des Sekretariats gegeben Bezeichnung (Ämter für Arbeit und Sozialfürsorge) ab.

29 SAPMO, ZPA IV 2/2027/5. 8.7.46. ZS der SED, Abt. Arbeit und Sozialfürsorge (Belke). Aktennotiz: Besprechung mit den Genossen Lehmann, Brack, Matern und Herm in der DVAS. Eine Besprechung in Karlshorst fand am 12./13. Juli 1946 statt.

30 SAPMO, ZPA IV 2/2027/21. 14.8.46. ZS der SED, Abt. Arbeit und Sozialfürsorge (Lehmann). Aktenvermerk betr. Aufbau der Arbeitsämter.

31 Hoffmann, Sozialpolitische Neuordnung, S. 55.

32 SAPMO, ZPA IV 2/2027/5. [o. Dat.] ZS der SED, Abt. Arbeit und Sozialfürsorge (Merker). Arbeitspapier: „Die Fragen der Struktur für Arbeit und Sozialfürsorge".

In den wichtigsten Streitpunkten wurde durch die sowjetische Besatzungsmacht eine Entscheidung herbeigeführt.[33] Obgleich die deutsche Diskussion wieder von einer „zu straffe[n] Zentralisierung“ Abstand nahm,[34] verfügte ein SMAD-Befehl Ende Juli 1946: „Die von der DVAS erlassenen Direktiven und Instruktionen in Fragen der Arbeit und Arbeitslöhne, Sozialfürsorge und Sozialversicherung sind alle Organe der deutschen Selbstverwaltungen in den Provinzen, Kreisen und Städten der SBZ verpflichtet auszuführen.“[35] Lediglich grundsätzliche Fragen seien vorher mit den Präsidenten der Länder zu besprechen. Hiermit wurde der DVAS als erster Zentralverwaltung ihre Überordnung gegenüber den Landesverwaltungen mitgeteilt. Auch den Bestrebungen, eine autonome Arbeitsverwaltung zu errichten, bereitete die SMAD ein Ende. Laut Anweisung des stellvertretenden Obersten SMAD-Chefs Kurotschkin sollten ab 1. Oktober 1946 „alle unteren Organe für Arbeit und Sozialfürsorge (Arbeitsämter, Arbeitsschutzämter, Wohnungsämter usw.) den örtlichen und kreislichen Selbstverwaltungskörperschaften eingegliedert und unterstellt“ werden.[36] Zum gleichen Termin seien die noch bestehenden Bezirksämter aufzulösen. Hiermit waren intermediäre Organe zwischen Kreis- und Landesebene gemeint, wie sie in den ehemaligen preußischen Regierungsbezirken bestanden.[37] Für die Durchführung der zentralen Anweisungen und Richtlinien der DVAS und der Abteilungen bzw. Landesämter für Arbeit und Sozialfürsorge wurden die Bürgermeister und Landräte verantwortlich gemacht.

Die genannten Verfügungen der SMAD gingen in die „Verordnung für die Deutsche Verwaltung für Arbeit und Sozialfürsorge“[38] ein. Zur

---

33 Im Gegensatz zu Hoffmann, Sozialpolitische Neuordnung, S. 56, der der Besatzungsmacht eine erstaunliche Zurückhaltung in der Auseinandersetzung attestiert (beruhend auf einem Aktenvermerk im März [!] 1946).

34 SAPMO, ZPA IV 2/2027/5. 27.7.46. ZS der SED, Abt. Arbeit und Sozialfürsorge (Merker, Belke). Besprechung mit Brack, Matern, Jendretzky, Göring, Hamacher, Paffrath betr. Struktur der DVAS.

35 SAPMO, ZPA IV 2/2027/5. 29.7.46. SMAD (Marschall Sokolowskij) an DVAS (Matern). Bestimmung über die DVAS in der SBZ (§ 5).

36 SAPMO, ZPA IV 2/2027/5. [22.8.46]. SMAD-Befehl (streng vertraulich) betr. Maßnahmen zur Förderung der demokratischen Selbstverwaltung aus dem Gebiete der Arbeit und Sozialfürsorge. Datiert nach einer Aussage des thüringischen Landesdirektors Gustav A. Müller auf der Landeskonferenz, vgl. BAP DQ-2 3720. 18.10.46. Bezugnahme auf den Befehl auch in: BAP DQ-2 3721. 16.11.46. Rundschreiben Nr. 1 des thüringischen Landesamtes für Arbeit an die Sozialämter der Städte und Kreise.

37 BAP DQ-2 2084. 28.6.46. ZVAS, Abt. Arbeitskräftelenkung (Grodecki). Zur Neuorganisation der Ämter für Arbeit und Sozialfürsorge in der Sowjetzone. In der Provinz Sachsen gab es drei Bezirksarbeitsämter. Zur Auflösung der Regierungsbezirke vgl. SBZ-Handbuch, S. 84-85, 152-154.

38 Nach Hoffmann, Sozialpolitische Neuordnung, S. 28, zu datieren auf den 22. September 1946. Abdruck in: AuS 1 (1946), H. 16, S. 346-348. Vgl. auch: Meja, S. 44.

„einheitlichen Durchführung des inneren Aufbaues“ der DVAS sowie aller nachgeordneten Verwaltungsbehörden wurde verfügt, daß sechs Abteilungen zu bilden seien: I.) Erfassung und Arbeitslenkung der arbeitsfähigen Bevölkerung, II.) Ausbildung und Umschulung von Arbeitskräften, III.) Arbeit und Löhne, IV.) Sozialfürsorge und Sozialversicherung, V.) Juristische Abteilung und VI.) Allgemeine Verwaltung mit einer Unterabteilung für Statistik.[39] Die Abteilung IV untergliederte sich wiederum in die Unterabteilungen: 1.) Allgemeine Sozialfürsorge, 2.) Wohnungs- und Siedlungswesen, 3.) Sozialversicherung, 4.) Betreuung von Mutter und Kind. Hinzu kamen spezielle Referate für Opfer des Faschismus sowie für Schwerbeschädigte. DVAS-Mitarbeiter Helm hob in seinem Kommentar als wesentlichen Inhalt der Verordnung hervor, daß „nach dem Prinzip 'Reichsrecht bricht Landesrecht'„ die Überordnung der DVAS gegenüber den Landes- und Provinzialverwaltungen festgelegt sei, und fuhr fort: „Damit ist die Deutsche Verwaltung für Arbeit und Sozialfürsorge nach jeder Richtung hin ein einheitlich geschlossenes Gebilde. Es gibt künftig weder strukturelle noch funktionelle Schwierigkeiten. Der Aufbau ist vollendet. Die Arbeit im Dienste des deutschen Volkes wird mit verstärkter Intensität durchgeführt. An ihr beteiligen sich alle berufenen Mitarbeiter. „[40]

Die Diskussion um die Wiedererrichtung einer der ehemaligen Reichsanstalt für Arbeitsvermittlung und Arbeitslosenversicherung entsprechenden Institution brach nicht ab. Sie fügte sich in deutschlandpolitische Überlegungen mit dem Ziel einer zonenübergreifenden Arbeitsmarktpolitik ein.[41] HVAS-Präsident Brack favorisierte das Konzept einer „dekonzentrierten Verwaltung“,[42] womit er eine eigenständige Stellung der Arbeitsbehörden außerhalb der öffentlichen Verwaltungen meinte. Dies sollte unter der Oberaufsicht seiner eigenen Zentralverwaltung geschehen und deren Stellenwert - möglicherweise außerhalb der DWK - erhöhen. Seinen entsprechenden Verordnungsentwürfen[43] erteilte das ZS eine scharfe Absage.

Nach Meja war im Juli 1946 in der DVAS ein Entwurf der Verordnung ausgearbeitet worden.

39 Detaillierte Ausführungen bzw. Übersichten: Zank, S. 92, zum Aufbau der ZVAS im September 1945 (dort als DVAS bezeichnet). Leinweber, Ralf: Das Recht auf Arbeit im Sozialismus. Die Herausbildung einer Politik des Rechts auf Arbeit in der SBZ/DDR 1945 bis 1961. Marburg 1983, S. 58-71 zur Ämterstruktur unterhalb der DVAS/HVAS seit 1946. Meja, S. 43-47, 165-167.

40 Helm, Rolf: Kommentar zur Verordnung, in: AuS 1 (1946), H. 16, S. 349.

41 Hoffmann, Sozialpolitische Neuordnung, S. 80.

42 SAPMO, ZPA IV 2/2027/21. 25.2.48. HVAS (Brack) an ZS der SED, Abt. Arbeit und Sozialfürsorge betr. Überführung der Ämter für Arbeit und Sozialfürsorge in die kommunale Selbstverwaltung.

43 ebd. 10.4.48. HVAS (Brack). Entwurf einer Verordnung über die Mitwirkung der Selbstverwaltungsorgane bei den Ämtern für Arbeit und Sozialfürsorge. BAP DQ-2 2047. 8.6.48. HVAS. Verordnung über die Kommunalisierung der Ämter für Arbeit.

Lehmann zu Merker: „Ich habe seit langem die Überzeugung, dass Brack nicht in der Lage ist, einen Entwurf aufzustellen, wie er unseren Vorstellungen entspricht, da er unseren Auffassungen absolut ablehnend gegenübersteht."[44] Aufgrund weiterer Konflikte gab Paul Merker dem HVAS-Präsidenten eine Lektion in Sachen demokratischer Zentralismus: Gegen das „veränderte Staatswesen" in der SBZ, gegen „diesen Staat [!] darf nicht mehr gekämpft werden, sondern er muß aufgebaut, mehr zentralisiert werden, damit er seine Aufgaben erfüllen kann. Er muß die gesamten Verwaltungsaufgaben erledigen. Wenn es in Weimar richtig war, dem damaligen vom Monopolkapital beherrschten Apparat möglichst viel Verwaltungsaufgaben, die mit den Problemen der werktätigen Männer und Frauen im Zusammenhang standen, zu entreißen und sie unter die Selbstverwaltung der Gewerkschaften zu stellen, so war das damals richtig. Wenn man das Prinzip heute anwenden wollte, wäre das falsch."[45] Am beschlossenen Aufbau der Behörden änderten die Änderungsvorschäge Bracks nichts. Dennoch hatte seine Obstruktionshaltung Auswirkungen, die sich bei der Umsetzung der geplanten hierarchischen Behördenstruktur zeigten.

1.3. Probleme bei der Durchsetzung der Zentralisierung

Die Zentralisierung der Sozialfürsorge wurde schrittweise administrativ durchgesetzt. Dieser Prozeß verlief keineswegs geradlinig, sondern die Behörden zeigten Beharrungstendenzen. Die Initiative Bracks läßt sich als Versuch der Ausweitung der eigenen Kompetenzen deuten, um die Stellung der eigenen Behörde zu verbessern. Hierin zeigen sich dysfunktionale Wirkungen bürokratischer Organisationen, die nicht zu einer erhöhten Effizienz, sondern vielmehr zu einer gewissen Starrheit führen.[46] In den beiden folgenden Abschnitten soll der Frage nachgegangen werden, welche Behördenstruktur sich für die Zwecke der Sozialfürsorge als geeignet erwies.

Der innovative Gehalt der Fürsorgeverordnung (FVO), die als SMAD-Befehl Nr. 92/1947 vom 22. April 1947 über „Maßnahmen zur Verbesserung der Sozialfürsorge für die deutsche Bevölkerung in der sowjetischen Besatzungszone Deutschlands" erlassen wurde, war eher gering.[47] Sie

44 SAPMO, ZPA IV 2/2027/21. 19.4.48. Lehmann an Merker betr. Arbeitsämter.

45 SAPMO, ZPA IV 2/2027/5. ZS der SED (Merker). Aktennotiz betr. Behandlung der zwischen den Genossen Brack, Matern und Herm bestehenden Differenzen. Brack trat auch für den Aufbau von Arbeitskammern ein. Merker selbst wurde im August 1950 aus der SED ausgeschlossen.

46 Kieser, Alfred: Max Webers Analyse der Bürokratie, in: ders.: Organisationstheorien, Stuttgart u.a. ^{2}1995, S. 55-56.

47 Im Gegensatz zum Grundtenor bei Meja, S. 58-67, und der zeitgenössischen Darstellung der DVAS in der Zeitschrift „Arbeit und Sozialfürsorge".

kodifizierte in vielerlei Hinsicht Ergebnisse, die auf pragmatischem Wege bereits vorher durch Anordnungen und Verordnungen der Zentralverwaltung bzw. einzelner Länderministerien geregelt worden waren. Sie sollte die Grundlage für eine einheitliche Ausrichtung der Fürsorgepolitik sein, um künftige Sonderentwicklungen in den Ländern zu vermeiden. Das galt etwa für die in Sachsen-Anhalt erhalten gebliebenen Hauptfürsorgestellen, d.h. den Sonderbehörden, die im „Dritten Reich" für die Versorgung der Versehrten zuständig waren. Diese konnten erst im Juli 1948 nach einigen Widerständen von Seiten der Landesregierung in den neu strukturierten Behördenapparat eingegliedert werden.[48]

Parallel zur Ausarbeitung der FVO seit Anfang 1946 waren wichtige Entscheidungen in Bereichen wie dem Behördenaufbau, der Aufhebung der Kostenerstattung der Fürsorgeverbände untereinander, der Durchsetzung des Prinzips des gewöhnlichen Aufenthalts und der Modifizierung des Systems der Gruppenfürsorge gefallen. Einerseits wurde die Entwicklung im Bereich der Fürsorgepolitik über angrenzende politische Felder wie die Erfordernisse der Arbeitskräftelenkung festgelegt. Dies wurde am Neuaufbau der Kreisämter für Arbeit und Sozialfürsorge gezeigt. Andererseits schob das Zusammenwirken mit der Sozial- und Arbeitsmarktpolitik den Erlaß der FVO auf. Die Verordnung trat erst zu dem Zeitpunkt in Kraft, als die übergeordneten Aufgaben (Arbeitskräftelenkung, Sozialversicherung) für die SBZ auf dem Verordnungswege verbindlich geregelt waren. Der langwierige Prozeß bis zur Verabschiedung mochte auch dem Umstand geschuldet sein, daß Wohlfahrtspflege und Arbeitslosenunterstützung von führenden Sozialpolitikern der SBZ nur als „vorübergehender Behelf" im Prozeß des Aufbaus eines „sozialen Volksstaates" angesehen wurden.[49] Möglicherweise wurde, dieser Logik folgend, eine eigene Fürsorgeverordnung zeitweise gar nicht für notwendig erachtet und daher hinausgezögert.

Einige der Entscheidungsspielräume, die in der Erarbeitungsphase der FVO 1946 und 1947 bestanden, sollen kurz dargestellt werden. Die Planungen der ZVAS wie auch zwei Entwürfe der sächsischen Landes- bzw. der sachsen-anhaltinischen Provinzialverwaltung in der ersten Jahreshälfte 1946 gingen von einem unabhängigen Aufbau der Sozialämter aus.[50] Gleichwohl

48 BAP DQ-2 3770. 22.1.48. Entwurf: DVAS (Matern) an die SMAD (Morenow). BAP DQ-2 3761. 28.5.48. Runderlaß Nr. 27/48 des Ministeriums für Arbeit und Sozialpolitik Sachsen-Anhalt betr. Errichtung der Abt. IV (Sozialfürsorge), Auflösung der Schwerbeschädigtenfürsorgestellen.

49 SAPMO, ZPA II 2/1. Helmut Lehmann (ZS der SED, Abt. Arbeit und Sozialfürsorge). Lehmann arbeitete die sozialpolitischen Richtlinien der SED (Dezember 1946) aus.

50 SAPMO, FDGB 5/3/1479. 19.2.46. ZVAS. Entwurf: Verordnung über Sozialfürsorge. BAP DQ-2 3721. [1946] Entwurf: Verordnung über Soziale Fürsorge im Bundesland Sachsen. BAP DQ-2 3724 [1946] Provinzialamt Arbeit und

war hier die Hierarchisierung der Entscheidungsgewalt, d.h. die Abkehr von der vornehmlich kommunalen Gestaltung der Fürsorgeorganisation, bereits enthalten. Da sich die enge Verbindung von Sozial- und Arbeitsbehörden durchsetzte, wurden diese Pläne hinfällig. Die Ämter für Arbeit und Sozialfürsorge paßten sich in die zonenweite Entwicklung der Behördenstruktur auf Kreis- und Landesebene ein.

Viele Rechte, die in den anfänglichen Planungen den Landesbehörden zugedacht waren, wurden ihrem Kompetenzbereich im Laufe der Ausarbeitung der FVO entzogen. Noch der Verordnungsentwurf im November 1946[51] sah für die zu diesem Zeitpunkt bereits festgelegte Behördenstruktur vor, daß die Landes- bzw. Provinzialämter für Arbeit und Sozialfürsorge für die einheitliche Gestaltung der Sozialfürsorge innerhalb des Landesgebietes zuständig seien, was unter anderem bedeutete, daß sie Richtlinien zur Durchführung aufstellen und die Höhe der Richtsätze festlegen sollten. Daß diese Planungen keinen endgültigen Charakter hatten, bewiesen die gleichzeitig begonnenen Ausarbeitungen zu einem einheitlichen Richtsatzniveau für die SBZ.[52] Die genannten Gestaltungsrechte wurden den Ländern durch Intervention der Abteilung Arbeitskraft der SMAD im Februar 1947 nicht zugebilligt.[53] Die von den Landesämtern auszugebenden Richtlinien hatten nun gemäß den Vorschriften der DVAS zu erfolgen, der in der FVO die „Gesamtüberwachung der Tätigkeit der Organe der Sozialfürsorge sowie die Kontrolle des Haushaltsplanes" übertragen wurde.[54] Die SMAD drängte ferner auf eine starke Stellung der ZFV und der Finanzabteilungen der Landesregierungen. Art und Höhe der Unterstützungszahlungen wurden in Übereinstimmung mit der ZFV nach den Durchführungsbestimmungen der DVAS festgelegt.

In der Einleitung zum SMAD-Befehl Nr. 92/1947 wurde betont, daß die FVO „unter Berücksichtigung der Vorschläge der Freien Deutschen Gewerkschaften, der Organe für Arbeit und Sozialfürsorge der Länder und Provinzen" erlassen wurde. In der Tat sind Dokumente aus dem Jahr 1946 überliefert, die eine entsprechende Konsultation der Behörden, Organisationen und Parteien bekunden.[55] Es fanden auch mehrere Tagungen statt,

---

Sozialfürsorge Sachsen-Anhalt (Schönlank). Entwurf einer Verordnung über Sozialfürsorge.

51 BAP DQ-2 3724. 7.11.46. DVAS. Entwurf: Verordnung über Sozialfürsorge.

52 BAP DQ-2 3724. 14.11.46. DVAS (Matern) an die Abteilung Arbeitskraft der SMAD (Kostizyn); vgl. auch Kapitel I., 4.

53 BAP DQ-2 3724. 17.2.47. DVAS (Rühl). Änderung auf Grund der vorliegenden Übersetzung am Entwurf der Verordnung über Sozialfürsorge vom 7.11.46.

54 ZVOBl. 1947, S. 54-55. 22.4.47. SMAD-Befehl Nr. 92/1947.

55 SAPMO, ZPA IV/2/2027/36. [Nach 6.5.46, vor 7.11.46]. DVAS. Abänderungsvorschläge. Dort wird Bezug genommen auf die Berichte der LPD vom 4.4.46 und der CDU vom 12.4.46. SAPMO, FDGB 5/3/1479. 25.5.46. FDGB-Buvo, Abt. Sozialpolitik an die ZVAS. Stellungnahme zum Verordnungsentwurf vom 19.2.46.

auf denen die Angleichung der Strukturen in den Ländern diskutiert wurde.[56] Aus einer protokollarischen Zusammenstellung, die DVAS-Mitarbeiter zwischen ihren beiden Verordnungsentwürfen vom Februar und vom November 1946 erstellten, wird deutlich, daß die geäußerten Änderungsvorschläge in letzteren Entwurf so gut wie nicht einflossen. Die Ausarbeitung im November beseitigte gegenüber der ersten von der DVAS vorgelegten Fassung lediglich einige Redundanzen. Ferner war der im Oktober 1946 vereinheitlichte Behördenaufbau eingearbeitet worden.[57] Wie geschildert, fanden die gewerkschaftlichen Vorstellungen zum Aufbau der Arbeitsverwaltung und die auf eine föderalistische Struktur zielenden Entwürfe der beiden Landesverwaltungen keinen Niederschlag.

Trotz der Nichtberücksichtigung abweichender Interessen wurde der November-Entwurf in einer weitgehend unveränderten Form auf einer Konferenz über Fragen der Sozialfürsorge am 12. Dezember 1946 „nach lebhafter Aussprache unter Abänderung einiger Stellen gutgeheißen."[58] Eine abschließende Stellungnahme der Abteilung Arbeitskraft der SMAD führte nochmals zu einer erheblichen Stärkung der zentralisierenden Elemente. Die Endfassung der FVO im April 1947 entsprang somit primär den Vorstellungen der DVAS unter Einbeziehung der ZS-Abteilung Arbeit und Sozialfürsorge sowie der Intervention der SMAD in deren vornehmlichen Interessenbereichen. Der eingeschlagene Weg zielte auf eine streng hierarchisierte Fürsorgeorganisation. Im Gegensatz zu den vorher ausgearbeiteten Entwürfen war für die in der FVO verabschiedete Fassung des Gesetzestextes kennzeichnend, daß sie lediglich einen Rahmen vorgab und die Formulierung der genaueren Bestimmungen der ersten Durchführungsverordnung, die am 2. September 1947 in Kraft trat, überließ.

Unmittelbar nach ihrem Erlaß forderte die FVO interessanterweise den Widerspruch der ZS-Abteilung Kommunalpolitik heraus, die scharfe Kritik anbrachte:[59] „Bei Durchsicht der Verordnung hat man den Eindruck, daß sie von einer zentralen Stelle, sozusagen am grünen Tisch, ohne eingehende Kenntnis der Praxis und der örtlichen Verhältnisse ausgearbeitet worden ist."

Ebd. 27.7.46. FDGB (Göring/Buchow) an DVAS (Wiederhold). BAP DQ-2 3724. 6.5.46. Stellungnahme der Provinzialverwaltung Brandenburg, Abt. Arbeit und Sozialwesen. Ebd. 29.6.46. Landesverwaltung Mecklenburg, Abt. Arbeit und Sozialfürsorge.

56 Meja, S. 44.

57 BAP DQ-2 3724. 7.11.46. DVAS. Entwurf: Verordnung über Sozialfürsorge (§§ 14 und 15).

58 BAP DQ-2 3845. 17.12.46. DVAS. Protokoll der Arbeitstagung über Fragen der sozialen Fürsorge am 12.12.46. Anwesende (Auswahl): Vertreter der Länder, DVAS (Präsidium und Abteilungsleiter), SMAD (Dawidow, Bossoff), FDGB, Zentraler Frauenausschuß, DV für Volksbildung.

59 BAP DQ-2 3387. 17.6.47. ZS der SED, Abt. Kommunalpolitik (Gutjahr). Stellungnahme zur FVO und zum Referentenentwurf der ersten Durchführungsverordnung.

Es wurde auf die frühere Selbstverwaltungskompetenz der Gemeinden im öffentlichen Unterstützungswesen hingewiesen und bemängelt, daß Aussagen zu den Mitwirkungsrechten der Gemeindevertretungen völlig fehlten. Die Organisation des Fürsorgewesens trete „als ein Fremdkörper neben die bestehenden Selbstverwaltungen". Tatsächlich ließ die FVO die Stellung der bestehenden kommunalen Sozialämter offen. Sie beschränkte sich auf die Festlegung des organisatorischen Aufbaus der Landes- und Kreisbehörden, die sich als Nachfolgeorgane der früheren Landes- bzw. Bezirksfürsorgeverbände - zugeschnitten auf die Erfordernisse der Arbeitskräftelenkung - interpretieren lassen. Die kommunalen Sozialämter hätten sich, so die Forderung der ZS-Abteilung Kommunalpolitik, „durch langjährige praktische Arbeit im Sozialwesen [...] das Recht erworben, auch weiterhin auf diesem Gebiet tätig zu sein, ganz abgesehen davon, daß es undenkbar ist, die Gemeinden aus dieser Arbeit auszuschließen."

Die Absichtserklärung von DVAS-Vertretern bei Verhandlungen mit der Abteilung Kommunalpolitik im Juli 1947,[60] angesichts der Unveränderbarkeit des SMAD-Befehls entsprechende Änderungen in die zu erlassende Durchführungsverordnung aufzunehmen, erwies sich als leere Versprechung. Insofern hatte die Kritik der ZS-Abteilung Kommunalpolitik keine substantiellen Änderungen zur Folge. Es waren übergeordnete politische Entscheidungen - etwa die enge Anbindung an die Arbeitskräftelenkung - gewesen, die zu den Bestimmungen der FVO geführt hatten. Die Durchführungsverordnung im September 1947 sah dann lediglich vor, daß die Sozialämter Nebenstellen in Orten mit mehr als 5.000 Einwohnern bilden könnten.[61] In den größeren Städten sollten diese „Bezirksämter für Sozialfürsorge" genannt werden.

Das von der ZS-Abteilung Kommunalpolitik bemängelte rechtliche Vakuum machte sich in der Folge bemerkbar, so daß die HVAS-Vizepräsidentin Matern noch im April 1949 feststellen mußte, daß „es durch die historische Entwicklung, nach der die Sozialfürsorge weitgehend Gemeinde - bzw. Kreisangelegenheit war, auf diesem Gebiet schwieriger war bzw. ist, die Einheitlichkeit zu erreichen. Infolge des Fehlens einer einheitlichen Struktur der Verwaltung für Arbeit und Sozialfürsorge war ein Durchgreifen schwerer möglich als bei direkt unterstellten Abteilungen."[62] Die Hauptschwierigkeit bestand in der Durchsetzung des „demokratischen Zentralismus" auf der Ebene der untersten Gebietskörperschaften, insbesondere im Spannungsfeld von Gemeinde- und Kreiskompetenzen. Der HVAS-Sachbearbeiter Max Herm stellte 1949 heraus, daß es „keine

60 BAP DQ-2 3387. 21.7.47 (Abschrift vom 11.12.47). ZS der SED, Abt. Kommunalpolitik. Aktenvermerk über die Besprechung bei der DVAS am 16. Juli 1947.

61 ZVOBl. 1947, S. 222. 2.9.47. 1. Durchführungsverordnung zur FVO (zu Ziff. 7).

62 BAP DQ-2 3735. 20.4.49. HVAS. Matern an Hartung betr. Änderung des Entwurfs eines Schreibens an die SMAD (Morenow).

einheitlichen Ämter für Arbeit und Sozialwesen [gibt]. Vielmehr bestehen nebeneinander die Sozialämter, die der demokratischen Verwaltung in den Gemeinden unterstellt sind, und die Arbeitsämter, die direkt den Landesregierungen unterstehen. Die angestrebte Struktur ist also in zweifacher Hinsicht nicht verwirklicht. Seit 1945 werden darüber ergebnislose Diskussionen geführt."[63]

Der geschilderte Dissens auf zentraler Ebene, der bis ins Jahr 1948 bestand, verhinderte die reibungslose Durchsetzung eines einheitlichen Umbaus der Verwaltungen. In der DVAS bzw. HVAS wurde für die Abteilung Arbeitskräftelenkung nach einer optimalen Lösung gesucht, nicht etwa für die Abteilung Sozialversicherung und Sozialfürsorge, deren Interessen gleichfalls berührt wurden. Die Gesamtzahl der Kreisarbeitsämter auf dem Gebiet der SBZ unterlag zwischen 1944 und 1949 starken Schwankungen. Die 1946 neu entstandenen bzw. umbenannten Kreisämter für Arbeit und Sozialfürsorge entsprachen organisatorisch weitgehend den im „Dritten Reich" bestehenden Arbeitsamtsbezirken, doch erhöhte sich ihre Zahl innerhalb kurzer Zeit beträchtlich: 1944 zählte man auf dem Gebiet der SBZ (ohne Berlin) nur 76 Arbeitsämter, 1946 waren es 106 und 1947 dann 132. Die zahlreichen Neugründungen von Ämtern in den Jahren 1946 und 1947 waren durch die schlechten Verkehrsverhältnisse zu erklären. Es wäre unmöglich gewesen, die Registrierpflicht der Arbeitspflichtigen durchzuführen, wenn die Ämter in weiten Abständen voneinander gelegen hätten.[64]

Die Vermehrung der Ämter entsprang allein den pragmatischen Anforderungen der Nachkriegsjahre. Es war das Hauptziel, die Disallokationen auf dem Arbeitsmarkt[65] durch gezielte Arbeitskräftelenkung zu überwinden. Oft blieben die Neugründungen von Ämtern nur von kurzer Dauer. 1949 erkannte man, daß die Kreise oft zu eng gezogen worden waren.[66] Im Zuge der Personaleinsparungen baute man die Zahl der Ämter wieder ab, so daß sie mit 81 nur unwesentlich über dem Stand von 1944 lag. Sicherlich führte die starke Fluktuation im Behördenapparat nicht selten zu Beeinträchtigungen des Geschäftsganges, was sich dann zu Lasten ihrer Klientel auswirkte.

Eine weitere Schwierigkeit lag darin, daß die Kreisämter für Arbeit und Sozialfürsorge ihre Aufgaben erheblich erweiterten, indem sie nun Abteilungen für die Bereiche Sozialfürsorge und -versicherung aufzubauen hatten.[67] An der Ämterneustrukturierung, dem ständigen „Umorganisieren",

---

63 Herm, Max: Die Struktur der Hauptverwaltung für Arbeit und Sozialfürsorge, in: AuS 4 (1949), H. 12, S. 267.

64 BAP DQ-2 2084. 12.1.49. HVAS, Abt. Arbeitskräftelenkung. Aktennotiz.

65 vgl. Zank, S. 84-85.

66 BAP DQ-2 2084. 12.1.49. HVAS, Abt. Arbeitskräftelenkung. Aktennotiz.

67 AuS 2 (1947), H. 5, S. 92. In der Verordnung über die Sozialpflichtversicherung vom 28. Januar 1947 (§ 8) wurden Sozialversicherungsanstalten auf Bezirksebene in

übten die Landesministerien Kritik. Bereits die unterschiedlichen Benennungen deuten auf eine diffuse Situation hin.[68] Erst im Mai 1948 suchte sich die HVAS durch eine Anfrage an die Länder Klarheit zu verschaffen, nachdem es vorher von dieser Seite bereits mehrfach Vorschläge gegeben hatte, die in unterschiedliche Richtungen wiesen. Auf Anregung des SED-Landesvorstandes regte das thüringische Ministerium für Arbeit und Sozialwesen im März 1948 an, die Ämter für Arbeit und Sozialfürsorge lediglich „Ämter für Arbeit" zu nennen, um in der Öffentlichkeit Verwechslungen zwischen Sozialämtern und Arbeitsämtern zu vermeiden.[69] Das Landesarbeitsamt Brandenburg monierte ebenfalls die Begriffsänderung: Es gebe keinen Anlaß, „die bisherige volkstümliche Bezeichnung 'Arbeitsamt' fallenzulassen."[70] Grundsätzlich solle zwischen „Sozialämtern" und „Arbeitsämtern" unterschieden und die Bezeichnung „Ämter für Arbeit und Sozialfürsorge" vermieden werden. Dies kann als Indiz gelten, daß sich die Doppelfunktion der Kreisämter für Arbeit und Sozialfürsorge in beiden Ländern kaum durchgesetzt hatte. Die Kreisämter wurden, wie von Herm konstatiert, auch von den Landesbehörden in der Regel als Nachfolgebehörden der Arbeitsämter wahrgenommen. In Sachsen-Anhalt führte die Neubenennung aus anderen Gründen zu Verwechslungen, denn „verschiedene Kreisämter und kreisfreie Städte [bezeichneten] ihr 'Sozialamt' ebenfalls mit 'Amt für Arbeit und Sozialfürsorge'„.[71] Diese sollten generell umbenannt werden. Die heterogenen Bezeichnungen der Ämter lassen sich auch anhand der überlieferten Antragsformulare für Sozialfürsorge aus dem Verwaltungsgang nachzeichnen.[72]

Nicht nur die Benennungen der Behörden, sondern auch ihr Selbstverständnis, d.h. die Vorstellung des von ihnen zu erfüllenden Aufgabenbereiches, war äußerst unterschiedlich. Nach der neuen Kreisordnung vom 20. Oktober 1946 hatten die Kreise einen veränderten Status inne. Sie waren nunmehr reine Gebietsverwaltungskörperschaften, die sämtliche Verwaltungsaufgaben übernahmen, die die Gemeinden nicht

---

den Stadt- und Landkreisen eingerichtet, die jedoch nicht als Abteilungen der Kreisämter für Arbeit und Sozialfürsorge bezeichnet wurden, vgl. auch Hoffmann, Sozialpolitische Neuordnung, S. 69-70.

68 BAP DQ-2 2084. 21.5.48. Anfrage der HVAS, HA Arbeitskräftelenkung (Krüger) an die Landesministerien für Arbeit und Sozialfürsorge.

69 BAP DQ-2 2084. 16.3.48. Ministerium Arbeit und Sozialwesen Thüringen an die HVAS. Schreiben betr. Benennung der Ämter für Arbeit und Sozialfürsorge.

70 BAP DQ-2 2084. 3.6.48. Ministerium Arbeit und Sozialwesen Brandenburg an die HVAS.

71 BAP DQ-2 2084. 24.6.48. Ministerium Arbeit und Sozialpolitik Sachsen-Anhalt an die HVAS.

72 BAP DQ-2 3710/3733. 1949/1950. Blankovordrucke der Formulare von Kommunal- und Kreisbehörden.

wahrnahmen.[73] Hier lag der wesentliche Ansatzpunkt für die Übernahme von Kompetenzen durch die Kreise, die vorher eindeutig in den Zuständigkeitsbereich der Kommunalbehörden fielen. Die Kreise verfügten mit den im gleichen Monat geschaffenen Kreisämtern für Arbeit und Sozialfürsorge über eine geeignete Verwaltungsstelle, die mit den kommunalen Sozialämtern in Konkurrenz trat. Auch die im April 1947 erlassene Fürsorgeverordnung schuf in dieser Beziehung keine Klarheit. Im Verwaltungsgang waren die Kompetenzen von Kommunal- und Kreissozialbehörden durch die FVO bzw. deren Durchführungsbestimmung in wesentlichen Bereichen nicht voneinander abgegrenzt worden. Dies hatte zahlreiche, schwer zu erfassende regionale Sonderentwicklungen zur Folge.

Die zentrale Frage war, inwiefern die Kreisämter die Kapazitäten besaßen, die bisher von den kommunalen Wohlfahrts- und Sozialämtern wahrgenommenen Tätigkeitsfelder zu übernehmen. Daß die Kreisbehörden in der Sozialfürsorge auf die Übernahme von Kontroll- und Entscheidungskompetenzen drängten, hatte zwei Gründe: Zum einen waren die Kreise als Gebietskörperschaften an der Finanzierung der Sozialfürsorge beteiligt. Wie geschildert, flossen die Mittel für Unterstützungsleistungen zu einem nicht unbeträchtlichen Anteil aus ihren Etats bzw. übernahmen sie die Umverteilung der Landeszuschüsse.[74] Dies hatte mancherorts zur Folge, daß letztendlich die Entscheidung über die Unterstützungsanträge erst auf Kreisebene gefällt wurde,[75] während in den kommunalen Sozialämtern die Aufnahme der Anträge stattfand und auch die örtliche Durchführung sämtlicher Fürsorgeangelegenheiten koordiniert wurde. Eine entsprechende zeitliche Verzögerung im Antragsverfahren konnte zu Lasten der Fürsorgeempfänger gehen. Zum anderen war der Kreis der Sitz der wesentlichen arbeitsmarktpolitischen Institutionen. Auch hier bestand - wie bei der Unterstützungsbewilligung - bei den Kreisarbeitsbehörden ein Interesse, Informationen über die Arbeitsfähigkeit der Fürsorgeempfänger für die Führung der Arbeitslosenkartei zu erhalten, um auf arbeitsmarktpolitische Erfordernisse, z.B. überregionale Arbeitskräftenachfragen, reagieren zu können. Der Unterstützungsempfang war zudem an die Meldekontrollkarte gekoppelt, deren Ausstellung von der Arbeitsfähigkeitsüberprüfung abhing, die mitunter mehrmals monatlich bei den Arbeitsbehörden erfolgte. Die Feststellung der Voraussetzungen zum Unterstützungsempfang verzögerte

---

73 Schneider, Dieter Marc: Kommunalverwaltung und -verfassung, in: SBZ-Handbuch, S. 305.

74 vgl. Kapitel I., 4.

75 BAP DQ-2 3710/3733. Vgl. entsprechende Vordrucke von Formularen. DQ-2 3725. 30.7.52. Ministerium für Arbeit der DDR. Aktenvermerk: Die Bedeutung der Dezentralisierung der Sozialfürsorge.

sich unter Umständen dadurch, daß sie in der Kreisbehörde verifiziert wurde.[76]

Die geschilderte Entwicklung zeigt, daß sich der einheitliche Aufbau der Behörden in der SBZ-Periode schwerlich bis auf die untere Ebene der Gebietskörperschaften durchsetzen ließ. Dies lag zum einen daran, daß die bestehenden Kommunalbehörden eine gewisse Beharrungstendenz zeigten, und zum anderen waren die rechtlichen Verfügungen unzureichend ausdifferenziert und ließen Spielräume für Sonderentwicklungen. Insbesondere auf der Ebene der Landesregierungen war der Beharrungswille sehr ausgeprägt: Bis ins Jahr 1948 suchten die Landesministerien die ihnen gelassenen Handlungsspielräume nach Möglichkeit zu nutzen.[77]

Nachdem sich die gesetzlichen Regelungen entsprechender Vorschriften enthielten, erfolgte eine Abgrenzung der Kompetenzbereiche von Kreis- und Gemeindesozialämtern auch nicht auf pragmatischem Wege. Noch 1949 ließ zum Beispiel ein genormtes Formularwesen - eine wesentliche Voraussetzung für eine zonenweit gleiche Handhabung der Fürsorgeangelegenheiten - im Bereich Sozialfürsorge auf sich warten.[78] Wie bei Einführung des Arbeitsbuches 1946[79] sollte die sächsische Verfahrensweise auf die Zone übertragen werden. Zur Zeit der Staatsgründung wurden jedoch erst die diesbezüglichen Gutachten von den Landesministerien abgesandt.[80]

1.4. Förderung der Zentralisierung und Rückkehr zur kommunalen Entscheidungskompetenz

Da sich die gewünschte Zentralisierung nur mangelhaft durchsetzen ließ, versuchte die HVAS, die einheitliche Ausrichtung der Verwaltungsarbeit mit anderen Methoden voranzutreiben: 1.) durch Koordination der Fürsorgeangelegenheiten durch Beratungsausschüsse, 2.) durch Einflußnahme auf die Personalpolitik untergeordneter Verwaltungsinstanzen, 3.) durch Kontrollreisen von Angestellten der DVAS bzw. HVAS mit dem Ziel, die Durchsetzung zentraler Anordnungen zu überprüfen.

Die Beratungsausschüsse sollten auf Landes- und Kreisebene über grundsätzliche Fragen der Sozialfürsorge entscheiden,[81] was propagan-

---

76 s. Kapitel I., 2.

77 Zank, S. 94-95.

78 BAP DQ-2 3733. HVAS (Bohlmann) an die Ministerien für Arbeit und Sozialfürsorge der Länder betr. einheitliches Formularwesen für die Sozialfürsorge.

79 vgl. Kapitel I., 2.

80 BAP DQ-2 3733. 17.9.49. Mecklenburg, Ministerium für Arbeit und Sozialfürsorge an die HVAS. 25.10.49. Thüringisches Ministerium Arbeit und Sozialwesen an die HVAS.

81 ZVOBl. 1947, S. 222-223. 2.9.47. 1. Durchführungsverordnung zur FVO (zu Ziff. 10 a, b).

distisch als wesentlicher Beitrag zur „Demokratisierung“ hervorgehoben wurde. Ihre Mitglieder entstammten allerdings in der Mehrzahl den staatlichen Behörden, d.h. sie waren eher als eine Planungs- und Leitungsinstanz gedacht, die arbeitsmarkt- und wirtschaftsrelevante Probleme zu lösen hatte. Die Wirkung, die sie hierbei entfalteten, blieb eher gering. Übereinstimmend berichteten Ländervertreter im August 1949, daß die Beratungsausschüsse nur „formal“ funktionierten. Ihre Tätigkeit erschöpfe sich in der Erörterung bereits erlassener Bestimmungen, „ohne durch besondere Beschlußfassung aktiv im Aufgabengebiet der Sozialfürsorge tätig zu sein.“[82] Lediglich aus Brandenburg wurde gemeldet, daß den dortigen Ausschüssen in Abstimmungen mit der Landes-SMA „operative Aufgaben“ zugewiesen worden waren. Diese erstreckten sich auf die Einbeziehung der Sachbearbeiter aus anderen Verwaltungsbereichen in die Fürsorgeangelegenheiten, z.B. sollten die Abteilung Gesundheitspolitik die amtsärztlichen Zeugnisse überprüfen und die Finanzabteilung die gezahlten Unterstützungssätze überwachen. Somit kamen nur in einem Land der SBZ die Beratungsausschüsse ihren vorgegebenen Aufgaben nach.

Ein besonderes Gewicht wurde auf die Personalauswahl gelegt. Die Loyalität der Mitarbeiter übergeordneten Instanzen gegenüber war eine notwendige Voraussetzung für die Durchsetzung zentraler Weisungen. Demzufolge lagen die politische Ausrichtung des Personals sowie die optimale Höhe des Personalstandes im Interessenfeld der zentralen Planungen. Die Bestrebungen zur Umstrukturierung der Verwaltungen fügten sich in die politischen Säuberungen ein, die die Umbruchsituation prägten.

Im Zuge der Abrechnung mit dem Nationalsozialismus zielten die Bemühungen in der Personalpolitik seit Mitte 1945 in erster Linie auf die Entfernung der früheren NSDAP-Mitglieder aus den Verwaltungen.[83] Im Bereich der Arbeits- und Sozialbehörden stach das Land Thüringen heraus, dessen Verwaltungsapparat „mit ehemaligen Nationalsozialisten geradezu verseucht“[84] gewesen sei. Nach dem Mai 1945 wurden in der Abteilung Sozialfürsorge der Landesverwaltung 14 leitende Angestellte aus dem Dienst entlassen.[85] Gleiches galt für die Leitungsebene der Kreisbehörden, wo 50

---

82 BAP DQ-2 3727. 15.8.49. HVAS (Hartung). Protokoll der ersten kleinen Arbeitsbesprechung mit den Sachbearbeitern der Länder am 11. und 12. August 1949.

83 Zur Entnazifizierung der Verwaltungen der SBZ/DDR vgl. Welsh, Helga A.: Revolutionärer Wandel auf Befehl? Entnazifizierungs- und Personalpolitik in Thüringen und Sachsen (1945-1949) (Schriftenreihe der Vierteljahrshefte für Zeitgeschichte, Bd. 58) München 1989, S. 21-85. Wille, Manfred: Entnazifizierung in der Sowjetischen Besatzungszone Deutschlands 1945-48. Magdeburg 1993.

84 Welsh, S. 46.

85 Auch zum Folgenden: BAP DQ-2 3788. 5.4.48. HVAS (Rühl). Zusammenfassung der Meldungen der Länder betr. Entnazifizierung.

ehemalige NS-Parteigenossen ihre Anstellung verloren. In den anderen Ländern gab es demgegenüber eine niedrige Zahl von Suspendierungen, mit Ausnahme Sachsen-Anhalts, wo ausschließlich auf der Kreisebene 23 Entlassungen aufgrund von Entnazifizierungsmaßnahmen zu verzeichnen waren. Die Zahl der früheren NSDAP-Mitglieder, die im Dienst der Abteilungen für Sozialfürsorge verblieben, war äußerst gering. Eine entsprechende statistische Übersicht im April 1948 dokumentiert, daß es zonenweit nur noch neun leitende Angestellten gab, die als ehemalige „Parteigenossen" mit der Zustimmung der zuständigen Entnazifizierungskommissionen weiterbeschäftigt worden waren.

Die Entnazifizierung der Verwaltungen führte zu einem Mangel an qualifizierten Mitarbeitern.[86] Die Auswahl des neuen Personals war von dem Willen geprägt, die Präsenz der Arbeiterklasse in den Behörden zu stärken. 1948 wurde die Mitgliedschaft von schätzungsweise über 70 Prozent der Angestellten der Arbeits- und Sozialbehörden in den Blockparteien festgestellt.[87] Unter diesen parteipolitisch aktiven Verwaltungskräften überwog - ganz dominant noch in einer Erhebung vom April 1946[88] - der Anteil der SED-Mitglieder bei weitem.

Die politisch motivierte Auswahl hatte zur Konsequenz, wie die HVAS im August 1949 feststellte, daß in den Abteilungen Sozialfürsorge mehr als in anderen Behörden die Notwendigkeit einer intensiven Schulung bestehe: „Die Mehrzahl aller Mitarbeiter kommt aus der betrieblichen Praxis. Ihre Fachkenntnisse haben sie sich zum überwiegenden Teil aus ihrer Tätigkeit als Betriebs- und Gewerkschaftsfunktionäre angeeignet. Ohne eine besondere fachliche Schulung haben sie nach 1945 die ihnen übertragenen Aufgaben [...] übernommen."[89] Den konstatierten Mangel an fachlicher Qualifikation belegen stichprobenartig die überlieferten Personalakten in der Verwaltungsschule Neuenhagen, wo Lehrgänge zur beruflichen Weiterbildung und politischen Schulung der Angestellten der Sozialbehörden durchgeführt wurden.[90] Es waren zwar nahezu alle Teilnehmer gewerkschaftlich organisiert und SED-Parteimitglieder, doch das Dienstantrittsdatum, das in der Regel nach 1945 lag, sowie die in vielen Fällen angegebene frühere berufliche Tätigkeit bestätigen das zitierte Urteil.

86 Zu den Etappen der Entnazifizierung ausführlich: Hoffmann, Sozialpolitische Neuordnung, S. 99-104.

87 Die Schätzung beruht auf einer Gesamtzahl von 5.521 Angestellten auf Kreisebene am 1. Januar 1948, vgl. BAP DQ-2 3735. 1.3.49. HVAS. Stellenbesetzung in den Stadt- und Landkreisen der SBZ).

88 Hoffmann, Sozialpolitische Neuordnung, S. 27.

89 BAP DQ-2 1486. 26.8.49. HVAS (Abt. Planung und Schulung). Plan für das Jahr 1950.

90 BAP DQ-2 1486. 12.1.48. HVAS. Besetzung der Stellen in der Verwaltung (Auswertung einer Statistik des Schulungskurses 11. bis 17.1.48). Ebd. 27.10.49. HVAS. Bericht über den 16. Lehrgang vom 29.9.-19.10.49.

Ein weiteres Problem in der praktischen Durchführung der Fürsorgepolitik war die ungleiche Verteilung der Verwaltungsangestellten nach Stadt- und Landkreisen. Im Dezember 1948 standen 3.624 Beschäftigten in den Städten 1.897 auf dem Land gegenüber.[91] Angesichts einer wesentlich höheren Bevölkerungszahl, die in Landkreisen wohnte, gab es dort auf 7.033 Einwohner einen Angestellten, in den Stadtkreisen waren es 1.245. Ein wenig günstiger gestaltet sich das Bild, wenn man die Anzahl der Angestellten auf die im gleichen Monat erhobene Zahl der Fürsorgeempfänger bezieht: In den Stadtkreisen hatte ein Angestellter durchschnittlich 41, in den Landkreisen 194 Unterstützungsfälle zu bearbeiten. Die zu dünne Personaldecke auf dem Land bewog die HVAS zur Planung einer „Verlagerung der Arbeitskräfte der Stadtkreise in die Landkreise, [...] solange die Sozialkommissionen noch nicht stark genug sind, die Sozialfürsorge zu tragen."[92]

Die Bemühungen zur Umsetzung der Verwaltungsangestellten stießen wegen des im Frühjahr 1948 von der SMAD beschlossenen Sparkurses an ihre Grenzen.[93] Aus Überprüfungen verschiedener Verwaltungsbehörden entwickelte sich bei der Abteilung Arbeitskraft in Karlshorst die Überzeugung, daß die Stellenpläne unverhältnismäßig hoch seien. Eine richtige Ausnutzung der ehrenamtlichen Sozialkommissionen hingegen schaffe die Möglichkeit, „den Angestelltenapparat der Organe der Sozialfürsorge einzuschränken und die Volksmittel sparsamer zu verausgaben und zwar für die Sozialfürsorge."[94] Im Juli 1948 wurde nicht nur ein Stellenstopp, sondern zugleich ein Abbau von 20 Prozent der Angestellten in allen öffentlichen Verwaltungen verfügt. Auf die aus der Sichtweise der Verwaltungsbehörden kontraproduktiven Folgen einer solchen Sparpolitik wies die sächsische Landesregierung hin: Den geringen Einsparungen im Personaletat könnten „unvergleichlich viel höhere Ausgaben an unberechtigten Fürsorgeunterstützungen gegenüberstehen."[95]

Auch in diesem Bereich setzten sich die übergeordneten politischen Ziele der SMAD durch. Diese verlangte einen „Kampf für die unbedingte Erfüllung des Haushaltsplanes bezüglich der Ausgaben".[96] Der HVAS warf Morenow von der SMAD-Abteilung Arbeitskraft in dieser Hinsicht eine mangelnde

91 BAP DQ-2 3738. 1.12.48. HVAS. Stellenbesetzung in den Stadt- und Landkreisen der SBZ.

92 BAP DQ-2 735. 2.3.49. Schreiben der HVAS (Brack/Matern) an SMAD (Morenow) betr. Struktur- und Stellenbesetzung in den Stadt- und Landkreisen der SBZ.

93 vgl. Kapitel I., 2.

94 BAP DQ-2 3718. 29.10.48. Schreiben der SMAD, Abt. Arbeitskraft (Tschernjajew) an die DVAS (Brack).

95 BAP DQ-2 3778. 31.7.48. Sächsisches Ministerium für Arbeit und Sozialfürsorge an die HVAS.

96 BAP DQ-2 3735. 25.11.48. SMAD (Morenow) an die HVAS (Matern).

Entschlossenheit vor. Er regte an, die Verwaltungsangestellten, „die die Schuld an unbegründeten Mehrausgaben des Haushaltsplans tragen, streng zu bestrafen und solche Leute als Plünderer gesellschaftlicher Mittel von der Arbeit zu entfernen."[97] Mit Hilfe solch massiver Drohungen sollte einerseits die Arbeitsmoral gehoben und andererseits die Durchsetzung von Entlassungen legitimiert werden. Bis Ende 1948 gelang es SBZ-weit, den Personalbestand um 8 Prozent zu senken. Dies ging mitunter zu Lasten einer geregelten Verwaltungstätigkeit und führte - wie in Sachsen im Oktober 1949 festgestellt - „zu einem ausgesprochenen Personalmangel, dessen Folgen, wie die häufigen Kontrollen gezeigt haben, nicht selten eine ungenügende Bearbeitung der Fürsorgefälle und damit eine unsachgemäße Verausgabung von Fürsorgemitteln waren."[98] Die Zentralverwaltung und die SMAD-Abteilung Arbeitskraft erhofften sich die Behebung solcher Mängel durch den zeitgleich verstärkt vorangetriebenen Ausbau einer ehrenamtlichen Außenfürsorge, die im folgenden Abschnitt geschildert wird.

Wie von der SMAD gefordert, drängte die HVAS durch den allmählichen Aufbau eines Kontrollsystems auf die einheitliche Durchführung ihrer Anordnungen. Dies betonte Matern im April 1949 gegenüber der SMAD: „Durch Beobachtung der Rundschreiben der Regierungen und persönliche Kontrolle erfolgten Beanstandungen bzw. Zurücknahme unrichtiger Anordnungen. Schwierigkeiten bereitet auch, dass leitende Kräfte der Ministerien für Arbeit und Sozialfürsorge nicht mit der notwendigen Schnelligkeit und Konsequenz fortschrittliche Regelungen verstanden und sie, z.B. in Mecklenburg, nur zögernd durchführten."[99] Um die geschilderten Schwierigkeiten zu überwinden, wurde auf die Überprüfung des Verwaltungsgangs nach Erlaß der FVO im April 1947 erhöhter Wert gelegt.[100] Dies geschah zum einen durch Kontrolle der Runderlasse und Verordnungen der Landesregierungen an untergeordnete Dienststellen, zum anderen mit dem Mittel einer zunehmenden zentralen statistischen Erfassung. Außerdem wurden immer wieder - zunächst stichprobenartig - Überprüfungen einzelner Sozialbehörden vorgenommen. Dieses Kontrollsystem wurde nach der Staatsgründung flächendeckend erweitert.[101]

In der Frage der Behördenstruktur führten die oft zu beklagenden Reibungsverluste zwischen den Abteilungen für Arbeit- und Sozialfürsorge der Kreisverwaltungen und den kommunalen Sozialämtern zu einer

97 ebd.

98 BAP DQ-2 3738. 21.10.49. Sächsisches Ministerium für Arbeit und Sozialfürsorge an die HVAS betr. Einsparungen der Verwaltungsausgaben in der Sozialfürsorge.

99 BAP DQ-2 3735. 20.4.49. HVAS. Matern an Hartung. Änderung des Entwurfs eines Schreibens an die SMAD (Morenow).

100 BAP DQ-2 3845. 1947/1948. Vgl. die Arbeitspläne der DVAS-Abt. IV Sozialfürsorge und -versicherung ab dem 2. Quartal 1947.

101 vgl. Kapitel III., 2.

Entwicklung, die der anfangs betriebenen Politik entgegenlief. Durch die doppelte Betreuung der Fürsorgefälle war in den Kreisbehörden „ein Übermaß an Akten vorhanden".[102] Diese hatten sich als unfähig erwiesen, die Bearbeitung von Fürsorgeangelegenheiten zu übernehmen. Oft waren über 100 kleine Gemeinden zu betreuen gewesen, so daß lange Wartezeiten von bis zu vier Wochen die Folge waren.[103] Aus Zweckmäßigkeitsüberlegungen waren fortan allein kommunale Ämter für die Unterstützungsbewilligung zuständig. Das neue Konzept wurde als „Dezentralisierung der Sozialfürsorge" bezeichnet. Es diente der Kostenersparnis und war für die Zwecke der Fürsorge geeigneter als die kurzsichtig und kurzzeitig forcierte enge Verzahnung der Arbeits- und Sozialbehörden auf Kreisebene. Dies bedeutete keineswegs einen Verzicht auf die unbedingte Durchsetzung zentraler Weisungen, die aber über andere Wege als die Ansiedlung von Kompetenzen auf einer ungeeigneten Verwaltungsebene erreicht wurde.

2. DIE ENTWICKLUNG DER EHRENAMTLICHEN AUßENFÜRSORGE

2.1. Regionale Anfänge der Ausschußbildung (1945-1946)

Nach dem Zweiten Weltkrieg bildete sich in der SBZ eine Vielzahl von Ausschüssen, die mit Fürsorgeaufgaben beschäftigt waren. Ihre Wurzeln lagen in unterschiedlichen Bereichen. In der zunächst zu betrachtenden Frühphase wirkten drei Traditionslinien auf die Ausschußgründungen ein: 1.) Von bürgerlichen Schichten gebildete Kommissionen standen seit dem Entstehen einer öffentlichen, kommunal getragenen Armenfürsorge an der Basis der Wohlfahrtspflege. Im Elberfelder System,[104] das erstmals 1853 in der im Wuppertal gelegenen Industriestadt eingeführt wurde, wurde die Ehrenamtlichkeit als „konstitutives Prinzip der Armenpflege"[105] durchgesetzt. 2.) Ein zweiter Typus entwickelte sich als Selbstorganisationsform der Arbeiterbewegung. Als Arbeiterausschuß wurde seit den 1890er Jahren eine von Unternehmerseite geförderte Form betrieblicher Selbstorganisation bezeichnet, die insbesondere bei der Festsetzung der Arbeitsbedingungen

---

102 Dezentralisation der Sozialämter, in: AuS 5 (1950), H. 12, S. 285.

103 BAP DQ-2 3725. MfA. Aktenvermerk: Die Bedeutung der Dezentralisierung der Sozialfürsorge.

104 vgl. Sachße/Tennstedt, Bd. 2, S. 23-24. Weisbrod, Bernd: Wohltätigkeit und „symbolische Gewalt" in der Frühindustrialisierung. Städtische Armut und Armenpolitik im Wuppertal, in: Mommsen, Hans/Schulze, Winfried (Hrsg.): Vom Elend der Handarbeit. Probleme historischer Unterschichtenforschung. Stuttgart 1981, S. 334.

105 Sachße/Tennstedt, Bd. 1, S. 217.

von Unternehmerseite geförderte Form betrieblicher Selbstorganisation bezeichnet, die insbesondere bei der Festsetzung der Arbeitsbedingungen eine Vermittlungsinstanz bildete.[106] Anfangs standen die Ausschüsse vielfach in einem Konkurrenzverhältnis zu den Gewerkschaftsverbänden, was sich erst nach der Jahrhundertwende änderte.[107] Die Gewerkschaften erkannten ihren Nutzen für eine innerbetriebliche Einflußnahme, und sie wurden mit dem Hilfsdienstgesetz von 1916 zu obligatorischen Einrichtungen, was im Betriebsrätegesetz von 1920 festgeschrieben wurde.[108] 3.) Im Rätesystem der Deutschen Revolution 1918/19 war - dem Sowjetprinzip folgend - das Ziel, die Selbstorganisation in Komitees als Basis einer Gesellschaftsverfassung zu verankern. Die Arbeiter- und Soldatenräte stellten eine Fortentwicklung des Ausschußgedankens hin zu einer gesellschaftlich-politischen Gestaltungsinstanz dar.

Ähnlich wie nach dem Ersten Weltkrieg entstanden unmittelbar nach der bedingungslosen Kapitulation in der SBZ in Eigeninitiative Arbeiterkomitees mit allgemeinpolitischem Vertretungsanspruch.[109] Sie nannten sich „Antifa-“ oder „Volkskomitees“ und trugen der desolaten Lage Rechnung, indem sie ordnende und fürsorgerische Aufgaben übernahmen. Hierzu gehörte die Verteilung von Lebensmitteln ebenso wie die Ingangsetzung des Wiederaufbaus. Auch leiteten sie erste Entnazifizierungsmaßnahmen ein. Während sich die Hilfeleistungen prinzipiell mit dem Interesse der Besatzungsmacht deckten, entwickelten sich die Komitees zu einer ungeliebten Basis, als sie politische Partizipationsbestrebungen entfalteten. Erste Auflösungen von Antifakomitees gab es bereits im Mai und Juni 1945. Der Leitgedanke hierbei war, so rückblickend Anton Ackermann, eine Korrektur „linker Überspitzung“.[110] Die Übernahme sozialtransformatorischer Funktionen sollte verhindert werden. Im Interesse der SMAD wie auch der KPD-Führung lag es, die eigenen organisatorischen Vorstellungen

---

106 Lampert, Heinz: Sozialpolitik. Berlin, Heidelberg, New York 1980, S. 133-134. Rückert, Joachim/Friedrich, Wolfgang: Betriebliche Arbeiterausschüsse in Deutschland, Großbritannien und Frankreich im späten 19. und frühen 20. Jahrhundert. Eine vergleichende Studie zur Entwicklung des kollektiven Arbeitsrechts (Rechtshistorische Studien, Bd. 7), Frankfurt/Main, Bern, Las Vegas 1979, S. 15-24.

107 Rückert/Friedrich, S. 25-27. Milert, Werner/Tschirbs, Rudolf: Von den Arbeiterausschüssen zum Betriebsverfassungsgesetz. Geschichte der betrieblichen Interessenvertretung in Deutschland (Gewerkschaften in Deutschland, Bd. 6), Köln 1991, S. 26-40.

108 vgl. Milert/Tschirbs, S. 45-50.

109 Staritz, Die Gründung der DDR, S. 100-101. Auch in den Westzonen gründeten sich selbstverwaltete „Arbeiterausschüsse“, die ähnliche Aufgaben übernahmen, vgl. Pankoke, Eckart: Die Arbeitsfrage. Arbeitsmoral, Beschäftigungskrisen und Wohlfahrtspolitik im Industriezeitalter. Frankfurt/Main 1990, S. 187.

110 ebd., S. 102. Mit Verweis auf einen Aufsatz Ackermanns in: Staat und Recht (1965), S. 665 ff.

eines einheitlichen Aufbaus der Verwaltungen und bündnispolitische Ambitionen mit den nicht-sozialistischen gesellschaftlichen Kräften abzusichern. Meist wurden die Antifakomitees in die Blockparteien überführt. Die Fortführung eines Teils ihrer Aufgaben übernahmen die in den lokalen Sozial- oder Wohlfahrtsämtern eingerichteten Abteilungen „Opfer des Faschismus".[111]

Dennoch genoß in der SBZ der Gedanke der Selbstorganisation in Ausschüssen einen hohen moralischen Stellenwert in bezug auf die Legitimation staatlicher Herrschaft sowie eine verbreitete Sympathie in der Bevölkerung.[112] Deshalb galten Ausschüsse, „in denen das ehrenamtliche Moment eine bedeutende Rolle spielt",[113] auch als Garant für eine Umorientierung in der Fürsorgepolitik. Der erste DVAS-Entwurf einer zoneneinheitlichen Sozialfürsorgeverordnung sah die Einrichtung von Ausschüssen vor.[114] Von der Annahme ausgehend, daß die Sozialfürsorge unterhalb der Landesebene wie bisher in Fürsorgebezirken organisiert würde (Bezirkssozialamt), sah der Entwurf einen Bezirkssozialausschuß vor, dem neben drei Amtspersonen (als Vorsitzender der Leiter des Bezirkssozialamtes, ein weiterer Angestellter, ein Sozialfürsorger) fünf ehrenamtliche Mitglieder aus dem Kreis der Hilfsbedürftigen angehören sollten. Dies hätte bedeutet, daß die Betroffenen, d.h. die Fürsorgeempfänger, eine Mehrheit in dem Ausschuß bildeten. Ferner sollten Unterausschüsse für bestimmte Problem- oder Risikogruppen eingerichtet werden: Sie waren für Opfer des Faschismus, Kriegsbeschädigte und -hinterbliebene, Körperbehinderte, Jugendliche, hilfsbedürftige Mütter und Umsiedler vorgesehen. Zum Teil existierten diese bereits als Frauen- und Jugendausschüsse, die die anfängliche Basis der später gegründeten Massenorganisationen bildeten.[115] Ihre Anbindung an die staatlichen Organe war von Beginn an sehr eng. Die Umsiedler- und Schwerbeschädigtenausschüsse waren in die Behörden eingegliedert. In der vorliegenden Konzeption eigneten sich diese völlig unterschiedlichen Ausschüsse nicht, den fürsorgerischen Außendienst im hergebrachten Sinn zu übernehmen.

---

111 vgl. Kapitel I., 5. und Goschler, Nichts bezahlt, S. 171.

112 Staritz, Die Gründung der DDR, S. 103.

113 BAP DQ-2 3765. 24.2.47. DVAS (Wiederhold). Verbesserung der „Neuen Verordnung über Sozialfürsorge".

114 BAP DQ-2 3765. 19.2.46. DVAS, Abt. Sozialfürsorge. Entwurf einer Verordnung über Sozialfürsorge.

115 Winkler, Gunnar, Sozialpolitik, S. 247-257. Aus den Frauenausschüssen entstand der Demokratische Frauenbund Deutschlands (DFD) im März 1947. Die Jugendausschüsse führten zur Gründung der FDJ (7. März 1946), vgl. auch: Mählert, Ulrich: Die Freie Deutsche Jugend 1945-1949. Von den „Antifaschistischen Jugendausschüssen" zur SED-Massenorganisation: Die Erfassung der Jugend in der Sowjetischen Besatzungszone. Paderborn u.a. 1995, S. 20 ff.

Auch die frühen Planungen des Jahres 1946 von seiten der Ministerien für Arbeit und Sozialfürsorge der Länder und Provinzen entwickelten unterschiedliche Vorstellungen, wie auf eine ähnliche Art eine ehrenamtliche, sozialfürsorgerische Arbeit organisiert werden könnte. Ein Erlaß des Landesamtes für Arbeit in Thüringen im November 1946 zielte in eine andere Richtung.[116] Hier wurde die Einrichtung von Sozialkommissionen in den Betrieben angeordnet, die für die Überwachung der Jugend- und Betriebsfürsorge verantwortlich sein sollten. In den Kommissionen sollten ein bis zwei Vertreter der neugegründeten Parteien und der Massenorganisationen sowie drei bis vier Betriebsräte vertreten sein. Die praktische Durchführung der Betriebsfürsorge sei an Sozialobleute zu delegieren. Die hier skizzierte Form der Sozialkommission erinnerte stark an die oben erwähnten Arbeiterausschüsse der 1890er Jahre. Als Betriebskomitees waren solche Institutionen als Mittler zwischen Gewerkschafts- und Betriebsinteressen seit den 1920er Jahren auch in der Sowjetunion bekannt.[117] Dieses Konzept zielte auf einen eigenständigen sozialen Ausschuß im Betrieb, was nicht erwünscht war. In der Folge gehörten die beschriebenen Tätigkeitsfelder zum Arbeitsbereich der Betriebsgewerkschaftsleitungen (BGL).

Neben den Plänen zur Kommissions- und Ausschußbildung gab es andere Varianten des Einsatzes ehrenamtlicher Kräfte für soziale Dienste. Aus Personalmangel sollten ab Februar 1946 in Sachsen-Anhalt die sozialen Beratungsstellen in die Trägerschaft der Frauen- und Jugendausschüsse und der Blockparteien kommen, „um die Behörden vor dem Ansturm Auskunftsuchender zu bewahren."[118] Im Juli 1946 ordnete die sächsische Landesverwaltung einen Einsatz ehrenamtlicher Helfer an. Die Mitglieder der politischen Parteien, des FDGB, der FDJ, der Frauenausschüsse und der Ausschüsse der Volkssolidarität sollten „zum Zwecke einer scharfen Kontrolle aller Hilfsbedürftigen"[119] aktiviert werden. Die angestellten Fürsorgerinnen hatten die ehrenamtlichen Helfer in verschiedenen Bezirken zu beaufsichtigen. Die Helfer sollten wiederum Kontakte zu sogenannten Straßen- bzw. Gemeinde-Vertrauenspersonen aufbauen.

Ob die 1945 und 1946 entwickelten Vorstellungen über die Rolle der ehrenamtlichen Ausschüsse und Kommissionen in der Fürsorge praktisch wirksam wurden, konnte der Quellenüberlieferung nur vereinzelt entnommen

116 BAP DQ-2 3721. 16.11.46. Rundschreiben Nr. 1 des Landesamtes für Arbeit Thüringen an die Sozialämter der Städte und Kreise.

117 Losowsky, A.: Die Betriebskomitees, in: Kommunistische Internationale (Hrsg.): Jahrbuch für Politik - Wirtschaft - Arbeiterbewegung, Bd. 1: 1922-23. Hamburg 1922, S. 491-492.

118 BAP DQ-2 3981. 2.3.46. DVAS (Wiederhold). Bericht über die Reise in die Provinz Sachsen.

119 BAP DQ-2 3721. 30.6.46. Landesverwaltung Sachsen, Abt. Wirtschaft und Arbeit, Soziale Fürsorge an die Stadträte und Landratsämter in Sachsen.

werden. Die DVAS, die eigene Entwürfe ausarbeitete, versuchte, sich im September 1946 einen Überblick über die Situation der Außenfürsorge in den Ländern zu verschaffen.[120] Da die Kompetenzen im wesentlichen noch auf Länderebene angesiedelt waren, herrschte ein organisatorischer Wirrwarr, der disparate regionale Entwicklungen zur Folge hatte. Den Grundstein für eine zoneneinheitliche Regelung legte erst die FVO im April 1947.

2.2. Die Adaption des Prinzips der Ehrenamtlichkeit in den Sozialkommissionen

Die ehrenamtliche Außenfürsorge, die in der FVO verankert wurde, war das Ergebnis der Planungen der neu entstandenen Sozialbürokratie, in die sowohl aktuelle Interessenlagen als auch historische Vorbilder einflossen. Nach den Vorstellungen von Jenny Matern, der Leiterin der Abteilung Sozialfürsorge der DVAS, sollten die Sozialkommissionen ein besonderes Gewicht erhalten.[121] Mit diesem Begriff wurden im fürsorgerischen Außendienst zu bildende Gremien mit drei bis fünf ehrenamtlichen Sozialhelfern oder -helferinnen bezeichnet. Leitbild für die Verankerung des Prinzips der Ehrenamtlichkeit war das Elberfelder System. Im Grunde wurde den Sozialkommissionen dieselbe Rolle wie den dortigen Bezirkskommissionen zugedacht, die als Wohlfahrtskommissionen bis in die Weimarer Zeit fortbestanden. Für einen grundsätzlichen Neubeginn in der offenen Unterstützungsfürsorge existierten keine Konzepte. In Ermangelung neuer Ideen griff man auf die fast 100 Jahre alten traditionellen Vorstellungen zurück, was den Mitarbeitern der DVAS durchaus bewußt war. Der Sachbearbeiter Rühl äußerte diesbezüglich auf einer Arbeitsbesprechung in Sachsen, daß der Gedanke der Sozialkommissionen alt sei, es handele sich „im Prinzip um das Elberfelder System, das hier eine gesetzliche Anerkennung findet.“ Die grundlegende Funktion der Sozialkommissionen war, ein „Bindeglied zwischen der hilfsbedürftigen Bevölkerung und der Verwaltung“ zu sein.[122]

Man unterzog das adaptierte System allerdings einer scharfen Kritik: In der Vergangenheit seien die Mitglieder der Armenkommissionen nicht gewählt, sondern von den Armenbehörden ernannt oder „als Mitglieder

120 BAP DQ-2 3778. 28.6.46. Schreiben der DVAS (Matern) an die Landes- und Provinzialverwaltungen.

121 BAP DQ-2 3765. 2.5.47. Schreiben der DVAS (Matern) an die Ministerien für Arbeit und Sozialfürsorge der Länder und Provinzen.

122 BAP DQ-2 3387. 2.8.47. Bericht über die Arbeitsbesprechung am 30.7.47 in Dresden mit den Dezernenten und Haushaltsbearbeitern der kreisfreien Städte und von fünf Landkreisen. Ebenso: BAP DQ-2 3388. 29.11.47. DVAS-intern verteilter Bericht von der Sitzung im Landesvorstand der SED, Abt. Arbeit und Sozialfürsorge am 24.11.47 betr. Sozialkommissionen.

bürgerlicher oder kirchlicher Wohltätigkeitsvereine von diesen den Armenbehörden zur Verfügung gestellt" worden.[123] Es waren offenbar die falschen Menschen, die sich in der Armenpflege engagiert hatten: „Aus einer gehobenen sozialen Schicht stammend, mangelt es [den Armenpflegern] an sozialem Verständnis für die Lage des Hilfsbedürftigen und die Ursachen seiner Not. Ein menschlicher Kontakt kam selten zustande, und der Helfer wurde vom Hilfsbedürftigen meist negativ beurteilt. Besonders schlecht waren der Hilfsbedürftige und seine Familie angesehen, wenn die Hilfsbedürftigkeit die Folge einer klassenkämpferischen Haltung oder Handlung war (Streik)."[124] Trotz dieser negativen Erfahrungswerte war das Ziel, eine dem Elberfelder System vergleichbare Organisationsform zonenweit einzuführen.

Im Verständnis der DVAS wurde die Sozialfürsorge durch die ehrenamtliche Arbeit auf eine „breite demokratische Grundlage gestellt. [...] Die wohlorganisierte Mitwirkung des Volkes [trat] als Ausdruck wahrer demokratischer Gesinnung und staatsbürgerlichen Verantwortungsbewußtseins als die lebendige Ergänzung der Verwaltungsarbeit auf den Plan."[125] Der hier umrissene Demokratisierungsgedanke sollte umgesetzt werden, indem man den antifaschistisch-demokratischen Parteien das Vorschlagsrecht für die Mitglieder der Sozialkommissionen einräumte. Somit würden „alle Kreise der Bevölkerung" beteiligt, die „verschiedensten weltanschaulichen Richtungen" seien vertreten.[126] Eine Wahl der Mitglieder fand nicht statt, sondern sie wurden von den Fürsorgebehörden auf Kreisebene für zwei Jahre in ihr Amt berufen.[127] Die bemängelte Verfahrensweise, daß die ehrenamtlichen Kräfte von den Behörden ernannt wurden, blieb also bestehen. Das primäre Kriterium bei der Personenauswahl war politischer Art. Das Kennzeichen war zunächst ein striktes Heraushalten vom Nationalsozialismus Belasteter aus der offenen Fürsorge.

An die gewünschten Kommissionsmitglieder wurden moralische Forderungen gestellt: „Die Tätigkeit des Sozialhelfers ist wichtiger Ehrendienst im Interesse der hilfsbedürftigen Bevölkerung und verkörpert die Hilfe von Mensch zu Mensch. Der Sozialhelfer muß seine Aufgaben mit warmem Herzen und klarem Verstand erfüllen. Er muß als Freund, Berater und nötigenfalls als Erzieher des Hilfsbedürftigen Menschenkenntnis und Lebenserfahrung besitzen, [...] neben dem Wohl des Hilfsbedürftigen das

123 BAP DQ-2 3765. 22.10.46. DVAS (Wiederhold). Definition der Ortsarmen- und Landarmenverbände und der Bezirksfürsorge- und Landesfürsorgeverbände.

124 ebd.

125 Wiederhold, Sibylle: Ehrenamtliche Arbeit in der Sozialfürsorge durch Beratungsausschüsse und Sozialkommissionen, in: HVAS, Jb. AuS, Bd. 2, S. 291.

126 ebd., S. 292.

127 ZVOBl. 1947, S. 222-223. 1. Durchführungsverordnung zur Verordnung über Sozialfürsorge vom 2.9.47 (zu Ziffer 10 a und 11).

Interesse der Allgemeinheit im Auge behalten und die parasitäre Ausnutzung der Sozialfürsorge durch asoziale Elemente verhindern."[128] Die Charakterisierung der Fürsorgearbeit, wie sie hier vorgenommen wurde, kam den Vorstellungen des 19. Jahrhunderts sehr nah. Eine kontrollierte Nächstenliebe wurde zur Basis der sozialen Betreuung erklärt. Einfühlendes Verständnis paarte sich mit erzieherischer Bevormundung. Die dahinter stehende Fürsorgekonzeption zielte im traditionellen Sinn auf die Erkundung und Beurteilung der spezifischen Lebensumstände der Hilfsbedürftigen und schließlich auf die Erfassung des ganzen Menschen. Die Berichterstattung der Fürsorgekräfte durfte „keine schematische Beantwortung von Fragen sein, sondern muß ein allgemein gehaltenes Urteil über die Gesamtlage der Familie enthalten".[129]

In den Rechtfertigungen und der Öffentlichkeitsarbeit der HVAS sah die Beurteilung anders aus. Die ehrenamtliche Arbeit wurde ideologisch aufgewertet, sie sei keine „primitive Entwicklungsstufe der Wohlfahrtspflege, sondern schließt im tiefsten Sinne die Verpflichtung zu gegenseitiger Hilfe ein." Soziale Arbeit „darf nicht zur Behördenarbeit eingeengt, sondern muß durch die ehrenamtliche Arbeit zur Aufgabe aller Volkskreise ausgeweitet werden."[130] Die hier anklingende Skepsis gegenüber dem Bürokratismus gründete bereits im Leninismus, der die „Macht der Sowjets" dem alten, bürokratischen System entgegensetzte.[131] Nachdem die Sowjetunion selbst einen nach dem Prinzip des „demokratischen Zentralismus" organisierten Partei- und Staatsapparat aufgebaut hatte, galt in den 1930er Jahren der „Kampf gegen den Bürokratismus" den „bürokratischen Relikten" und Fehlentwicklungen. Es galt, den Bürokratismus als ein Merkmal der antagonistischen Klassengesellschaft zu beseitigen.[132] Die Einbeziehung der gesellschaftlichen Massenorganisationen wurde als Element zur Demokratisierung und Kontrolle der Bürokratie angesehen, denn Bürokratismus mißachte „die schöpferischen Fähigkeiten der Volksmassen."[133] Entsprechend äußerten sich zuweilen SMAD-Mitarbeiter zum fürsorgerischen

---

128 BAP DQ-2 1079. 7.1.48. DVAS (Wiederhold). Entwurf: Leitfaden für die ehrenamtliche Mitarbeit in der Sozialfürsorge.

129 BAP DQ-2 3755. März 1948. HVAS. Richtlinien für die Sozialkommissionen und Sozialhelfer.

130 BAP DQ-2 3788. 10.6.48. HVAS. Ausarbeitung für die Presse: Auswirkungen der Neuordnung der Sozialfürsorge.

131 Zum Folgenden: Beyme, K. von/Eisenstadt, S. N.: Bürokratismus, in: Sowjetsystem und demokratische Gesellschaft. Eine vergleichende Enzyklopädie, Bd. 1. Freiburg/Basel/Wien 1966, Sp. 963-966.

132 Unter diesen Vorzeichen richteten sich die stalinistischen „Säuberungen" gegen den bürokratischen Apparat.

133 Bürokratismus, in: Ökonomisches Lexikon, Bd. 1, Berlin (DDR) 1967, S. 403.

Außendienst.[134] Durch die Mobilisierung breiter Bevölkerungskreise erweiterte sich nicht nur die Zahl der Personen, die staatliche Aufgaben wahrnahmen, sondern es wurden auch die Löhne für Verwaltungsangestellte eingespart.[135] In der SBZ hegte man ähnliche Erwartungen, indem die „verantwortliche Mitarbeit des Laienelements" dem Bürokratismus entgegengesetzt wurde.

2.3. Etappen der Durchsetzung der Sozialkommissionen seit 1947

Nach dem Erlaß der Fürsorgeverordnung im April 1947 erfolgte die angeordnete Gründung von Sozialkommissionen zunächst schleppend, weil mancherorts lokale Widerstände zu überbrücken waren.[136] Die erste Durchführungsverordnung zum Befehl 92/1947 pochte daher im September 1947 auf die Bildung der Kommissionen innerhalb von zwei Monaten.[137] Angesichts mangelnder Erfolge drängte im November die SMAD erneut auf die Umsetzung der Verordnung.[138] Hier wurde deutlich, daß sich die Einbeziehung unentgeltlicher sozialer Arbeit mit dem von der SMAD verordneten Sparsamkeitsprinzip deckte. Das beharrliche Interesse der Besatzungsmacht an der Gründung von Kommissionen - auch auf deren Seite als „demokratischer Ausbau" der Fürsorge verstanden - läßt sich so erklären. Die DVAS gab daraufhin an die Ministerien in den Ländern die Weisung, einen Wettbewerb zur Gründung von Sozialkommissionen zu starten. Innerhalb eines halben Jahres gelang es auf diese Art, die Zahl der Kommissionen auf mehr als 10.000 zu erhöhen.[139] Am schnellsten erfolgten die Gründungen in den Großstädten, wo sie vielfach auch bereits bestanden, während die Entwicklung auf dem Lande zögerlicher verlief. Insbesondere Brandenburg und Mecklenburg hatten Anlaufschwierigkeiten. Aus Sachsen hingegen wurde bereits im Februar 1948 gemeldet, daß überall Kommissionen vorhanden seien.

Zur Ausbildung der Sozialhelfer und -helferinnen waren die behördlichen Fürsorgekräfte vorgesehen, die noch im Dienste der Gemeinden standen. Vereinzelt wurde mit den Schulungen auf Kreisebene Ende 1948 begonnen.[140] Die HVAS-Fachreferentin für Sozialfürsorge Wiederhold

134 BAP DQ-2 3728. 20.5.49. Protokoll der Arbeitstagung vom 17. Mai 1949 der HVAS mit Vertretern der Länder und der gesellschaftlichen Organisationen.

135 vgl. Kapitel II., 1.

136 vgl. z.B. BAP DQ-2 3727. 10.11.47. Bericht über die Arbeitstagung der Stadt- und Kreissozialämter Mecklenburgs.

137 ZVOBl. 1947, S. 223. 1. Durchführungsverordnung (zu Ziffer 11).

138 BAP DQ-2 3728. 28.11.47. DVAS (Wiederhold). Bericht über die Besprechung mit Dawidow (SMAD).

139 vgl. Tabelle 23.

140 BAP DQ-2 3388. 1.12.48. Stellungnahme der HVAS (Brack) zum Schreiben der SMAD vom 29.10.48.

knüpfte hieran die Erwartung, daß die ehrenamtliche Arbeit „eine gute Fachausbildung“ sei und daß „aus dem Kreis der ehrenamtlichen Sozialhelfer ein geeigneter Nachwuchs für die soziale Facharbeit“ entstehen könnte.[141] Die Aufteilung zwischen ehrenamtlicher und professioneller Fürsorge sollte so aussehen, daß bei den hauptamtlichen Kräften die „produktive Fürsorge“ liege, „deren Aufgabe vorwiegend darin besteht, die Inanspruchnahme von Sozialmitteln zu verhindern.“ Der ehrenamtliche Anteil beschränke sich auf Betreuung und Beratung der Unterstützten. Wiederhold ging hier prinzipiell von einem Fortbestand sozialer Facharbeit aus, auch wenn die Qualifikation für den Beruf rein über praktische Erfahrung erworben werden sollte. Einen anderen Charakter hatten die Ausführungen des sächsischen Ministerialreferenten Wittgenstein auf der Zonentagung im Februar 1949. Dieser betonte, daß die Kommissionen „immer mehr in ihre Aufgabe hineinwachsen müssen, die Lage einer Familie in jeder Beziehung zu prüfen und zu begutachten.“[142] Die bezahlten Fürsorgerinnen sollten - mit Ausnahme derer, die speziell in gesundheitlichen Bereichen arbeiteten - direkt den Sozialämtern unterstellt werden.

Die sich abzeichnende Wende in diesem Bereich der Fürsorgepolitik wurde durch einen personellen Wechsel in der Abteilung Sozialfürsorge der HVAS unterstützt. Paul Zumpe hatte im Dezember 1948 die aus dem Amt scheidende Sibylle Wiederhold als Ministerialreferent abgelöst. Die Bestrebungen der Zentralverwaltung zielten in der Folge immer mehr darauf, die professionelle Fürsorgearbeit zu verdrängen und sie durch ehrenamtliche Arbeit zu ersetzen. Diese Entwicklung wurde von der SMAD unterstützt. Im Mai 1949 erklärte Dawidow von der SMAD-Abteilung Arbeitskraft: „Die Schulung auf gehobener Grundlage wird erstrebt. [...] Die Kommissionsmitglieder, sie können wirklich beweisen, dass sie mit dem Volk zusammenleben, ihre Lage kennen, sie besser kennen, als wir sie kennen können. Aber wir brauchen die Mitglieder dieser Kommissionen nicht zu Spezialisten auszubilden. Um zu beurteilen, was braucht der und der Mensch, wer braucht mehr, wer weniger, muss man vor allem Mensch sein und human sein.“ [143] Eine fachliche Argumentation ignorierend erteilte er der beruflichen Ausbildung eine klare Absage und faßte seine Meinung dahingehend zusammen, daß man sich aufgrund fehlender Finanzmittel mit wenigen Stellen begnügen müsse, „wenn die Sozialkommission richtig läuft, ist die Fürsorgerin überflüssig.“

141 HVAS, Jb. AuS, Bd. 2, S. 293.

142 BAP DQ-2 3728. 7.2.49. Wittgenstein (Ministerium für Arbeit und Sozialfürsorge Sachsen). Ausarbeitung für die Zonentagung am 9.2.49 (Unterstreichung in der Quelle).

143 BAP DQ-2 3728. 20.5.49. Protokoll der Arbeitstagung vom 17. Mai 1949 der HVAS mit Vertretern der Länder und der gesellschaftlichen Organisationen.

Die „Aktivierung der Sozialkommissionen“ sollte über eine „erhöhte Beschulung“ erfolgen, im Mittelpunkt stand die Steigerung der Effizienz ihrer Arbeit.[144] Auf Kreisebene wurden verstärkt Konferenzen durchgeführt, zu denen von jeder Sozialkommission der Vorsitzende und ein Mitglied entsandt werden sollten. Die inhaltlichen Schwerpunkte lagen auf der theoretischen Seite in Referaten zu den Aufgaben der Sozialkommissionen nach der FVO und im Rahmen des Zweijahresplanes, auf der praktischen Seite in Berichten über „vorbildhafte Arbeit“.[145] Daneben wurde die Ideologisierung der sozialen Arbeit vorangetrieben: „Die politischen Aufgaben sind zu verflechten mit den sozialen Aufgaben. Wir müssen den Menschen verständlich machen, daß eine Umwandlung entstanden ist. Es besteht ein gewaltiger Unterschied zwischen Almosenempfängern der Vergangenheit und den Menschen, die heute in den Genuß der Sozialversicherung kommen, die sich diesen Anspruch erarbeitet haben. Daß diese Umwandlung den Menschen ändert, ist selbstverständlich, nicht selbstverständlich ist aber, daß die Menschen diesen gewaltigen Unterschied tatsächlich erkennen.“[146]

In 136 Sozialkommissionskonferenzen kamen die ehrenamtlichen Mitarbeiter zusammen.[147] Auf die einzelnen Länder verteilten sich die von Frühjahr bis Sommer 1949 durchgeführten Konferenzen wie folgt:

Sachsen	14	Konferenzen mit	3985	Teilnehmern,
Sachsen-Anhalt	14	Konferenzen mit	3417	Teilnehmern,
Thüringen	38	Konferenzen mit	1102	Teilnehmern,
Brandenburg	9	Konferenzen mit	2202	Teilnehmern,
Mecklenburg	61	Konferenzen mit	2496	Teilnehmern.

Im Juli 1949 wurden die erstmalig durchgeführten Konferenzen positiv bewertet, lediglich in Mecklenburg wurden „deutliche Mängel in der Schulung“ erkannt.[148] Die Hinderungsgründe für die Teilnahme lagen dort im Einsatz in der Erntearbeit sowie in den schwierigen Verkehrsverhältnissen. Die Konferenzen wurden daher - wie auch in Thüringen - in kleinerem Maßstab durchgeführt, während in Sachsen, Sachsen-Anhalt und Brandenburg zwei bis drei Kreise zu einer Konferenz zusammengefaßt wurden. Dies erklärt die höhere Zahl an Konferenzen, wobei in Mecklenburg und

---

144 BAP DQ-2 3737. 18.3.49. HVAS (Zumpe). Tätigkeitsbericht für das 1. Quartal 1949.

145 BAP DQ-2 3778. 26.4.49. Schreiben der HVAS (Matern) an die Landesregierungen betr. Konferenzen der Sozialkommissionen.

146 BAP DQ-2 3730. 22.6.49. Protokoll der Tagung der Sozialkommission des DFD-Landesverbandes Brandenburg.

147 BAP DQ-2 3752. 16.8.49. HVAS. Aufstellung über Beteiligung und Zusammensetzung der Sozialkommissions-Konferenzen.

148 BAP DQ-2 3728. 13.7.49. HVAS (Hartung). Kurzbericht über die Konferenzen der Sozialkommissionen.

Thüringen die Gesamtzahl der teilnehmenden Sozialkommissionsmitglieder nicht höher als in den anderen Ländern lag. Im allgemeinen waren die Konferenzen in den Stadtkreisen stärker als in den Landkreisen besucht. Neben den Sozialhelfern und -helferinnen wurden auch Angestellte der Verwaltungen für Arbeit und Sozialfürsorge sowie Vertreter der politischen Parteien einbezogen. Während die SED auf allen Konferenzen anwesend war, äußerte die HVAS ihr Mißfallen darüber, daß Vertreter der anderen Blockparteien nur an 20 Prozent der Veranstaltungen teilnahmen.[149] Nachdem die Konferenzen des Jahres 1949 vorrangig auf Kreisebene stattgefunden hatten, war ab 1950 der Übergang zu Großkonferenzen auf Länderebene vorgesehen.

Analog zur Wettbewerbsbewegung in der Wirtschaft (Adolf Hennecke-Bewegung) gab es im sozialen Bereich ähnliche Bestrebungen.[150] Der „sozialistische Wettbewerb“ wurde als „umfassendste Form der schöpferischen Masseninitiative der Werktätigen zur Steigerung der Arbeitsproduktivität beim Aufbau des Sozialismus“[151] definiert und erstreckte sich auch auf die Tätigkeit in der Sozialfürsorge. In allen Ländern mit Ausnahme von Brandenburg wurden 1950 in der zweiten Jahreshälfte Wettbewerbe ausgeschrieben, mit dem Ziel einer „weiteren Aktivierung“ und Verbesserung der Arbeit der Kommissionen. Hierbei galt es, eine „Schwerpunktbildung zwecks Erkennen des Wesentlichen im Aufgabengebiet“ vorzunehmen sowie „formal-technische Bedingungen als erzieherisches Mittel zur Pünktlichkeit und Genauigkeit unter Hervorhebung der Gemeinschaftsleistung“ einzusetzen.[152] Solche rhetorischen Figuren meinten in der Praxis, daß hohe Erfolge bei der Arbeitsvermittlung erzielt und die Kosten der Unterstützungszahlungen gesenkt werden sollten. Als weitere positive Beurteilungskriterien galten ein hoher Frauenanteil in den Kommissionen, eine hohe Zahl an durchgeführten Sitzungen, die einwandfreie Bearbeitung von Unterstützungsanträgen und die Teilnahme an den zentralen Schulungen. Anhand eines Punktesystems wurden die Sozialkommissionen beurteilt. Die „besten“ Kommissionen wurden prämiert und erhielten ein vom Ministerium des Landes unterzeichnetes Schreiben.[153] In Sachsen-Anhalt

149 BAP DQ-2 3752. 23.8.49. HVAS, Abt. Sozialfürsorge an SMAD (Morenow). Bericht über die in der SBZ durchgeführten Konferenzen der Sozialkommissionen.

150 vgl. auch Hoffmann, Dierk: Zentralisierung und soziale Disziplinierung. Zum Neuanfang in der Krankenversicherung und zum Aufbau des Systems der Bevollmächtigten der Sozialversicherung in den Betrieben, in: Buchheim, Folgelasten, S. 423-429.

151 Sozialistischer Wettbewerb, in: Ökonomisches Lexikon, Bd. 2, Berlin (DDR) 1967, S. 664-665.

152 Wettbewerb der Sozialhelfer, in: Demokratischer Aufbau 5 (1950), S. 241.

153 BAP DQ-2 3848. 22.3.51. MfA (Zumpe an Staatssekretärin Malter). Wettbewerb zur Verbesserung der Arbeit der Sozialämter bzw. Sozialkommissionen.

wurden Geldpreise von 500 bis 1000 Mark ausbezahlt, deren Verwendung auf die Einrichtung von Betriebskindergärten beschränkt war.[154]

Auf einer Abteilungsleiterbesprechung des Ministeriums für Arbeit der DDR wurde im Juli 1950 festgestellt, daß es nur noch dort eine hohe Anzahl an Berufsfürsorgerinnen gäbe, wo die Sozialkommissionen schlechte Arbeit leisteten.[155] Obgleich gesetzlich lediglich eine gutachterliche Berichterstattung über die Hilfsbedürftigen und Vorschläge über Art und Höhe der Unterstützung von seiten der Kommissionen vorgesehen waren,[156] wurden ihre Kompetenzen immer mehr erweitert. Im November 1950 vermerkte Zumpe zur Relevanz der Kommissionen, daß es ein formaljuristischer Streit sei, ob sie ein Organ der Fürsorgebehörden seien oder nicht, entscheidend sei „ihre politische Bedeutung als kontrollierender Faktor, die Tatsache, dass keine Sozialfürsorge gewährt werden kann durch die Sozialämter, wenn die Sozialkommissionen die Hilfsbedürftigkeit nicht anerkennen bzw. nachträglich bestätigen konnten."[157] Innerhalb von zwei Jahren hatten die Sozialkommissionen ihre Stellung wesentlich verändert. Allmählich wurde jegliche Form beruflicher Sozialarbeit durch ehrenamtliche Arbeit ersetzt. Im fürsorgerischen Außendienst waren die Sozialkommissionen „grundsätzlich die alleinigen Träger mit betreuenden und beschließenden Funktionen."[158] Die Ausdehnung der ehrenamtlichen Arbeit diente der Rechtfertigung des Abbaus bezahlter Kräfte in den Fürsorgeverwaltungen.

In Einschätzungen zur Arbeit der Sozialhelfer und -helferinnen war jedoch immer wieder von mangelnder Qualifikation die Rede.[159] Vielfach seien die von den Parteien und Massenorganisationen vorgeschlagenen Mitglieder ihren Aufgaben nicht gewachsen oder unzureichend unterrichtet.[160] Diese Mängel sollten durch die Intensivierung der Schulungen

---

154 BAP DQ-2 3778. 18.12.50. Ministerium für Arbeit und Gesundheitswesen Sachsen-Anhalt. Arbeitsplan für die Sozialämter für das Halbjahr vom 1.7. bis 31.12.50 (Wettbewerb).

155 BAP DQ-2 3848. 5.7.50. 3. Abteilungsleiterbesprechung des Ministeriums für Arbeit der DDR am 3.7.50.

156 ZVOBl. 1948, S. 473. Anordnung zur Durchführungsverordnung über Sozialfürsorge (§ 20).

157 BAP DQ-2 3739. 8.11.50. MfA (Zumpe). Aktenvermerk betr. die Stellung der Sozialkommissionen in der Sozialfürsorge.

158 BAP DQ-2 3749. 15.2.51. Runderlaß 1/51 des Ministeriums für Wirtschaft Sachsen-Anhalt an die Räte der Stadt- und Landkreise, Abt. Sozialwesen.

159 BAP DQ-2 3388. 1.12.48. HVAS (Brack). Stellungnahme zum Schreiben der SMAD vom 29. Oktober 1948. Zur skeptischen Beurteilung der Arbeit der Sozialkommissionen vgl. auch Meja, S. 51-52.

160 BAP DQ-2 3738. 21.10.49. Schreiben des sächsischen Ministeriums für Arbeit und Sozialwesen (Kuntz) an das Ministerium für Arbeit und Gesundheitswesen der DDR, HA Sozialfürsorge. BAP DQ-2 3752. 2.7.49. Bericht über die am 28.6.49 in Stralsund stattgefundene Tagung der Sozialkommissionen. Ebd. 8.2.49. HVAS. Kontrollbericht über die Dienstreise nach Sachsen.

beseitigt werden. Gleichwohl blieb die Tätigkeit in der Außenfürsorge für die Kommissionsmitglieder eine Nebenbeschäftigung, die sie in ihrer Freizeit durchführen mußten. Daher wurde beklagt, daß die Sozialkommissionen nicht regelmäßig tagen würden.[161] Nicht immer war ihr Engagement mit einer Erhöhung des sozialen Prestiges verbunden. Zum Teil verweigerte die Bevölkerung die Mitarbeit, weil früher vorwiegend Mitglieder der NSDAP in den Kommissionen tätig waren.[162] Aus Mecklenburg wurde darüber hinaus berichtet, daß sich die Sozialkommissionen gerade in kleinen Gemeinden mißliebig machten.[163] Zuweilen wurden sie gar als „Schnüfflerkommissionen" bezeichnet.[164] Der sächsische Ministerialreferent Wittgenstein stellte diesbezüglich fest, daß die Sozialkommissionen oft „hart gesotten" seien. Zuweilen müsse ein zu scharfes Vorgehen vom Kreissozialamt gebremst werden, was geradezu die Umkehrung der von der Verwaltung hervorgehobenen Demokratisierung durch Einschaltung des Laienelements bedeutete.[165] Die geschilderten Umstände hatten zur Folge, daß eine hohe personelle Fluktuation in den Kommissionen beobachtet werden konnte,[166] zumal auch eine starke Überlastung der Mitglieder durch die Mitwirkung in einer großen Zahl anderer Ausschüsse festzustellen war.[167]

Die aufgezeigten Mängel im fürsorgerischen Außendienst rückten das Laienelement in ein anderes Licht. Sicherlich konnte eine professionelle Sozialarbeit wegen höherer fachlicher Kompetenz und größerer zeitlicher Verfügbarkeit eine bessere fürsorgerische Betreuung gewährleisten. Ähnlich verhielt es sich mit dem kritisierten Bürokratismus. „Bürokratisches Handeln zielt auf eine sachliche, unpersönliche und aktenmäßige Bearbeitung gesellschaftlicher Probleme."[168] Dadurch wird der Fürsorgeempfänger zum „Fall". Vom Individuum wird abgelenkt, Standardisierung und Routini-

---

161 Belke, Rudolf: Die Arbeit der Sozialkommissionen, in: Demokratischer Aufbau 3 (1948), H. 8, S. 186.

162 BAP DQ-2 3752. 8.2.49. HVAS. Kontrollbericht über die Dienstreise nach Sachsen.

163 BAP DQ-2 3730. 21.6.49. Konferenz der Sozialkommissionen der Kreise Malchin und Prüfung des dortigen Kreissozialamtes.

164 BAP DQ-2 3730. 7.7.49. Protokoll der Konferenz der Sozialkommissionen der Landkreise Annaberg und Flöha. 8.7.49. Protokoll der Konferenz der Sozialkommissionen in Schönberg und Grevesmühlen (Mecklenburg).

165 BAP DQ-2 3741. 22.3.49. HVAS (Zumpe). Überprüfung des Kreissozialamtes Stendal.

166 BAP DQ-2 3741. 22.10.48. Schreiben des Ministeriums für Arbeit und Sozialfürsorge Brandenburg an die HVAS. BAP DQ-2 3752. 8.2.49. HVAS. Kontrollbericht über die Dienstreise nach Sachsen.

167 BAP DQ-2 3741. 28.10.48. HVAS (Zumpe). Durchführung von Kontrollen in Sachsen-Anhalt vom 16. bis 20. Oktober 1948. BAP DQ-2 3730. 21.6.49. Konferenz der Sozialkommissionen der Kreise Malchin und Prüfung des dortigen Kreissozialamtes. BAP DQ-2 3848. 3.7.50. Abteilungsleiterbesprechung im Ministerium für Arbeit der DDR.

168 vgl. zur folgenden Argumentation: Sachße/Tennstedt, Bd. 2, S. 206.

sierung gehen mit dieser Entwicklung einher. Gleichzeitig gewinnt, von seiten der Betroffenen betrachtet, ein rationales Moment an Gewicht. Gleichmäßigkeit und Verläßlichkeit werden durch Abhandeln der Fürsorgeangelegenheiten am Schreibtisch erhöht, da man sich auf einen schriftlichen Nachweis der Einkommensverhältnisse beschränkt. Die Anonymität der Privatsphäre steht dem Prinzip der Erfassung des ganzen Menschen entgegen. Der in der SBZ eingeführte ehrenamtliche Sozialdienst schuf einen im Sinne der Behörden wirkungsvollen Überprüfungsmechanismus, der aus Kostengründen mit bezahlten Kräften in dieser Ausbreitung nicht zu verwirklichen gewesen wäre. Die Ehrenamtlichkeit verstärkte den kontrollierenden Charakter des fürsorgerischen Außendienstes, statt ihn zu demokratisieren. Die jeglicher Sozialarbeit inhärente „Bewachung gesellschaftlich lizensierter Normalitätsstandards“[169] wurde durch die politische Einbindung und Selektion der Sozialhelfer verstärkt.

Die Abqualifizierung sozialer Arbeit[170] in der DDR war bereits früh angelegt. Soziale Dienstleistungsberufe blieben unterentwickelt, und ihre Aufgaben wurden weitgehend ehrenamtlich von den Massenorganisationen sowie den volkseigenen Betrieben wahrgenommen. Der angelegte Prozeß einer Deprofessionalisierung beruhte auf einer Geringschätzung der in der Weimarer Republik entwickelten Einsicht in die Notwendigkeit einer psychologischen und pädagogischen Ausbildung. Dies entsprach der ideologisch vorgegebenen Überzeugung, daß sich die Sozialpolitik mit der Herausbildung des Sozialismus erübrige.

2.4. Die Errichtung einer flächendeckenden Außenfürsorge

Die DVAS brachte die ehrenamtliche Außenfürsorge mit der FVO in ein einheitliches Organisationsschema. Dies stellte eine Abkehr von der bis zur Weimarer Republik geltenden Vielzahl von Prinzipien dar, in denen die lokale Verankerung Vorrang hatte.[171] Die Einführung der unterschiedlichsten Adaptionen des Elberfelder oder Straßburger Systems[172] hatte sich auf die Städte beschränkt, denn der kommunalen Verantwortung blieb nicht nur die Ausgestaltung des fürsorgerischen Außendienstes vorbehalten, sondern auch

---

169 Olk, Thomas: Abschied vom Experten. Sozialarbeit auf dem Weg zu einer alternativen Professionalität. Weinheim, München 1986, S. 110.

170 vgl. Sozialarbeit, in: Winkler, Gunnar (Hrsg.): Lexikon der Sozialpolitik. Berlin (DDR) 1987, S. 338.

171 Die RFV vom 13. Februar 1924 machte hierzu keine Vorschriften.

172 Zum Straßburger System vgl. Sachße/Tennstedt, Bd. 2, S. 25-37. Sachße, Christoph: Mütterlichkeit als Beruf. Sozialarbeit, Sozialreform und Frauenbewegung 1871-1929. Frankfurt/Main 1986, S. 36-48. Boldorf, Marcel: Armenfürsorge im annektierten Elsaß-Lothringen am Beispiel Saargemünds (1871-1914), in: Scripta Mercaturae 29 (1995), S. 93-94.

die Entscheidung darüber, ob ein solcher überhaupt eingerichtet wurde.[173] Auf dem Land konnte vielfach von einer Außenfürsorge keine Rede sein.

Die Sozialkommissionen waren „unter Berücksichtigung der Einwohnerzahl und der sozialen Struktur zu bilden."[174] Gemeint war, daß in den Städten der SBZ die aus dem Elberfelder System bekannte Aufteilung nach Fürsorgebezirken und Quartieren zu übernehmen war. Prinzipiell sollte bei der Einteilung auf die bereits bestehenden Fürsorgebezirke zurückgegriffen werden. Wo es diese nicht gab, wurde pragmatisch vorgegangen. Im Sinne einer raschen Umsetzung der Fürsorgeverordnung war eine Anlehnung an die räumliche Abgrenzung der Polizeireviere[175] bzw. der politischen Wahlkreise vorgesehen.[176] Eine solche Einteilung erschien recht willkürlich, denn dadurch wurde die soziale Struktur der zu bildenden Fürsorgebezirke unzureichend berücksichtigt. Insbesondere die Auswirkungen sozialräumlicher Segregation, d.h. das Entstehen von „Armenvierteln", fanden bei dieser Vorgehensweise keine Beachtung. Allerdings ist in den meisten Großstädten von einer Kontinuität auszugehen, weil die Sozialbehörden auf gewachsene Strukturen zurückgreifen konnten. Dies galt nicht unbedingt für Städte mittlerer Größe.[177] Letztlich blieb es von der Sachkenntnis der Sozialbehörden abhängig, inwieweit der fürsorgerische Außendienst der lokalen Sozialstruktur entsprach. Das entscheidende Manko in der Organisation der ehrenamtlichen Fürsorge war die Fixierung auf die räumliche Einteilung, hatte doch das Straßburger System eine Abkehr hiervon zu erreichen gesucht. Bereits in der zweiten Hälfte des 19. Jahrhunderts hatten zahlreiche Städte das Quartiersystem gerade deshalb abgewandelt, weil es der spezifischen Eignung der Pfleger nicht Rechnung trug. Die Zuweisung der Betreuungsfälle sollte je nach Art des Notstandes nicht nach räumlichen, sondern nach fachlichen Kriterien erfolgen.[178] Für solcherlei Überlegungen zeigten die Planungen in der SBZ mangelndes Verständnis.

In agrarisch geprägten Gebieten konnte man den fürsorgerischen Außendienst als ein brachliegendes Feld ansehen. Hieran hatte der Nationalsozia-

---

173 Helbling, E.: Die öffentliche Fürsorge im Jahre 1925, in: Statistisches Jahrbuch deutscher Städte 22 (1927), S. 431-445. Noch in der Weimarer Republik reduzierte sich die Diskussion über die Organisation der Außenfürsorge noch auf städtische Gebiete.

174 ZVOBl. 1947, S. 223. 1. Durchführungsverordnung (zu Ziffer 11).

175 BAP DQ-2 3765. [1946]. Erläuterungen zum Entwurf zur Sozialfürsorge.

176 BAP DQ-2 1079. 7.1.48. DVAS (Wiederhold). Entwurf: Leitfaden für die ehrenamtliche Mitarbeit in der Sozialfürsorge.

177 Ein Beispiel war Dessau, wo es im Oktober 1948 noch gar keine Kommission gab (vgl. BAP DQ-2 3741. 28.10.48. HVAS (Zumpe). Durchführung von Kontrollen in Sachsen-Anhalt vom 16. bis 20.10.48), ein weiteres Eisenach, dort existierte Ende 1948 nur eine Sozialkommission (vgl. BAP DQ-2 3718. 20.12.48. Überprüfung des Sozialamtes Eisenach).

178 Sachße/Tennstedt, Bd. 2, S. 25.

lismus durch die Aktivierung über Massenorganisationen wenig geändert. Weder die NSV noch das Winterhilfswerk waren auf eine individuelle Betreuung der Fürsorgeempfänger ausgerichtet gewesen. Hierfür kamen allenfalls Kreisfürsorgerinnen in Frage, sofern diese noch von den Kreiswohlfahrtsämtern angestellt waren. Der organisatorische Aufbau sollte sich in der SBZ an die lokalen Sozialämter, die im Dezember 1946 als Nebenstellen der Kreissozialämter bezeichnet wurden, in Gemeinden mit mehr als 5.000 Einwohnern anlehnen. Entsprechend der Größe des Bezirkes waren eine oder mehrere Sozialkommissionen zu bilden. Grundsätzlich war in jeder Gemeinde eine Kommission einzurichten, die mit dem Gemeindevorsteher zusammenarbeiten sollte.[179]

Für die Landgemeinden bedeutete die staatlich verordnete Gründung der Sozialkommissionen oft eine Neuerung. Die Bürgermeister hatten in bezug auf die lokalen Fürsorgeangelegenheiten vorher eine starke Stellung. In den Klein- und Kleinstgemeinden kann man davon ausgehen, daß die finanzielle Kontrolle über die Auszahlung der Unterstützungen ganz in ihren Händen gelegen hatte. Durch die Existenz der Sozialkommissionen erhielten sie eine Konkurrenz, die sie vielfach nicht hinnehmen wollten. Es gab Spannungen zwischen den Bürgermeistern und den Sozialkommissionen.[180] Mitglieder der Kommissionen beklagten, daß die Bürgermeister gegen die Kommissionen arbeiteten, sie mangelhaft unterstützten[181] oder eine „selbstherrliche Einstellung an den Tag" legten.[182] Mancherorts versuchten sie in die Personalstruktur der Kommissionen einzugreifen[183] oder lösten kraft ihres Amtes Sozialkommissionen einfach auf.[184] Die Bürgermeister pochten auf ihr angestammtes Recht, alleine über die Unterstützungsbewilligung entscheiden zu können.[185] In der zweiten Durchführungsverordnung wurde in Ergänzung zu den Änderungsvorstellungen der SMAD explizit aufgenommen, daß die

179 BAP DQ-2 3778. 12.12.46. DVAS (Wiederhold). Vorschläge für den einheitlichen Aufbau der Sozialkommissionen.

180 BAP DQ-2 3728. 10.12.48. HVAS. Protokoll über die Arbeitstagung der Abt. Sozialfürsorge bei den Ministerien für Arbeit und Sozialfürsorge in den Ländern der SBZ.

181 vgl. Berichte über Konferenzen der Sozialkommissionen: BAP DQ-2 3730. 5.5.49, Kreis Neuruppin (Brandenburg); 21.6.49, Kreise Bautzen, Löbau und Zittau; 21.6.49, Kreis Malchin (Mecklenburg). BAP DQ-2 3723. 4.7.49, Kreis Gardelegen.

182 BAP DQ-2 3752. 6.7.49. Konferenz der Sozialkommissionen der Kreise Torgau, Schweinitz und Liebenwerda.

183 BAP DQ-2 3730. 7.7.49. Konferenz der Sozialkommissionen der Landkreise Annaberg und Flöha.

184 BAP DQ-2 3730. 4.7.49. Konferenz der Sozialkommissionen der Landkreise Torgau, Schweinitz und Liebenwerda.

185 vgl. z.B. BAP DQ-2 3730. 8.7.49. Konferenz der Sozialkommissionen in Schönberg und Grevesmühlen (Mecklenburg).

Bürgermeister nicht Vorsitzende der Sozialkommissionen sein durften,[186] worauf die Länderministerien in der Folge verstärkt achteten.[187] Angesichts der starken Position der Bürgermeister kann man die Verteilung der Aufgaben auf ein kollegiales Gremium als einen Fortschritt betrachten. Sofern sich bei den ehrenamtlichen Helfern unter den oben genannten Einschränkungen eine auf ihre Tätigkeit bezogene Verantwortlichkeit entwickelte, wurden einem etwaigen eigenmächtigen Handeln einzelner Amtsträger Grenzen gesetzt. Durch die Einsetzung von Sozialkommissionen wurde in den Landgemeinden erstmals ein fürsorgerischer Außendienst eingerichtet, so daß man in Relation zu dem vormaligen äußerst niedrigen Entwicklungsstand durchaus von einer Verbesserung der Betreuung der Fürsorgeempfänger sprechen kann.

Unterstützt werden die getroffenen Aussagen durch statistische Betrachtungen. Es zeigt sich, daß in den am wenigsten dicht besiedelten Gebieten die Zahl der Sozialkommissionen in Relation zur Einwohnerzahl am höchsten war. Dadurch, daß die staatlichen Behörden in der Außenfürsorge erstmals direkt auf die kommunalen Verhältnisse einwirkten und für jede Gemeinde die Gründung einer Kommission durchsetzten, stieg deren Anzahl beträchtlich. In den nordöstlich von Berlin gelegenen ländlichen Kreisen Ruppin, West- und Ostprignitz,[188] die zusammen 302.291 Einwohner bei einer durchschnittlichen Einwohnerdichte von ca. 65 Einwohnern pro Quadratkilometer hatten,[189] gab es im Dezember 1950 insgesamt 428 Sozialkommissionen.[190] Auf 706 Einwohner kam eine Kommission. Im ostbrandenburgischen Agrarkreis Seelow, der 54.563 Einwohner zählte, existierten 116 Kommissionen, von denen jede für die Betreuung von durchschnittlich 470 Einwohnern zuständig war.

Ein ähnliches Bild ergab eine Statistik im Jahr 1952 für die fünf Kreise des Bezirkes Magdeburg, die die niedrigsten Einwohnerzahlen pro Quadratkilometer aufwiesen.

---

186 BAP DQ-2 3387. 22.10.48. HVAS. Änderungen in der Anordnung zur Durchführungsverordnung vom 21.9.48 (ZVOBl. 1948) gegenüber der 1. Durchführungsverordnung. Zusatz in Ergänzung des SMAD-Entwurfs Dawidows („Übersetzung Born").

187 BAP DQ-2 3730. 14.7.49. Referat Zumpes auf der Konferenz der Sozialkommissionen der Kreise Coswig, Großenhain, Meißen.

188 Nach der Gebietsreform von 1952 entsprach dies ungefähr dem Gebiet der neugegründeten Kreise Perleberg, Pritzwalk, Wittstock, Neuruppin und Kyritz.

189 Stat. Jb. der DDR 1957, S. 11. Stand: 31.08.50.

190 BAP DQ-2 3755. [12/1950]. Ministerium für Arbeit und Sozialfürsorge Brandenburg. Aufstellung über Beteiligung und Zusammensetzung der Sozialkommissionskonferenzen.

Tabelle 21:
Sozialkommissionen in ausgewählten ländlichen Kreisen des Bezirks Magdeburg (1952)

Kreis	Zahl der Sozialkommissionen	Einwohnerzahl des Kreises	Einwohner pro Quadratkilometer	Einwohner pro Sozialkommission
Klötze	119	42.090	62	354
Osterburg	115	34.895	59	303
Genthin/Stendal	115	50.150	74	436
Salzwedel	112	55.988	68	500
Gardelegen	91	33.796	52	371
Zerbst	89	50.848	61	571

Quelle: BAP DQ-2 3755. MfA. Stat. Jb. der DDR 1957, S. 12.

Auch hier fielen in das Betätigungsfeld der einzelnen Kommissionen im Schnitt zwischen 303 (Kreis Osterburg) und 571 Einwohner (Kreis Zerbst). Der fürsorgerische Außendienst auf dem Land war durch überschaubare Verhältnisse gekennzeichnet. Auf die einzelne Sozialkommission entfiel eine angemessene Anzahl von Einwohnern. Demgegenüber waren die ehrenamtlichen Sozialhelfer in den Großstädten überlastet.

Tabelle 22:
Statistik der Sozialkommissionen in ausgewählten Großstädten (1948-1950)

	Zahl der Sozialkommissionen	Einwohnerzahl	Einwohner pro Sozialkomm.	Unterstützungsfälle	Fälle pro Sozialkommission
Dresden	53	466.285	8.798	.	.
Chemnitz	43	255.000	5.930	13.780	320
Halle	32	242.571	7.580	4.673	146
Erfurt	8	190.495	23.812	.	.

Quellen: BAP DQ-2 3741. 9.3.49. HVAS. Prüfungsbericht: Stadt Dresden. BAP DQ-2 3730. 6.7.49. HVAS. Protokoll der Konferenz der Sozialkommissionen Chemnitz. BAP DQ-2 3718. 21.12.48. HVAS (Wiederhold). Bericht über die Prüfung des Sozialamtes Halle. 21.7.48. Kontrolle des Sozialamtes Erfurt.

In allen aufgeführten Großstädten überstieg die Zahl der potentiell zu betreuenden Einwohner die Möglichkeiten der Sozialkommissionen. Die relativ günstigsten Verhältnisse herrschten in Chemnitz, wo eine Kommission für 5.930 Einwohner zuständig war, eine Zahl, die im Vergleich zu den ländlichen Kreisen überaus hoch lag. Hier hatte jede der 43 Kommissionen im Durchschnitt 320 Unterstützungsfälle zu betreuen. Als völlig unzureichend muß die Lage in Erfurt eingeschätzt werden, wo jede der acht Sozialkommissionen für 23.812 Einwohner zuständig war. Dem Mangel an ehrenamtlichen Helfern in den Städten stand im Vergleich zum Land eine personell bessere Ausstattung der Behörden gegenüber.[191]

Diese sehr disparate Entwicklung in der Außenfürsorge war durch den Umstand begünstigt, daß die auf dem Land eingesetzten Helfer zur Beseitigung der unmittelbaren Nachkriegsnot von den lokalen Fürsorgebehörden übernommen werden konnten. Des weiteren gab es in der SBZ mit der Demokratischen Bauernpartei Deutschlands (DBD) und den Vereinigungen der gegenseitigen Bauernhilfe (VdgB) erstmals in Deutschland Organisationen, die breite Teile der Klein- und Mittelbauern sowie der lohnabhängigen Landbevölkerung vereinten. Gerade den VdgB gelang die Integration der von der SED schwer zu erreichenden Landbevölkerung. Im Juni 1948 hatten sie 520.000 Mitglieder.[192] In ländlichen Gebieten lag der Organisationsgrad in der bäuerlichen Massenorganisation im Vergleich zur Mitgliederzahl der SED besonders hoch.[193] Zwischen 1949 und 1952 ließen sich aus der Bauernschaft zahlreiche Sozialhelfer werben. Zusammenfassend kann für die flächendeckende Einführung der Außenfürsorge festgestellt werden, daß auf dem Land relative Fortschritte erzielt wurden, während man in den Städten zwar schnelle Kommissionsgründungen vorweisen konnte, diese aber wegen ihrer geringen Zahl den praktischen Anforderungen nicht gewachsen waren.

2.5. Zur politischen Einbindung der Sozialkommissionen

Die Übernahme des fürsorgerischen Außendienstes durch die Sozialkommissionen stellte die Behörden vor das Problem der personellen Auswahl geeigneter Sozialhelfer und -helferinnen. Die in den 1930er Jahren vermehrt durch die NSV angeworbenen Kräfte waren nicht mehr gefragt. Zunächst sollten ehemalige Mitglieder der NSDAP und ihrer Gliederungen explizit aus der Außenfürsorge ausgeschlossen werden,[194] was jedoch in die FVO und ihre Durchführungsbestimmungen nicht aufgenommen wurde. Statt dessen wurde die allgemein gehaltene Formulierung gebraucht, daß die Mitglieder der Sozialkommissionen „das Vertrauen der Bevölkerung genießen"

191 vgl. Kapitel II., 1.

192 Wernet, Bernhard: Zur Rolle und Funktion der Vereinigung der gegenseitigen Bauernhilfe (VdgB) und der Demokratischen Bauernpartei Deutschlands (DBD) im Parteiensystem der SBZ/DDR (1945-1952), in: Weber, Hermann (Hrsg.): Parteiensystem zwischen Demokratie und Volksdemokratie. Dokumente und Materialien zum Funktionswandel der Parteien und Massenorganisationen in der SBZ/DDR 1945-1950 (Mannheimer Untersuchungen zu Politik und Geschichte der DDR, Bd. 1). Köln 1982, S. 524.

193 Dowidat, Christel: Zur Veränderung der Mitgliederstrukturen von Parteien und Massenorganisationen in der SBZ/DDR (1945-1952), in: Weber, Parteiensystem, S. 537.

194 BAP DQ-2 3765. DVAS. [1946]. Erläuterungen zum Entwurf der Verordnung über Sozialfürsorge.

sollten.[195] Bei den Sozialkommissionen handelte es sich in der Regel um Neugründungen, die personell viel eher an die zum Teil spontane, zum Teil behördliche gelenkte Entwicklung der unmittelbaren Nachkriegszeit anknüpften, als sie aus ehemaligen Wohlfahrtskommissionen hervorgingen. Die Auswahlprinzipien für die Sozialhelfer waren unterschiedlich. Neben dem Kriterium der politischen Zuverlässigkeit war eine hohe Bereitschaft zur Kooperation mit den Behörden von Bedeutung, bestand doch die Möglichkeit, die Sozialhelfer im Einvernehmen mit der Organisation, die sie benannt hatte, wieder abzuberufen.[196]

Tabelle 23:
Zusammensetzung der Sozialkommissionen in der SBZ/DDR (1948-1952)

	August 1948	August 1949	Januar 1952
SED	21.162	22.916	20.521
CDU	4.853	5.208	5.300
LDP	3.859	4.327	4.265
NDPD	.	5	1.840
DBP	.	.	1.763
FDGB	3.556	4.825	7.009
VdgB	.	.	3.934
DFD	4.681	3.783	8.924
FDJ	909	1.328	3.417
VS	1.682	3.722	3.077
parteilose	2.030	4.244	
	10.432	13.887	9.675
Gesamtzahl	**53.164**	**64.245**	**69.725**
Zahl der Soz.komm.	*11.282*	*12.224*	*10.883*
Sozialhelfer			
männlich	35.420	43.918	38.656
weiblich	17.744	20.327	31.069

Quellen: BAP DQ-2 3788. 31.8.48 / 16.8.49. HVAS. BAP DQ-2 3752. 4.1.52. MfA.

Der Anteil der SED-Mitglieder an den Sozialhelfern war seit der Gründungsphase der Kommissionen sehr hoch, ging allerdings - relativ gesehen - zurück: Während er 1948 noch 39,8 Prozent betrug, verringerte er sich bis 1949 auf 35,7 Prozent und bis 1952 auf 29,4 Prozent. Faßt man die Zahl der Sozialkommissionsmitglieder der allgemein als SED-beeinflußt bezeichneten Massenorganisationen Volkssolidarität, FDJ, DFD, FDGB mit der SED zusammen, ändert sich jedoch dieses Bild: Den genannten Organisationen

195 ZVOBl. 1948, S. 472. 21.9.48. Anordnung zur Durchführung der Verordnung über Sozialfürsorge (§ 19).

196 BAP DQ-2 3755. März 1948. HVAS. Richtlinien für die Sozialkommissionen und Sozialhelfer.

gehörten 1948 insgesamt 31.990 Sozialhelfer (60,2 Prozent der Gesamtzahl), 1949 waren es 36.574 (56,2 Prozent) und 1952 42.948 (61,6 Prozent) an.[197] Die personelle Besetzung der Behörden, die über die Benennung der Kommissionsmitglieder entschieden, wirkte auf die Auswahl derselben zurück. Meist wurde auf ihre politische Zuverlässigkeit geachtet, um eine entsprechende Kontrolle der Unterstützungsempfänger zu garantieren. Die Einbindung in eine Partei oder eine Massenorganisation stärkte sicherlich auch das Verpflichtungsgefühl gegenüber der Gemeindeverwaltung.

Der Anteil der Mitglieder der Einheitsgewerkschaft an den Sozialhelfern erhöhte sich überproportional. 1948 betrug der FDGB-Anteil erst 6,7 Prozent. Er steigerte sich über 7,5 Prozent (1949) auf 10,1 Prozent (1952). Dies spiegelte einerseits das wachsende Gewicht der Gewerkschaften in einer Fürsorgepolitik wider, die auf einer starken Verzahnung mit der Arbeitsvermittlung und dem Ziel der betrieblichen Einbindung möglichst aller Arbeitstüchigen basierte. Andererseits wurden Bestrebungen deutlich, die vormals von bürgerlichen Kreisen wahrgenommenen Aufgaben der ehrenamtlichen Sozialarbeit nun verstärkt von Vertretern der Arbeiterklasse ausführen zu lassen.

Auf einem konstant niedrigen Niveau blieb der Anteil der Sozialhelfer der bürgerlichen Blockparteien. Derjenige der CDU nahm von 9,1 Prozent (1948) über 8,1 Prozent (1949) auf 7,6 Prozent (1952) ab. Einen ähnlichen Verlauf zeigte die Mitwirkung von LDP-Mitgliedern in den Sozialkommissionen (1948: 7,3 Prozent, 1949: 6,7 Prozent, 1952: 6,1 Prozent). In der personellen Besetzung der Sozialkommissionen setzte sich tendenziell eine ähnliche Verteilung nach Parteien und gesellschaftlichen Organisationen durch, wie sie in den parlamentarischen Gremien durch einen Schlüssel[198] oder in den Beratungsausschüssen von seiten der Verwaltung festgelegt war.

Die Massenorganisationen waren darauf ausgelegt, soziale Großgruppen zu erfassen, wie etwa die FDJ die Jugend oder der DFD die Frauen. Im Zuge der Transformationspolitik der SED ließ sich auch den anderen Blockparteien eine solche Funktion zuschreiben, wie es am Beispiel der National-Demokratischen Partei Deutschlands (NDPD) als Sammelbecken für ehemalige Nationalsozialisten besonders deutlich wurde.[199] Während der im

---

197 Auch die VdgB und DBD waren zu den SED-dominierten Parteien bzw. Organisationen zu zählen. Rechnete man diese 1952 hinzu, erhöhte sich die Gesamtzahl der SED-treuen Sozialhelfer auf 48.645 (= 69,8 Prozent).

198 Die prozentualen Anteile der Parteien und Massenorganisationen betrugen seit Einführung der Einheitslistenabstimmung am 5. Oktober 1950: SED 25 %, CDU 15 %, LDP 15 %, FDGB 10 %, NDPD 7,5 %, DBD 7,5 %, KB 5 %, FDJ 5 %, DFD 3,75 %, VVN 3,75 %, VdgB 1,25 %, Genossenschaften 1,25 %.

199 vgl. Staritz, Dietrich: Die National-Demokratische Partei Deutschlands 1948-1953. Ein Beitrag zur Untersuchung des Parteiensystems der DDR. Diss.rer.pol. Berlin 1968.

Arbeitsprozeß stehende Teil der Arbeiterschaft im FDGB organisiert werden sollte, fehlte es an einer spezifischen Organisation für diejenigen, die nicht in Betrieben oder anderen Institutionen eingebunden waren. Im Sinne der Staatsräson war die soziale Kontrolle der untersten Schichten in der Geschichte der Armenfürsorge stets ein vorrangiges Ziel. Das System der Sozialkommissionen stellte ein von staatstreuen Kräften dominiertes organisatorisches Pendant zu den Massenorganisationen dar, in diesem Fall nicht auf die von der SED gelenkte Selbstorganisation einer Großgruppe, sondern auf die soziale Einbindung und Kontrolle durch Dritte zielend. Die Sozialkommissionen übernahmen, indem sie auf ähnliche Weise wie die gesellschaftlichen Organisationen ideologisch beeinflußt wurden, ihre Rolle als „Transmissionsriemen", der die Festigung der staatlichen Herrschaft sicherte.

Entsprechend gewannen die zentralen Schulungen, denen sich die Kommissionsmitglieder mindestens einmal jährlich unterziehen mußten, seit den 1950er Jahren immer mehr allgemeinpolitischen Charakter. So sah der Seminarplan im Jahr 1953 Referate über vier Themenkomplexe vor: 1.) Die zweite Parteikonferenz der SED, 2.) die nationale und internationale Lage, Spaltung der Welt, 3.) der Aufbau des Sozialismus, 4.) sie demokratische Staatsmacht als Hauptinstrument bei der Schaffung der Grundlagen für den Aufbau des Sozialismus.[200] Hier wurde offensichtlich, wie die Sozialkommissionen für eine politischen Einbindung der Fürsorgeempfänger vorgesehen waren und somit die politische Zuverlässigkeit ihrer Mitglieder immer mehr zum zentralen Kriterium für deren Brauchbarkeit wurde.

2.6. Die öffentliche Fürsorge als spezifisches Betätigungsfeld für Frauen

Um die Jahrhundertwende wurde die Tätigkeit von Frauen in der Armenfürsorge kontrovers diskutiert. Einerseits sah die bürgerliche Frauenbewegung im weiblichen Engagement nicht nur ein karitatives Wirkungsfeld, sondern auch eine Chance zur Emanzipation durch die Übernahme eines öffentlichen Amtes in der patriarchalisch strukturierten Gesellschaft des Kaiserreiches. Andererseits äußerten sich Praktiker der Fürsorge skeptisch in bezug auf die „Heranziehung von Frauen zur öffentlichen Armenpflege".[201] Die besonderen Eigenschaften des Mannes, genannt wurden „seine größere Objektivität, höhere Autorität und Festigkeit" sowie die Vorzüge seiner Ausbildung und Lebensstellung, begründeten in dieser zeitgenössischen Sichtweise eine bessere Eignung für die Überprüfung der Unterstützungs-

200 BAP DQ-2 3387. 20.3.53. Ministerium für Arbeit der DDR. Seminarplan für die Schulung der Sozialkommissionen.

201 Osius, Rudolf: Heranziehung von Frauen zur öffentlichen Armenpflege (Schriften des Deutschen Vereins für Armenpflege und Wohlthätigkeit 25). Leipzig 1896, S. 6-9.

fälle. Die besonderen Fähigkeiten der Frau lägen hingegen in der „vorbeugenden Armenpflege“: „Namentlich die Kinderpflege ist so recht das Feld der Betätigung für die Frau.“[202] Generell wurde die erzieherische Beeinflussung der Armen im Bereich der Haushaltsführung als Domäne der bürgerlichen Frauen angesehen. Mangelnde hauswirtschaftliche Fähigkeiten galten von jeher als Grund für die selbstverschuldete Verarmung. Das hier skizzierte Mütterlichkeitsideal verlor in den ersten Jahrzehnten des 20. Jahrhunderts keinesfalls an Bedeutung, vielmehr erlebte es in der diskriminierenden Sichtweise des Nationalsozialismus eine weitere Aufwertung im öffentlichen Bewußtsein.

In der öffentlichen Behandlung von Frauenfragen in der SBZ/DDR spiegelten die Programme des Demokratischen Frauenbunds Deutschland (DFD) sowohl die offizielle, staatstragende Argumentation wie auch die mehrheitliche Haltung der Frauenbewegung wider.[203] Im März 1947 erhob der DFD emanzipatorische Forderungen nach der vollen Gleichberechtigung der Frau auf allen Gebieten des politischen, wirtschaftlichen, sozialen und kulturellen Lebens sowie nach dem Ausbau der staatsbürgerlichen Bildungs- und Wirkungsmöglichkeiten. Außerdem komme der Frau eine besondere Rolle bei der Sicherung sozialer und gerechter Lebensbedingungen zu, womit in erster Linie die aktive Hilfe beim Ausbau des Sozialwesens gemeint war. Die Fürsorge für Schwangere, Mütter und Kinder, für Alte und Bedürftige galten als wichtige Betätigungsfelder der Frau. So übernehme sie eine wesentliche Rolle im „Friedensprozeß“, die in ihrem „Wesen“ begründet liege: „Es ist Frauenschicksal und Frauenaufgabe, Leben zu geben und weiterzutragen, Glück und Freude zu bereiten, nicht aber an der Zerstörung von Leben, Hab und Gut teilzunehmen.“[204]

Den vom DFD erklärten Zielen entsprechend forcierte die HVAS die Einbindung von Frauen in die Sozialfürsorge.[205] Von seiten der Verwaltung wurde der eingeschlagene Weg mit sehr traditionellen Argumenten untermauert, die teilweise dem Tenor des Gründungskongresses des DFD vom im März 1947 entsprachen: Der sächsische Oberregierungsrat Hausdorf

202 ebd., S. 9.

203 Zum Folgenden v.a. Weber, Gerda: Zur Vorgeschichte und Entwicklung des Demokratischen Frauenbundes (DFD) von 1945 bis 1950, in: Weber, Parteiensystem, S. 434-436, 448-451.

204 ebd., S. 439. Entwurf zum Programm des Demokratischen Frauenbunds Deutschlands, angenommen auf dem Gründungskongreß des DFD vom 7.-9. März 1947. Im veränderten Programm, das auf dem 3. Bundeskongreß des DFD im April 1950 verabschiedet wurde, hieß es, daß die Sehnsucht nach Frieden eine „uralte Sehnsucht der Menschen“ sei. Die Sicherung sozialer Lebensbedingungen wurde durch „Teilnahme am wirtschaftlichen Aufbau“ ersetzt. Eine spezielle Eignung der Frau für Fürsorgeaufgaben wurde nicht mehr angesprochen.

205 BAP DQ-2 3728. 1./2.6.48. HVAS (Matern). Protokoll über die Arbeitstagung der Ministerien für Arbeit und Sozialfürsorge in den Ländern der SBZ.

unterstrich, daß die soziale Arbeit wegen „ihres mütterlichen Wesens“ ein „Gebiet für die Frau“ sei, „sie hat die Gabe und das Geschick, sich in die Seele des einzelnen zu vertiefen, und bei ihr läuft man am wenigsten Gefahr, daß die Dinge nur oberflächlich behandelt werden.“[206]

Unter den skizzierten Leitlinien sollte die Zahl der Sozialhelferinnen erhöht werden. Im Zeitraum von 1948 bis 1952 erhöhte sich der Frauenanteil an der Gesamtzahl der ehrenamtlichen Kräfte von 33,4 auf 44,6 Prozent.[207] Auffallend war auch hier wieder ein Gefälle zwischen Stadt- und Landkreisen. Viele Städte vermerkten bereits 1948 einen ausgesprochen hohen Anteil weiblicher Sozialkommissionsmitglieder, die höchsten Werte meldeten die sächsischen Städte Dresden (75 %), Zwickau (70 %), Plauen (68 %) und Görlitz (67 %).[208] Dementsprechend niedrig lag der Frauenanteil in den ländlichen Gebieten. Am Beispiel des Landes Thüringen wird deutlich, warum sich das hohe weibliche Engagement in den Städten statistisch kaum auswirkte: In den Stadtkreisen betrug die Gesamtzahl der Sozialhelfer nur 868, davon waren 504 männlich und 359 weiblich. Dem standen 12.325 Helfer in den Landkreisen (d.h. über 93 Prozent aller thüringischen Sozialhelfer) gegenüber, von denen 9.491 männlich und 2.834 weiblich waren.[209] Von der Intervention des DFD erhoffte man sich Fortschritte, doch es zeigte sich, daß auch hier manche Gemeindebehörde sich gegen die Bestrebungen der Verwaltungen stellte.[210] Der Anteil der Sozialhelferinnen, die sich zugleich im DFD engagierten, steigerte sich entsprechend dem allgemeinen Trend von 8,8 Prozent (1948) auf 12,8 Prozent (1952). In Dresden waren 1948 bereits mehr DFD-Aktivistinnen (98) tätig als SED-Mitglieder (92).

Bei der geschilderten Entwicklung wirkten sich mehrere Faktoren aus. In der Außenfürsorge konnte in urbanen Gebieten an gewachsene Traditionen angeknüpft werden, was einen hohen Frauenanteil implizierte. Auf dem Land fand dagegen in der Regel ein Neuaufbau statt. Eine weitere Erklärungsvariante wäre, daß es in der Stadt mehr Frauen gab, die im Haushalt entbehrlich waren, während in agrarischen Gebieten die Frau durch Mithilfe in der Landwirtschaft und die Haushaltsführung doppelt belastet war. Trotz der aufgezeigten Schwierigkeiten näherte man sich, gestützt durch die Wettbewerbsbewegung ab 1950, dem erklärten Ziel, den Frauenanteil auf mindestens 50 Prozent anzuheben.

---

206 BAP DQ-2 3726. 6.7.49. Protokoll über die Konferenz der Sozialkommissionen in Chemnitz.

207 vgl. Tabelle 23.

208 BAP DQ-2 3778. 15.3.48. Schreiben des sächsischen Ministeriums für Arbeit und Sozialfürsorge an die DVAS.

209 BAP DQ-2 3750. 29.8.49. Rundverfügung des thüringischen Ministeriums für Arbeit und Sozialwesen an die Räte der Stadt- und Landkreise.

210 BAP DQ-2 3730. 9.7.49. Schreiben des Bundessekretariats des DFD an die HVAS.

3. VOLKSSOLIDARITÄT - DIE ENTWICKLUNG ZUR MASSENORGANISATION

3.1. Die Gründungs- und Aufbauphase

„Um die Notlage des deutschen Volkes zu überwinden, muss die Wirtschaft aufgebaut und leistungsfähig gestaltet werden. Von diesem Aufbauwerk darf sich niemand ausschliessen. Es muss in gegenseitiger Verbundenheit aller Volksschichten entstehen unter besonders aktiver Mitarbeit der Frauen. Alle aufbauwilligen Kräfte für dieses grosse Werk zusammenzufassen, ist die Aufgabe der Volkssolidarität."[211] Die Überwindung der wirtschaftlichen Kriegsfolgen durch breite Mobilisierung von Volkshelfern, dies war die im Mai 1946 postulierte primäre Zielsetzung der Volkssolidarität, wie sie von wichtigen Politikern wie Helmut Lehmann und Walter Ulbricht im Zentralsekretariat und im Parteivorstand der SED vertreten wurde.[212] Sozialfürsorgerische Aufgabenstellungen, wie sie etwa von den Sozialhelfern der Sozialkommissionen wahrgenommen wurden, standen hierbei an zweiter Stelle. Die „Entschließung" zur Gründung einer zonenweiten „Gemeinschaft Volkssolidarität" führte diesbezüglich weiter aus: „Die Volkssolidarität soll aber auch zugleich ein Hilfswerk sein, das denen, die vorübergehend in Not geraten sind oder die infolge Alters oder Invalidität aus dem Erwerbsleben ausscheiden mussten, den Müttern und Kindern, den Gebrechlichen, den Umsiedlern und Heimkehrern Helfer und Betreuer sein soll. Es entspricht der Natur der Frau, all ihre Liebe und Fürsorge in diesem Hilfswerk wirken zu lassen."[213] Wie in der offenen Fürsorgearbeit sollten vor allem Volkshelferinnen für eine Mitarbeit gewonnen werden. In bezug auf die Fürsorge war die wesentliche Aufgabe der Organisation, eine ergänzende und präventive Fürsorge zu leisten, was sich mit dem traditionellen Tätigkeitsfeld privater, kirchlicher und parteipolitisch gebundener Wohlfahrtsorganisationen vergleichen läßt.

Hilfswerke und -organisationen hatten sich in den Ländern und Provinzen der SBZ bereits seit Herbst 1945 gebildet. Sie sollten vorrangig der im Winter 1945/46 befürchteten Notlage begegnen. Als wichtigste Vorläuferorganisation der seit Mai 1946 zonenweit organisierten Volkssolidarität konnte die am 19. Oktober 1945 in Sachsen initiierte „Volkssolidarität gegen Wintersnot!" gelten.[214] Entsprechende Organisationen in den anderen Ländern nannten sich in der Provinz Brandenburg

---

211 SAPMO, ZPA NL-182 1159. 17.5.46. Entschließung zur Gründung des Sekretariats der Volkssolidarität (VS).

212 Hoffmann, Sozialpolitische Neuordnung, S. 64.

213 SAPMO, ZPA NL-182 1159. 17.5.46. Entschließung zur Gründung des Sekretariats der VS.

214 Meja, S. 117. Braun, Günter: Volkssolidarität, in: SBZ-Handbuch, S. 794.

„Volksaktion gegen Wintersnot" (gegründet am 24. Oktober 1945), „Thüringen-Aktion gegen Not" (3. November 1945) und in Mecklenburg-Vorpommern „Volksaktion für Heim und Arbeit" (18. Januar 1946). In Halle war bereits während der letzten Kriegswochen ein Wiedergutmachungswerk für politische NS-Häftlinge gegründet worden, das im „Hilfswerk der Provinz Sachsen" aufging.

Diese Hilfswerke erhielten im Mai 1946 durch die Bildung des Zentralausschusses der Volkssolidarität eine übergeordnete Organisationsstruktur. Mit dessen Einrichtung begann eine zonenweite Koordination und einheitliche Ausrichtung der Aktivitäten. Kurt Roßberg (SED Sachsen), der sich als Hauptgeschäftsführer durchsetzte, betonte, daß die Volkssolidarität eine breite überparteiliche Grundlage habe und die Solidarität der Arbeiterklasse mit der christlichen Nächstenliebe der Kirchen verbinde.[215] In der Realität bestand innerhalb der Organisation von Beginn an ein Machtgefälle, das sich an den personellen Querelen eben um die Einsetzung Roßbergs zeigte. Bei der Gründung des Volkssolidaritäts-Sekretariats wurde auf Vorschlag des Bundesvorstandes des FDGB das Mitglied des Hilfswerks der evangelischen Kirche (Zentralbüro Ost) Ernst Tillich in die Sekretariatsleitung aufgenommen. Dieser hatte in den 30er Jahren der Sozialistischen Studentenschaft angehört, war von 1936 bis 1939 in Schutzhaft gewesen und hatte sich bei seiner Bewerbung als „religiöser Sozialist" bezeichnet.[216] Bereits einen Monat später wurde er auf der Präsidiumssitzung vom 8. Juni 1946 seines Amtes enthoben und an seiner Stelle Roßberg eingesetzt,[217] von dem man sich offenbar eine parteikonforme Sekretariatsleitung versprach. Die Bestrebungen der SED, die Schlüsselpositionen innezuhaben, richteten sich in erster Linie gegen die kirchlichen Organisationen und andere Träger der freien Wohlfahrtsverbände, sofern diese die NS-Zeit überdauert hatten.

Präsident der Volkssolidarität war seit der Gründung des Zentralausschusses in Personalunion das für Sozialpolitik zuständige ZS-Mitglied Helmut Lehmann.[218] Während dessen Abwesenheit im Juli 1946 entwickelte die Zentralverwaltung für Arbeit und Sozialfürsorge Bestrebungen, die Volkssolidarität in die staatliche Verwaltung einzugliedern und führte einen entsprechenden Beschluß im Zentralsekretariat herbei. Dem erteilte Lehmann bei seiner Rückkehr in Absprache mit Tjulpanow (SMAD) eine Absage: „Es erscheint mir [...] sachlich nicht gerechtfertigt und dem Ansehen der SED

215 Braun, S. 793.

216 SAPMO, FDGB A 34. 19.3.46. Lebenslauf Tillichs. Vgl. auch die biographischen Notizen in: Merz, Kai-Uwe: Kalter Krieg als antikommunistischer Widerstand. Die Kampfgruppe gegen Unmenschlichkeit 1948-1959 (Studien zur Zeitgeschichte, Bd. 34). München 1987, S. 13-15. Tillich wurde zum Protagonisten der „Kampfgruppe".

217 SAPMO, FDGB A 124. 11.6.46. FDGB-Buvo. Bericht über die Präsidiumssitzung der VS vom 8.6.46.

218 SAPMO, FDGB A 34. 7.5.46. Protokoll der Sitzung des Koordinations-Komitees.

nicht förderlich, wenn das unter dem entscheidenden Einfluß der SED stehende Präsidium der Volkssolidarität mit seinem Sekretariat sich der Zentralverwaltung für Arbeit unterstellt."[219] In dieser Aussage wird der Wille zur politischen Kontrolle der Volkssolidarität durch die SED nochmals deutlich. Allerdings sollte aus propagandistischen Gründen darauf geachtet werden, den Zentralausschuß als neutrale, koordinierende Instanz erscheinen zu lassen, war doch die Dominanz im entscheidenden Gremium, dem Präsidium, gesichert.[220]

Mit der Gründung des Zentralausschusses ging eine organisatorische Umgestaltung einher. Die vormals selbständigen Hilfswerke wurden zu Landesausschüssen der „Gemeinschaft Volkssolidarität". Entsprechend der in anderen Bereichen der Sozial- und Wirtschaftspolitik sich entwickelnden Organisationsstruktur wurde eine weitere Untergliederung in Kreis- sowie Ortsausschüsse vorgenommen. Die Durchsetzung eines einheitlichen Aufbaus im Jahre 1946 - am hartnäckigsten erwies sich die Beharrungskraft des „Hilfswerks der Provinz Sachsen"[221] - bedeutete, daß der anfangs postulierte Gedanke der Volkssolidarität als einer „Volksbewegung", einer „Selbsthilfe des Volkes", die nicht mit einer Organisation gleichzusetzen sei,[222] immer mehr verloren ging. Das von der SED dominierte Präsidium des Zentralausschusses der Volkssolidarität wurde zum Lenkungsgremium, das die Vorstellungen der Staatspartei umsetzte und die Kompetenzen der Landesausschüsse zurückdrängte.

Die Treffen der Ländervertreter im Zentralausschuß markierten den Beginn einer verbesserten Koordination der Aktivitäten in den einzelnen Ländern.[223] Zwar standen zumeist weiterhin einzelne, direkte Nothilfe- und Solidaritätsaktionen im Vordergrund, z.B. die Versorgung mit Hausbrand und Textilien in Sachsen oder die Durchführung von Überschwemmungsschutzmaßnahmen an der thüringischen Unstrut. Punktuell wurden diese nun länderübergreifend organisiert: Auf der einen Seite übernahm Sachsen die Patenschaft für notleidende mecklenburgische Kreise im Bereich der Brennstoff- und Textilversorgung, auf der anderen Seite wurde die Lieferung

---

219 SAPMO, ZPA NL-182 1159. 14.8.46. ZS der SED (Lehmann). Vorlage für das Zentralsekretariat.

220 vgl. auch Hoffmann, Sozialpolitische Neuordnung, S. 65.

221 BAP DQ-2 3386. 7./8.8.46. Sekretariat des Zentralausschusses der VS. Protokoll der Tagung des Zentralausschusses und über die Arbeitstagung der VS der Länder und Provinzen in der SBZ.

222 So lautete noch die Formulierung in den „Richtlinien", vgl. BAP DQ-2 3386. [1946]. Sekretariat des Zentralausschusses der VS. Richtlinien der Volkssolidarität in der SBZ. Zum selben Ergebnis kommt Hoffmann, Sozialpolitische Neuordnung, S. 65.

223 BAP DQ-2 3386. 7./8.8.46. Sekretariat des Zentralausschusses der VS. Protokoll der Tagung des Zentralausschusses und über die Arbeitstagung der VS der Länder und Provinzen in der SBZ.

von Kartoffeln aus dem brandenburgischen Kreis Teltow in die Notstandsgebiete des Erzgebirges geplant.

Unmittelbar nach der Anerkennung des Zentralausschusses durch die SMAD begannen die Planungen für eine zonenweite Arbeitstagung, die vom 1. bis 3. Oktober 1946 in Leipzig stattfand. Auf der Präsidiumssitzung des Zentralausschusses vom 6. September 1946 wurde beschlossen, daß die Leipziger Tagung den „Charakter einer Einheitskundgebung" haben sollte.[224] Dies stand im Widerspruch zu den politischen Absichten der bürgerlichen Parteien sowie der Kirchen, die die Volkssolidarität auf den Status einer reinen Arbeitsgemeinschaft beschränkt sehen wollten.[225] Auch dem Ansinnen, daß Vertreter der Landesregierungen Mitglieder des Präsidiums werden könnten, wurde eine Absage erteilt.[226] Folgt man den Bekundungen in den Präsidiumssitzungen des Zentralausschusses zu jener Zeit sowie den offiziellen Verlautbarungen in dem seit November 1946 erscheinenden Mitteilungsblatt der Volkssolidarität, war die Arbeitstagung, an der über 1000 Delegierte teilnahmen, richtungsweisend. Die Wirkungsfelder der künftigen zonenweiten Arbeit der Volkssolidarität wurden umrissen und Richtlinien festgehalten, die sich auf fünf Bereiche erstreckten:[227] 1.) Not- und Katastrophenhilfe, 2.) Unterstützung des wirtschaftlichen Aufbaus, 3.) soziale Betreuung und Fürsorge, 4.) flankierende Maßnahmen zu den stattfindenden Migrationsbewegungen, 5.) politische Aufklärungsarbeit. Nicht immer waren diese Tätigkeitsfelder scharf voneinander abzugrenzen.

Während die Not- und Katastrophenhilfemaßnahmen auch weiterhin punktuell (z.B. bei der Hochwasserkatastophe im Oderbruch) stattfanden, stand hinter dem wichtigen zweiten Bereich, der Teilnahme am wirtschaftlichen Aufbau, ein umfassendes Konzept, das sich in die allgemeinen Wirtschaftsplanungen einfügte. Da die Überwindung der Nachkriegsarmut, d.h. eine Steigerung des Lebensstandards, in engem Zusammenhang mit der Produktionssteigerung der Wirtschaft gesehen wurde, kam der Volkssolidarität hierin eine ideelle Unterstützungsrolle zu: „Die Volkssolidarität trägt den Solidaritätsgedanken in die Belegschaften der Betriebe, Büros und Verwaltungen, um die Verantwortlichkeit der Arbeiter und Angestellten gegenüber der Produktion und der Arbeitsleistung zu stärken, eine neue Arbeitsmoral zu entwickeln und die Initiative der Belegschaften zur Erfüllung der Produktionspläne zu steigern."[228] In diesem Sinne sollte auch die freiwillige Mehrarbeit für Solidaritätsaktionen gefördert und angeregt werden.

224 SAPMO, FDGB A 34. 6.9.46. Präsidiumssitzung des Zentralausschusses der VS.

225 Meja, S. 119-120.

226 SAPMO, FDGB A 34. 3.12.46. FDGB-Buvo (Steinke). Bericht über die Präsidiumssitzung der VS am 2.12.46.

227 vgl. SAPMO, FDGB A 34. Mitteilungsblatt für alle Aktivisten der Volkssolidarität.

228 SAPMO, FDGB A 34. 8.10.46. Entschließungen der Arbeitstagung der VS in Leipzig.

Das zonenweite Aufbauwerk „Wir bauen auf" diente der Erschließung zusätzlicher gesellschaftlicher Arbeitsleistungen, besonders in den Teilen der Bevölkerung, die nicht im Arbeitsprozeß standen. Die Freiwilligkeit der Teilnahme an den Arbeitseinsätzen wurde von offizieller Seite betont,[229] dennoch kam es mancherorts zu Pflichtarbeitseinsätzen, zu denen vor allem ehemalige NSDAP-Mitglieder herangezogen wurden.[230] Seit 1949 unterlag das Aufbauwerk, an dem sich auch von anderen Organisationen getragene Hilfsaktionen (z.B. Hilfswerk der evangelischen Kirchen, Caritas) beteiligten, der Regie der Volkssolidarität. Sie übernahm fortan die Koordination bzw. zentrale Lenkung der Aktivitäten.[231]

Die Mithilfe an der Aufbauarbeit bezog sich oft auf wirtschaftliche Schwerpunktprojekte (z.B. Talsperrenbau Sosa, „Max braucht Wasser" usw.). Nicht nur im gewerblichen, sondern auch im Agrarsektor engagierten sich die Volkshelfer. Hier galten die Aktivitäten zunächst der Wiederingangsetzung, dann der Steigerung der landwirtschaftlichen Produktion. Die freiwilligen Helfer unterstützten das Neubauernprogramm, wirkten bei der Einrichtung von Maschinen-Ausleih-Stationen sowie bei der Reparatur landwirtschaftlicher Maschinen und dem Einbringen der Ernte mit.[232] Die Bestrebungen der Volkssolidarität dienten außerdem der „Weckung der Eigeninitiative und Einleitung von Selbsthilfemaßnahmen produktiver Art."[233] Unter dieser Maßgabe wurde die Gründung von Heimarbeiter- und Produktivgenossenschaften gefördert. Die den wirtschaftlichen Aufbau unterstützenden Aktivitäten reichten bis zu Umschulungsmaßnahmen, insbesondere für Jugendliche, um das Arbeitskräftepotential zu erweitern.

Eine wichtige soziale Bedeutung kam der Volkssolidarität im Bereich der ergänzenden Fürsorge zu, d.h. bei Unterstützungsmaßnahmen, die sich nicht spezifisch auf Unterstützungsempfänger bezogen, sondern der Linderung der allgemeinen Nachkriegsarmut dienten. Die sozialen Hilfsaktionen wie z.B. die Sammlung und Verteilung von Naturalien- und Sachspenden, von Kleidungsstücken, Heizmaterial und Hausrat kamen allerdings in erster Linie dem Personenkreis zugute, der auch zur Klientel der Sozialfürsorgebehörden zählte, d.h. Ausgebombten, Evakuierten, alten Menschen, Kranken, Jugendlichen, Opfern des Faschismus, Heimkehrern und Umsiedlern.

Die öffentliche Unterstützungsfürsorge, die im Mittelpunkt dieser Studie steht, zählte nicht zu den vornehmlichen Aufgaben der Volkssolidarität. Zwar

229 SAPMO, FDGB A 110. 12.5.49. Helmut Lehmann auf der 3. Präsidiumssitzung 1949 des Zentralausschusses der VS.

230 Meja, S. 130.

231 SAPMO, FDGB A 110. 8.6.49. Beschlußprotokoll der 22. Tagung des Zentralausschusses der VS in Berlin.

232 Meja, S. 131-132.

233 Hartung, P.: Die produktive Fürsorge der Volkssolidarität, in: AuS 3 (1948), H. 1/2, S. 31.

engagierten sich einzelne Volkssolidaritäts-Mitglieder in den dafür zuständigen Sozialkommissionen, doch dies stellte, wie beschrieben, ein eigenes Organisationsfeld dar. Hin und wieder wurden aus den Mitteln der Volkssolidarität zusätzliche Unterstützungen für Fürsorgeempfänger geleistet, wenn eine Unterschreitung des Existenzminimums drohte. Beispiele hierfür sind vereinzelt überliefert: Anfang 1946 gab die Volkssolidarität Sachsen aus ihren Mitteln vier bis sechs Millionen Reichsmark für Fürsorgezwecke aus.[234] Allerdings wurden in Sachsen ohnehin die höchsten Unterstützungssätze gezahlt. Die finanziellen Härten, die im Zuge der zweiten Durchführungsverordnung im Oktober 1948 auftraten, konnten kaum durch Finanzspritzen der Volkssolidarität abgefangen werden.[235]

Die Volkssolidarität schuf besondere soziale Einrichtungen, die eine ergänzende Hilfe leisteten. Hierzu zählten die Nähstuben, die von den ehrenamtlichen Helfern und vor allem Helferinnen der Volkssolidarität betreut wurden.[236] Meist als feste Bestandteile der volkseigenen Betriebe dienten sie der Entlastung berufstätiger Mütter, die dort Kleiderreparaturen entweder selbst durchführen oder in Auftrag geben konnten. Die Einrichtungen stellten mitunter auch Bedürftigen fertige Textilien zur Verfügung. 1948 gab es zonenweit 1.195 Nähstuben, rund die Hälfte davon in Sachsen, d.h. sie konzentrierten sich aufgrund ihrer betrieblichen Anbindung auf urbane Gebiete mit hoher Gewerbedichte.

Für die von Unterstützungsleistungen abhängigen Personen waren die Tauschzentralen von besonderem Interesse, von denen es 1947 in der SBZ 82 gab.[237] Sie boten eine Möglichkeit zum Erwerb der in der Nachkriegszeit ansonsten nicht erhältlichen Gebrauchsgegenstände. Gegen Entrichtung einer Gebühr von 2 RM bzw. der Abgabe eines zehnprozentigen Anteils des Tauschwertes[238] wurde hier ein Markt für einen privaten Direkt- bzw. Tauschhandel institutionalisiert, der sich gegen den illegalen Schwarzmarkt richtete. Vor allem aus diesem Grund sollten ab September 1947 die privaten Tauschzentralen verstärkt überwacht und ihre Neuzulassung eingeschränkt werden,[239] einen Monat später wurde sogar ein generelles gesetzliches Verbot des privat organisierten Tauschhandels erwogen.[240] Hieran wird deutlich, daß die Volkssolidarität zur Monopolisierung der von ihr ent-

---

234 Matern, Jenny: Volkssolidarität! In: AuS 1 (1946), H. 11, S. 241.

235 Meja, S. 123, vgl. auch Kapitel I., 4. am Beispiel des mecklenburgischen Kreises Malchin.

236 ebd., S. 222, zur Übersicht über die vielfältigen Einrichtungen der Volkssolidarität.

237 Braun, S. 796.

238 Meja, S. 133-134.

239 SAPMO, FDGB 42/866/1495. 7.9.47. FDGB-Buvo (HA Sozialpolitik). Bericht über die Sitzung des Zentralausschusses der VS am 5.9.47.

240 SAPMO, FDGB A 124. 22.10.47. FDGB-Buvo (Steinke). Aktennotiz über die Sitzung des Präsidiums der VS am 21.10.47.

wickelten karitativen sozialpolitischen Aktivitäten neigte. Staatlicherseits wurde dies gutgeheißen, da die entscheidenden Positionen von SED-Parteimitgliedern besetzt waren.

Zur präventiven Fürsorge gehörte vor allem die gesundheitliche Betreuung. Die besondere Sorge galt Kindern und Jugendlichen. Die bereits im „Dritten Reich" eingeführten Kinderlandverschickungen wurden ab 1946 unter der Regie der Volkssolidarität fortgesetzt. Im Jahr 1948 nahmen an den Erholungsfahrten rund 50.000 Kinder teil, für viele andere gab es außerdem eine örtliche Ferienbetreuung in ihren Heimatorten. Auch hier entwickelte die Organisation ein Monopol. In den Planungen zur „Kinderseeverschickung 1949" wurde festgelegt, daß der Volkssolidarität die „alleinige und zentrale Durchführung"[241] übertragen werde.

In der Gesundheitsfürsorge unterstützte die Volkssolidarität ferner die Behörden bei der Errichtung von Heimen für blinde, alte, kranke und körperbehinderte Menschen. Die ehrenamtlichen Helfer und Helferinnen übernahmen Pflegeaufgaben, so vermochte man die Zahl der bezahlten Kräfte entsprechend dem Sparkurs niedrig zu halten. Aktivitäten wie die Beschaffung von Prothesen[242] dienten wiederum wirtschaftlichen Zielen, weil Mängel in der Versorgung mit orthopädischen Geräten oft die Eingliederung von Schwerbeschädigten in den Arbeitsprozeß erschwerten.[243]

Ein besonderes Aufgabenfeld ergab sich aus den Migrationsbewegungen, die die Jahre 1945 bis 1949 prägten. Bei der Aufnahme von Millionen Flüchtlingen, Vertriebenen und Heimkehrern kam der Volkssolidarität ein breites Wirkungsfeld zu: „Fürsorge in jeder Art mit Beginn des Überschreitens der Grenze bis zur Eingliederung in die neue Wohngemeinde".[244] Volkshelfer wurden in den Aufnahme-, Durchgangs- und Quarantänelagern eingesetzt, um die soziale Betreuung der Ankommenden zu gewährleisten. Zum Beispiel arbeiteten die eigenen Nähstuben alte Militäruniformen um. Auch in organisatorischer Hinsicht unterstützte die Volkssolidarität die Arbeit der Behörden, etwa bei der Ausgabe der Heimkehrerpässe.[245]

Knotenpunkte in der Lenkung der Umsiedlerströme waren die Durchgangsbahnhöfe. Die Betreuungsarbeit lag hier traditionell in den Händen der christlichen Bahnhofsmissionen. Bereits in der NS-Zeit hatte in diesem Bereich eine Verdrängung kirchlich-diakonischer Arbeit stattge-

241 SAPMO, FDGB A 110. 13.12.48. FDGB-Buvo (Steinke). Bericht über die 20. Tagung des Zentralausschusses der VS am 11./12.12.48 in Neubrandenburg.

242 SAPMO, FDGB A 34. 30.1.47. Sitzung des Zentralausschusses der VS.

243 Boldorf, Eingliederung der Kriegsopfer, S. 407.

244 SAPMO, FDGB A 34. 8.10.46. Entschließungen der Arbeitstagung der VS in Leipzig.

245 Meja, S. 140-141.

funden.[246] Die sozialen Begleitumstände der Massenmigration erweiterten das Aufgabenfeld und den benötigten Helferkreis beträchtlich. Unter Federführung der Volkssolidarität wurden Bahnhofsausschüsse eingerichtet, die neben Vertretern der Sozial- und Umsiedlerbehörden und der Reichsbahn auch die Bahnhofsmissionen einbanden.[247] Wie im Zusammenhang mit der Bildung der Ausschüsse schon mehrfach betont, gewährleisteten diese auf zentraler wie auf lokaler Ebene eine wirkungsvolle Einbindung und Kontrolle politisch abweichender Interessen. Dem Anspruch nach sollten die konfessionellen Bahnhofsdienste nicht beeinträchtigt werden, gleichwohl veränderte sich ihre Position durch das konkurrierende Wirken der Volkssolidarität. In der Praxis hatte dies zur Folge, daß sich die Bahnhofsmissionen weitgehend auf die Übernahme fürsorgerischer Pflegeaufgaben beschränkten und die Volkssolidarität propagandistisch wirkungsvoll die Ausgabe von warmen Speisen und Getränke sowie die Schaffung von Aufenthalts- und Übernachtungsmöglichkeiten übernahm.[248]

Nicht zuletzt sollten die ehrenamtlichen Volkshelfer und -helferinnen in politisch-ideologischer Hinsicht aktiv werden. Im Wirtschaftsbereich galt dies für die Motivationsarbeit, mit der der entstehende sozialistische Wettbewerb begleitet wurde. Die Volkssolidarität spielte auch eine Rolle bei der gesellschaftspolitischen Integration der ehemaligen Frontsoldaten. Sie führte in den Heimkehrerlagern eine erzieherisch-antifaschistische Aufklärungsarbeit in speziellen Veranstaltungen durch. Außerhalb der Lager galt die politische Aufklärungsarbeit dem „Kampf gegen falsche Vorurteile gegenüber Heimkehrern".[249] Wie für die Sozialhelfer der Sozialkommissionen wurden auch für die Volkshelfer politische Schulungen angeboten.

3.2. Der Wandel der Aufgabenstellungen nach der Staatsgründung

Bereits die 1946 beschlossenen „Richtlinien der Volkssolidarität" enthielten programmatische Aussagen, die auf eine flexible Adaption an wirtschaftliche und soziale Verhältnisse zielten, die sich perspektivisch im Wandel befanden: „Ziele und Aufgaben der Volkssolidarität unterliegen den jeweiligen Entwicklungsbedingungen des Neuaufbaus unseres gesamten gesellschaftlichen Lebens. Deshalb kann für die Zielsetzung der Volkssolidarität und ihre einzelnen Aktionen kein allgemeingültiges Schema geschafft [sic] werden. Es entspricht der Volkssolidarität als Bewegung, dass sie immer im Fluss bleibt,

246 Vorländer, Herwart: NS-Volkswohlfahrt und Winterhilfswerk des deutschen Volkes, in: Vierteljahrshefte zur Zeitgeschichte 34 (1986), S. 367.

247 SAPMO, FDGB A 34. 8.10.46. Entschließungen der Arbeitstagung der VS in Leipzig.

248 Meja, S. 144.

249 SAPMO, FDGB A 34. 8.10.46. Entschließungen der Arbeitstagung der VS in Leipzig.

sich nach Abschluss bestimmter Aufgaben einem neuen Tätigkeitsbereich zuwendet."[250] Eine solche Änderung der „Entwicklungsbedingungen des Neuaufbaus" stellte der Zeitraum des Zweijahresplanes 1949/50 in mehrerlei Hinsicht dar.

Wie bei der Untersuchung des Lebensstandards der Masse der Bevölkerung herausgearbeitet, markierte das Jahr 1950 in der DDR die Überwindung des Hungers, d.h. den Übergang zu einer sich allmählich normalisierenden, zumindest aber kalorisch ausreichenden Grundversorgung.[251] Notversorgungsmaßnahmen wie die Volksküchen und Speisungen für Schulkinder, die die Volkssolidarität bislang organisiert hatte, wurden dadurch immer entbehrlicher. Sofern sie als feste Institutionen eingerichtet waren, wurden sie teilweise von den volkseigenen Betrieben, etwa als Werksküchen, übernommen.

Überhaupt rückte der Betrieb als Träger sozialer Hilfseinrichtungen immer mehr in den Mittelpunkt. Programmatisch äußerte dies der sächsische Minister für Arbeit und Sozialfürsorge Gäbler im Februar 1950: „Der betriebsgebundene Mensch ist der künftige Typ des schaffenden Menschen in unserer Wirtschaft".[252] Diesem Konzept entsprechend wurden die Einrichtungen, die bislang die Volkssolidarität ehrenamtlich betrieben hatte, in die VEB eingegliedert. Dies galt für Waschküchen, Kindergärten, Lehrlingswerkstätten, Nähstuben und Schuhreparaturwerkstätten. Mit diesem Schritt war der institutionell verankerte Teil der von der Volkssolidarität wahrgenommenen Unterstützung des wirtschaftlichen Aufbaus weggefallen. Diejenigen Einrichtungen, die nicht der Aufsicht der Betriebe unterstellt wurden, gelangten in die Verwaltung der kommunalen Behörden oder der vom FDGB dominierten Sozialversicherung, wie etwa die Feierabend- oder Pflegeheime. In der Regie der Volkssolidarität verblieben nur noch die eigenen Kindererholungsheime und Kinderdörfer, die in den Nachkriegsjahren aufgebaut worden waren.[253]

Ähnliches galt für die Hilfsdienste, die der Volkssolidarität im Zuge der Massenzwangsmigrationen in der zweiten Hälfte der 1940er Jahre zugefallen waren. Mit dem Abebben der Flüchtlingsströme wurden die Lager allmählich aufgelöst, die dort von der Volkssolidarität geleisteten Dienste entfielen. Auch die Nothilfeaktionen und die von der Volkssolidarität unterstützten Enttrümmerungsarbeiten nahmen nach ihrer Zahl wie nach ihrer Bedeutung ab. Der Verlust an spezifischen Aufgabenfeldern, die der Volkssolidarität

---

250 BAP DQ-2 3386. [1946]. Sekretariat des Zentralausschusses der VS. Richtlinien der Volkssolidarität in der SBZ.

251 vgl. Kapitel I., 3.

252 BAP DQ-2 3748. 17.2.50. Ministerium für Arbeit. Protokoll der zweiten Planungsbesprechung für Schwerbeschädigtenfragen.

253 Meja, S. 154. Zur Gründung der Kinderdörfer ausführlich: Ebd., S. 137-140.

zugewiesen waren, führte im Laufe des Jahres 1950 zu einer Legitimationskrise der Organisation, die ihren Fortbestand ernstlich in Frage stellte.

Besprochen wurden diese Schwierigkeiten auf einer Sitzung beim Zentralkomitee der SED, an der am 27. November 1950 die in diesem sozialpolitischen Bereich wesentlichen Politiker teilnahmen.[254] Zur Debatte stand, ob lediglich eine organisatorische Veränderung zweckmäßig sei oder ob die Organisation ganz aufgelöst werden solle. Auch wenn die Tätigkeit der Volkssolidarität in der SBZ-Periode stark von wirtschaftlichen Unterstützungsmaßnahmen geprägt war, hatte man nie ernsthaft erwogen, daß sie eigenständig Leitungs- und Lenkungsaufgaben in der Wirtschaft übernehmen solle. Diese wurden von den Betrieben und den staatlichen Verwaltungen wahrgenommen. Ihre ergänzende Funktion in wirtschaftlicher Hinsicht hatte sie, wie oben geschildert, weitgehend verloren.

Dennoch wurde auf der Sitzung grundsätzlich Einigkeit darüber erzielt, daß die Volkssolidarität weiterbestehen solle. Diese Entscheidung war wohl maßgeblich der inzwischen erworbenen Popularität der Organisation zu verdanken, die aus den vielfältigen Hilfs- und Solidaritätsaktionen der Nachkriegsjahre herrührte und bei der Bevölkerung zu einer positiven Assoziation mit dem Namen „Volkssolidarität" geführt hatte. Die Suche nach neuen Tätigkeitsfeldern geriet ideologisch in den Sog der heißen Phase des Kalten Krieges, der unter dem „Korea-Schock" in verbal zugespitzter Form ausgefochten wurde, der „Frontjargon wurde zur Sprache der Politik".[255] In diesem Zusammenhang wurde in den obersten Regierungsgremien der DDR einerseits eine internationalistische Ausrichtung der politischen Propaganda vorbereitet, d.h. die Unterstützung des sich formierenden Ostblocks. Andererseits richteten sich die dortigen Planungen in der Deutschlandpolitik auf einen gesamtstaatlichen Kurs, was sich seit Anfang 1951 in mehreren diplomatischen und parlamentarischen Initiativen äußerte.

In diesem Sinn erwog man in der Sitzung beim Zentralkomitee der SED die Umwandlung der Volkssolidarität in einen „Solidaritäts-Ausschuß der Nationalen Front"[256], welche ihrerseits - seit Januar 1950 mit einem eigenen Sekretariat und einem System von Landes-, Kreis- und Ortsausschüssen ausgestattet - nationale Zielsetzungen mit dem proklamierten Ziel der deutschen Einheit verfolgte.[257] Eine entsprechende Namensänderung erfolgte

254 SAPMO, FDGB 5/6/1479. 29.11.50. FDGB-Buvo, Abt. Sozialversicherung. Aktennotiz. An der Sitzung nahmen Jenny Matern als Vertreterin des Ministeriums für Arbeit und Gesundheitswesen, Helmut Lehmann als ZS-Mitglied und Präsident der Volkssolidarität sowie weitere Vertreter der Nationalen Front, der VS und des FDGB teil.

255 Staritz, Geschichte der DDR, S. 86.

256 SAPMO, FDGB 5/6/1479. 4.12.50. FDGB-Buvo, Abt. Sozialversicherung. Büro Kummerlöw an Herbert Warnke. Bericht über die Sitzung am 27.11.50.

257 Weber, Die DDR, S. 29-30.

jedoch nicht, die Volkssolidarität blieb eigenständig. Die auszuarbeitende neue Programmatik sollte lediglich auf einer engen Zusammenarbeit mit der Nationalen Front basieren: „Denn es ist zu verzeichnen, daß immer mehr Friedenskämpfer Opfer der Kapitalisten sind. Z.B. wenn einer verhaftet ist, ist die Familie zu betreuen. Diese Aufgaben bleiben nicht nur beim Kampf um Gesamtdeutschland, sondern es erwachsen uns noch internationale Aufgaben - Griechenland, Frankreich -"[258], so umschrieb die FDGB-Funktionärin Kummerlöw das Ergebnis der Krisensitzung.

Als neue Formel für die Tätigkeit der Organisation galt „Propaganda ist eines unserer Lebenselemente."[259] Die Öffentlichkeitsarbeit wurde massenwirksam inszeniert: 500.000 Handzettel, 400.000 Klebestreifen mit vier verschiedenen Losungen und 1.200 Diapositive, die in den Kinos der DDR gezeigt wurden, bildeten 1951/52 die logistische Basis, die der Umsetzung des neuen primären Aufgabenverständnisses diente. Die Themen waren der „Kampf um die Einheit Deutschlands" sowie der „internationale Friedenskampf". In dieser Hinsicht knüpfte die Volkssolidarität in kleinerem Maßstab an die Flüchtlingsbetreuung in der zweiten Hälfte der 1940er Jahre an, indem ihre Helfer die soziale Betreuung von „griechischen Patrioten", d.h. kommunistisch gesinnter Flüchtlinge des griechischen Bürgerkrieges, oder „der aus Frankreich ausgewiesenen spanischen Friedenskämpfer"[260] bei der Aufnahme in die DDR übernahmen. In der Kontinuität der Nothilfe der Nachkriegsjahre lag auch das zweite wichtige Aufgabenfeld, daß der Volkssolidarität fortan zugedacht war: die Wahrnehmung des Katastrophenschutzes. Das dritte Tätigkeitsfeld war im engeren Sinne im sozialen Bereich angesiedelt und bildete den Schwerpunkt der künftigen karitativen Arbeit der Organisation: die soziale Betreuung von hilfsbedürftigen und alten Menschen. Zu diesem Zwecke bildeten sich neben den Feierabend- und Pflegeheimen „Klubs der Volkssolidarität", die der „Einbeziehung der Veteranen ins gesellschaftliche Leben"[261] dienten. Auch die Übernahme von Tätigkeiten der Hauswirtschaftspflege, ab 1952 durch hauptamtliche Pflegerinnen, zählte zu den wesentlichen Gebieten, die in der Regie der Volkssolidarität verblieben.

Abschließend soll die Frage diskutiert werden, ab welchem Zeitpunkt von einer Massenorganisation „Volkssolidarität" gesprochen werden kann. Seit der 3. Parteikonferenz der SED (Juli 1950) galt das besondere Augenmerk der Kaderentwicklung, die auf lange Sicht planmäßig durchgeführt werden sollte. Dies meinte, daß sich ein Personenkreis herausbilden

---

258 SAPMO, FDGB 5/6/1479. 29.11.50. FDGB-Buvo, Abt. Sozialversicherung. Aktennotiz zur Sitzung vom 27.11.50.

259 SAPMO, FDGB 5/6/1479. 29.12.51. Sekretariat des Zentralausschusses der VS. Protokoll über die 3. Zentralausschuß-Sitzung am 14.12.51.

260 Die Volkssolidarität - Ein soziales Friedenswerk, in: AuS 6 (1951), H. 19, S. 453.

261 Meja, S. 157.

müsse, der für die Sicherung des Herrschaftssystems wie auch für die Entwicklung des Gesellschaftssystems als Ganzes funktional einsetzbar war.[262] Die „Kaderpflege", so Helmut Lehmann im Dezember 1951 auf einer Tagung des Zentralausschusses der Volkssolidarität, „steckt bei uns noch in den Kinderschuhen. Infolge der bisherigen Schwierigkeiten, die auf diesem Gebiet zu überwinden sind, wäre die erste Voraussetzung, die Kader-Abteilung im Sekretariat zu besetzen."[263] Im Jahr 1951 wandelte sich die Volkssolidarität „zu einer einheitlichen Organisation der solidarischen Hilfe" um. Während der „Reorganisation" im Frühjahr erhielt sie professionellere und zentralistischere Strukturen als zuvor. Der Zentralausschuß mit Helmut Lehmann an der Spitze blieb erhalten. Als höchstes Organ galt nun die zentrale Delegiertenkonferenz, die erstmals am 13. April 1951 tagte.

Durch den Zentralausschuß wurde kurz darauf eine dreiköpfige Revisionskommission eingesetzt. Diese sollte nicht nur die finanzielle Buchhaltung, sondern auch personelle Angelegenheiten überprüfen. Erste Ziele ihrer Kontrollarbeit waren der Zentralausschuß selbst und der Verlag der Volkssolidarität in Leipzig. Ferner wurden die Landesausschüsse der Volkssolidarität in den fünf Ländern der DDR überprüft.[264] Bei den wesentlichen neuen Kriterien, die die Arbeit der Volkssolidarität bestimmten - die Koordination der Trägerorganisationen im Landesausschuß, die Unterstützung der Arbeit der Nationalen Front und eine effektive Zusammenarbeit mit den öffentlichen Verwaltungen -, kamen die Prüfungen in den Ländern im allgemeinen zu positiven Urteilen. Lediglich in Sachsen-Anhalt, wo in mancherlei Hinsicht auf eine eigenständige Entwicklung gepocht wurde, beklagte der Bericht der Revisionskommission in mehreren Kreisen eine offene Konkurrenz: „Es wird in diesem eigenartigen Landesausschuss davon gesprochen, dass die Hilfsaktion [„Wir bauen auf!"] nicht identisch ist mit der Volkssolidarität und die Trennung aufrecht erhalten werden muss."[265] Hier wird die Ambivalenz in einem zentralen Argumentationspunkt deutlich: Zwar galt die Volkssolidarität noch formal als Koordinationsgremium, konnte aber dennoch mit anderen Trägern in Konflikt geraten. Dies zeigt, daß sie in den Augen der Staatsregierung, hier der Revisionskommission als vollziehendem Organ, bereits als eine übergeordnete Organisation angesehen wurde, die nicht der Koordination selbständiger Träger dienen, sondern einen einheitlichen Charakter erhalten

---

262 vgl. Schwarzenbach, Rudolf: Die Kaderpolitik der SED in der Staatsverwaltung. Ein Beitrag zur Entwicklung des Verhältnisses von Partei und Staat in der DDR (1945-1975). Köln 1976, S. 46-47.

263 SAPMO, FDGB 5/6/1479. 29.12.51. Sekretariat des Zentralausschusses der VS. Protokoll über die 3. Zentralausschuß-Sitzung am 14.12.51.

264 SAPMO, FDGB 5/6/1479. 14.6.50. Zentralausschuß der VS. Prüfstelle. Bericht über die Überprüfung der Landesausschüsse.

265 ebd.

sollte. In diesem Sinne wurde auf den schnellen Abschluß der „Reorganisation“, d.h. die Schaffung einer hierarchischen Organisationsstruktur im Sinne des „demokratischen Zentralismus“, hingewirkt.

In der Folge wurden die Landessekretariate der Volkssolidarität angehalten, die Überprüfung des gesamten Personals vorzunehmen. Auf Länderebene fanden Lehrgänge und Konferenzen statt, die der Schulung und der Sondierung von Personalangelegenheiten dienten. Das Ziel war „die systematische Erziehung aller hauptamtlichen und ehrenamtlichen Mitarbeiter und Freunde der Volkssolidarität zu politisch bewusst denkenden und handelnden Kämpfern.“ [266] Die Personalkontrollen innerhalb der Volkssolidarität fanden zeitgleich mit den Säuberungsaktionen in der SED statt, die im November 1951 endeten.[267] Die beschriebene Arbeit der Revisionskommission weist exemplarisch auf die Leitungsprobleme der Staatsführung hin, die in verschärfter Form nach dem „Lernschock“ des 17. Juni 1953 in der Revisionismusdebatte diskutiert wurden.[268]

In der Literatur wird der Übergang zur Massenorganisation vorrangig von dem Kriterium abhängig gemacht, ab wann die Volkssolidarität eine reine Mitgliederorganisation war.[269] Eine solche Argumentation verdeckt den Blick darauf, daß die Volkssolidarität bereits in der SBZ-Phase wesentliche Strukturelemente und gesellschaftspolitische Funktionen mit den Massenorganisationen gemeinsam hatte. Auch ohne eine formale Mitgliedschaft waren die Volkshelfer in die Organisationsstruktur der Volkssolidarität eingebunden. Das Vorhandensein von „feste[n] demokratische[n] Strukturen“,[270] d.h. die zentrale Weisungsgebundenheit im Sinne des demokratischen Zentralismus, war ein wichtiges Kriterium der gesellschaftlichen Organisationen. Dies wurde bereits im Jahr 1951 im Zuge der „Reorganisation“ und dem Beginn der Tätigkeit der Prüf- und Kontrollgremien institutionalisiert. Eine Übernahme staatstragender Funktionen durch die Volkssolidarität, die über die karitative Tätigkeit hinausgingen, war von der SED bereits seit der Gründung intendiert. Wie auch am Beispiel der Tätigkeit der Sozialkommissionen gezeigt, war das Ausschußsystem in der SBZ/DDR vielgestaltig, so daß unterschiedliche Teilgruppen der Bevölkerung erfaßt werden konnten. Es kann als allgemeines Kriterium der Gesellschaftspolitik

---

266 SAPMO, FDGB 5/6/1479. 29.12.51. Sekretariat des Zentralausschusses der VS. Protokoll über die 3. Zentralausschuß-Sitzung am 14.12.51.

267 Staritz, Geschichte der DDR, S. 80.

268 Glaeßner, Gert-Joachim: Herrschaft durch Kader. Leitung der Gesellschaft und Kaderpolitik in der DDR am Beispiel des Staatsapparates (Schriften des Zentralinstituts für Sozialwissenschaftliche Forschung der Freien Universität Berlin, Bd. 28). Opladen 1977, S. 106-109.

269 Braun, S. 793, wählt diesbezüglich die IV. Delegiertenkonferenz im Juni 1959 als Zäsur, Meja, S. 121, die III. Delegiertenkonferenz 1956.

270 Meja, S. 121.

der DDR gelten, daß ein System „von sich in ihrer Tätigkeit überschneidenden, aber auch arbeitsteilig ergänzenden Massenorganisationen“[271] bestand. Dies schloß eine mehrfache Erfassung einzelner Individuen nicht aus. Die soziale Betreuung durch Sozialkommissionen und die Volkssolidarität kann als Entsprechung zur Erfassung der Bevölkerung in Mitgliedsorganisationen (wie FDGB u.ä.) angesehen werden. Sie fügte sich in ein gesamtgesellschaftliches Konzept ein, das auf verschiedenen Wegen auf eine umfassende soziale Einbindung der Menschen, hier der sozialen Randgruppen, zielte.

271 Eckert, Rainer: Zur Rolle der Massenorganisationen im Alltag der DDR-Bevölkerung, in: Deutscher Bundestag (Hrsg.): Materialien der Enquete-Kommission „Aufarbeitung von Geschichte und Folgen der SED-Diktatur in Deutschland“ (12. Wahlperiode des Deutschen Bundestages), Bd. II/2: Machtstrukturen und Entscheidungsmechanismen im SED-Staat und die Frage der Verantwortung, Baden-Baden / Frankfurt am Main 1995, S. 1299.

III. DIE STELLUNG DER FÜRSORGE IN DER PLANWIRTSCHAFT

1. UMGESTALTUNGSPLÄNE IN DER SOZIALFÜRSORGE

1.1. Die Ideologisierung der Fürsorgepolitik

Im April 1950 verkündete Jenny Matern, inzwischen Staatssekretärin des Ministeriums für Arbeit und Gesundheitswesen, in der hauseigenen Zeitschrift „Arbeit und Sozialfürsorge“: „Der Grundsatz, daß die beste Sozialfürsorge diejenige ist, die sich selbst aufhebt, ist seit vielen Jahrzehnten von vielen Mündern ausgesprochen. In der DDR wird danach gehandelt.“[1] Als augenfälligstes Argument führte sie den Abbau der Unterstütztenzahlen an, wobei sie sich auf die quantitativ abgesicherte „Tatsache“ stützte, „daß im Jahre 1949 gegenüber dem Vorjahre die Gesamtzahl der Fürsorgeempfänger in der DDR um 25,9 % und gegenüber dem Jahre 1947 um 37,3 % zurückgegangen ist.“[2] Wie nicht anders zu erwarten, rückte sie in ihrer weiteren Argumentation die Arbeitsmarktpolitik in den Mittelpunkt: Einerseits seien die wirtschaftlichen Leistungen, die in der SBZ vollbracht wurden, unterstützt durch die Errungenschaften des sozialistischen Wettbewerbs, der durch das Prinzip „gleicher Lohn für gleiche Arbeit“ einen besonderen Anreiz zur Arbeit schaffe, für diese positive Bilanz verantwortlich. Andererseits führe die „operative Arbeit“ der Arbeits- und Sozialbehörden zu den erreichten Erfolgen. Angesichts einer gleichbleibenden Zahl an Fürsorgeempfängern über einen längeren Zeitraum hob sie hervor, daß diese selbst in den Wintermonaten nicht gestiegen war, „wo erfahrungsgemäß die Saisonarbeit ruht und provisorisch in Arbeit gebrachte Personen in den Vorjahren auf die Fürsorge zurückfielen.“[3] Auf andere Lesarten zur Entwicklung der Unterstütztenzahlen im Zeitraum von 1948 bis 1950, die sich von der vorgelegten Interpretation grundlegend unterscheiden, wird weiter unten einzugehen sein.

Das wesentliche an dieser von Matern gezogenen Zwischenbilanz ist, daß ihre Interpretation zu überoptimistischen Erwartungen bezüglich der künftigen Entwicklung der Unterstütztenzahlen in der DDR führte.

---

1 Matern, Jenny: Auf dem Wege von der Sozialunterstützung zur Sozialversorgung, in: AuS 5 (1950), H. 8, S. 169.

2 ebd. und Tabelle 4 zur Entwicklung der Zahl der Fürsorgeunterstützungsempfänger von 1946 bis 1954.

3 ebd.

Begründet lag dies in dem Glauben an eine neue Konzeption der Fürsorge, deren „Wesen“ sich von der früheren Wohlfahrtsunterstützung unterscheide, weil „der karitative Charakter der Sozialfürsorge zugunsten einer ausgesprochen produktiven Fürsorge abgestreift“[4] worden sei. Ausgehend von einer weitgehenden Einheit der Wirtschafts- und Sozialpolitik, betrachtete man im Ministerium für Arbeit der DDR die Fürsorge als eine Art Indikator für die Erfolge in der Wirtschaftsentwicklung. Sie wurde als ein Hinweis darauf angesehen, daß noch mehr Anstrengungen unternommen werden mußten, um die erstrebte Vollbeschäftigung zu erreichen. Zu jenem Zeitpunkt gewann der idealistische Gedanke, daß sich die Fürsorge von selbst erübrige, wenn der Sozialismus vollendet sei, an Konturen. Durch den beschleunigten Abbau der Zahl der Unterstützungsempfänger schien dieser Eindruck bestätigt zu werden.

Die hier geschilderte Wahrnehmungsverschiebung kann als Ideologisierung der Fürsorgepolitik bezeichnet werden. Die Ursprünge dieses Konzeptes lagen allerdings noch etwas früher. Bereits im September 1948 hieß es angesichts erstmals markant sinkender Unterstütztenzahlen in dem Bericht „Die Entwicklung in der Sozialfürsorge der sowjetischen Besatzungszone seit 1945“: „Es gilt alle arbeitsfähigen Menschen aus der Sozialfürsorge herauszubringen, ihnen Arbeit zu verschaffen und damit den Rechtsanspruch an die Leistungen der Sozialversicherung sicherzustellen.“[5] Man glaubte, den von der Fürsorge betreuten Personenkreis immer mehr einengen zu können, so daß der Kreis der „wirklich Hilfsbedürftigen“ zunehmend besser versorgt werde. In diesem Sinne verlor die Zielsetzung, „den Grundsatz aller Fürsorge zu verwirklichen, sich selbst überflüssig zu machen“, ihren utopischen Charakter.

Sprachlich wurde diese neue Qualität der Fürsorgepolitik in die Formel des „Übergangs von der Sozialfürsorge zur Sozialversorgung“ gefaßt und in ein umfassendes Verständnis einer neuen Gesellschaftspolitik eingebettet: „Im Mittelpunkt unseres Handelns steht der Mensch; seine Bedürfnisse bilden die Grundlage unserer Wirtschaftsplanung. Eine neue Ordnung des gesellschaftlichen Lebens ist im Werden. [...] Die vorzeitige Erfüllung des Fünfjahresplanes wird damit gleichsam zu einem gewaltigen Erfolg der Sozialfürsorge, die sich mit ihrer ganzen Kraft konzentrieren kann auf die arbeitsunfähigen Opfer der Arbeit, des Krieges, die Alten und Körperbehinderten. Dies wäre ein gewaltiger Schritt nach vorwärts auf dem Wege von der Sozialfürsorge zur Versorgung dieser Menschen, denen die Gesellschaft ausreichende Hilfe gewähren muß.“[6]

---

4 Zumpe, Paul: Die Sozialfürsorge im Fünfjahrplan, in: AuS 6 (1951), H. 14, S. 327.

5 BAP DQ-2 3728. 2.9.48. HVAS, Abt. Sozialfürsorge.

6 Zumpe, Paul: Die Sozialfürsorge im Fünfjahrplan, S. 328.

In den folgenden Ausführungen soll der Realitätsgehalt der im Ministerium für Arbeit entworfenen Vorstellungen diskutiert werden. Ihre Basis bildeten die gesunkenen Unterstütztenzahlen. Die von Matern hervorgehobenen Erfolge bei deren Abbau beruhten auf mehreren Faktoren, die mit der allmählichen Bewältigung der sozialen Kriegsfolgen und der wirtschaftlichen Konsolidierung in Zusammenhang standen. Bestimmte Risikogruppen unter den Fürsorgeempfängern hatten sich 1950 zahlenmäßig erheblich vermindert: Die Massenzwangswanderungen der Nachkriegszeit waren abgeebbt. Die Zahl der Kriegsheimkehrer bewegte sich auf einem ebenso niedrigen Niveau wie die Aufnahme der letzten Umsiedlertransporte, die bis Juni 1951 noch vereinzelt - vor allem aus dem Swinemünder Gebiet und Nordböhmen - in der SBZ eintrafen.[7] Ferner wurde eine wachsende Zahl von ehemaligen Unterstützungsempfängern durch das vom FDGB dominierte Sozialversicherungssystem versorgt, das bestimmten Gruppen, z.B. den Kriegsbeschädigten, Rentenleistungen gewährte.

Im Kern der Argumentation standen die Erfolge der Arbeitskräftevermittlung. Die Maßnahmen, die 1948 zur rapiden Senkung der Unterstütztenzahlen führten, wurden geschildert.[8] Schon zu diesem Zeitpunkt keimten, wie am Beispiel des Berichtes vom September 1948 gezeigt, die optimistischen Zukunftserwartungen auf. Der hohe Stand von über einer Million Unterstützungsempfängern halbierte sich innerhalb kürzester Zeit bis Dezember 1948. Weitere Erfolge blieben jedoch aus. Im Dezember 1950 lag die Zahl der Unterstützungsempfänger sogar auf einem höheren Stand als Ende 1948. Dies rückt die eingangs zitierte Interpretation Materns in ein völlig anderes Licht. Ihr Konzept beruhte auf einer unmittelbar erreichbaren Beseitigung der Notwendigkeit zur Sozialfürsorge. Diese Utopie geriet bereits in der Anlaufphase des Fünfjahresplanes in weite Ferne und entbehrte, zumindest auf der Basis der bisher beschrittenen Wege, einer realen Grundlage. Doch erst im Januar 1952 erkannte Paul Zumpe, der für die Abteilung Sozialfürsorge des Ministeriums für Arbeit und Gesundheitswesen verantwortlich war, in seinem Rechenschaftsbericht über die Entwicklung der Sozialfürsorge, daß eine Phase der Stagnation vorgelegen habe, in der ein „Personenkreis von rund 500.000 [...] als Bestand der öffentlichen Fürsorge bestehen“ geblieben sei.[9]

In der ideologischen Debatte zu Beginn des Fünfjahresplanes wurde die Fürsorgepolitik als „Symptom“ angesehen, als Merkmal des planmäßigen wirtschaftlichen Aufbaus, wie auch die folgende Aussage unterstreicht: „Die

---

7 BAP DO-1 10 Nr. 19. Ministerium des Innern (MdI), HA Bevölkerungspolitik. Zahlenmäßige Erfassung der Umsiedlertransporte der Jahre 1950-1951.

8 vgl. Kapitel I., 2.; zur quantitativen Entwicklung s. Tabelle 4.

9 BAP DQ-2 3744. 10.1.52. Ministerium für Arbeit (MfA). Rechenschaftsbericht von Paul Zumpe.

Entwicklung der Sozialfürsorge in der Deutschen Demokratischen Republik ist ein Spiegelbild unseres wirtschaftlichen Aufstiegs."[10] Hier ist der Abbau der Unterstütztenzahlen ein Gradmesser des Erfolgs der Wirtschaftspolitik. Dies bedeutet insofern eine Funktionalisierung der Fürsorgepolitik, als ihr die Rolle zukam, die Wirtschaftspolitik zu legitimieren. Denn der Umkehrschluß war durchaus rational: Stiegen die Unterstütztenzahlen, konnte dies als Mißerfolg der Wirtschaftspolitik interpretiert werden. In diesem Argumentationskontext ist die weitere Entwicklung der Sozialfürsorge zu sehen.

Es ist die Frage zu stellen, inwiefern die politisch Handelnden selbst an diese überoptimistischen Zukunftskonzepte glaubten. Konnten sie die Diskrepanz zwischen der ideologischen Vorgabe und der realen Umsetzung nicht erkennen? Die Phase, in der die beschriebenen konzeptionellen Überlegungen in der Fürsorgepolitik angestellt wurden, war durchaus bereits von jener Spannung geprägt. Der einzelne Ministerialreferent - hier zum Beispiel Zumpe - wußte, daß er eine „Linie" zu verfolgen, gewisse Erwartungen zu erfüllen hatte. Unklar war, wie dieser Anforderung begegnet werden konnte, wie die „Linie" auszugestalten war, die „im Allerheiligsten" besprochen zu werden schien.[11] Beschrieben wurde diesbezüglich auch das Klima der Angst, das sich mit Beginn der Säuberungen in der Phase der Stalinisierung im Staats- und Parteiapparat breit machte.[12] Eine buchstabengetreue Erfüllung der Pflichten ersetzte eigenständiges politisches Wirken im Rahmen des Kompetenzbereiches.

1.2. Auflösung der Sozialfürsorge ?

Den Arbeits- und Sozialbehörden eröffneten sich grundsätzlich zwei Wege, um eine weitere Senkung der Zahl der Fürsorgeempfänger zu erreichen: 1.) der bekannte Weg der forcierten Arbeitsmarktintegration, 2.) die Verlagerung des Problems aus der Fürsorgeunterstützung in andere Bereiche des Sozialleistungssystems, d.h. vor allem durch die Übernahme von Leistungsempfängern durch die Sozialversicherung. Nachdem die erste Variante durchgehender Tenor dieser Untersuchung ist, soll die Aufmerksamkeit dem

---

10 Zumpe, Paul: Die Sozialfürsorge im Fünfjahrplan, S. 328.

11 So die Aussage von Fritz Schenk (SPK-Mitglied seit Anfang 1952) vor der Enquete-Kommission des Deutschen Bundestages vgl. Schenk, Fritz: Entscheidungsstrukturen in der SED-Führung - Verknüpfung von Partei und Staat in der DDR - Mittel und Wege der sowjetischen Einflußnahme in den fünfziger Jahren, in: Deutscher Bundestag (Hrsg.): Materialien der Enquete-Kommission „Aufarbeitung von Geschichte und Folgen der SED-Diktatur in Deutschland" (12. Wahlperiode des Deutschen Bundestages), Bd. II/1: Machtstrukturen und Entscheidungsmechanismen im SED-Staat und die Frage der Verantwortung, Baden-Baden / Frankfurt am Main 1995, S. 433.

12 vgl. Kapitel II., 3.

zweiten Weg gelten, dessen Diskussion zu dem Zeitpunkt begann, als der Unterstützungsabbau durch Arbeitskräftevermittlung und -lenkung an seine Grenzen stieß.

Schon im Juni 1949 zählte die Ausarbeitung von Plänen, die Auszahlung der Sozialunterstützung für dauerunterstützte Unterstützungsempfänger durch die Sozialversicherungskassen vornehmen zu lassen, zu den sogenannten Nebenaufgaben der Abteilung Sozialfürsorge der HVAS.[13] Eine diesbezügliche Initiative beim Parteivorstand der SED erfolgte erst im Mai 1950. Es wurde vorgebracht, daß die Abteilung Sozialfürsorge des Ministeriums für Arbeit und Gesundheitswesen seit einiger Zeit Erwägungen anstelle, „den Kreis der Hilfsbedürftigen, die die Altersgrenze von 65 bzw. 60 Jahren überschritten haben und in der Mehrzahl bereits seit Jahren durch die Sozialämter Fürsorgeunterstützung beziehen, in ein Rentenverhältnis zur Sozialversicherung zu bringen." Die geplante Regelung betraf vor allem potentielle Rentenempfänger, die gewisse Termine für die Aufrechterhaltung ihrer Anwartschaft in der Nachkriegszeit nicht eingehalten hatten bzw. deren Rentenbezug über die Anrechnung einer fiktiven Anwartschaftszeit - z.B. bei früher selbständigen Handwerkern, Bauern, Ärzten - nun gesichert werden sollte. Der Vorschlag hatte zum Ziel, diesen Unterstützungsempfängern durch die Sozialversicherung eine Sozialrente auszahlen zu lassen. Die Überprüfung der Arbeitsfähigkeit war wegen Überschreitens der Grenze der Arbeitspflicht ohnehin nicht mehr erforderlich. Nach dem Stand vom Februar 1950 betrafen diese Planungen 118.466 Personen, d.h. rund ein Fünftel der zu diesem Zeitpunkt erfaßten 571.000 Fürsorgeempfänger.[14]

Die Planungen des Ministeriums für Arbeit und Gesundheitswesen blieben nicht an diesem Punkt stehen. Jenny Matern sandte im August 1950 ein Arbeitspapier an Staatssekretär Peschke, der seit 1947 dem Bundesvorstand des FDGB angehörte und 1950 Direktor der Sozialversicherung geworden war.[15] Darin war eine völlige Neuaufteilung des Bereiches Sozialfürsorge mit dem Ziel seiner Auflösung vorgesehen. Einerseits waren die genannten, nicht mehr arbeitsfähigen Unterstützungsempfänger von den Sozialversicherungskassen zu versorgen. Andererseits sollten die Arbeitsämter die Unterstützung der übrigen arbeits-, aber zeitweilig nicht einsatzfähigen Fürsorgeempfänger übernehmen. Das Ziel war, die Fürsorgeunterstützungsempfänger genauso wie die Empfänger von Arbeitslosenunterstützung zu behandeln. Sachlich war dies zu rechtfertigen, da die Unterschiede in bezug auf die Anspruchsvoraussetzungen nicht besonders groß waren.[16]

13 BAP DQ-2 3737. 20.6.49. Arbeitsplan III/1949 der HVAS, Abt. Sozialfürsorge.

14 BAP DQ-2 3737. 17.5.50. Fürsorgestatistik [Januar-März 1950].

15 Zum Folgenden: BAP DQ-2 3753. 3.8.50. MfA, Abt . Sozialfürsorge (Matern) an Staatssekretär Peschke.

16 vgl. Kapitel I., 2.

Der Matern-Entwurf betraf nicht allein die offene Fürsorge, sondern hatte die Auflösung der gesamten Abteilung Sozialfürsorge zum Inhalt. Die Einrichtungen der geschlossenen Fürsorge sollten von den Abteilungen Sozialversicherung (Feierabend- bzw. Altersheime, Heilfürsorge für Schwerbeschädigte) und Gesundheitswesen (Pflegeheime für „Alte und Sieche") übernommen werden. Die Abteilung Arbeit sollte die Aufgaben der Schwerbeschädigtenbetreuung übernehmen, die in den Bereich der Berufsfürsorge fielen. Diese Planungen lagen in der Kontinuität der optimistischen Zukunftskonzepte, die im ersten Abschnitt geschildert wurden, wenn Matern auch die Erwartungen einer schnellen Abwicklung des Fürsorgewesens dämpfte: Es sei ein „Umwandlungsprozeß [...], den man nicht schlagartig durchführen kann. Ein übereiltes Handeln würde für den Kreis der Alten und Hilfsbedürftigen Folgen nach sich ziehen, die sich auch politisch negativ auswirken können."[17]

In einer Besprechung am 21. August 1950 zwischen dem Ministerium der Finanzen, dem Ministerium für Arbeit und Gesundheitswesen und den fünf Länderregierungen wurde der Matern-Entwurf im Kern gutgeheißen.[18] Diese Übereinkunft mündete in der Ausarbeitung eines ersten Entwurfs einer „Verordnung über die Überleitung der 60- bzw. 65-jährigen Sozialunterstützungsempfänger und dauernd Erwerbsunfähigen aus der Sozialfürsorge in die Sozialversicherung und die Übernahme der Betreuung der arbeitsfähigen, hilfsbedürftigen Sozialunterstützungsempfänger durch die Ämter für Arbeit".[19] Diese sichere, „von den Zielsetzungen des 5-Jahrplanes geleitet", den „Grundsatz der Sozialfürsorge in der antifaschistisch-demokratischen Ordnung: 'von der Sozialfürsorge zur sozialen Sicherung'."[20] Man erhoffte sich, die bisher aufgetretenen Reibungsverluste zwischen den Arbeits- und Sozialämtern zu reduzieren,[21] indem die arbeitsfähigen Hilfsbedürftigen nur noch von einer Stelle, nämlich dem mit der Arbeitsvermittlung befaßten Arbeitsamt, betreut würden. Diese Gedankengänge knüpften an die frühen konzeptionellen Überlegungen bei der Umstrukturierung der Arbeits- und Sozialbehörden an, die bereits geschildert wurden.[22]

Bei der Umsetzung des Matern-Entwurfs ergaben sich praktische Probleme, die die Gruppe der 400.000 bis 450.000 Fürsorgeempfänger betrafen, die auch weiterhin Unterstützungsleistungen empfangen mußte. Zeitgleich mit den Novellierungsbestrebungen im Fürsorgewesen war eine Verordnung über die Erhöhung der Renten am 17. August 1950 offenbar

---

17 BAP DQ-2 3753. 3.8.50. MfA, Abt . Sozialfürsorge (Matern) an Staatssekretär Peschke.

18 BAP DQ-2 3753. 21.8.50. Besprechung wegen Aufspaltung der Sozialfürsorge.

19 BAP DQ-2 3753. 28.8.50. 1. Entwurf der „Überleitungs-Verordnung".

20 ebd. (Einleitung).

21 vgl. Kapitel I., 2. und II., 1.

22 vgl. Kapitel II., 1.

ohne Rücksprache mit der Abteilung Sozialfürsorge erlassen worden (s. Tabelle 20).[23] Dies hatte in der rückblickenden Sicht Paul Zumpes „negative Auswirkungen auf die Sozialfürsorge",[24] weil die Verordnung nicht nur alle Alters-, Invaliden-, Witwen- und Waisenrenten, sondern auch die Sozialfürsorgeunterstützung um monatlich 10 Mark erhöhte. Die für die Fürsorgeempfänger positive Steigerung der Unterstützungssätze lieferte für den Mitarbeiter des Ministeriums für Arbeit und Gesundheitswesen einen offensichtlichen Anhaltspunkt, daß auf die Bedürftigkeitsprüfung nicht verzichtet werden könne. Obwohl die Fürsorgesätze am 3. November 1949 geringfügig erhöht worden waren, ließ der Übergang zum Lebensstandard der Vorkriegszeit für Fürsorgeempfänger noch auf sich warten. Insofern war das Anheben der Sätze im Sommer 1950 äußerst gerechtfertigt. Jedoch gerieten die Höchstsätze dadurch wieder mit den Niedriglöhnen (ortsüblicher Mindestlohn des ungelernten Arbeiters) in Kollision, da die seit November 1949 gleichfalls bestehende Auffanggrenze keine Beachtung mehr fand. Dies meinte Zumpe mit seiner rückblickenden Kritik, daß die erlassene Verordnung eine „generelle Anweisung" sei, die „kein Limit" setze.[25]

Es stellte sich die Frage, ob die Arbeitsämter tatsächlich eine wirkungsvolle Überprüfung von über 400.000 Unterstützungsempfängern bzw. die Koordination der Tätigkeit der hierfür zuständigen Sozialkommissionen organisatorisch durchführen könnten. Zumpe reagierte mit der Ausarbeitung eines zweiten Entwurfs der „Überleitungs-Verordnung".[26] Dieser sah weiterhin die Übernahme der dauernd arbeitsunfähigen Unterstützungsempfänger durch die Sozialversicherung vor, und zwar insbesondere derer, die die Altersgrenze überschritten hatten. Auch die Betreuung der arbeitsfähigen und teilerwerbsfähigen Unterstützungsempfänger durch die Arbeitsämter wurde in den Entwurf aufgenommen. Gleichzeitig nahm er jedoch von der Auflösung der Sozialämter wieder Abstand, in deren Händen die Betreuung der übrigen hilfsbedürftigen Personen und die „zentrale Leitung der Sozialkommissionen" verbleiben sollte. Im Oktober 1950 wurde dies als „Rest-Sozialamt" bezeichnet.[27] Die wichtige Frage nach der Stelle, die die Unterstützung auszahlen sollte, ließ der zweite Verordnungsentwurf unbeantwortet. Der erste Entwurf hatte diese Aufgaben noch - je nach Bedürftigengruppe - der Sozialversicherung bzw. den Kreis- und Gemeindekassen übertragen.

Schließlich blieben die Novellierungsbestrebungen in diesem Stadium stecken, auch wenn das ZK der SED im November 1950 sich der

23 GBl. der DDR 1950, S. 844.
24 BAP DQ-2 3744. 10.1.52. MfA (Zumpe). Rechenschaftsbericht.
25 ebd.
26 BAP DQ-2 3753. 5.9.50. Zweiter Entwurf der „Überleitungs-Verordnung".
27 BAP DQ-2 3753. 27.10.50. Ministerium für Arbeit und Gesundheitswesen (Matern) an MdI (Malz).

Vorarbeiten des Ministeriums für Arbeit und Gesundheitswesen nochmals annahm.[28] Dies bedeutete, daß an dem bestehenden System einer kommunal verankerten offenen Sozialarbeit, die auf das örtliche Sozialamt orientiert war, zunächst keine Änderung eintrat.

1.3. Zahlungslücken durch die Haushaltsreform 1951

Der nächste wichtige Einschnitt, der die Entwicklung der Fürsorgepolitik in der DDR prägte, war eine umfassende Haushaltsreform, die 1950 vorbereitet wurde und Anfang 1951 in Kraft trat. Mit der beginnenden Fünfjahresplanung fand eine „Unterordnung des Haushaltswesens und damit auch des Finanzausgleichs unter die Wirtschaftsplanung" statt.[29] Dies bedeutete einen weiteren Abbau bisheriger föderaler Strukturen bei der Aufbringung (Steuern) wie auch der Verteilung staatlicher Finanzmittel. Die Haushalte der untergeordneten Gebietskörperschaften - Länder, Kreise, Gemeinden - wurden nun als integraler Bestandteil des Staatshaushaltsplanes angesehen. Die Zuteilung der Mittel erfolgte zentral, so daß der bisherige Finanzausgleich, der dazu gedient hatte, Defizite in den Haushalten untergeordneter Körperschaften zu schließen, wegfiel. Statt dessen wurde ein Verteilungsverfahren eingeführt, das die Zuweisung der finanziellen Ressourcen je nach Plananforderungen regelte. Bei dieser Verfahrensweise traten raumordnungspolitische Prinzipien in den Vordergrund. So diente das Zuweisungsverfahren dem Ausgleich wirtschaftlicher Gefälle zwischen einzelnen Gemeinden, etwa bei der Ansiedlung neuer Industrien in landwirtschaftlich strukturierten Gebieten.

Für die finanzwirtschaftliche Steuerung war das Ministerium der Finanzen (MdF) zuständig, dem in der ersten Hälfte der 1950er Jahre eine wachsende Bedeutung zukam.[30] In der Vorbereitungsphase der haushaltstechnischen Umstellung äußerte sich der Hauptabteilungsleiter und spätere Staatssekretär des MdF Willi Georgino zur Stellung der untersten staatlichen Gebietskörperschaften nach der Haushaltsreform: „Es kann [...] nicht Aufgabe der Gemeinden sein, Maßnahmen zu finanzieren, auf deren Durchführung sie nicht unmittelbar Einfluß nehmen können."[31] Hier klang die Skepsis gegenüber der kommunalen Eigenverantwortlichkeit an, was sich in erster Linie auf die wirtschaftlichen Schwerpunktsetzungen des Fünfjahres-

---

28 Hieran wird deutlich, daß die Neuordnung der Sozialfürsorge zu diesem Zeitpunkt nicht von den Führungsgremien der SED ausging; vgl. Hoffmann, Sozialpolitische Neuordnung, S. 280.

29 Meier, S. 160.

30 Steiner, André: Wirtschaftliche Lenkungsverfahren in der Industrie der DDR Mitte der fünfziger Jahre, in: Buchheim, Folgelasten, S. 272.

31 Georgino, Willi: Die Entwicklung des Finanzausgleichs, in: Deutsche Finanzwirtschaft 4 (1950), S. 291.

planes bezog. Georginos Überlegungen streiften jedoch auch Bereiche, die in der Staatspolitik keinen prioritären Rang einnahmen. Ausgangspunkt des folgenden Gedankenganges ist die Überwindung des bisherigen Systems des Finanzausgleichs: „Wenn aus einer Zeit, in der Gemeinde-, Kreis- und Länderhaushalte unabhängig voneinander bestanden (jeder mit seiner eigenen Verschuldung), heute noch Zuschüsse von der einen Gebietskörperschaft zur anderen gewährt werden, so z.B. im Fürsorgewesen, so ist dazu jetzt kein Platz mehr. Wer Kostenträger in jedem Fall sein soll, läßt sich nicht mit einer Formel umreißen. Nachdem eine klare Lastenverteilung - die sich den wirtschaftlichen und politischen Verhältnissen anzupassen hat - erfolgt ist, kann die Verteilung der Einnahmequellen erfolgen."[32] Interessanterweise dient ihm das Fürsorgewesen als Beispiel, und signifikanterweise lassen seine Überlegungen die Frage seiner künftigen Finanzierung offen.

Eine Besprechung im MdF am 12. August 1950 führte in dieser Hinsicht ebensowenig zu greifbaren Lösungen. Für die Finanzierung der Sozialfürsorge wurde festgelegt: „Kosten der öffentlichen Fürsorge werden vom Ministerium der Finanzen anhand der vorliegenden Zahlen für 1951 insgesamt geplant. Unabhängig davon sollten die bisherigen Haushaltsträger Haushaltspläne aufstellen, die dann dem endgültigen Einzelplan zugesetzt werden können."[33] Matern gab eine Anweisung an die Ministerien der fünf Landesregierungen weiter, daß diese entsprechende Plankennziffern erarbeiten sollten.[34] Mit dem Entstehen der zentralen Planung hielt deren wesentliches Element in den Sozialbereich Einzug. Die sozialen Lasten sollten künftig ebenso planbar sein, wie dies für die gesamte Volkswirtschaft erwünscht wurde.

Die Erarbeitung der erstmals zu erstellenden Planvorgaben ließ auf sich warten, so daß zum Zeitpunkt des Inkrafttretens der Haushaltsreform - am 1. Januar 1951 - die Finanzierung der Fürsorgeleistungen in vielerlei Hinsicht offen war. Nachteiliger als das Fehlen exakter Plankennziffern für die öffentlichen Sozialausgaben wirkte sich die von Georgino angedeutete Umverteilung im Steuersystem aus. Im Sinne der oben genannten Überlegungen wurden nämlich die Gemeindehaushalte stark eingeschränkt, indem man die kommunal verwalteten Steuern auf andere Träger umlenkte. Es fiel zum Beispiel die Gewerbesteuer weg, „die früher neben der Grundsteuer das Rückgrat der gemeindlichen Finanzwirtschaft bildete."[35] Noch gravierender

32 ebd., S. 292.

33 BAP DQ-2 3753. 12.8.50. Ministerium für Arbeit und Gesundheitswesen, Abt. Sozialversicherung (Mitlöhner). Besprechung im MdF über die Haushaltsrichtlinien für das Jahr 1951.

34 BAP DQ-2 3753. 12.8.50. Ministerium für Arbeit und Gesundheitswesen (Matern) an die Abteilungen Sozialfürsorge der Landesregierungen.

35 Frenkel, S. 91.

wirkte sich aus, daß in Kommunen unter 2.000 Einwohnern die Gemeindekassen ganz aufgelöst wurden.

Angesichts einer unklaren Rechtslage und einer drohenden Zahlungsunfähigkeit in den ländlichen Kleinstgemeinden mußte eine rasche Lösung gefunden werden. Im Vorgriff auf eine erwartete Übernahme der Auszahlung der Fürsorgeunterstützung durch die Sozialversicherung, die in der Phase der Planerstellung diskutiert wurde, waren die entsprechenden Haushaltsmittel bereits bei den Sozialversicherungen zugeteilt worden. In einem Fernschreiben des Ministeriums für Arbeit erging eine unpräzise Ad hoc-Anweisung des Ministeriums für Arbeit an die fünf Landesregierungen, die die Verfahrensweise der Auszahlung der Unterstützungen für Januar 1951 regelte.[36] Hiernach sollten die kommunalen Sozialämter weiterhin die Auszahlung der Unterstützungen übernehmen. Sofern es ihnen an den notwendigen Mitteln mangelte, waren diese bei den Sozialversicherungskassen der Kreise - und zwar über die Kreissozialämter - anzufordern. Letztere sollten wiederum die Gesamtabrechnung der im Januar 1951 ausgezahlten Fürsorgeunterstützungen übernehmen. Die gefundene Lösung erwies sich als ausgesprochen kompliziertes Verfahren, das eine doppelte bzw. dreifache Abrechnung der geleisteten Unterstützungen notwendig machte. Dementsprechend waren die Sozialbehörden auf Gemeinde- bzw. Kreisebene überfordert, zumal die weiterhin bestehende unklare Kompetenzaufteilung auf dieser Ebene ihr übriges tat, um Reibungsverluste im Verwaltungsgang entstehen zu lassen, die sich zu Lasten der Fürsorgeempfänger auswirkten.[37]

Erst ein Haushaltsrundschreiben, das Mitte Januar 1951 zirkulierte,[38] präzisierte die Details der Verwaltungsarbeit, z.B. wie in den Gemeinden unter 2.000 Einwohnern verfahren werden sollte, deren Gemeindekassen ja seit 1. Januar 1951 offiziell aufgelöst waren. Dies geschah allerdings zu einem Zeitpunkt, als die Unterstützungszahlungen im Grunde bereits ausgezahlt sein mußten. Wie bei vielen anderen Problemen, die durch zeitliche Verzögerung im Verwaltungsgang auftauchten, bleibt auch hier die Frage offen, inwiefern die einzelne Sozialbehörde von den zentralen Anweisungen des Berliner Ministeriums überhaupt Notiz nahm, insbesondere, weil diese dort nicht direkt, sondern in der Regel auf dem Umweg über die Landesministerien für Arbeit und Sozialfürsorge eintrafen.

Im März und April 1951 erhielt das Ministerium für Arbeit der DDR erstmalig Mitteilungen über die Schwierigkeiten aus den Kreisen und

36 BAP DQ-2 3753. 8.12.50. MfA (Zumpe) per Fernschreiben an die fünf Landesregierungen.

37 vgl. Kapitel II., 1.

38 Fachnachrichten für den Staatshaushalt 1./15. Januar 1951. Haushaltsrundschreiben Nr. 30 betr. Auszahlung von Fürsorgeunterstützung, in: Deutsche Finanzwirtschaft 5 (1951), H. 1/2, S. 85.

Ländern. Aus Thüringen wurde berichtet: „Durch Wegfall der Gemeinderechnerstellen in Ortschaften unter 2.000 Einwohnern und durch die Haushaltsreform haben die Sozialämter praktisch zu einem grossen Teil die Kontrolle über die Fürsorgeleistungen verloren. Die Gemeinden, die sich aufgrund der Haushaltsreform nicht mehr direkt an den aufzubringenden Kosten beteiligen, wirken jetzt erfahrungsgemäß auf die Sozialkommissionen ein, bei gestellten Anträgen grosszügig zu verfahren. Diese Einstellung muß zu einem Ansteigen der Fürsorgelasten führen.“[39] Das Ministerium für Arbeit der DDR glaubte, dem Problem durch verstärkte Schulung der ehrenamtlichen Sozialhelfer begegnen zu können.

Im Mai 1951 konstatierte Stegemann, Mitarbeiter des Ministeriums für Arbeit der DDR, daß es nach wie vor an einer einheitlichen Linie bei der Auszahlung der Unterstützung und der Hilfsbedürftigkeitsprüfung fehle. Er faßte seine Eindrücke der Berichte aus den Kreisen und Ländern zusammen:[40] Es wurde erwartet, daß die Gemeinden bis zum 25. des Monats ihren Bedarf beim Kreissozialamt melden. Diese sollten die Fürsorgekosten zusammenstellen und eine entsprechende Anfrage an die Sozialversicherungskassen weiterleiten. Dadurch erreiche man eine Kombination der Auszahlung von Unterstützungen und Renten, so daß es nur einen „Zahltag“ gebe, der in der Kommune auch nur eine Bekanntmachung erforderlich mache. Die Überprüfungen hatten demgegenüber zu Tage treten lassen, daß die Gemeinden in den Perioden zwischen den Auszahlungen völlig ohne Geldmittel und noch nicht einmal in der Lage waren, in dringenden Notlagen Unterstützungen auszuzahlen. Angeblich gab es Fälle, in denen die Sachbearbeiter der Sozialämter vom eigenen Gehalt Beträge vorausgelegt hatten, um den Menschen zu helfen. Durch Inkrafttreten der neuen Haushaltsreform, so die Berichte, wurde „jedes Maß an Sicherheit beseitigt und die Auszahlung zur Improvisation“. Im Bestreben, Komplikationen zu vermeiden, zogen die Mitarbeiter der Sozialämter mit 100.000 Mark oder noch höheren Summen, „ohne daß die Volkspolizei den erforderlichen Schutz stellte“, wie betont wurde, „über Land, um die Unterstützungen zu verteilen“.[41]

Die größten Schwierigkeiten traten in den ländlichen Kleinstgemeinden auf, die weniger als 2.000 Einwohner zählten. Deshalb wurde auf der Suche nach einer pragmatischen Lösung des Problems unter Federführung des MdF der Gedanke entwickelt, die Auszahlung der Unterstützung von den

39 BAP DQ-2 3387. 2.4.51. Thüringisches Ministerium für Industrie und Aufbau, HA Arbeit und Sozialfürsorge, an die Stadt- und Kreissozialämter. Rundverfügung 68/51 betr. Schulung der Sozialkommissionen.

40 BAP DQ-2 3749. 10.5.51. MfA (Stegemann). Aktenvermerk betr. Auszahlung von Fürsorgeunterstützung.

41 BAP DQ-2 3739. [o. Dat.] MfA an die Staatssekretäre Warnke (MdI) und Georgino (MdF). Entwurf betr. Auszahlung von Fürsorgeunterstützung.

Bäuerlichen Handelsgenossenschaften (BHG) vornehmen zu lassen, die den VdgB angeschlossen waren. Für die Beauftragung der BHG sprach, daß diese über ein Netz von 4.500 Zweigstellen verfügten, die gerade auf dem Land angesiedelt waren. Bei näherer Betrachtung zeigte sich abermals, daß die praktische Durchführung weitaus komplizierter war, als die am Berliner Schreibtisch entworfene Lösung glauben machte: Die einzelnen Zahlstellen wären für jeweils vier Orte zuständig gewesen, die - so die Versicherung des MdF-Mitarbeiters Ludwig - in höchstens vier Kilometer Entfernung voneinander liegen. Der Vertreter des MfA Stegemann gab zu bedenken, daß die Fürsorgeempfänger z.T. kranke Menschen seien, denen im Winter ein Fußmarsch von acht Kilometern unmöglich zugemutet werden könne. Daher müßten die Bürgermeister den Geldtransport übernehmen. Das Hauptproblem aus der Sicht seines Ministeriums erwähnte er auch: Eigentlich dürfe die „Auszahlung unter keinen Umständen nur von dem Angestellten der BHG vorgenommen werden [...], da bei der Auszahlung der Unterstützung die Frage der Hilfsbedürftigkeit jedes Mal geprüft werden muss. Es muss ein Kollege des Sozialamtes oder der Sozialkommission bei der Auszahlung zugegen sein. Sollte der Kollege des Sozialamtes bezw. der Sozialkommission die Nichtauszahlung des Betrages verlangen, so hat der Angestellte der BHG dieser Anordnung Folge zu leisten."[42]

Die diskutierte Variante scheiterte schließlich daran, daß die Zentralstelle der BHG selbst feststellte, „dass die Auszahlung der Sozialfürsorgeunterstützung als artfremde Arbeit abzulehnen ist."[43] Dies wiederum verhinderte nicht - und dies gewährt einen Einblick in sich überlagernde Kompetenzen und unklare Abgrenzung der Zuständigkeitsbereiche-, daß der Vorschlag auf Betreiben des MdF im Sekretariat der VdgB besprochen und positiv beschieden wurde. Das MdF sandte hierauf ein Haushaltsrundschreiben an alle Haushaltsorganisationen, das die Teilnahme der BHG an der Auszahlung der Unterstützungen in den Orten ankündigte, wo keine Filiale der Deutschen Notenbank und keine Sparkasse existierte. Im Ministerium für Arbeit gingen die Bestrebungen zu diesem Zeitpunkt dahin, die im Zuge der Haushaltsreform beseitigten Kassen wieder einzurichten.[44] Hieran wird deutlich, wie die unklare Kompetenzabgrenzung zu Lasten einer geregelten Unterstützung ging.

---

42 BAP DQ-2 3753. 17.8.51. MfA (Stegemann). Aktenvermerk über Besprechung im MdF am 14.8.51 betr. Auszahlung von Fürsorgeunterstützung.

43 ebd. sowie: BAP DQ-2 3753. 18.9.51. MfA. Zumpe an Malter.

44 BAP DQ-2 3753. 18.9.51. MfA. Zumpe an Malter.

1.4. Wiederaufnahme der Novellierungsbestrebungen von 1950

Ab 1. Januar 1952 sollten die Renten der Sozialversicherung durch die Post ausgezahlt werden. Die Idee war daher erneut, die Auszahlung der Unterstützungen an diesen Modus zu koppeln. Dies knüpfte an die Pläne des Jahres 1950 an, die Sozialfürsorge in den Aufgabenbereich der Abteilung Sozialversicherung zu überführen. Die berufliche Betreuung war von den Arbeitsämtern zu übernehmen, die finanzielle Unterstützung, d.h. die materielle Versorgung, sowie die Heilfürsorge durch die Sozialversicherungskassen. Die Schwäche dieses Vorschlags lag darin, daß die gewünschte soziale Betreuung, d.h. aus der Sicht der staatlichen Sozialpolitik die soziale und politische Kontrolle der Unterstützungsempfänger, nicht zu gewährleisten war. Hierfür bedurfte es der Sozialämter und ihrer Sozialkommissionen, d.h. einer Fortführung des überkommenen Systems. Diese Erkenntnis schien sich im Ministerium für Arbeit allmählich durchzusetzen. Dennoch verharrte man auf dem eingeschlagenen Weg aufgrund des übergeordneten Zieles, die Kosten und den Umfang der Verwaltungsarbeit weiter zu senken.

Großen Widerstand gegen die diskutierte Übernahme leistete der für die Sozialversicherung zuständige FDGB.[45] Interessanterweise reklamierte Friedel Malter für den FDGB die gleichen Argumente, wie sie im Ministerium für Arbeit von Jenny Matern vertreten wurden: Auf der FDGB-Präsidiumssitzung vom 11. September 1951 plädierte er gegen die geplante Verordnung, indem er auf den zusätzlichen Verwaltungsaufwand sowie auf die Mehrkosten, die der Sozialversicherung entstünden, verwies. Hierauf mochte die hypothetische Antwort des Ministeriums für Arbeit lauten: Die Mehrkosten seien ohnehin durch den Staatshaushalt zu decken, auch der Verwaltungsaufwand nehme insgesamt ab, da die Abteilungen Sozialfürsorge aufgelöst werden könnten. Diesen Weg schien das ZK der SED zu verfolgen. Hoffmann interpretiert den weiteren Gang der Ereignisse wie folgt: Der FDGB beugte sich dem SED-Willen, das ZK verabschiedete die umstrittene Verordnung am 17. Januar 1952 und: „Aus nicht ersichtlichen Gründen stellte der Ministerrat die Verabschiedung dieser Verordnung auf seiner Sitzung vom 14. Februar 1952 wieder zurück."[46]

Die folgende Interpretation soll zeigen, daß der Entwurf an der immanenten Logik der Fürsorgepolitik scheiterte. 1951 beschritt man neue Wege in der Gestaltung der Sozialfürsorge, ohne daß sich einer darunter als praktikable Variante durchsetzte. Die Anträge auf Fürsorgeunterstützung wurden weiterhin auf den Sozialämtern gestellt, die Prüfung der Hilfsbedürftigkeit von den Sozialkommissionen vorgenommen. Für letztere

45 Hoffmann, Sozialpolitische Neuordnung, S. 282.
46 ebd., S. 283.

war eine übergeordnete Organisationsstruktur erforderlich, gerade wegen des bestehenden Systems einer ehrenamtlichen Außenfürsorge, das ja ebenfalls aus Kostengründen eingeführt worden war. Nachdem die Sozialämter bestehen blieben, wurde auch die Überführung eines Teils ihrer Tätigkeit zu den Sozialversicherungsanstalten obsolet. Dies erkannte der Ministerrat offenbar auf seiner Sitzung vom 14. Februar 1952 und verwarf die Novellierungsbestrebungen, in die lange Zeit große Hoffnungen gesetzt worden waren. Daß die Gründe hierfür nicht unmittelbar ersichtlich sind, liegt an dem Quellenproblem, daß die Ministerratssitzungen nur als Ergebnisprotokolle überliefert sind, so daß die Diskussion auf der entsprechenden Sitzung nicht nachgezeichnet werden kann.

1.5. Die Unterhaltspflicht zwischen Pragmatismus und ideologischem Anspruch

Im November 1950 wurde im Ministerium für Arbeit das Prinzip der familiären Haftung einer Kritik unterzogen. Es stellte sich die Frage, ob die Unterhaltspflicht, die durch ein Verwandtschaftsverhältnis entsteht, nicht durch eine gesellschaftliche Haftung für die Lebensrisiken, die zum Unterstützungsempfang führen, ersetzt werden solle. Dies fügte sich insofern in die Umgestaltungspläne in der Sozialfürsorge des Jahres 1950 ein, als daß es die Verlagerung eines Risikos, das bislang im familiären Bereich angesiedelt war, in die staatliche Sphäre bedeutet hätte. Der Gegenstand soll unter Rückgriff auf die Entwicklung, die zum Diskussionsstand des Jahres 1950 führte, erhellt werden. Beispielhaft wird an diesem Teilproblem nochmals deutlich, wie traditionelle Gegebenheiten zunächst scharf kritisiert, dann aus pragmatischen Gründen übernommen und schließlich ideologisch gerechtfertigt wurden.

Die Kritik an der Unterhaltspflicht wurde mit dem Ursprung der gesetzlichen Bestimmungen begründet. Denn es sei einfach, die Bestimmungen des BGB[47] zu übernehmen, „ohne Berücksichtigung der Klassenlage, der es entsprungen ist, und dann zu glauben, daß damit den Menschen recht getan werden kann."[48] Die um die Jahrhundertwende bestehenden „sozialen Härten" lagen in den Widersprüchen des Kapitalismus begründet, „wo sich ganz offensichtlich die Lage der werktätigen Menschen unter den Bedingungen der wirtschaftlichen Entwicklung verschlechtert hatte und damit die Unterhaltsleistungen größerer Bevölkerungskreise in Frage gestellt waren." Diese scharfe Kritik verlor in der Argumentation der SBZ/DDR-Verwaltungen in der Nachkriegszeit plötzlich dadurch an

---

47 Das BGB wurde am 18.8.1896 erlassen und trat am 1. Januar 1900 in Kraft.

48 BAP DQ-2 3749. 10.11.50. MfA, Abt. Sozialfürsorge (Zumpe/Stegemann). Positionspapier: Für und Wider die Unterhaltspflicht.

Gewicht, daß mit der Etablierung einer neuen Wirtschaftsordnung sich die soziale Basis geändert habe. Mit diesem argumentativen Winkelzug konnten die überkommenen Gesetze trotzdem Gültigkeit behalten.

Die wichtigsten Modalitäten des Unterstützungsempfangs legte die zweite Durchführungsverordnung (DVO) zur FVO im September 1948 definitiv fest.[49] Demzufolge galt für Unterstützungsempfänger das Subsidiaritätsprinzip. Sofern eigenes Vermögen vorhanden war, mußte dieses erst aufgebraucht werden, und ein Unterstützungsempfang war ausgeschlossen. Dies galt nicht für Vermögen, „das vorerst nicht verwertet werden kann". In letzterem Fall konnte die Gewährung einer Unterstützung von der Verpflichtung zur Rückzahlung abhängig gemacht werden. Unter den Begriff „Vermögen" fielen nicht „Gegenstände, die zum persönlichen Gebrauch oder zur persönlichen Fortsetzung der Erwerbstätigkeit unentbehrlich sind" sowie „geringe Vermögenswerte".[50] Generell hob die zweite DVO die Rückerstattungspflicht für geleistete Unterstützungszahlungen auf, was 1947 beim Erlaß der FVO als besonders progressiver Zug herausgestellt worden war: „Die Aufhebung der Kostenersatzpflicht für die Hilfsbedürftigen ist eine starke seelische und wirtschaftliche Entlastung."[51]

Die Hilfsbedürftigkeitsprüfung bezog auch die Haushaltsangehörigen, insbesondere „der Ehegatte oder statt dessen der mit dem Hilfsbedürftigen in gemeinsamem Haushalt lebende Lebenskamerad",[52] ein. Nach Abzug bestimmter Werbekosten (z.B. Fahrgeld, Berufskleidung) wurde deren Einkommen auf die Unterstützungszahlung angerechnet. Des weiteren waren Einnahmen aus Untervermietung, Zinsen, Renten, Pensionen und Arbeitslosenunterstützung sowohl beim Unterstützungssuchenden als auch den Haushaltsangehörigen abzuziehen. Viele Sozialämter weiteten den Kreis der Unterhaltsverpflichteten aus, indem sie auf das Prinzip der Familienhaftung bzw. „Familiennotgemeinschaft" zurückgriffen.[53] Entgegen den Vorschriften des BGB stellten vereinzelt Sozialämter auch Unterhaltsforderungen an Angehörige der Unterstützungssuchenden, die zwar im gleichen Haushalt lebten, aber nicht unterhaltspflichtig waren, z. B. Geschwister, Schwäger oder Schwägerinnen, Schwiegereltern und -kinder. Die DVAS-Referentin Wiederhold kommentierte diese Verfahrensweise: „In der Praxis hat diese Familienhaftung häufig zu Spannungen innerhalb der Familie geführt und der mit seinem - oft sehr kleinen - Arbeitseinkommen haftende

---

49 ZVOBl. 1948, S. 471. Anordnung zur Durchführung der Verordnung über Sozialfürsorge und des SMAD-Befehls Nr. 92/1947 (= 2. Durchführungsverordnung [DVO]), § 8 (zu Ziff. 6).

50 ebd., § 8, Abs. 2-3 (zu Ziff. 6).

51 Wiederhold, Sibylle: Verbesserung der Sozialfürsorge nach Befehl 92, in: HVAS, Jb. AuS, Bd. 2, S. 288.

52 ZVOBl. 1948, S. 470. 2. DVO, § 5 (zu Ziff. 4 b).

53 BAP DQ-2 3765. 15.10.47. DVAS (Wiederhold). Aktenvermerk.

Teil zog vielfach die Konsequenz, sich durch einen Umzug der 'Familiengemeinschaft' zu entziehen," so daß dem zurückbleibenden Hilfsbedürftigen eine höhere Mietbeihilfe bezahlt werden mußte. Wenn ein Umzug wegen engen wirtschaftlichen Verhältnissen und Wohnungsnot nicht möglich war, wurde „die von der Fürsorge aufgezwungene Sorge meist die Ursache für eine Verengung der materiellen Lebensbasis. Das führte zu einer Vergiftung der Atmosphäre und zur Zerstörung der letzten Familienbindungen."[54]

Angesichts solch unliebsamer Zustände pochten die Verwaltungen auf die Einhaltung der Bestimmungen des BGB, denen zufolge nur Verwandte in auf- und absteigender Linie aus „rechtlicher und sittlicher Verpflichtung"[55] zur Unterhaltszahlung herangezogen werden konnten. Die Verpflichtung bestand nur in „gerader Linie" der Verwandtschaft,[56] wobei die Abkömmlinge (in der Reihenfolge Kinder, Enkel usw.) vor den Verwandten der aufsteigenden Linie (Eltern, Großeltern usw.) zum Unterhalt verpflichtet waren. Damit war die „Blutsverwandtschaft"[57] als Rechtsprinzip zur Regelung der Unterhaltspflicht festgeschrieben, das in der Nachkriegszeit angewandte Prinzip der „Familiennotgemeinschaft" abgeschafft.

Das oben zitierte Positionspapier fuhr fort: „Die Praxis der sozialen Arbeit" beweise, daß den Wünschen nach Aufhebung der Unterhaltspflicht „nicht entsprochen werden kann. [...] Warum gehen die Menschen in ihrem Bewußtsein noch Wege, die aus einer Einstellung erwachsen, deren Wurzeln in der bürgerlich-kapitalistischen Welt [...] zu suchen sind?"[58] In diesem Kontext lohnt ein Blick auf die Verfahrensweise, wie die zuständigen Behörden die Unterhaltszahlung durchsetzten und welche Probleme sich dadurch gebietsweise bei dem bestehenden hohen Stand an Unterstützungsempfängern ergaben.

Die Sozialämter sollten den Unterhalt, der von den Haushaltsangehörigen bzw. den Verwandten zu leisten war, in der Regel über Einkommenspfändungen eintreiben. Dies bedeutete mitunter einen hohen bürokratischen Aufwand, dessen Wirkung Grenzen gesetzt waren. Nur in seltenen Fällen reichten die Zugriffsmöglichkeiten über den eigenen Stadt- bzw. Landkreis, in dem das Amt für Arbeit und Sozialfürsorge lag, hinaus. Das bedeutete, daß in einem Gebiet, in dem es viele Unterstützungsempfänger, mithin eine hohe Arbeitslosigkeit, gab, auch in besonderem Maße Eintreibungen vorgenommen wurden. Da es sich hierbei meist um Kreise handelte, die zugleich strukturelle und wirtschaftliche Probleme hatten, ergab

54 ebd.

55 Wiederhold, Verbesserung der Sozialfürsorge, S. 288.

56 RGBl. 1896, S. 469 (§§ 1601, 1606 BGB).

57 vgl. Brühl, Günter: Die bürgerlich-rechtliche Unterhaltspflicht (Kleine Schriften des Deutschen Vereins für öffentliche und private Fürsorge, Bd. 30). 1. Aufl. Frankfurt/Main 1968, S. 24.

58 BAP DQ-2 3749. 10.11.50. MfA, Abt. Sozialfürsorge (Zumpe/Stegemann).

sich lokal konzentriert die Gefahr, daß Auswirkungen auf die Arbeitsmoral der Bevölkerung nicht ausblieben.

Diesen möglichen negativen Auswirkungen auf die Arbeitsmoral breiter Bevölkerungsschichten begegneten bereits die Bestimmungen, die in der 2. Durchführungsverordnung (September 1948) gegenüber der ersten Version (Oktober 1947) hinzukamen. Die Erstattungspflicht für Unterhaltspflichtige entfiel für die Zeit, in der das Arbeitseinkommen den pfändungsfreien Betrag nicht überstieg. Konkretisiert wurde dies dadurch, daß die Bestimmungen der „Verordnung zur einheitlichen Regelung des Pfändungsschutzes für Arbeitseinkommen“[59] (Lohnpfändungs-Verordnung) vom 30. Oktober 1940 in den Gesetzestext des Jahres 1948 eingearbeitet wurden. Diese sollten „sinngemäß“ und „in vollem Umfange“ angewendet werden.[60] Daß diese nationalsozialistische Verordnung hier Aufnahme fand, mag verwundern, zumal die Neubearbeitung der Durchführungsverordnung unter starker Kontrolle der SMAD erfolgte.[61]

Der Aufnahme der Lohnpfändungs-Verordnung in die Durchführungsverordnung lagen pragmatische Erwägungen zugrunde. In Ermangelung alternativer Ausarbeitungen griff man auf die vorliegende Verordnung zurück, da sie für die eigenen Zwecke bestens geeignet schien. Ihr wesentlicher Inhalt bestand darin, daß sie die Grenzen für die Pfändbarkeit von Arbeitseinkommen definierte.[62] Es wurden aber auch andere Einnahmequellen, d.h. „dem Arbeitseinkommen gleichgestellte Bezüge“, durch den Gesetzestext detailliert erfaßt. Als unpfändbar galten die Einnahmen, die durch Ableistung von Überstunden erzielt wurden, solche aus betrieblichen Sonderzuwendungen und besonderen Sozialleistungen (z.B. Heirats- und Geburtsbeihilfen) sowie alle Arten von Bezügen, die an Angehörige der Wehrmacht (v.a. der Wehrsold) geleistet wurden. Bedingt pfändbar waren Renten sowie Leistungen aus Witwen-, Waisen-, Kranken- und Sterbekassen. 1940 entsprangen die Bestimmungen aus der Sorge um die Erhaltung der Arbeitstüchtigkeit der Arbeiter und Arbeiterinnen in den Rüstungsbetrieben sowie der Kampfkraft der Frontsoldaten. 1948 lagen die Schwerpunkte anders, trafen sich mit den nationalsozialistischen Erwägungen aber in einem wichtigen Punkt: Nun war es die Absicht, die Arbeitsmoral zu stärken, um den „sozialistischen Wettbewerb“ auf dem Arbeitsmarkt in Gang zu bringen.

Die 1940er Verordnung legte zudem Pfändungsgrenzen fest (130 RM monatlich bzw. 30 RM wöchentlich für alleinstehende Unterhaltsverpflichtete). Nur von dem darüber liegenden Einkommen konnten bis zu 30 Prozent gepfändet werden. Die festgelegten Sätze, die nicht unwesentlich

59 RGBl. I. 1940, S. 1451-1454.
60 ZVOBl. 1948, S. 471. 2. DVO, § 8, Abs. 5 (zu Ziff. 6).
61 vgl. Kapitel I., 2.
62 Lohnpfändungs-Verordnung 1940 (§ 1).

über dem Monatslohn eines ungelernten Arbeiters (ca. 100 Mark) lagen, dienten fortan auch in der SBZ/DDR als Richtgrößen.[63] Die ausführenden Sozialbehörden verständigten sich jedoch bald darauf, die Durchsetzung der Unterhaltspflicht flexibel zu gestalten. Entsprechende Richtlinien in Ergänzung eines DWK-Beschlusses vom 30. April 1949 erließ die HVAS im August 1949: Es wurde betont, daß sich „in den meisten Fällen [...] nach Überprüfung der Einkommensverhältnisse der Unterhaltsverpflichteten die Aussichtslosigkeit einer Lohnpfändung herausstellen [werde], und in einem anderen Teil wird der Betrag so gering sein, daß der Erfolg der Durchführung eines Lohnpfändungsverfahrens in Widerspruch steht zu den aufgewendeten Mitteln. In solchen Fällen [...] sei künftig von der Erstattung der Fürsorgekosten abzusehen."[64] Insofern bedeuteten die zur 2. Durchführungsverordnung erlassenen Erläuterungen „eine wesentliche Vergünstigung für den Personenkreis mit niedrigem Einkommen. Sie geben den bearbeitenden Stellen die Möglichkeit, in der Erstattung grosszügig zu verfahren, damit die damit verbundene Belastung nach sozialen Erwägungen auf ein Mindestmaß herabgemindert wird."[65] An diesem Zitat wird deutlich, daß seit dem DWK-Beschluß die 1940er Verordnung als Schutzbestimmung für die Unterhaltspflichtigen im Sinne der geschilderten arbeitsmarktpolitischen Ziele gehandhabt wurde.

Der DWK-Beschluß machte ferner deutlich, daß die Einkommensfreigrenzen für die Unterhaltsverpflichteten unbedingt einzuhalten seien. Dies betraf vor allem die im Entstehen begriffene Aktivistenbewegung. Der Leistungslohn wurde dem durch Überstunden erzielten Einkommen gleichgestellt, so daß die Aktivisten nicht mehr befürchten mußten, „daß ihnen der Ertrag ihrer intensiven Arbeitsleistung durch Unterhaltsverpflichtungen verkümmert wird."[66]

Mit den OdF war eine gesellschaftliche Gruppe von vornherein von der Unterhaltspflicht ausgenommen worden.[67] Obgleich generell galt, daß es keine weiteren derartigen Ausnahmen geben sollte, wurde im November

63 BAP DQ-2 3388. 30.7.49. Ministerium für Arbeit und Sozialfürsorge Sachsen (Kuntz) an die HVAS. Schreiben betr. Entwurf einer Rundverfügung betr. Anwendung der Bestimmungen in Ziff. 5 und 8 der Erläuterung der DWK vom 30.4.49.

64 BAP DQ-2 3388. 1.8.49. HVAS, Abt. Sozialfürsorge (Zumpe). Stellungnahme zur Erläuterung der DWK zu § 8 der 2. Durchführungsverordnung vom 21.9.48.

65 BAP DQ-2 3749. 6.11.51. MfA, Abt. Sozialwesen (Zumpe) auf eine Anfrage der Regierungskanzlei (Amt für Jugendfragen). Zitation der Richtlinien vom 1.8.49.

66 BAP DQ-2 3388. 30.7.49. Ministerium für Arbeit und Sozialfürsorge Sachsen (Kuntz) an die HVAS. Schreiben betr. Entwurf einer Rundverfügung betr. Anwendung der Bestimmungen in Ziff. 5 und 8 der Erläuterung der DWK vom 30.4.49. BAP DQ-2 3749. 15.2.51. Landesregierung Sachsen-Anhalt an die Räte der Städte und Kreise, Abt. Sozialwesen.

67 ZVOBl. 1948, S. 471. 2. DVO, § 8, Abs. 5 (zu Ziff. 6).

1950 für die Angehörigen der Volkspolizei eine Abweichung zugelassen. Im Behördendeutsch der DDR hieß es dazu, daß nicht „schematisch" verfahren werde, denn man sollte „insbesondere [...] nicht jungen Menschen sofort nach der Übernahme des Dienstes [...] die Verpflichtung zur Unterhaltsleistung auferlegen, bis sie ihre eigenen Bedürfnisse bis zu einem gewissen Grade befriedigt haben und dann eher bereit sind, diese selbstverständliche Pflicht gegenüber ihren Eltern zu übernehmen."[68] Da die innere Sicherheit als besonders sensibler Bereich galt, erfuhr eine weitere gesellschaftliche Gruppe eine bevorzugte Behandlung.

In die theoretische Diskussion über die Zukunft der Fürsorge wurde auch die Frage der Unterhaltspflicht einbezogen. Argumente wie die soziale Disziplinierung und der Sparsamkeitskurs gaben für ihren Fortbestand den Ausschlag. Die genannten wirtschafts- und gesellschaftspolitischen Zielsetzungen gestatteten für privilegierte Gruppen eine flexible Handhabung. Der Möglichkeit, daß der Staat für alle unterhaltspflichtig sei, erteilte MfA-Mitarbeiter Paul Zumpe eine Absage, „weil die dazu erforderlichen Mittel auf jeden Fall von den Werktätigen selbst erarbeitet werden müssen. In einer kommunistischen Gesellschaft, in der jeder nach seinen Bedürfnissen zu leben vermag, wird man zur Frage der Unterhaltspflicht eine andere Einstellung haben, weil die materielle Basis für die Befriedigung aller menschlichen Bedürfnisse in jeder Beziehung durch die Planwirtschaft gesichert ist."[69] Diese Voraussetzungen seien in der DDR aber noch nicht gegeben. Demzufolge bedeute „jede Einsparung öffentlicher Mittel [...] einen Schritt vorwärts im Kampf um den Frieden und ein einheitliches, friedliches, demokratisches Deutschland." Es zeigte sich auch in dieser Diskussion, wie eine Abkehr von den überkommenen Bestimmungen an pragmatischen Gründen scheiterte. Dies führte, wie auch in anderen Fällen, zu einer ideologischen Umdeutung traditioneller Standpunkte, ohne daß es in der Fürsorgepolitik zu innovativen Neuerungen gekommen wäre.

2. FÜRSORGE IM ZEICHEN DER KRISE 1952/53

2.1. Strukturelle Veränderung und weiterer Abbau des Unterstützungsempfangs

Das Ziel der „planmäßigen Errichtung der Grundlagen des Sozialismus", welches die Ausrichtung der SED-Politik spätestens seit der zweiten Parteikonferenz im Juli 1952 prägte, rückte die Wirtschaftspolitik noch

---

68 BAP DQ-2 3749. 6.11.51. MfA der DDR, Abt. Sozialwesen (Zumpe) auf eine Anfrage der Regierungskanzlei (Amt für Jugendfragen). Anweisung an die Landesregierung Thüringen vom 9.11.50.

69 Zumpe, Paul: Warum Unterhaltspflicht? In: AuS 6 (1951), H. 7, S. 162.

stärker in den Mittelpunkt. Wie geschildert, setzte die hohe Zahl der Fürsorgeempfänger die politisch Verantwortlichen unter Druck. Einerseits wurde der Abbau der Unterstützungsbedürftigkeit als Gradmesser für den wirtschaftlichen Aufstieg interpretiert, andererseits gelang die „Planerfüllung" in der Sozialfürsorge augenscheinlich nicht. Der Versuch, das spezifische Problem in die Sozialversicherung auszulagern und somit zu kaschieren, war 1950/51 gescheitert.

Um ein realistisches Bild über die Gesamtentwicklung der Sozialleistungspolitik zu erhalten, lohnt eine genauere Untersuchung des Zusammenhangs zwischen Fürsorgeempfang und erfaßter Arbeitslosigkeit.

Tabelle 24:
Erfassung des Empfängerkreises von staatlichen Sozialleistungen nach den Kriterien der Vermittelbarkeit in Arbeit (Oktober 1948 bis Mai 1952)

	Arbeitsfähige Unterstützungsempfänger					
	1	2	3	4	5	6
Monat	voll einsatzfähig	arbeitsbeschränkt	vom Arbeitseinsatz freigestellt	Gesamtzahl	Unterstützungsempfänger insg.	registrierte Arbeitslose - *davon ALV-unterstützt*
Oktober 1948	11.767 m 55.335 w **67.102**	nur z.T. erfaßt	- m 152.512 w **152.512**	**219.614**	**777.648**	156.000
Dezember 1948					**521.000**	211.000 *20.564*
Januar 1950					**565.000**	395.000
Oktober 1950				**231.300**	**530.167**	291.500 *ca. 50.000*
Mai 1952	3.189 m 55.620 w **58.809**	11.900 m 76.586 w **88.486**	2.246 m 41.724 w **43.970**	17.335 m 173.930 w **191.265**	**494.831**	96.000 *ca. 35.000*

Quellen: BAP DQ-2 3788. HVAS, Abt. Sozialfürsorge. Fürsorge-Statistik Oktober 1948. Hoffmann, Sozialpolitische Neuordnung, S. 281. BAP DQ-2 780. 16.9.52. MfA, HR Sozialfürsorge. Exposé über die Gestaltung der Sozialfürsorge entsprechend der ökonomischen Entwicklung. Zahlen der durch die Arbeitslosenversicherung Unterstützten nach: Frerich/Frey, Bd. 2, S. 37 und 172.

In der Tabelle sind in den Spalten 1 bis 3 die Gruppen der als arbeitsfähig geltenden Unterstützungsempfänger erfaßt (Summe in Spalte 4). Sofern sie vermittelbar waren, galten sie als registrierte Arbeitslose (Spalte 6). Hierunter fielen die arbeitsbeschränkten Unterstützungsempfänger nur zum Teil. Eine geringe Zahl von Arbeitslosen erhielt Mittel aus der Arbeitslosenversicherung (Anzahl im Kursivdruck in Spalte 6), die meisten wurden ausschließlich von der Sozialfürsorge unterstützt. Die Mehrzahl der von der Arbeitslosenversicherung Unterstützten empfing zugleich Mittel aus der Sozialfürsorge, wie weiter unten am Beispiel der Statistik des Monats Mai 1952 gezeigt wird. Daher kann eine exakte Angabe über die Gesamtzahl der Empfänger staatlicher Sozialleistungen, d.h. die Summe der von der Sozialfürsorge und der Arbeitslosenversicherung Unterstützten, nicht gemacht werden, weil ein unbestimmter Personenkreis doppelt erfaßt wurde.

Betrachtet man in Tabelle 24 allein die Zahl der Fürsorgeempfänger, so scheinen die Erfolge beim Abbau des Unterstützungsempfangs gering zu sein. Gelang es bereits im Dezember 1948 den Stand auf 521.000 Fürsorgeempfänger zu senken, erzielten die Behörden seither keine durchgreifenden Erfolge mehr, wie die Zahl von 494.831 Unterstützungsempfängern im Mai 1952 suggeriert. Dieses Urteil wird teilweise revidiert, wenn man gleichzeitig den Abbau der Arbeitslosigkeit betrachtet.

Die Maßnahmen der 2. DVO (Oktober 1948) überstiegen die Integrationskraft des Arbeitsmarktes.[70] Die als arbeitsfähig geltenden, alleinerziehenden Mütter und die Schwerbeschädigten, die durch Nachuntersuchungen ihre Ansprüche auf Unterstützung verloren, waren selbst durch intensive Lenkungsmaßnahmen nicht dauerhaft in den Arbeitsprozeß zu integrieren. Zudem erwies sich der Agrarsektor zunehmend als unfähig, das überschüssige Arbeitskräftepotential aufzunehmen. Dies erklärt, warum bis ins Jahr 1951 die Arbeitslosenziffern auf dem hohen Stand des Jahres 1949 verharrten (s. Tabelle 6). Erst ab Mitte 1951 sanken die Arbeitslosenzahlen kontinuierlich. Hier schlug sich allmählich die Binnenwanderung der Arbeitskräfte nieder. Im Mai 1952 lag die Zahl der registrierten Arbeitslosen erstmals unter 100.000.

Der Abbau der gesamten Unterstützungsbedürftigkeit konnte mit dieser Entwicklung nur bedingt Schritt halten. Unter realistischen sozialpolitischen Zielsetzungen konnte sich der Wille zur Beseitigung des Unterstützungsempfangs nur auf die Gruppe der Arbeitsfähigen beziehen, zu der im Oktober 1948 219.614 Personen gezählt wurden. Hier wurden die Arbeitsbeschränkten noch nicht als Arbeitsfähige erfaßt. Dies änderte sich in der Folge, so daß die Gesamtzahl der arbeitsfähigen Unterstützungsempfänger bis Mai 1952 (191.265) um mehr als die Differenz von 28.349 abnahm. Zwischen Oktober 1950 und Mai 1952 sank ihr Anteil an der Gesamtzahl der Unterstützungsempfänger von 43,6 Prozent auf 38,7 Prozent, was im Trend des Abbaus der Arbeitslosigkeit lag.

Zur Klärung der Frage, weshalb die Erfolge nicht umfassender waren, soll die Struktur der als arbeitsfähig geltenden Unterstützungsempfänger näher untersucht werden, die aus Tabelle 24 zu ersehen ist. Nach wie vor stellten die voll arbeits- und einsatzfähigen männlichen Unterstützungsem-

70 vgl. Kapitel I., 2.

pfänger ein zu vernachlässigendes Problem dar. Die geringe Zahl von 3.189 Personen im Mai 1952 belegt, daß ihnen fast ausnahmslos eine Arbeitsstelle zugewiesen werden konnte. Schwieriger war dies bei den voll arbeitsfähigen Unterstützungsempfängerinnen, d.h. den meist alleinstehenden Frauen, die die strengen Freistellungskriterien nicht erfüllten. Eine Nicht-Einsatzfähigkeit lag nur bei alleinerziehenden Müttern vor, die ein Kind unter drei Jahren bzw. zwei Kinder unter acht Jahren zu versorgen hatten. Dagegen galten z.B. Frauen mit Kindern über acht Jahren generell als voll arbeits- bzw. einsatzfähig. Betrachtet man die Senkung der Zahl freigestellter Unterstützungsempfängerinnen von 152.500 im Oktober 1948, als die 2. DVO gerade erst in Kraft getreten war, auf 41.700 im Mai 1952, dann wird deutlich, wie die Verschärfung der Kriterien Auswirkungen zeitigte. Die geringe Zahl von 2.246 freigestellten Männern war möglicherweise auf die Versorgung pflegebedürftiger Haushaltsangehöriger oder auf die Nachgiebigkeit einzelner Sozialkommissionen bei der Feststellung der Unterstützungskriterien zurückzuführen. Auch wenn die Zahl der voll Arbeitseinsatzfähigen von Oktober 1948 bis Mai 1952 nicht beträchtlich sank, hatte man es doch in dieser Gruppe mit einem qualitativ veränderten Arbeitskräftepotential zu tun, das wesentlich schwerer vermittelbar war.

Eine genauere Untersuchung verdienen auch die arbeitsbeschränkten Unterstützungsempfänger, die als arbeitsfähig galten. Es handelte sich um Leichtbeschädigte mit einer Minderung der Erwerbsfähigkeit über 30 Prozent bzw. Schwerbeschädigte mit mehr als 50, aber weniger als 66 $^{2}/_{3}$ Prozent, da man ab diesem Prozentsatz als Invalide galt. Anspruch auf eine Rentenzahlung aus der Sozialversicherung gab es nur für Invalide,[71] so daß auch nur diese aus der Fürsorgestatistik entfielen.

Im Mai 1952 wurden 88.486 Arbeitsbeschränkte gezählt, hierunter wurden jedoch nur 36.448, d.h. 41,2 Prozent, als „sofort einsetzbar" eingestuft.[72] Das hieß, daß der größere Teil der Arbeitsbeschränkten ebenso wie die Freigestellten nicht einsatzfähig war. Entsprechend wies die Statistik der Arbeitslosigkeit nur ca. 96.000 registrierte Arbeitslose aus. Diese Zahl entsprach fast genau der Summe der voll (58.809) bzw. beschränkt (36.448) arbeitseinsatzfähigen Unterstützungsempfänger. Aus dieser Betrachtung wird ferner deutlich, daß die laut Statistik für rund 35.000 Personen bewilligte Arbeitslosenunterstützung fast immer unter dem Richtsatzniveau der Sozialfürsorge lag, so daß eine ergänzende Teilunterstützung gewährt wurde.

Insgesamt handelte es sich bei der Mehrzahl der 1952 als arbeitsfähig geltenden Unterstützungsempfänger um schwer vermittelbare Langzeit-

---

71 ZVOBl. 1948, S. 363-365. Verordnung über die Zahlung von Renten an Kriegsinvalide und Kriegshinterbliebene.

72 BAP DQ-2 780. 16.9.52. MfA, HR Sozialfürsorge. Exposé über die Gestaltung der Sozialfürsorge entsprechend der ökonomischen Entwicklung.

arbeitslose, die wegen fehlender Anwartschaftszeiten günstigstenfalls zeitweilig in das Leistungssystem der Sozialversicherung einzugliedern waren. Die Barrieren zu ihrer Vermittlung in den Arbeitsmarkt waren hoch. Wie bei vielen der Einzelschicksale, die sich hinter den genannten Zahlen verbargen, ist zu fragen, ob die Personen, die durch die Arbeitsvermittlungsbehörden als „Arbeitsfähige" definiert wurden, überhaupt als solche gelten konnten. Von den 191.265 arbeitsfähigen Unterstützungsempfängern waren unter Zugrundelegung sehr strenger Freistellungskriterien rund die Hälfte nicht arbeitseinsatzfähig. Es verblieben die 96.000 arbeitseinsatzfähigen Arbeitslosen, unter denen wiederum eine Reihe von alleinstehenden Frauen mit Kindern zu finden waren. Gemessen an den hohen Arbeitslosenzahlen, die noch Anfang 1951 festzustellen waren, konnte die bis 1952 erreichte Arbeitsmarktintegration aus der Sicht des Staates als erfolgreich gelten. Als weiteres Argument läßt sich anführen, daß die Unterstütztenquote mit 2,5 Prozent der Gesamtbevölkerung (s. Tabelle 1) wieder den Vorkriegsstand von 1939 erreicht hatte - und dies trotz der sozialen Folgelasten des Krieges.

Die hier erläuterten Zusammenhänge interessierten im Ministerium für Arbeit kaum. Die dortige Sichtweise schien sich isoliert auf den Abbau der Unterstütztenzahlen zu beschränken. Aus diesem Grund kam man zu einem pessimistischen Urteil, was die künftige Entwicklung der Ausgaben für die Sozialfürsorge betraf. Die Fürsorgeempfänger wurden angesichts der finanziellen Zwänge beim Wiederaufbau als unproduktive Kräfte angesehen, die das erwirtschaftete Mehrprodukt aufzehrten. Die Schuld für ihre Hilfsbedürftigkeit wurde nicht im Versagen des Arbeitsmarktes, sondern vielmehr in einer mangelnden Eigenverantwortlichkeit gesucht. Dies prägte die Fürsorgepolitik in den Krisenjahren 1952/1953.

2.2. Die „Gestaltung der Sozialfürsorge entsprechend der ökonomischen Entwicklung"

Im ersten Jahrfünft der 1950er Jahre wurden die Wachstumsschwächen nach dem Zweiten Weltkrieg erstmals deutlich. Der Stand des Bruttosozialproduktes pro Kopf von 1936 wurde in der DDR, im Gegensatz zur Bundesrepublik (1951), erst 1955/56 erreicht.[73] Gemessen an den Erwartungen, die in die Einführung einer zentralen Planwirtschaft gesetzt wurden, vermochte dies die erste Euphorie zu bremsen. Zeitgleich versuchte man das Wirtschaftssystem durch den auf der zweiten Parteikonferenz im Juli 1952 propagierten „Aufbau des Sozialismus" zu vervollkommnen. Zudem war die Außenbelastung der DDR-Wirtschaft besonders hoch: Verursacht durch direkte und indirekte Reparationsbelastungen, die sich auf jährlich vier

73 Stolper, Wolfgang: The Structure of the East German Economy. Cambridge/Mass. 1960, S. 440.

Milliarden Mark beliefen, wurden zehn Prozent des produzierten Nationaleinkommens aufgebraucht.[74] Hieraus folgte, daß für die gesamte Volkswirtschaft ein „allgemeines Prinzip der Sparsamkeit" angewandt wurde, das sich vor allem auf die Ausgabenseite der öffentlichen Haushalte bezog.

Auf einer ZK-Sitzung im November 1952 wurden die Weichen für den verfügten Sparkurs gestellt.[75] Das Ziel war, die Arbeiterschaft möglichst wenig zu belasten. Gut 38 Prozent der Kürzungen - 420 Millionen von 1,1 Milliarden Mark - waren im Bereich der Sozialleistungen vorzunehmen. Diese dienten insbesondere zur Versorgung des Teils der Bevölkerung, der außerhalb des Produktionsprozesses stand. Die Kürzungsabsichten lagen in der Logik einer Arbeitsmarktpolitik, die an der möglichst optimalen Ausnutzung des Produktionsfaktors Arbeit orientiert war. Die Sozialfürsorge sollte „entsprechend der ökonomischen Entwicklung" gestaltet werden. Ein diesbezügliches Exposé,[76] das bereits im September 1952 ausgearbeitet wurde, hielt in 13 Grundsätzen fest, wie die Ausgaben für die öffentliche Fürsorge mit Nachdruck zu drosseln waren. Die Mittel, mit deren Hilfe dieses Ziel erreicht werden sollte, waren bekannt. Neu war die Intensität, mit der verfahren wurde.

Der Grundsatz, daß ausschließlich nicht Arbeitsfähige Unterstützungszahlungen erhalten sollten, bestand seit 1947. Zur besseren Durchsetzung dessen wurde die laufende unbefristete Unterstützung zur Ausnahme. Sie wurde nur noch Personen im Rentenalter (Männer über 65, Frauen über 60 Jahre) gewährt, die definitiv als nicht mehr arbeitsfähig galten. Für alle Personen, die aus anderen Gründen zeitweilig vom Arbeitseinsatz freigestellt waren, z.B. wegen vorübergehender Arbeitsunfähigkeit, wurden strenge Kriterien für Nachuntersuchungen durch die staatlichen Gesundheitsbehörden angewandt. Diese Untersuchungen fanden in der Regel vierteljährlich statt und waren selbst für „dauernd arbeitsunfähige Personen" einmal im Jahr obligatorisch. Für alle, die potentiell erwerbsfähig waren, wurde die Gewährung von Unterstützung auf begrenzte Zeit zur Regel. Die Ausnutzung etwaiger Lücken im Überprüfungssystem sollte zudem eingeschränkt werden: Arbeitslose, deren Bezüge aus der Arbeitslosenunterstützung aufgrund der Verweigerung einer Arbeitsaufnahme bzw. Nichteinhaltens der Meldepflicht - diese bestand nun 14-tägig - gestrichen wurden, durften künftig automatisch auch keine Fürsorgeunterstützung mehr erhalten. In diesen Fällen wurden nur noch die Kinder und die arbeitsunfähigen Haushaltsangehörigen vorübergehend unterstützt, d.h. der Familie wurde die

---

74 Buchheim, Christoph: Wirtschaftliche Hintergründe des Arbeiteraufstandes vom 17. Juni 1953 in der DDR, in: Vierteljahrshefte für Zeitgeschichte 38 (1990), S. 425.

75 Staritz, Geschichte der DDR, S. 100f.

76 BAP DQ-2 780. 16.9.52. MfA, HR Sozialfürsorge. Exposé über die Gestaltung der Sozialfürsorge entsprechend der ökonomischen Entwicklung.

Existenzgrundlage auf das Engste beschnitten. Die Bedingungen für eine Weitergewährung von Unterstützungsleistungen waren unbestimmt. Die Durchsetzung dieser Maßnahmen sollte über eine weitere Optimierung der Tätigkeit der Sozialkommissionen erreicht werden, die künftig bei der monatlichen Wieder- oder Weitergewährung der Unterstützung eine Bedürftigkeitsprüfung durchführen sollten. Hierbei waren insbesondere die Arbeitsbereitschaft und die Bemühungen um einen Arbeitsplatz zu kontrollieren.[77]

Vor Gewährung einer Unterstützung mußte vom Antragsteller eine Bescheinigung des Referates Arbeitskraftlenkung vorgelegt werden, daß ein zumutbarer Arbeitsplatz nicht nachgewiesen werden konnte. Der Regelcharakter des Unterstützungsbezugs wurde auch dadurch gemindert, daß die eigenen Bemühungen um Arbeitsaufnahme darzulegen waren.[78] Unbeschadet dessen bestand eine weitgehende Verpflichtung, eine nachgewiesene Arbeitsstelle anzunehmen. In der Frage der Zumutbarkeit wurden die Bestimmungen ebenfalls verschärft. In Anlehnung an die Vermittlungspraxis, die sich bei den Arbeitsbehörden entwickelt hatte, erließ das Ministerium für Arbeit am 20. März 1953 die Anordnung, „dass den Antragstellern auf Arbeitslosenunterstützung ohne Berücksichtigung des Berufes, des Bildungsgrades, der persönlichen und familiären Verhältnisse Arbeit in der Bauwirtschaft, der baustofferzeugenden und -gewinnenden Industrie, der Landwirtschaft und in sonstigen Schwerpunkten der Volkswirtschaft sowie alle anderen verfügbaren Arbeitsstellen innerhalb des Kreises und im zwischen- und überbezirklichen Ausgleich anzubieten sind. Bei Ablehnung der angebotenen Arbeit haben [sic] die Abteilung Arbeit und Berufsausbildung dafür zu sorgen, dass eine Weiterzahlung der Unterstützung eingestellt wird."[79]

Die Arbeitsbefreiung wegen Kindererziehung bzw. der Pflege eines Familienangehörigen sollte im Prinzip abgeschafft werden, „um den gesetzlich bestehenden Weigerungsgrund zur Arbeitsaufnahme zu beseitigen".[80] Nur in Fällen, wo „keine sozialen Bedingungen am Ort oder an der Arbeitsstelle" vorzufinden seien bzw. „wo durch Einschalten beispielsweise der Hauswirtschaftspflege oder Heimunterbringung die Versorgung" der Pflegebedürftigen nicht erfolgen könne, durften Unterstützungszahlungen

---

77 BAP DQ-2 780. 16.9.52. MfA, HR Sozialfürsorge. Exposé (2. Grundsatz).

78 ebd. (1. Grundsatz).

79 BAP DQ-2 780. 12.3.53. MfA (Chwalek). Bericht zur Begründung der Ausnahmeregelung des Beschlusses des Präsidiums des Ministerrats „über Einführung des Sparsamkeitsprinzips in der Sozialfürsorge".

80 BAP DQ-2 780. 16.9.52. MfA, HR Sozialfürsorge. Exposé (4. Grundsatz).

gewährt werden. Es war durchzusetzen, daß die Gewährung von Leistungen die Ausnahme, die Pflicht zur Arbeitsaufnahme die Regel werde.[81]

Neben den Modalitäten, die die Berechtigung zum Leistungsempfang regelten, geriet die Höhe der Richtsätze erneut in die Diskussion. Es hatte sich gezeigt, daß gebietsweise die Löhne ungelernter Arbeiter überschritten wurden, was unter allen Umständen zu vermeiden war. Daher wurde erneut festgeschrieben, daß die Gesamthöhe der Unterstützungsleistungen für eine Familie nicht über dem niedrigsten Nettolohn der entsprechenden Ortsklasse liegen dürfe. Diese Vorschrift war strikt einzuhalten, auch wenn sich unter Berücksichtigung der Bedarfssätze, die 1949 und 1950 angehoben worden waren, höhere Richtsätze errechnen ließen. Die Bestimmungen zum Rentenempfang wurden eingeengt. Arbeitsunfähige Familienmitglieder eines Altersrentners konnten bislang Mittel aus der Fürsorgeunterstützung beziehen, die anrechnungsfrei blieben. In manchen Fällen wurden die Ehefrauen der Rentner als Hauptunterstützungsempfängerinnen betrachtet. Diese Möglichkeiten entfielen völlig. Wenn bei der Ehegattin Invalidität vorlag oder die Altersgrenze von 60 Jahren erreicht war, wurde aus den Mitteln der Sozialversicherung ein Zuschlag von 10 Mark zur Rente gewährt.[82]

Manche finanziellen Erleichterungen, die bisher bei der Gewährung von Fürsorgeunterstützung eingeräumt wurden, entfielen im Zuge der Sparmaßnahmen bzw. wurden die gesetzlichen Bestimmungen restriktiv angewandt.[83] Bislang galt der Grundsatz, daß geringe Vermögenswerte anrechnungsfrei blieben. Diese Ausnahmeregelung, die sich beispielsweise auf Hausbesitz bis zu einem Wert von 2.000 Mark bezog, verlor ihre Gültigkeit.

Ferner wurde im Exposé erstmals ein klares Bekenntnis zur Rückzahlungspflicht für geleistete Unterstützungen formuliert. Das Argument, daß die staatlichen Leistungen nach dem Ende der Hilfsbedürftigkeit nicht zurückgezahlt werden müßten, hatte in der bisherigen Propaganda eine herausragende Rolle gespielt. Bei der Betonung der Fortschrittlichkeit der Fürsorgeverordnung vom 22. April 1947 gegenüber früheren gesetzlichen Regelungen war dieses Argument stets herausgestellt worden.[84] Infolge des Sparkurses erachtete man ein Festhalten an dieser Bestimmung als unmöglich.

---

81 BAP DQ-2 780. 20.12.52. MfA, HR Sozialfürsorge. Anweisung über die Anwendung der gesetzlichen Bestimmungen der Sozialfürsorge (Arbeitsrichtlinien für alle Mitarbeiter der Sozialfürsorge).

82 BAP DQ-2 780. 20.12.52. Anweisung zum Ministerratsbeschluß.

83 BAP DQ-2 780. 16.9.52. MfA, HR Sozialfürsorge. Exposé (7. und 9. Grundsatz).

84 Liebrandt, M. P.: 1947 - ein Jahr fortschrittlicher sozialer Arbeit, in: AuS 2 (1947), H. 23/24, S. 508. Zumpe, Paul: Demokratisierung der Sozialfürsorge, in: AuS 3 (1948), H. 22/23, S. 488.

Auch die Unterhaltspflicht Dritter sollte fortan verstärkt überwacht werden, insbesondere, wenn Unterstützungsempfänger finanzielle Unterstützung aus Westdeutschland bzw. Westberlin erhielten. Hier ging man davon aus, daß es sich „in der Hauptsache um Menschen handelt, die aufgrund ihrer politisch falschen Einstellung [...] die DDR verlassen haben." Es könne „nicht Aufgabe der Sozialverwaltung sein, die Angehörigen solcher Personen aus öffentlichen Mitteln zu unterstützen. Deshalb Unterbringung in Arbeit."[85] Die Vollmachten der Abteilungen für Sozialwesen sollten dergestalt erweitert werden, daß sich auf dem Klageweg größere Erfolge bei der Verfolgung von Unterhaltsansprüchen erzielen ließen.

Ein Punkt, den das Exposé lediglich erwogen hatte, wurde in der Ministerratssitzung vom 20. Dezember 1952 wieder aufgegriffen.[86] Es handelte sich um die Einführung einer Fürsorgesperre, die den Bezug von Fürsorgeunterstützung für Arbeitsfähige auf drei Monate im Kalenderjahr beschränkte. Hierdurch sollte der Druck sowohl auf den einzelnen Leistungsempfänger wie auch die beteiligten Behörden erhöht werden, so daß sich die Regelungen des Sparkurses durchsetzen ließen. Nach Ablauf dieser Frist entfiel jeglicher Anspruch auf Unterstützungsleistungen. Der gesamte Katalog an Maßnahmen, der sich als äußerst einschneidend in die Lebensverhältnisse der betroffenen Bevölkerungsteile auswirken mußte, wurde in der Ministerratssitzung beschlossen und war von den Sozialbehörden 1953 erstmals anzuwenden.

2.3. Die Grenzen der Durchsetzbarkeit der Fürsorgesperre

Der Staatshaushalt 1952 hatte für Fürsorgezwecke 254,8 Millionen Mark vorgesehen.[87] Diese Summe wurde 1953 um fast 32 Prozent auf 173,5 Millionen Mark gesenkt. Die Berechnungen von Arbeitsminister Roman Chwalek ergaben, daß bei Gewährung derselben Unterstützungssätze 1953 nur noch rund 300.000 Menschen dauerhaft Fürsorge beziehen könnten. Somit bestand der Zwang, alle Arbeitsfähigen, hierunter auch die Erwerbsbeschränkten, die gar nicht unmittelbar einsatzfähig waren, und die bislang Freigestellten, in Arbeit zu bringen. Die Beschränkungen der Fürsorgeansprüche, wie sie in den 13 Grundsätzen formuliert wurden, sollten hierfür die Voraussetzungen schaffen und die geplante Senkung der Unterstütztenzahl bewirken. Da die Freistellungsgründe entfielen, bestand nun für jede Person im arbeitsfähigen Alter faktisch die Pflicht zur Arbeit, sofern keine

85 BAP DQ-2 780. 16.9.52. MfA, HR Sozialfürsorge. Exposé (11. Grundsatz).
86 BAP DQ-2 780. 20.12.52. Anweisung zum Ministerratsbeschluß.
87 Zum Folgenden: BAP DQ-2 780. 12.3.53. MfA (Chwalek). Bericht zur Begründung der Ausnahmeregelung des Beschlusses des Präsidiums des Ministerrats „über Einführung des Sparsamkeitsprinzips in der Sozialfürsorge".

anderen Einkünfte vorlagen. Die Anfangserfolge beim Unterstützungsabbau waren gering. Im Januar 1953 stieg die Zahl der Unterstützungsempfänger auf 439.000, d.h. es wurden im Vergleich zum Vormonat rund 5.000 unterstützte Personen mehr registriert.

Wesentlich durchgreifendere Erfolge verhieß die Durchsetzung der Fürsorgesperre, deren offizielle Begründung der Anweisung an die untergeordneten Behörden zu entnehmen war: „Da in der Deutschen Demokratischen Republik Arbeitskräftemangel besteht und heute weit eher auch im überbezirklichen Ausgleich Arbeitsuchende unterzubringen sind, soll die Bewilligung der Sozialfürsorgeunterstützung an Arbeitsfähige und Teilarbeitsfähige jeweils auf 4 Wochen befristet und höchstens 3 x im Jahr bewilligt werden.“[88] Die hier genannten Prämissen, die die Befristung der Fürsorgeleistungen legitimierten, waren fragwürdig. Keineswegs bestand ein allgemeiner Arbeitskräftemangel, sondern vorrangig eine Nachfrage nach qualifizierten Kräften.[89]

In den agrarisch strukturierten Gebieten gehörte es zu den Eigenarten der Beschäftigung, daß unqualifizierte Arbeiter und vor allem Arbeiterinnen immer wieder eine zeitweilige Anstellung fanden. Diesen Phasen der Beschäftigung standen längere Zeiten der Arbeitslosigkeit gegenüber, die mit Hilfe von Unterstützungsleistungen überbrückt wurden. Mithin konnte den betroffenen Landarbeiter ihre materielle Basis auf Dauer als gesichert erscheinen, so daß kein zwingender Anlaß zum Ortswechsel bestand.

Vor allem die überbezirkliche Arbeitsvermittlung lag im Argen, wie die im Frühjahr 1953 angefertigten Instrukteurberichte erkennen lassen.[90] Es wurden keine Fälle aktenkundig, in denen Arbeitsvermittlungen über Bezirksgrenzen hinweg in größerem Rahmen stattgefunden hätten. Vielfach gelang selbst nicht, die Disproportionen innerhalb des Bezirks zu überwinden, insbesondere wenn, wie im Bezirk Rostock, die saisonale Beschäftigung überwog: „Besonders in den ausgesprochenen Agrarkreisen war es im Februar und März nicht möglich, den großen Teil der arbeitsuchenden Sozialfürsorgeunterstützungsempfänger in den Arbeitsprozeß in der Landwirtschaft einzureihen, da hier überhaupt keine Möglichkeiten vorhanden waren.“[91] Dem standen im gleichen Bezirk freie

88 BAP DQ-2 780. 20.12.52. Anweisung zum Ministerratsbeschluß.

89 vgl. z.B. BAP DQ-2 3744. MfA. Bericht über den Instrukteureinsatz im Bezirk Dresden.

90 Die Instrukteureinsätze werden als Beispiel für die Sowjetisierung des DDR-Verwaltungsapparates genannt, vgl. Kaiser, Monika: Sowjetischer Einfluß auf die ostdeutsche Politik und Verwaltung 1945-1970, in: Jarausch, Konrad / Siegrist, Hannes (Hrsg.): Amerikanisierung und Sowjetisierung in Deutschland 1945-1970. Frankfurt am Main / New York 1997, S. 122.

91 BAP DQ-2 3744. Anlage zum Bericht über den Instrukteureinsatz bezüglich der Aufgaben des Sozialwesens im Bezirk Rostock am 27. und 28. April 1953.

Arbeitsplätze in den Werften, die zu den Schwerpunktindustrien gehörten, gegenüber. Meist hingegen erfolgten die Arbeitsplatzbesetzungen unter kurzfristigen Gesichtspunkten vor Ort. Dies führte zu zeitweiliger Beschäftigung, die neben der Land- und Forstwirtschaft auch die Zuckerindustrie betraf.

Ein Umzug innerhalb des Bezirks scheiterte oft an der Wohnraumsituation. Die schlechte Verkehrslage verhinderte ein Pendeln zum Arbeitsplatz,[92] d.h. einen Ausgleich zwischen den gewerblichen Zentren und den umliegenden Landkreisen, die deren potentielles Arbeitskräftereservoir hätten bilden können. Die Arbeitslosigkeit stieg in vielen Kreisen, weil die volkseigenen Betriebe - und dies verstärkt nach einem Beschluß des Ministerrates vom 5. März 1953, der ein Überschreiten der Lohnfonds untersagte - auf die Erfüllung der Arbeitskräftepläne achteten. Nach den Feststellungen der Staatlichen Plankommission waren 1952 in den volkseigenen Betrieben 122.000 Arbeitskräfte mehr beschäftigt worden, als der Arbeitskräfteplan vorsah.[93] Entlassungen gab es infolge dessen vor allem in den gewerblich und industriell geprägten Bezirken im Süden der DDR. Die Kürzung der Belegschaft konnte wie im Fall der „Rheinmetall“ in Sömmerda, wo allein im ersten Quartal 1953 ca. 800 Mitarbeiter entlassen wurden, im lokalen Maßstab ein beträchtliches Ausmaß annehmen.

Die „Anweisung über die Sicherung des Arbeitskräftebedarfs in der Volkswirtschaft“[94] vom 20. März 1953 beschränkte sich vorwiegend auf eine Instruktion der Leiter der VEB und VEG zur Meldung der freiwerdenden Arbeitskräfte, enthielt sich aber konkreter Regelungen zur Organisation eines überbezirklichen Ausgleichs. Ein Positionspapier des Ministeriums für Arbeit im April 1953 ließ andere Prioritäten erkennen. Die mitunter unter Zwang betriebene Lenkung der Arbeitskräfte, wie aus der SBZ bekannt, behielt als Prinzip der Arbeitsvermittlung keine Gültigkeit. Indessen waren diejenigen, die Leistungen beanspruchten, „verpflichtet, sich selbst um eine Arbeit zu bemühen. Eine Arbeitsvermittlung im alten Sinne gibt es nicht mehr. Die Betriebe werben die benötigten Arbeitskräfte in eigener Verantwortlichkeit. Sie geben den Bedarf durch Veröffentlichung in der Presse bekannt und nehmen die Einstellung selbst vor, ohne die Abteilung für Arbeit und Berufsausbildung in Anspruch zu nehmen.“[95] Erst wenn diese „Mittel der Selbsthilfe“ ausgeschöpft waren, sollten die Arbeitsbehörden auf Kreisebene

---

92 BAP DQ-2 3744. April 1953. Berichte über die Instrukteureinsätze in den Bezirken Rostock, Schwerin und Suhl.

93 BAP DQ-2 780. 12.3.53. MfA. Bericht zur Begründung der Ausnahmeregelung des Beschlusses des Präsidiums des Ministerrats „über Einführung des Sparsamkeitsprinzips in der Sozialfürsorge“. Zur Arbeitskräftehortung vgl. auch Buchheim, Arbeiteraufstand, S. 418-419.

94 BAP DQ-2 3745. 20.3.53. MfA, HA Arbeit.

95 BAP DQ-2 3725. 30.4.53. MfA, Abt. Arbeitskraftlenkung. Disposition betr. Lenkung der Sozialfürsorgeunterstützungsempfänger in Arbeit.

eingeschaltet werden, um durch zwischenbezirklichen Ausgleich die benötigten Arbeitskräfte zu gewinnen. Inwiefern das bestehende Anreizsystem, das von einer Lenkung im eigentlichen Sinne Abstand nahm, ausreichte, die Binnenumsiedlung zu beschleunigen, bedürfte einer genaueren Untersuchung, die hier nicht geleistet werden kann.

In bezug auf die Fürsorgeleistungen konnten von Januar bis März 1953 in den meisten Bezirken keine wesentlichen Einsparungen verzeichnet werden.[96] Die Auslegung des Ministerratsbeschlusses lag im Ermessen der ausführenden Behörden. In der Regel wurde so verfahren, daß die Unterstützungsleistungen in den ersten drei Monaten wie gehabt weiterbezahlt wurden. Das bedeutete, daß eine Vielzahl von Unterstützungssuchenden ab April keinen Anspruch mehr auf Zahlungen hatte und dies für den Rest des Jahres 1953. Die Fürsorgesperre bereitete zu diesem Zeitpunkt in den nördlichen Bezirken der DDR aufgrund der beginnenden Saisonarbeit in der Landwirtschaft, die zumindest eine kleine Verdienstmöglichkeit bot, geringere Probleme, wohl aber in den südlichen Bezirken, namentlich Leipzig, Dresden, Chemnitz, Erfurt und Halle.[97]

Noch vor Ablauf der dreimonatigen Frist richtete Staatssekretärin Friedel Malter im März 1953 eine Anfrage an den Ministerpräsidenten Grotewohl.[98] Indem sie auf die „unüberwindliche[n] Schwierigkeiten“ in den genannten südlichen Bezirken verwies, deren Probleme sie einleitend als „bekannte [!] Arbeitskräftelage in einigen Gebieten der DDR“ bezeichnete, bat sie um eine Aufhebung der Fürsorgesperre. Sie bemühte sich um die Ermächtigung, arbeitsfähige Unterstützungsempfänger in den problematischen Gebieten kurzfristig weiter zu unterstützen und die veranschlagten Planmittel zu überschreiten, insbesondere wenn die Gelder in anderen Kreisen des Bezirks eingespart werden könnten. Ihr Vorschlag fand Gehör, so daß die Bezirke am 28. März 1953 angewiesen wurden, Fürsorgeempfängern einen weiteren Monat Unterstützung zu gewähren.[99]

Indes erwies sich die Weiterleitung dieser Neuregelung als langwierig, so daß lokal unterschiedlich verfahren wurde. Manch eine Behörde, die von der ministeriellen Anweisung nicht mehr rechtzeitig erfuhr, zeigte eine flexible Reaktion und wandte die Sperregelung nur teilweise an. Im Bezirk Potsdam wurden für April die Fürsorgezahlungen zwar generell untersagt, doch einschränkend für die Stadt Potsdam die Genehmigung erteilt, „entsprechend

---

96 BAP DQ-2 3744. Anlage zum Bericht über den Instrukteureinsatz bezüglich der Aufgaben des Sozialwesens im Bezirk Rostock am 27. und 28. April 1953.

97 BAP DQ-2 3744. 30.4.53. MfA. Zusammenfassender Bericht über die Feststellungen der Instrukteure des MfA in den Bezirken bzgl. Überprüfung des Referates Sozialfürsorge.

98 BAP DQ-2 780. 24.3.53. MfA (Malter) an Grotewohl.

99 vgl. BAP DQ-2 780. 30.3.53. Der Minister für Arbeit (Chwalek) an Ministerpräsident Grotewohl.

der Arbeitskräftelage [...] in begründeten Fällen eine Weiterzahlung vorzunehmen."[100] Im Kreis Königswusterhausen verfügten die Behörden hingegen einen sofortigen Stopp, als die Unterstützung in alter Höhe ausbezahlt wurde. Dem dortigen Abteilungsleiter wurde gar seine Entlassung angedroht. Im Bezirk Suhl schlug man gebietsweise einen gemäßigten Kurs ein, indem man in den Kreisen Meiningen, Ilmenau und Neuhaus die Sondergenehmigung zur Auszahlung eines vierten Monats gab.[101] Eine nachgiebige Verfahrensweise läßt sich auch im Bezirk Leipzig nachweisen.[102]

Die Maßnahmen der Regierung bargen ein soziales Konfliktpotential, das sich in die gesellschaftlichen Spannungen des Jahres 1953 einreihte.[103] Dort, wo es zu einer weitgehenden Durchsetzung der Fürsorgesperre kam, machte sich Opposition breit. In Arnstadt (Bezirk Erfurt) nahmen die Auswirkungen der Streichungen „solche Formen" an, daß sich ca. 300 Unterstützungsempfänger zu einer Protestdemonstration zusammenfanden, die nur „durch das Eingreifen von Funktionären verhindert werden konnte. [...] In Erfurt kann die Auszahlung nur mit Polizeiaufgebot durchgeführt werden. In der Stadt Weimar hat ein FU-Empfänger den betreffenden Referatsleiter und die Sachbearbeiterin wegen Verbrechen gegen die Menschlichkeit beim Staatsanwalt angeklagt."[104] Diesem Aufbegehren der Betroffenen stand mitunter eine ebenso martialische Ausdrucksweise der Behörden entgegen, wie etwa im Bezirk Dresden, wo von einem „Kampfplan zur Einsparung von Mitteln"[105] gesprochen wurde.

Kritik regte sich auch in den Reihen der Angestellten und Sachbearbeiter der Behörden sowie vereinzelt unter SED-Funktionären. Manch einem lokalen Amtsträger leuchtete die Rechtmäßigkeit der Vorschrift nicht ein; so notierte der Instrukteur im Bezirk Gera „zahlreiche Beispiele von stark opportunistischem Verhalten der Bürgermeister und Sachbearbeiter, die sich von der Anordnung, die sie durchführen sollen, distanzieren und dies der

---

100 BAP DQ-2 3744. Bericht über den Instrukteureinsatz im Bezirk Potsdam am 27./ 28. April 1953.

101 BAP DQ-2 3744. Bericht über den Instrukteureinsatz im Bezirk Suhl 27./28. April 1953.

102 BAP DQ-2 3744. 29.4.53. Instrukteureinsatz Bericht (Bezirk Leipzig).

103 Zu deren Dimension im Vorfeld des 17. Juni 1953 vgl. Kowalczuk, Ilko-Sascha / Mitter, Armin: „Die Arbeiter sind geschlagen worden, aber nicht besiegt!" Die Arbeiterschaft während der Krise 1952/53, in: Kowalczuk, Ilko-Sascha / Mitter, Armin / Wolle, Stefan (Hrsg.): Der Tag X - 17. Juni 1953. Die „Innere Staatsgründung" der DDR als Ergebnis der Krise 1952/54. Berlin 1995, S. 44-48.

104 BAP DQ-2 3744. 30.4.53. MfA, Abt. Arbeitskräftelenkung (Gerber). Bericht über Maßnahmen zur Durchsetzung des Sparsamkeitsprinzips in der Sozialfürsorge im Bezirk Erfurt.

105 BAP DQ-2 3744. [April 1953]. MfA. Bericht über den Instrukteureinsatz im Bezirk Dresden.

Bevölkerung gegenüber zum Ausdruck bringen."[106] In Erfurt kündigten zwei Verwaltungsangestellte ihre Anstellung aus Protest gegen den Ministerratsbeschluß. Die SED Schmalkalden zwang die dortige Abteilung Sozialwesen, die ungesetzlichen Zahlungen vorzunehmen. Dem Widerstand auf lokaler Ebene schlossen sich vereinzelt Funktionäre in den Bezirksräten an.[107] Vom ZK der SED wurde besonders der Protest des ehemaligen Präsidenten des thüringischen Landtags August Fröhlich (SED) gegen den Sparbeschluß wahrgenommen. Dieser erfolgte angesichts des Umstandes, daß nur noch an 50 Prozent der arbeitsfähigen Fürsorgeempfänger Unterstützungen gezahlt wurden, d.h. im Bezirk Erfurt mußten 5.000 Personen ohne materielle Leistungen auskommen.

Ein zusammenfassender Bericht des Ministeriums für Arbeit der DDR hielt fest, daß die Flankierung der Sparbeschlüsse fehle. Der Fehler wurde auf Seiten der Parteien, Massenorganisationen, Gewerkschaften und Ausschüsse der Nationalen Front gesucht, die die Umsetzung der Anweisung ideologisch ungenügend unterstützt hätten. Die heraufbeschworene Krisensituation, die eine Vielzahl von Unterstützungsempfängern betraf, reihte sich in die sozialen Unruhen im Vorfeld des 17. Juni 1953 ein und zählt zu ihren Ursachen. Der Sparkurs wurde fortgesetzt. Es erging die Anweisung an die Räte der Kreise und Bezirke, die entstehenden Mehrausgaben bis zum Jahresende wieder einzusparen. Entsprechend blieb bis auf weiteres die Unsicherheit bei der Fürsorgeauszahlung bestehen. Es zeigte sich, daß gerade die sozial Deprivilegierten zu den ersten Opfern der Sparbeschlüsse gehörten, da die Kürzungsbeschlüsse im Bereich der Sozialfürsorge bereits im Dezember 1952 erfolgten.[108] Zeitlich lag dies noch vor den einschneidenden Maßnahmen, die den „alten" selbständigen Mittelstand (Industrielle, Handwerker, Groß- und Einzelhändler, Hausbesitzer mit Mieteinkünften, Rechtsanwälte, Makler u.a.) betrafen, wie dem Entzug der Lebensmittelkarten ab dem 1. Mai 1953.[109]

Der eingeschlagene Kurs erwies sich als unhaltbar. Die Revisionsbeschlüsse der Regierung, unter anderem bezüglich der Sozialfürsorge, wurden am 11. Juni 1953 gefällt, d.h. auf der Ministerratssitzung, die den „Neuen Kurs" einleitete. Sie erfolgten in der Einsicht, daß solch untragbare Härten, die die Betroffenen unmittelbar in ihrer Existenz bedrohten, beseitigt werden müßten. Ein Überleben war für die Unterstützten ohne Geldmittel unmöglich. Ein hiermit kaum vergleichbarer, dennoch aber massiver

---

106 BAP DQ-2 3744. 30.4.53. MfA. Bericht über den Instrukteureinsatz im Bezirk Gera.

107 BAP DQ-2 3744. 29.4.53. MfA. Bericht über die im Bezirk Chemnitz durchgeführten Maßnahmen zur Durchsetzung des Sparsamkeitsregimes in der Sozialfürsorge.

108 vgl. Buchheim, Arbeiteraufstand, S. 430.

109 GBl. der DDR 1953, S. 543. Verordnung über die Ausgabe von Lebensmittelkarten in der DDR und im demokratischen Sektor von Groß-Berlin vom 9. April 1953.

Einschnitt in die Existenzgrundlage konnte vorliegen, wenn man als Selbständiger mit niedrigem Einkommen ausschließlich auf die Versorgung aus den HO-Läden angewiesen war.[110] In diesem Maße war die Arbeiterschaft - trotz Lohnkürzungen und Normenerhöhung - nicht von dem Sparkurs betroffen gewesen.

Im einzelnen beschloß der Ministerrat in bezug auf die Fürsorgeunterstützung, daß diese auch über die dreimonatige Frist hinaus bezahlt werden dürfte, wenn „a) auf Grund der allgemeinen Arbeitskräftenachfrage trotz Ausnutzung aller Möglichkeiten und aktiver Unterstützung der Arbeitsverwaltung die Aufnahme einer Arbeit nicht möglich war, b) die arbeitsfähigen und teilarbeitsfähigen Sozialfürsorgeempfänger einen ihnen zugewiesenen Arbeitsplatz nicht abgewiesen haben.“[111] Der Nachweis, daß beide genannten Punkte erfüllt waren, mußte monatlich vom Fürsorgeempfänger erbracht werden, womit nicht mehr nur die eigenständigen Bemühungen um Arbeit glaubhaft zu machen waren, sondern geradezu eine Umkehr der Beweislast stattfand.

Doch hierbei blieb der Reformwille nicht stehen. Am 25. Juni 1953 wurde eine Erhöhung der Renten und der Sozialfürsorgesätze für Hauptunterstützungsempfänger um 10 Mark monatlich beschlossen.[112] Es erging die Anweisung, daß diese Erhöhung unabhängig von der geltenden Höchstgrenze, dem Mindestlohn eines ungelernten Arbeiters, wirksam werde (s. Tabelle 20).[113] Ende Juni wurden die Amtsleiter auf einer Arbeitstagung über die zu ergreifenden Maßnahmen instruiert. 14 Tage später zog ein Rundschreiben eine kritische Bilanz der Umsetzung des „Neuen Kurses“ und sparte hierbei nicht an Kritik. Die Beschlüsse des Ministerrates, hieß es, seien fehlerhaft umgesetzt, ihre Bedeutung unterschätzt worden: Dies habe „erneut dazu beigetragen, die guten Absichten der Regierung zu diskreditieren.“[114]

Offenbar vermochten die ausführenden Behörden den radikalen Kurswechsel nicht in Windeseile zu erfassen und zeigten sich träge in der Durchführung der Beschlüsse. Zwar gestand man ihnen von Seiten des Staatsministeriums angesichts des niedrigen Personalstandes eine augenblicklich hohe Belastung zu, doch enthüllte der Schriftverkehr aufs neue die Taktik der Regierung, die Versäumnisse, die sie zu verantworten hatte, unteren Verwaltungsinstanzen anzulasten.

---

110 vgl. Tabelle 16 zum nach wie vor hohen Preisniveau der HO-Läden.

111 BAP DQ-2 780. 11.6.53. MfA (Staatssekretärin Malter). Anweisung an die Räte der Bezirke und Kreise, Abt. Arbeit und Berufsausbildung.

112 GBl. der DDR 1953, S. 822-823.

113 BAP DQ-2 3745. 14.7.53. MfA an die Räte der Bezirke. Festgehalten im GBl. der DDR 1953, S. 910. 21.7.53. Zweite Durchführungsbestimmung zur Verordnung über die Erhöhung der Renten und der Sozialfürsorgeunterstützung.

114 BAP DQ-2 3745. 14.7.53. MfA an die Räte der Bezirke.

Als wesentlichen Erfolg konnte die staatliche Fürsorgepolitik eine Senkung der Zahl der Unterstützungsempfänger von 439.000 Personen im Januar auf 316.000 im Dezember 1953 verbuchen. In Ermangelung einer differenzierten Statistik kann die Struktur des Unterstützungsempfangs nicht analysiert werden. Ausschlaggebend waren zwei Gründe: 1.) Erneut dürften zahlreiche als arbeitsfähige geltende Personen in den Arbeitsprozeß integriert worden sein. Dies deutet darauf hin, daß die Maßnahmen nach dem Ministerratsbeschluß vom 20. Dezember 1952 - abgesehen von der Befristung der Fürsorge auf drei Monate im Jahr - erhebliche Folgewirkungen hatten. Das Ergebnis war nicht nur Vollbeschäftigung, sondern eine fast vollständige Ausnutzung des Produktionsfaktors Arbeit. 2.) Die sukzessive Anhebung der Mindestrentensätze - 1953 betrugen sie 75 Mark und lagen nunmehr deutlich über den Richtsätzen der Sozialfürsorge -entlastete allmählich die Fürsorgestatistik. Außerdem läßt sich eine Ausweitung des Kreises der Alters- und Invaliditätrentner feststellen: Ihre Zahl stieg von 865.422 (1950) auf 1.246.151 (1953). Es gab vor allem mehr Invaliden- und Witwenrenten bei gleichzeitiger Abnahme der Waisenrenten.[115] Hier zeigte sich, daß nach dem Erlaß einer neuen Sozialgesetzgebung eine gewisse Zeit verstrich, bis alle leistungs- und antragsberechtigten Personen die ihnen zustehenden Leistungen erhielten.

2.4. Der Lebensstandard in der ersten Hälfte der 1950er Jahre

Die Frage, wie sich der Lebensstandard der Unterstützungsempfänger entwickelte, soll wieder aufgegriffen werden. Konnte den Armutsschichten mit dem Übergang zu längeren Planungsperioden eine angemessene Beteiligung an den gesellschaftlichen Ressourcen gewährleistet werden? Ließ sich der „normale" Lebensstandard in der unmittelbaren Nachkriegszeit noch auf die Frage einer ausreichenden Ernährung beschränken, hatten sich die Kriterien während der frühen 1950er Jahre verändert. Die Senkung der HO-Preise 1950/51 markierte für die Masse der Bevölkerung den Übergang zu einem sich normalisierenden Lebensstandard.

Die Fürsorgerichtsätze waren nach der Gründung der DDR am 3. November 1949 sowie durch die „Verordnung über die Erhöhung der Renten" vom 17. August 1950 erhöht worden.[116] Der Zusammenhang zur wirtschaftlichen Entwicklung war hierbei evident, denn, wie im Vorangegangenen herausgestellt, galt in der DDR der allgemeine Grundsatz, daß sich die gewährten Sozialleistungen im Einklang mit dem wirtschaftlichen Leistungspotential bewegten. Am 25. Juni 1953 setzte die DDR-Regierung

115 Frerich / Frey, Bd. 2, S. 330-332.
116 vgl. Kapitel I., 4. und III., 1.

den Unterstützungssatz für Hauptunterstützungsempfänger auf 55 Mark monatlich herauf.[117]

Auf dieser neuen Grundlage wurde der Warenkorb, der die Grundlage der Richtsatzbemessung bildete, neu berechnet.[118] Die folgende Übersicht, bei der unverständlicherweise kein Frühstück, wohl aber eine entsprechende Mahlzeit am frühen Nachmittag vorgesehen war, gibt ein idealtypisches Bild, wie man sich die Ernährung eines Fürsorgeempfängers vorstellte.

Tabelle 25:
Aufteilung der Lebensmittel für eine Einzelperson für die Dauer von 10 Tagen auf die täglichen Mahlzeiten im Jahr 1953

Tag	Mittag	früher Nachmittag	Abend
1.	Fleisch 100 g, Fett 10 g, Kartoffeln 500 g, Zwiebeln 10 g, Obst 50 g	Brot 150 g, Butter 10 g, Marmelade 30 g	Brot 350 g, Butter 10 g, Zucker 50 g, Mehl 20 g
2.	Nudeln 40 g, Fett 10 g, Gemüse 250 g	Brot 150 g, Marmelade 35 g, Zucker 20 g	Brot 350 g, Zwiebeln 10 g, Kartoffeln 500 g, Fett 10 g
3.	Graupensuppe (Graupen 40 g), Speck 20 g	Brot 150 g, Marmelade 35 g, Zucker 20 g	Brot 350 g, Butter 10 g, Käse 125 g, Tee
4.	Wirsing 250 g, Kartoffeln 500 g, Zwiebeln 10 g, Speck 50 g	Brot 150 g, Marmelade 35 g	Brot 350 g, Fett 20 g, Ei, 40 g Käse
5.	weiße Bohnen 40 g, Speck 20 g, Zwiebeln 10 g, Kartoffeln 500 g, Mehl	Brot 150 g, Marmelade 35 g	Brot 350 g , Butter 10 g, Wurst 50 g,
6.	Kartoffeln 500 g, Heringe 125 g, Obst 80 g	Brot 400 g, Marmelade 30 g, Fett 20 g	Grießsuppe (= Nährmittel 20 g), Margarine 20 g, Zucker 40 g
7.	Kartoffeln 500 g, Weißkraut 250 g, Zwiebeln 10 g, Fett 15 g, Mehl	Brot 250 g, Marmelade 35 g, Fett	Brot 350 g, Fett 15 g, Rest-Heringe, Obst 50 g
8.	Fleisch 100 g, Kartoffeln 500 g, Fett 30 g, ein Salat	Brot 50 g, Kuchen 200 g, Marmelade 20 g	Brot 150 g, Butter 40 g, Wurst oder Fleisch 50 g
9.	Kartoffeln 300 g, Erbsen-Suppe (= Nährmittel 40 g), Speck 10 g	Kuchen-Rest, Brot 150 g, Marmelade 30 g	Brat-Kartoffeln 300 g, Brot 350 g, Fett 10 g, Obst 100 g
10.	Gemüse 250 g, Kartoffeln 600 g, Speck 10 g	Brot 300 g, Marmelade 40 g	Brot 300 g, Wurst 100 g

Quelle: SAPMO, ZPA, IV 2/611/84. [1953], fol. 121.

117 Zum Vergleich mit der Bundesrepublik, vgl. das folgende Kapitel IV.

118 SAPMO, ZPA IV 2/611/84. [1953]. MfA. Existenzminimum für eine Einzelperson mit einem Richtsatz von 55 Mark monatlich. Alle folgenden Angaben zu Mengen und Preisen der im Warenkorb vorgesehenen Güter beziehen sich auf diese Quelle.

Auf den Monatsverbrauch hochgerechnet, ergab sich für eine einzelne Person ein durchschnittlicher Verbrauch von 14,7 kg Kartoffeln, 14,4 kg Brot, 1,35 kg Fleisch und Wurst, 0,9 kg Fett, 1,26 kg Nährmittel, 1,2 kg Zucker, 0,975 kg Marmelade, 0,475 kg Käse, 0,495 kg Fisch, 4,11 kg Gemüse und 1 kg Obst. Vergleicht man diesen Ernährungsplan für Fürsorgeempfänger mit Langzeitstudien zum Wandel der Ernährungsgewohnheiten,[119] fällt auch im Jahr 1953 noch ein hoher vegetabiler Ernährungsanteil auf.[120] Dieser beruhte auf dem ausgesprochen hohen Anteil an Getreideprodukten (Brot) und Kartoffeln.

Führt man für den hier aufgestellten Speiseplan eine Kalorienberechnung durch, wie dies bereits für die unmittelbaren Nachkriegsjahre geschah, ergibt sich ein durchschnittlicher täglicher Verzehr von ca. 2.250 kcal. Diese Menge reichte nah an die 2.400 kcal heran, die in zeitgenössischen Vorstellungen als Mindestverbrauch angesehen wurden. Neueren ernährungsphysiologischen Bedarfsrechnungen hält dies nicht stand.[121] Im Unterschied zur Periode, als alle Lebensmittel rationiert waren, läßt sich aus dieser Berechnung jedoch der tatsächliche Verbrauch nicht unmittelbar ablesen. Um die angegebenen Lebensmittel zu erwerben, mußte ein Hauptunterstützungsempfänger ca. 29 Mark der ihm monatlich zur Verfügung stehenden 55 Mark aufbringen. Folgt man bei der Bewertung der weiteren Konsumausgaben der amtlichen Berechnung des Existenzminimums, verblieb monatlich ein Betrag von ca. 6 Mark zur freien Verfügung. Ob dieses Geld tatsächlich übrig bleiben konnte, ist sehr fraglich, da der zugrundeliegende Warenkorb, wie weiter unten deutlich wird, wichtige Konsumgüter nicht enthielt. Sollten dennoch überschüssige Mittel vorhanden sein, bestand im Unterschied zur Periode der strikten Rationierung die Möglichkeit, zusätzliche Lebensmittel zu kaufen, die zu den staatlich festgesetzten Preisen im freien Verkauf erhältlich waren.

Für einen über die genannten Mengen hinausgehenden Verbrauch kamen vor allem pflanzliche Produkte in Frage. Die Kilopreise für Kartoffeln (Einkellerungspreis 8 Pfennig, in den Sommermonaten ca. 20 Pfennig) und für verschiedene Gemüsesorten (z.B. Kohl 14 Pfennig, Möhren 16 Pfennig, Kohlrabi 22 Pfennig, Porree 29 Pfennig) lagen im Rahmen dessen, was für die Unterstützungsempfänger erschwinglich war. Ein zusätzlicher Erwerb von rationierten Waren blieb für die Fürsorgeempfänger angesichts des limitierten Budgets unerschwinglich. Die HO-Preise für Fleisch (11,20 Mark

---

119 Zur historischen Langzeitperspektive vgl. Teuteberg/Wiegelmann, S. 225 ff.

120 Insgesamt glich der aufgestellte Speiseplan der Ernährungszusammensetzung der Durchschnittsbevölkerung der DDR, vgl. Winkler, Gerhard, S. 176, der für das Jahr 1955 feststellte, daß die Nahrung zu 12,2 % aus Proteinen, zu 34,3 % aus Fetten und zu 53,3 % aus Kohlenhydraten bestand.

121 Kofrányi/Wirths, S. 301. Hier wird ein Mindestbedarf von 2.600 kcal zugrunde gelegt.

pro kg) oder Margarine (12 Mark) lagen außerhalb ihres finanziellen Spielraums. Insofern enthält obige Übersicht einen realistischen Wert, was den Verbauch an Fleisch- und Wurstwaren betrifft. Die Berechnung des Ministeriums beruhte auf den billigeren Wurstsorten, z.B. Leber- und Bierwurst, so daß teurere Produkte, z.B. Schinken oder Salami, keine Berücksichtigung fanden.

Nimmt man den „Wohlstandsindikator" Fleisch zum Maßstab, wird der niedrige Ernährungsstandard, der auch 1952 noch herrschte, deutlich. Wenn man einen durchschnittlichen monatlichen Mehrkauf von 0,2 kg, was realistisch erscheint, oder selbst 0,5 kg (dies entspräche der Verwendung des gesamten freistehenden Betrages von 6 Mark zum Fleischkauf) zu HO-Preisen einberechnet, entsprach die konsumierte Menge von 18,6 bzw. 22,2 kg im Jahr gerade einmal dem Verbrauch zu Beginn der Industriellen Revolution in Deutschland.[122] Zwischen 1850 und 1860 bewegte sich der Durchschnittsverzehr zwischen 19 und 25 kg pro Kopf und Jahr. Ähnliches galt für den Zuckerverbrauch. Dieser lag für Fürsorgeempfänger in der DDR bei 14,4 kg jährlich, was dem Stand von 1901/02 entsprach. Lediglich die im Bewirtschaftungssystem der DDR zugestandene Fettmenge von 10,8 kg jährlich bewegte sich bereits im Trend des schnell steigenden Verbrauchs der Nachkriegsjahrzehnte.

Betrachtet man den neuberechneten Warenkorb als Ganzen, erkennt man, daß sich im Vergleich zu demjenigen des Jahres 1946 die Ausgaben für Lebensmittel wesentlich erhöht hatten. Die Zeit der kalorischen Unterversorgung war somit trotz der Abstriche, die in bezug auf Qualität der Kost gemacht werden müssen, vorüber. Die zugestandenen Mengen an Konsumgütern des täglichen Bedarfs blieben jedoch auf sehr niedrigem Niveau. In manchen Bereichen waren unentbehrliche Verbesserungen in das Existenzminimum einberechnet worden, z.B. wurden nun die Heizkosten in dem Maße einbezogen, wie sie die Hausbrandkarte vorsah, d.h. 550 kg Braunkohle sowie dieselbe Menge an Rohbraunkohle jährlich. Etwas unfangreichere Ausgaben als in der Richtsatzberechnung vom November 1946 waren für Körperhygiene und Reinigung vorgesehen. Ferner wurde der Stromverbrauch etwas höher angesetzt: Fünf Kilowattstunden im Monat entsprachen laut der Berechnung der Behörde der elektrischen Beleuchtung für dreieinhalb Stunden am Tag sowie dem Strombedarf zum Bügeln. Der Verbrauch von Kohle, Gas und Holz zur Zubereitung der Mahlzeiten blieb unverändert. Die Kosten für Schuhreparaturen waren nun ebenfalls einkalkuliert. Unverständlicherweise entfiel dagegen die Rubrik „Instandhaltung der Kleidung". Und was schwerer wog: Es waren nach wie vor keine Beträge für die Neuanschaffung von Kleidung und Hausrat berücksichtigt, d.h. elementare Bedürfnisse konnten kaum befriedigt werden.

122 Teuteberg/Wiegelmann, S. 240.

Hieran läßt sich erkennen, daß der oben angesprochene finanzielle Spielraum in der Tat äußerst gering war.

Abschließend soll der Frage nachgegangen werden, inwiefern der hier vorliegende Warenkorb bzw. Ernährungsstandard für die Unterschichten in der DDR repräsentativ war. Wie dargelegt, gerieten die Richtsätze in verschiedenen Regionen mit den Mindestlöhnen in Kollision, so daß zumindest für diese Gruppe der Lohnabhängigen ein ebenso niedriger Lebensstandard angenommen werden muß. Dasselbe galt für die Rentenempfänger: Zwar lagen die Sätze für Alters- und Invaliditätsrentner mit 75 Mark deutlich über denjenigen der Sozialfürsorge für Hauptunterstützungsempfänger,[123] doch waren die Zahlungen für Familienangehörige im Zuge des Sparkurses, wie oben dargelegt, auf 10 Mark gekürzt worden. Da für die Zusatzunterstützungsempfänger weiterhin Fürsorgerichtsätze von 35 Mark vorgesehen waren, unterschied sich das monatliche Einkommen solcher Zweipersonenhaushalte kaum. Das 1953 errechnete Existenzminimum kann also auch für Rentnerehepaare, bei denen die Frau keine eigenen Ansprüche an die Sozialversicherung erworben hatte, als repräsentativ gelten. Nicht besser gestellt waren auch die Empfänger von Arbeitslosenunterstützung, die meist zusätzliche finanzielle Beihilfen aus der Sozialfürsorge bezogen. Für weite Teile der Unterschichten, insbesondere der Bezieher von Sozialleistungen, ist ein materieller Lebensstandard anzunehmen, der sich am Rande des amtlich definierten Existenzminimums bewegte.

---

123 GBl. der DDR 1953, S. 822.

IV. GRUNDLINIEN DER FÜRSORGE NACH DEM ZWEITEN WELTKRIEG - EIN VERGLEICH WEST- UND OSTDEUTSCHLANDS

Wenden wir den Blick kurz nach Westdeutschland. In dieser Arbeit war ein durchgängiger Vergleich der Fürsorge in den vier Besatzungszonen bzw. in beiden deutschen Staaten nicht beabsichtigt. Dennoch sollen Parallelen und Unterschiede kurz dargestellt werden. An einigen Stellen, etwa bei der Betrachtung des materiellen Lebensstandards der Masse der Bevölkerung, floß der Vergleich bereits in die Darstellung ein. Im Folgenden können nicht alle Bereiche erneut aufgegriffen werden. Mitunter können die Entwicklungen in West und Ost auch nicht verglichen werden, weil der Entfaltung der beiden Fürsorgesysteme innerhalb des allgemeinpolitischen Rahmens Grenzen gesetzt waren. Dies bedeutete auf der einen Seite das Anknüpfen an föderalistische Traditionen und auf der anderen Seite die Einbindung in das System des demokratischen Zentralismus. Wesentliche fürsorgepolitische Institutionen, die im Westen nach dem Krieg wirksam waren (der Deutsche Verein für öffentliche und private Fürsorge, der Deutsche Gemeindetag und andere kommunale Spitzenverbände, die Träger der privaten und kirchlichen Wohlfahrtspflege), existierten in der SBZ nicht mehr bzw. traten andere Institutionen (FDGB, Volkssolidarität) an ihre Stelle. Die folgenden Ausführungen beschränken sich auf die öffentliche Fürsorge im Westen bis Mitte der 1950er Jahre, auf die Nachkriegsentwicklung im Osten werden Rückverweise gegeben.

Nach dem Krieg waren in West wie Ost zunächst die Gemeinden die ausschließlichen Träger der Fürsorgepolitik. Dies änderte sich mit dem fortschreitenden Verwaltungsausbau. In den Westzonen wurden viel mehr als in der SBZ/DDR konzeptionelle Diskussionen über die Fürsorge geführt. Beteiligt waren die kommunale Ebene über ihre Spitzenverbände, die involvierten Bundesministerien des Inneren und der Arbeit sowie der Deutsche Verein für öffentliche und private Fürsorge. Die SPD und die freien Gewerkschaften unterstützten Pläne, die sich auf eine Umgestaltung der Fürsorge im Sinne einer Staatsbürgerversorgung richteten. Diese Konzepte, die vor allem die CDU/CSU ablehnte, hatten nach der ersten Bundestagswahl 1949 kaum mehr Aussicht auf Verwirklichung, wie sich im Sozialbereich insgesamt die Traditionalisten gegenüber den Reformern durchsetzten. Die Fürsorge verblieb in der durch die RFV von 1924 vorgegebenen Linie, die den Kommunen das Fürsorgemonopol weitgehend sicherte. Dies ist ein grundsätzlicher struktureller Unterschied zur SBZ/DDR, wo die DVAS bereits früh auf die Einheitlichkeit der Fürsorgepolitik im gesamten Territorium hinwirkte. Diese mit dem allgemeinen politischen Rahmen korrespondierende Weichenstellung wirkte sich auch im Detail auf das materielle Fürsorgerecht aus.

Einheitliche Richtsätze im Sinne von Regelsätzen, wie in der SBZ 1947 eingeführt, gab es im Westen lange Zeit nicht. Unter dem traditionellen Schlagwort der „Individualisierung" der Fürsorgeleistungen vertraten die Gegner fester Regelsätze die Auffassung, daß der Bedarf jedes Unterstützungsbedürftigen im Einzelfall festgelegt werden müsse. Die Kommunen drängten darauf, daß kommunale Ermessensspielräume bestehen blieben. Dies perpetuierte im Unterstützungsniveau das Gefälle zwischen Stadt und Land. Dessen Ursachen lagen zum einen in der unterschiedlichen finanziellen Leistungskraft der kommunalen Fürsorgeträger und zum anderen im Lohnabstandsgebot, nach dem die Unterstützungssätze die Niedriglöhne der Landarbeiter unterschreiten mußten. Wie stark unter diesen Umständen eine zentrale Regelung in das kommunale Richtsatzgefüge eingreifen konnte, zeigte das Beispiel Mecklenburgs, wo die „Richtlinien für die Bemessung der Barleistungen für den Lebensunterhalt eines Hilfsbedürftigen" im September 1947 mancherorts für eine Verdreifachung der Unterstützungssätze sorgten.

Während im Osten der Durchbruch zum Regelsatz noch in der SBZ-Periode erfolgte, war dieser Prozeß im Westen erheblich langwieriger. Eine „induzierende Wirkung"[1] in der Richtsatzpolitik kam, wie bereits im „Dritten Reich" und in der SBZ, der Ausgabe von Lebensmittelkarten zu. Sie gaben ein objektivierbares Maß für die mögliche Zusammensetzung eines Mindestbedarfs vor. In einigen westdeutschen Städten setzten daraufhin Bestrebungen ein, den „notwendigen Lebensbedarf" wissenschaftlich zu begründen, sprich zu vereinheitlichen, und der politischen Debatte zu entziehen. Solche Tendenzen wurden von den kommunalen Spitzenverbänden, den beteiligten Bundesministerien und dem Deutschen Verein für öffentliche und private Fürsorge bekämpft. Einer der Gründe hierfür war die erhebliche personelle Kontinuität seit der Weimarer Zeit in diesen Organen, ebenfalls ein entscheidender Unterschied zur SBZ/DDR.

Die westdeutsche Debatte fokussierte auf den bereits jahrzehntelang erörterten Begriff der „Bedürftigkeit". Die Traditionalisten setzten, wie auch in der SBZ die ersten Ausarbeitungen der DVAS-Referentin Wiederhold, auf die individuelle Bestimmung des Lebensbedarfs. Während die Diskussion, die innerhalb der DVAS ausgetragen wurde, rasch zugunsten der Einheitsfürsorge beendet war, verhinderten Teile der Fachöffentlichkeit in den Westzonen längere Zeit die Vereinheitlichung der Richtsätze im Sinne von Bedarfssätzen. Insbesondere die Kommunen drängten auf die individualisierte, kommunal verankerte Bedürftigkeitsprüfung.

---

1 Heisig, S. 464.

Die westdeutsche Richtsatzstruktur geriet in den späten 1940er Jahren in Bewegung. Die Alliierten hatten die gehobene Fürsorge fast im gesamten Besatzungsgebiet abgeschafft,[2] weil sie eine solche Differenzierung für unsozial hielten und den im Nationalsozialismus erfolgten Mißbrauch beseitigen wollten. Sozialpolitische Novellen, z.B. das Sozialversicherungs-Anpassungsgesetz (SVAG) vom 17. Juni 1949, führten für gewisse Personengruppen, z.B. Sozialrentner und Kriegsopfer, sogenannte „Freilassungen" ein, d.h. Einkommensanteile, zumeist besondere Sozialleistungen, die nicht auf die Unterstützungs- und Rentensätze angerechnet wurden. Hier wiederholte sich der Konflikt des Jahres 1924 um die Einführung der gehobenen Fürsorge. Dies zog einen „fürsorgepolitischen Handlungsbedarf"[3] nach sich. Getragen vom Deutschen Verein für öffentliche und private Fürsorge, begann ein Kampf um die Freilassung entsprechender Einkünfte bei den Fürsorgeunterstützten.[4] Die Diskussion verschob sich wieder in Richtung der Bedarfsorientierung, d.h. der Schaffung einer Regelung für einen Mindestbedarf. Das Fürsorgeänderungsgesetz von 1953[5] ersetzte die umstrittenen Freilassungen durch die Einführung des „Mehrbedarfs". Die Voraussetzung für diese regelmäßigen Zuzahlungen zur Unterstützung war eine besondere Bedürftigkeit, die z.B. alten Menschen über 65 Jahre, Schwerbeschädigten mit einer Minderung der Erwerbsfähigkeit über zwei Drittel und alleinstehenden Müttern mit mindestens zwei volksschulpflichtigen Kindern zugestanden wurde. Die Bundesregierung räumte den genannten Gruppen einen Mehrbedarf von 20 Prozent der jeweils gültigen Richtsätze ein, für Blinde waren es 40 Prozent. Anders als bei der gehobenen Fürsorge stand hier die soziale Notlage im Mittelpunkt der Argumentation und nicht wie früher die Zugehörigkeit zu einer bestimmten Personengruppe, die sich von den übrigen Fürsorgeempfängern dadurch abhob, daß sie per se als besonders unterstützungswürdig galt.

Erst 1955 führte die Bundesregierung eine Meßgröße für die Berechnung des Unterstützungssatzes ein, indem ein Warenkorb zusammengestellt wurde, der den Regelbedarf widerspiegelte. Infolge der Preisniveauunterschiede variierten die Werte für die Lebenshaltungskosten nach Regionen. Das Bundessozialhilfegesetz von 1962 hielt an dieser Berechnungsmethode des Unterstützungssatzes fest. Eine Kopplung der Regelsätze an das wirtschaftliche Wachstum, wie dies mit der Dynamisierung

2 Nur in den ehemals preußischen Gebietsteilen der FBZ galt die Differenzierung in allgemeine und gehobene Fürsorge bis Anfang der 1950er Jahre, vgl. Nachrichtendienst des deutschen Vereins für öffentliche und private Fürsorge (NDV) 30 (1950), S. 109.

3 Heisig, S. 136.

4 ebd., S. 135-177, zu dieser Debatte.

5 Bundesgesetzblatt (BGBl.) I. 1953, S. 969. Gesetz über die Änderung und Ergänzung fürsorgerechtlicher Bestimmungen vom 20. August 1953 (Art. VII).

der Renten 1957 geschah, wollte die kommunale Ebene unter allen Umständen verhindern. Dies wäre ein Schritt in Richtung der bereits in der Nachkriegszeit diskutierten Staatsbürgerversorgung gewesen, der sich an der allgemeinen Wohlstandsentwicklung orientiert hätte.

Die Sozialleistungspolitik in den Westzonen/BRD wich durch die Zuerkennung des Mehrbedarfs und durch die Schaffung eigener Versorgungssysteme für Vertriebene und andere Kriegsfolgenopfer erheblich vom Konzept der Einheitsfürsorge ab, das in der DDR praktiziert und in der unmittelbaren Nachkriegszeit auch in den Westzonen propagiert wurde. Wie beschrieben, beschränkte sich die Gewährung von Mehrleistungen in der SBZ/DDR auf wenige Opfer des Faschismus sowie auf die von den Sozialversicherungskassen getragenen Sonderaufwendungen für Schwerbeschädigte und Blinde.[6]

Das umfangreichste Versorgungssystem, das die sozialen Kriegsfolgen finanziell bewältigte, betraf im Westen die Flüchtlinge und Vertriebenen. In einem ersten Schritt führte das im August 1949 erlassene Soforthilfegesetz (SHG)[7] mit der Unterhaltshilfe ein regelmäßiges Versorgungsgeld für Teile der Flüchtlingsbevölkerung ein. Dies sollte sie „vor dem als soziale Deklassierung empfundenen 'Gang zur Fürsorge' bewahren."[8] Der Leistungsempfang war an die Bedürftigkeit der betreffenden Person gekoppelt, d.h. sie durfte nicht arbeitsfähig sein. Im einzelnen gehörten dem Empfängerkreis alleinstehende Frauen mit mindestens drei Kindern, Rentner (Männer ab 65 Jahre, Frauen ab 60), Invalide und Vollwaisen an. Ferner wurden die Anspruchsvoraussetzungen als gegeben angesehen, wenn das verwertbare Vermögen weniger als 1.000 DM betrug und das monatliche Einkommen die Grenzen des Grundversorgungssatzes nicht überstieg. Dieser lag bei 70 DM, die Beträge für mitunterstützte Familienangehörige aber erheblich niedriger (30 DM für die Ehefrau und 20 DM für jedes Kind). Die Sätze waren bundesweit einheitlich, weil der Staat die Finanzierung übernahm. Eine der Unterhaltshilfe vergleichbare Sozialleistung existierte in der DDR nicht. Der Vergleich mit den Mitte 1949 gültigen Richtsätzen der Sozialfürsorge zeigt, daß die Leistungen für die Gruppe der arbeitsunfähigen Umsiedler nur halb so hoch wie im Westen waren. Die Sätze der mitunterstützten Familienangehörigen lagen auf gleicher Höhe wie im Westen.

Umfassender als das SHG regelte das Lastenausgleichsgesetz die finanzielle Entschädigung und Versorgung der von den Kriegsfolgen

6 Frerich / Frey, Bd. 2, S. 362-364. Zum Vergleich der Kriegsopferpolitik in allen vier Besatzungszonen, vgl. Hudemann, Kriegsopferpolitik, S. 281-293.

7 Gesetzblatt der Verwaltung des Vereinigten Wirtschaftsgebietes 1949, S. 205 ff.

8 Wiegand, Lutz: Der Lastenausgleich in der Bundesrepublik Deutschland 1949 bis 1985. Frankfurt/Main u.a. 1992, S. 103. Zum Folgenden: S. 103-109.

„besonders betroffenen Bevölkerungsteile“.[9] Das Gesetzeswerk änderte nicht nur einige Bestimmungen zur Unterhaltshilfe, sondern führte v.a. mit der sogenannten Hauptentschädigung eine Ausgleichszahlung für verlorenes Vermögen ein.[10] Auch hier fehlte das Äquivalent in der DDR, sieht man von der oft vorübergehenden Zuteilung kleiner Parzellen während der Bodenreform ab.[11] An monetären Entschädigungen gewährte die DDR-Regierung den Umsiedlern in den frühen fünfziger Jahren lediglich einige zinslose Kredite, die in Raten rückzahlbar waren.

Die Aussagekraft der Fürsorgestatistik hängt davon ab, wie viele der Sozialleistungsempfänger durch sie erfaßt sind. In der SBZ/DDR war der Doppelbezug von Leistungen aus der Sozialfürsorge und der Arbeitslosenunterstützung die Regel. Somit tauchte die Mehrzahl der Arbeitslosen zugleich in der Fürsorgestatistik auf, die damit relativ vollständig die Gesamtzahl der außerhalb des Arbeitsprozesses stehenden Arbeitsfähigen abbildete. Überschneidungen gab es auch mit den Sozialversicherungsrenten. Noch um 1950 war die Aufstockung von Alters- und Invaliditätsrenten durch Fürsorgeunterstützungen sehr verbreitet. Dies änderte sich mit den sukzessiven Rentenerhöhungen und der vermehrten Zuerkennung von Leistungsansprüchen bis zum Jahr 1953. Erst zu diesem Zeitpunkt wirkten sich die beiden Entwicklungen im Rentengefüge entlastend auf die Fürsorgestatistik aus. Bis dahin war der Fürsorgeempfang ein Gesamtindikator für die Bedürftigkeit der Bevölkerung.

Diesen Stellenwert hatte die Statistik der öffentlichen kommunalen Fürsorge im Westen nicht lange. Sie war ein Teilbereich der Sozialleistungsstatistik, die sich zunehmend ausdifferenzierte. Eine erste veröffentlichte Statistik des Fürsorgeempfangs lag für März 1949 vor. Im Vereinigten Wirtschaftsgebiet erfaßte sie 2.578.055 Fürsorgeunterstützte, was einer Unterstütztenquote von 6,1 Prozent entsprach.[12] Diese Zahl verminderte sich innerhalb eines Jahres ganz erheblich. Im Juni 1950 gab es auf dem gesamten Gebiet der BRD (inklusive der Französischen Besatzungszone, die die Statistik vorher nicht erfaßte) nur noch 1.371.746 Unterstützungsempfänger, d.i. eine Quote von 2,8 Prozent.[13] Das war ein

9 BGBl. I. 1952, S. 446 ff. Gesetz über den Lastenausgleich vom 14. August 1952. Zur Genese des Gesetzes vgl. ausführlich: Schillinger, Reinhold: Der Entscheidungsprozeß beim Lastenausgleich. St. Katharinen 1985.

10 Als Überblick, auch zur Entwicklung der Versorgungs- und Ausgleichsleistungen, siehe Wiegand, S. 138ff.

11 Zur DDR-Diskussion vgl. Trieb, Sabine: Zu Fragen der Schaffung gesetzlicher Grundlagen für einen Lastenausgleich in der SBZ, dargestellt am Land Sachsen-Anhalt, in: Wille, 50 Jahre Flucht und Vertreibung, S. 358-365.

12 Wirtschaft und Statistik N.F. 1 (1949/50), S. 88.

13 Wirtschaft und Statistik N.F. 2 (1950), S. 272.

Niveau, das die SBZ bereits Ende 1948 infolge der Restriktionen in der Bewilligungspraxis erreichte.

Dieser Rückgang ist über die Ausweitung anderer Sozialleistungen zu erklären. Zum einen führte das beschriebene SHG ab August 1949 zu einer erheblichen Entlastung der kommunalen Fürsorge. Bis zum 1. Juni 1950 bewilligten die Behörden über 428.000 Anträge.[14] Diese Unterhaltshilfeempfänger waren vorher größtenteils durch die öffentliche Fürsorge unterstützt worden. Die Leistungen, die sie empfingen, wurden nunmehr aus Bundesmitteln bezahlt und somit entfiel dieser Personenkreis aus der Fürsorgestatistik. Zum anderem wirkte sich der Erlaß des SVAG im Juni 1949 aus. Anfang 1949 hatte die durchschnittliche Altersrente von Arbeitern 42,80 DM im Monat und diejenige von Witwen 25,10 DM betragen. Das SVAG setzte die Mindestrentensätze auf 50 DM bzw. 40 DM fest.[15] Nach dieser Rentenerhöhung war in vielen Fällen eine zusätzliche Unterstützung durch die kommunale Fürsorge nicht mehr notwendig. Die neuen Sozialleistungen des SHG wie auch der Abbau des Doppelbezugs (SVAG) erklären zum größten Teil die erhebliche Verminderung der Unterstütztenzahlen.

1950 erhielten in der BRD von den 1,8 Millionen registrierten Arbeitslosen 70,3 Prozent Leistungen aus der Arbeitslosenversicherung.[16] Die durch die Bundesversicherungsanstalt gezahlten Sätze lagen - im Gegensatz zur DDR - über den in der Fürsorge üblichen Richtsätzen. Dies war eine Folge des Anstiegs der Löhne nach der Aufhebung des Lohnstopps im November 1948. Wurde man nach Erfüllung der Anwartschaftszeit arbeitslos, lag auch der Unterstützungssatz, der einen festgelegten Prozentsatz des vorherigen Arbeitslohnes ausmachte, entsprechend höher. Für die öffentliche Fürsorge bedeutete dies, daß sie erheblich weniger als in der SBZ/DDR mit ergänzenden Leistungen für die Empfänger von Arbeitslosenunterstützung belastet war. Dies erhärtet die Feststellung, daß die deutliche Senkung der Unterstütztenquote in Westdeutschland auf einer Verlagerung des Fürsorgeproblems in andere Teile des Sozialleistungssystems und nur wenig auf Arbeitsmarktintegration beruhte. Denn im Westen blieb die strukturell bedingte Arbeitslosigkeit bis in die zweiten Hälfte der 1950er Jahre auf einem hohen Stand. Im Kontrast dazu erreichte in der SBZ/DDR insbesondere die rigorose Arbeitsvermittlungspolitik die Marginalisierung des Arbeitslosen- und Fürsorgeproblems bis Mitte der 1950er Jahre.

Abschließend soll das materielle Unterstützungsniveau in West- und Ostdeutschland verglichen werden. Wie herausgearbeitet, ließ sich in beiden

---

14 Wirtschaft und Statistik N.F. 3 (1951), S. 36.

15 Hockerts, Hans Günter: Sozialpolitische Entscheidungen im Nachkriegsdeutschland. Alliierte und deutsche Sozialversicherungspolitik 1945 bis 1947 (Forschungen und Quellen zur Zeitgeschichte, Bd. 1). Stuttgart 1980, S. 88-91.

16 Frerich/Frey: Handbuch der Geschichte der Sozialpolitik, Bd. 3, S. 83.

Teilen Deutschlands um 1950 ein ähnlicher Mindestlebensstandard feststellen, der sich auf den unbedingt notwendigen Bedarf reduzierte. Die Teilnahme an diesem Minimalverbrauch bestimmte sich über die Höhe der Richtsätze. Erste Maßnahmen gegen deren Verfall ergriffen im Jahr 1947 mehrere Landesregierungen, z.B. diejenigen Nordrhein-Westfalens, Niedersachsens und Schleswig-Holsteins, indem sie einheitliche Richtlinien für die öffentliche Fürsorge und Rahmen- bzw. Einheitsrichtsätze festlegten.[17] An die Bestimmungen des Richtsatzerlasses von 1941 anknüpfend, blieben die Unterstützungssätze nach Gemeindegrößenklassen gestaffelt, wie in Tabelle 26 zu erkennen ist (z.B. 1949/50 in Nordrhein-Westfalen von 36.- bis 39.- DM). Die größte aller Spannweiten, nämlich die in Rheinland-Pfalz, beruhte auf den unterschiedlichen rechtlichen Regelungen in den einzelnen Landesgebieten.[18] Die Sätze der Mitunterstützten lagen in einem festen Verhältnis (bei Haushaltsangehörigen über 16 Jahre meist 70 bis 80 Prozent) zum Satz des Haushaltsvorstandes bzw. Hauptunterstützungsempfängers.

Tabelle 26: Stand der Richtsätze für Hauptunterstützungsempfänger (Haushaltsvorstände) in Deutschland (1949/50-1953/54) [in Mark]

	1949/1950	1953/1954
Nordrhein-Westfalen	36.- bis 39.- (+ 4.-)	.
Niedersachsen	35.- bis 37.-	48.- bis 51.-
Schleswig-Holstein	29.- bis 33.- (+ 6.-)	48.- bis 51.-
Hamburg	44.-	57.-
Bayern	30.- bis 35.-	42.-
Hessen	39.- bis 43.-	50.- bis 53.- / 53.- bis 56.-
Bremen	34.- (+10.-)	59.-
Württemberg-Hohenzollern	33.- bis 37.-	48.- bis 51.-
Württemberg-Baden	33.- bis 37.-	"
Baden	37.- bis 41.-	"
Rheinland-Pfalz	32.- bis 45.-	45.- bis 52.-
Berlin	40.- (West und Ost)	52.- / 54.- (West)
SBZ	30.- / 35.- / 45.-	45.- / 55.-

Quellen: Nachrichtendienst des Deutschen Vereins für öffentliche und private Fürsorge 30 (1950), S. 108-109; Heisig, S. 721-722; GBl. DDR 1949-1953.

Die Tabelle hält den Stand der Richtsätze in den Territorien zu verschiedenen Zeitpunkten während der Zeitintervalle 1949 bis 1950 und 1953 bis 1954

17 NDV 28 (1948), S. 121-123.
18 NDV 30 (1950), S. 109.

fest. Nur in Berlin und Hessen konnten die Richtsatzerhöhungen in den genannten Zeiträumen ermittelt werden, ferner sind die Gesetzesänderungen in der SBZ/DDR vom November 1949, August 1950 und Juli 1953 aufgenommen. Manche Länder der Westzonen führten Auffanggrenzen ein, die besonders kinderreiche Familien betrafen. Diese unterlagen keiner solch starren Regelung wie in der SBZ, wo von Oktober 1948 bis November 1949 eine absolute Höchstgrenze von 90 Mark galt. Meist schrieben die Vorschriften einen gewissen Abstand zum lokalen oder regionalen Mindestlohn fest. In Bayern, Baden und Schleswig-Holstein durfte der Gesamtbetrag der Unterstützung einer Familie nicht 85 Prozent, in Nordrhein-Westfalen nicht 90 Prozent eines Hilfsarbeiterlohnes überschreiten.[19]

Zum Niveau der Unterstützungssätze stellte die erste Konferenz der Sozialminister der drei Westzonen im Februar 1949 in Königstein/Taunus einmütig fest, „daß die Leistungen der Fürsorge in vielen Fällen nicht ausreichen, um den notwendigen Lebensbedarf der Hilfsbedürftigen zu decken. Da aber eine Diskrepanz zwischen der Höhe der Löhne, der Arbeitslosenunterstützung und der Wohlfahrtsunterstützung eingetreten ist, erscheint es aus sozialpolitischen, aber oft auch aus finanziellen Erwägungen heraus nicht zweckmäßig, weitere wesentliche Erhöhungen der Fürsorgeunterstützungssätze zu befürworten."[20] Diese Argumentation unterschied sich in nichts von derjenigen in der SBZ. Sie wirft ein Licht auf den Druck, dem die Fürsorgerichtsätze in Zeiten wirtschaftlicher Not ausgesetzt sind. Wie in Tabelle 26 zu sehen, blieben die Teuerungszulagen, die die Sozialministerien einiger Länder 1949 zuließen, mit Ausnahme Bremens (10 DM), relativ gering. Erst allmählich stieg in Gesamtdeutschland das Unterstützungsniveau, wie die für die Zeitspanne 1953/1954 dokumentierten Werte zeigten.

Die Unterstützungssätze, die die Fürsorgeempfänger als unterste Gruppe der Einkommensbezieher erhielten, kletterten im Nachkriegsdeutschland mühsam nach oben. In der DDR reichten ab Juli 1953 - im Gegensatz zur SBZ-Periode - die gezahlten Richtsätze von 55 Mark für die Bestreitung des Mindestlebensstandards aus. Hier gab es keinen Unterschied zwischen Stadt und Land, und Differenzen ergaben sich nur über die Mietbeihilfe, die separat bestimmt wurde. In westdeutschen Großstädten streuten die Richtsätze um den für die DDR im Juli 1953 genannten Betrag.[21] Die höchsten Sätze hatten Bremen (59 DM), Stuttgart und Hamburg (57 DM), unter dem DDR-Richtsatz lagen Hannover (53 DM) und Berlin (52 DM). Die Tabelle 26 weist diese Sätze der Großstädte wegen ihres Ausnahmecharakters in den Flächenstaaten nicht aus. Weitaus niedriger waren die Unterstützungs-

19 NDV 28 (1948), S. 123. Regionale Unterstützungsrichtlinien und Richtsätze. Heisig, S. 78-80.

20 NDV 29 (1949), S. 67.

21 Heisig, S. 721f. nach: NDV.

leistungen nämlich in den übrigen Stadt- und Landkreisen. Meistens betrugen sie 48 DM und sanken bis zu den bayrischen Mindestregelsätzen, die Mitte 1953 mit 42 DM am Ende der Skala und 13 DM unter dem DDR-Richtsatz lagen.

Der Richtsatz eines Hauptunterstützungsempfängers lag in der DDR nach seiner Erhöhung im Juli 1953 flächendeckend auf einem Niveau, das im Westen nur wenige Großstädte erreichten. Speziell die ländlichen Gebiete im Osten wurden durch die Politik der Einheitsfürsorge begünstigt, eine Feststellung, die sich auch bereits für die Errichtung eines fürsorgerischen Außendienstes treffen ließ. Die westlichen Untersuchungen des Deutschen Instituts für Wirtschaftsforschung wiesen in dieselbe Richtung. Die gemittelten westdeutschen Unterstützungsrichtsätze lagen im September 1954 bundesweit 4,20 Mark unter dem Schnitt der DDR.[22] Angesichts der Marginalisierung der Sozialfürsorge im Osten, was im Westen Mitte der 1950er Jahre noch als Fernziel gelten mußte, war die Soziallast, d.h. der Gesamtaufwand der öffentlichen Fürsorge einschließlich der Kriegsfolgenhilfe, pro Kopf der Bevölkerung allerdings erheblich geringer: Mit 13,65 Mark lag er in der DDR um 31,6 Prozent niedriger als in der BRD (19,96 DM).

Die Korrektur des „Neuen Kurses" zugunsten der unterstützten Bevölkerung in der DDR war keineswegs Markulatur. Die unterschiedlichen Teuerungsraten in den beiden deutschen Staaten wirkten sich auf das Haushaltsbudget eines Fürsorgeempfängers kaum aus. Während die Preise für Grundnahrungsmittel und -textilversorgung in der DDR niedriger waren, konnten westliche Fürsorgeempfänger mit ihren Ersparnissen, wie z.B. für den Winterschlußverkauf im Januar 1953 nachzuweisen, unter Umständen bescheidene Konsumgüterwünsche verwirklichen.[23] Die Entwicklung in der DDR bis 1953/54 zeigte, daß sich zentral festgelegte, standardisierte Sätze mit Hilfe einer politisch motivierten Intervention sehr viel leichter durchsetzen ließen, als in dem von kommunaler Beharrungskraft geprägten, disparaten Richtsatzsystem der Länder der BRD. Fürsorgeempfänger in der DDR blieben bis Mitte der 1950er Jahre in materieller Beziehung eher besser denn schlechter gestellt als ihre Schicksalsgenossen im Westen.

Zahlreiche Problembereiche, die die Untersuchung der Sozialfürsorge in der SBZ/DDR (1945 bis 1953) thematisierte, müßten für die Westzonen/BRD genauer erforscht werden. Dies gilt für die lokale Anwendung der Richtsätze, die möglicherweise - wie z.B. für Bayern aufgrund der späten Festsetzung niedriger Mindestrichtsätze (Dezember 1948) zu vermuten - unter dem Eindruck der Individualisierungsdebatte ebenso restriktiv wie in der SBZ war. Auf welche Weise begegneten die Behörden dem Problem der

22 DIW-Wochenbericht 21 (1954), S. 186-187. Die Sozialeinkommen in der SBZ.

23 DIW-Wochenbericht 20 (1953), S. 25-27. Preise und Lebenshaltungskosten im sowjetischen Besatzungsgebiet.

Landarmut? Gab es wie in der SBZ spezifische Maßnahmen, um sie einzudämmen und die fürsorgerische Betreuung auszubauen? Es stellt sich allgemein die Frage nach der konkreten Behandlung der Fürsorgeempfänger in der Außenfürsorge und nach ihrem Sozialprestige in der Gesellschaft. Die Arbeitsmarktpolitik sollte intensiver erforscht werden: Auf welche Art setzten die Arbeits- und Sozialbehörden die Beschäftigungsaufnahme von arbeitsfähigen Unterstützungsempfängern durch? Welche Freistellungskriterien ließ man für diesen Personenkreis gelten? Manche der zuletzt genannten Punkte werfen ein negatives Licht auf die Sozialfürsorge in der SBZ/DDR. Für den Westen blieben sie in die Beurteilung der Fürsorge miteinzubeziehen. Unter dieser Prämisse ist die folgende Schlußbemerkung zu lesen.

SCHLUẞBEMERKUNG

Der abschließende Teil dieses Buches wendet sich wieder dem Hauptthema zu, der Sozialfürsorge in der SBZ/DDR nach dem Zweiten Weltkrieg und ihrer Entwicklung bis Mitte der fünfziger Jahre. Auf der Suche nach innovativen Komponenten in der Fürsorgepolitik der SBZ/DDR wird man, zumindest was ihre konzeptionelle Ausrichtung betrifft, kaum fündig. Die marxistisch-leninistisch ausgerichtete Theorie hatte sich auf die Analyse der Rolle der Sozialpolitik im kapitalistischen Staat beschränkt und keine eigenen Konzepte entwickelt. Kennzeichnend war eine ambivalente Haltung zur Sozialpolitik im allgemeinen: Sie wurde zwar, pragmatischen Zwängen folgend, betrieben, doch als vorübergehende Erscheinung bzw. als zweitrangig erachtet, weil davon ausgegangen wurde, daß das neue Wirtschaftssystem per se soziale Gerechtigkeit herstelle. Speziell für den Bereich der Sozialfürsorge folgte hieraus eine systematische Vernachlässigung.

Die Entwicklung des Unterstützungsempfangs wurde mit der Einführung einer zentralen Planwirtschaft als ein Gradmesser für den Erfolg des wirtschaftlichen Aufbaus angesehen. Unter dem Eindruck sinkender Unterstütztenzahlen vertrat man im Ministerium für Arbeit der DDR die Überzeugung, daß sich die Sozialfürsorge mit fortschreitender wirtschaftlicher Entwicklung von selbst erübrige. Dieser ideologisch beeinflußten Sichtweise lag allerdings eine verzerrte Wahrnehmung der erreichten Erfolge sowie der bestehenden Möglichkeiten zugrunde. In der Realität war der forcierte Abbau der Unterstütztenzahlen das Ergebnis einer pragmatischen Politik, deren Hauptinteressen in der Einsparung von Finanzmitteln und einer rigoros betriebenen Arbeitskräftevermittlung lagen.

Die finanziellen Spielräume waren angesichts des Ausmaßes des Unterstützungsempfangs seit Kriegsende zunächst sehr gering. Meist wurden nur noch Notbeihilfen gewährt. Mit der Erhöhung der Unterstützungssätze im Jahr 1947 engte sich die Sichtweise der Zentralverwaltung für Arbeit und Sozialfürsorge immer mehr auf die Frage der Finanzierung ein. Die SMAD spielte insofern eine entscheidende Rolle, als sie auf Reduzierung der öffentlichen Ausgaben drang. Mitunter nahm sie, wie am Beispiel Mecklenburgs 1947 gezeigt, willkürliche Kürzungen der Sozialetats vor. Nach der Staatsgründung wurde der Sparkurs verschärft, und die Fürsorgeempfänger wurden in zunehmendem Maße als unproduktive Kräfte angesehen, die das gesellschaftliche Mehrprodukt aufzehrten. Sofern keine Arbeitsunfähigkeit vorlag, waren sie selbst dafür verantwortlich, die Ursachen ihrer Unterstützungsbedürftigkeit zu beseitigen, d.h. sich um Arbeit zu bemühen. Diese

Argumentation diente als Legitimation, um angesichts der wachsenden Belastung der öffentlichen Haushalte 1952 eine rigorose Beschränkung des Unterstützungsempfangs zu verfügen.

Das Hauptinstrument zum Abbau des Unterstützungsempfangs war die Arbeitsvermittlung. Die Bestrebungen der Arbeits- und Sozialbehörden richteten sich auf eine stetige Ausweitung des Kreises der Arbeitsfähigen und auf deren möglichst vollständige Unterbringung in Beschäftigungsverhältnissen. Als Mittel, dieses Ziel zu erreichen, dienten die Beschränkung der Freistellungskriterien sowie medizinische Nachuntersuchungen, die vor allem die Gruppe der Schwerbeschädigten betrafen. Mit der Einsatzpflicht für alle Personen, die auf staatliche Sozialleistungen zählten, bestand de facto eine Arbeitspflicht, auch wenn diese de jure erst 1961 eingeführt wurde.[1] Der starke Anstieg der Arbeitslosenzahlen ab 1949 war vor allem statistisch zu erklären. Er spiegelte die Ausweitung der Arbeitseinsatzpflicht durch eine Einschränkung der Freistellungskriterien für gewisse Gruppen von Unterstützungsempfängern wider. Schrittweise konnten Erfolge beim Abbau des Unterstützungsempfangs und der registrierten Arbeitslosigkeit erzielt werden. Ende 1953 konnte man davon ausgehen, daß nahezu alle als arbeitsfähig geltenden Sozialleistungsempfänger in den Arbeitsprozeß integriert waren.

Diesen Leitlinien des Unterstützungsabbaus entsprach ein geringes Sozialprestige der Unterstützungsempfänger. So taucht der von den Nationalsozialisten geprägte Ausdruck der „Asozialen“ an mancher Stelle der Aktenüberlieferung auf. Dies verwundert angesichts einer antifaschistischen Rhetorik der Herrschaftsträger. Der Sprachgebrauch ist ein Indiz dafür, daß eine Entdiskriminierung der Sozialfürsorge nicht stattfand. Die Fürsorgepolitik beschritt keine neuen Wege, sondern war in vielerlei Hinsicht in der repressiven Tradition der Armenfürsorge verhaftet.

Die in der Weimarer Republik allmählich ausgebaute berufliche Sozialarbeit wurde in den Bereich der Ehrenamtlichkeit zurückgestuft, wofür nicht zuletzt auch Kostengründe entscheidend waren. Ganz bewußt griff die DVAS in Ermangelung eigener Konzepte zur Außenfürsorge auf das 100 Jahre alte Elberfelder System zurück, das den Zeitumständen angepaßt wurde. Mit der Einrichtung von Sozialkommissionen lehnte sich die organisatorische Struktur dem historischen Vorbild an. Die Kommissionsmitglieder, die als Sozialhelfer bezeichnet wurden, hatten Bedürftigkeitsprüfungen durchzuführen, bei denen die häuslichen und finanziellen Verhältnisse der Antragsteller einer Kontrolle unterzogen wurden. Zumeist sollten Frauen für diese Tätigkeit gewonnen werden, die aufgrund ihres

---

1 vgl. Frerich/Frey, Bd. 2, S. 173. Die „Pflichten eines jeden arbeitsfähigen Bürgers“ wurden korrelierend zum Recht auf Arbeit in § 2, Abs. 3 des Gesetzbuchs der Arbeit festgelegt.

„Wesens" besonders geeignet seien. Einer anonymen, bürokratischen Behandlung des Unterstützungsfalls stand das Prinzip der Erfassung des ganzen Menschen entgegen, das der ehrenamtliche Dienst gewährleisten sollte.

Die Sozialbehörden waren um eine flächendeckende Ausbreitung des fürsorgerischen Außendienstes bemüht. Die Einsetzung von Sozialkommissionen wurde nicht dem kommunalen Gutdünken überlassen, sondern zur Pflichtaufgabe erklärt. Dies hatte in den ländlichen Gebieten vielfach die erstmalige Entstehung eines sozialen Dienstes zur Folge. Das Ziel war eine optimale Erfassung der unterstützten Bevölkerung, die weder im Arbeitsprozeß stand noch in den Massenorganisationen eingebunden war. Das Netz der Sozialkommissionen bildete einen Teil des hierarchischen Ausschußsystems, das die Umsetzung der staatlichen Herrschaft sichern sollte. Um eine Anpassung an die gesellschaftliche Norm zu erreichen, wurde erhöhter Wert auf die Auswahl der Kommissionsmitglieder gelegt, deren staatsloyale Haltung durch politische Schulungen gefördert werden sollte. 1956 wurde die Außenfürsorge durch die Gründung von Aktivs, die nicht mehr als 15 Hauptunterstützungsempfänger zu betreuen hatten, weiter aufgefächert. Die ehrenamtliche Arbeit wurde „unter Ausnutzung aller vorhandenen und bereits angewandten Organisationsformen"[2] ausgebreitet und erfolgte in Zusammenarbeit mit Straßen- und Vertrauensleuten.

Diese vereinheitlichende Tendenz im fürsorgerischen Außendienst stand im Kontrast zu den Traditionen der Armenfürsorge. Dies galt auch für die organisatorische Neugestaltung der Fürsorgebehörden, deren bislang kennzeichnende föderale Struktur beseitigt wurde. Der Aufbau einheitlicher Fürsorgeorgane fügte sich in den Umbau des Staatswesens nach den Prinzipien des „demokratischen Zentralismus" ein. Die bislang bestimmende kommunale Prägung, die den Städten und Gemeinden weitgehende Gestaltungsspielräume eröffnet hatte, wurde eingedämmt. Hierbei ergaben sich Reibungspunkte mit den Ämtern für Arbeit und Sozialfürsorge auf Kreisebene, die auf die Übernahme von Kompetenzen drängten. Als um 1950 die Rückkehr zur kommunalen Entscheidungskompetenz bei der Unterstützungsbewilligung erfolgte, bedeutete dies keinen Verzicht auf die Durchsetzung zentraler Weisungen, sondern trug den Erfahrungswerten in bezug auf die Eignung einer Behörde für die Übernahme der von ihr zu erfüllenden Aufgaben Rechnung.

Vereinheitlichung bezog sich nicht nur auf die organisatorische Seite der Sozialfürsorge, sondern auch auf deren materielles Leistungsniveau. Es wurden einheitliche Richtsätze durchgesetzt, so daß das bis dahin prägende Gefälle zwischen städtischen und ländlichen Gebieten abgebaut wurde. Dies wirkte dem erneuten Entstehen einer spezifischen Landarmut entgegen, die in

---

2 GBl. der DDR I. 1956, S. 235. Verordnung über die allgemeine Fürsorge vom 23.2.56 (Ziff. VI, § 22).

der Geschichte ein durchgängiges Problem darstellte. Die Differenzierung nach verschiedenen Gruppen von Unterstützungsempfängern sollte in der SBZ grundsätzlich aufgehoben werden, was jedoch nur zum Teil geschah. Die seit der Weimarer Republik eingeführten Sonderbestimmungen der gehobenen Fürsorge wurden außer Kraft gesetzt. Aus politischen Gründen gestand man den unterstützungsbedürftigen Opfern des Faschismus höhere Sätze zu, was in geringem Maße eine Wiedergutmachung für erlittenes Unrecht bedeutete. Allerdings ist diese Gruppe im Vergleich zu den früheren Sonderfürsorgebereichen zahlenmäßig zu vernachlässigen. Im allgemeinen bezogen sich Sonderbestimmungen in der SBZ/DDR lediglich auf eine bevorzugte Berufsfürsorge, wie z.B. für die Schwerbeschädigten.

Das Ergebnis dieser Maßnahmen zur Vereinheitlichung der Sozialfürsorge war zonen- bzw. republikweit eine weitgehende Gleichbehandlung aller Unterstützungsempfänger. Vergleicht man ihre materielle Lage mit derjenigen anderer Sozialleistungsempfänger, läßt sich keine Diskriminierung feststellen. Im Gegenteil: Die Unterstützungsleistungen der Arbeitslosenversicherung lagen ebenso wie die Renten für Kriegsbeschädigte sogar meist unter den Richtsätzen der Sozialfürsorge, so daß ergänzend Fürsorgeunterstützung bezogen wurde. Gemeinsames Kennzeichen dieser Unterschichten war, daß es sich um Personen außerhalb des Produktionsprozesses handelte. Dies fügte sich in das sozialpolitische Konzept eines Staates ein, der zwar auf die Gleichstellung aller Staatsbürger auf einem mitunter niedrigen Versorgungsniveau hinwirkte, dabei aber die Werktätigen in den Mittelpunkt des gesellschaftlichen Interesses rückte.

Das Jahr 1953 markiert den Schlußpunkt dieser Untersuchung. Mit der Bewältigung der Juni-Krise wurde im Zuge des „Neuen Kurses" eine Phase weitgehender Stabilisierung eingeleitet. Die wesentlichen Grundlagen der Fürsorgepolitik waren geschaffen. In der Folge gab es nur noch geringe Veränderungen, die die betrachteten Unterstütztengruppen punktuell betrafen. Für Schwerstbeschädigte wurde im Januar 1954 - im Westen hatte das Fürsorgeänderungsgesetz ein Jahr zuvor die Mehrbedarfsregelungen festgelegt - ein Sonderpflegegeld von monatlich 60 Mark eingeführt.[3] In voller Höhe kam diese Sozialleistung ausschließlich dreifach Amputierten und Blinden zugute, die gleichzeitig einen weiteren, schweren Körperschaden aufwiesen, z.B. Taubheit, starke Lähmungen oder eine Amputation von zwei Gliedmaßen. Dies betraf nur einen geringen Bruchteil der Schwerbeschädigten, unter denen nur drei Prozent als Blinde erfaßt waren.[4] Zum gleichen Zeitpunkt erließ die DDR-Regierung eine Verordnung, die

3 GBl. der DDR I. 1954, S. 29-30. Verordnung über die Zahlung eines Sonderpflegegeldes vom 7. Januar 1954.

4 BAP DQ-2 3728. 1.9.48. HVAS (Brack) an die SMAD-Abteilung Arbeitskraft (Morenow) betr. Durchführung des SMAD-Befehls Nr. 89/1947.

Rentnerinnen und Empfängerinnen von Arbeitslosen- oder Sozialfürsorgeunterstützung bei Geburt eines Kindes eine einmalige Zahlung von 50 Mark zusicherte.[5]

Nicht mehr als eine aktualisierte Zusammenfassung des Fürsorgerechtes der DDR brachte die „Verordnung über die Allgemeine Sozialfürsorge" (VAS) vom 23. Februar 1956.[6] Sie kodifizierte die Ergebnisse der Fürsorgepolitik der späten 1940er und frühen 1950er Jahre, wie zwei Einzelpunkte deutlich machten: Die Verordnung nahm die zeitweise umstrittene Unterhaltspflicht für Angehörige auf, unter Gewährung von anrechnungsfreien Beträgen bis 30 Mark monatlich. Die kommunale Entscheidungskompetenz bei der Antragsabwicklung wurde festgeschrieben (außer bei Kleinstgemeinden, wo der Kreis zuständig war). Sieht man von den Änderungen der 1947er FVO ab, die aus der Aufhebung des föderalen Staatsaufbaus resultierten, blieben diese in ihrer Zahl gering: Die Regelungen zur Kostenerstattung, d.h. zur Rückzahlung der Fürsorgeleistungen, wurden entschärft, v.a. im Vergleich zu den Restriktionen des Jahres 1953. Außerdem war vom Ausschluß ehemaliger NSDAP-Mitglieder aus der Fürsorge keine Rede mehr.

Substantiell veränderte die VAS wenig. Sie hielt die wesentlichen Prinzipien der Sozialfürsorge in der DDR nochmals fest: 1.) Den Vorrang der Arbeitsvermittlung stellte eine Art Präambel heraus. Die DDR garantiere jedem Bürger das Recht auf Arbeit, was „nur in einem Staat der Arbeiter und Bauern möglich ist [und] zugleich die beste Fürsorge" darstelle. 2.) Bei Arbeitsfähigkeit erloschen die Ansprüche auf Leistungen. Jeder, der eine zumutbare Arbeit ablehnte, galt als „nicht hilfsbedürftig". Wie in der FVO von 1947 erhielten weiterhin nur Frauen, die pflegebedürftige Angehörige versorgten oder ein Kind bis drei Jahre bzw. zwei Kinder bis acht Jahre allein erzogen, Unterstützungszahlungen. 3.) Die Fürsorgeunterstützung wurde auf einen Höchstbetrag je Familie beschränkt, d.h. die früheren Richtsätze, die nun Regelsätze waren, bildeten eine starre Höchstgrenze (außer bei der Zahlung von Pflegegeld, einmaligen Beihilfen und ähnlichen Leistungen). 4.) Die ehrenamtliche Mitarbeit der Bevölkerung in der Außenfürsorge wurde als die Basis sozialer Arbeit erneut herausgestellt. Aus diesen vier grundlegenden Punkten wird deutlich, wie prägend die zweite Hälfte der vierziger Jahre und die erste Hälfte der fünfziger Jahre in der SBZ/DDR für die Gestaltung der Fürsorge waren. Die in diesem Jahrzehnt entwickelten Grundprinzipien blieben auch in der Folgezeit unangetastet und hatten vielfach bis zum Ende der DDR 1990 Gültigkeit.

---

5 GBl. der DDR I. 1954, S. 31. Verordnung über die Erweiterung der Verordnung über die Sozialpflichtversicherung vom 7. Januar 1954 (§ 3).

6 GBl. der DDR I. 1956, S. 233-236.

VERZEICHNIS DER TABELLEN IM TEXT

ABKÜRZUNGEN

Abt.	Abteilung
AuS	Arbeit und Sozialfürsorge
ALV	Arbeitslosenversicherung
AVAVG	Arbeitsvermittlungs- und Arbeitslosenversicherungs-Gesetz (16. Juli 1927)
BAP	Bundesarchiv, Abteilung Potsdam
BBZ	Britische Besatzungszone
Bd.	Band
Bearb.	Bearbeiter
BGB	Bürgerliches Gesetzbuch
BGBl.	Bundesgesetzblatt
BGL	Betriebsgewerkschaftsleitung
BHG	Bäuerliche Handelsgenossenschaften
Buvo	Bundesvorstand
CDU	Christlich-Demokratische Union
dass.	dasselbe
DBD	Demokratische Bauernpartei Deutschlands
ders.	derselbe
DFD	Demokratischer Frauenbund Deutschlands
Diss.	Dissertation
DIW	Deutsches Institut für Wirtschaftsforschung
DPs	Displaced Persons
DV	Deutsche Verwaltung
DVAS	Deutsche Verwaltung für Arbeit und Sozialfürsorge
DVdI	Deutsche Verwaltung des Inneren
DVHV	Deutsche Verwaltung für Handel und Versorgung
DVO	Durchführungsverordnung
DWK	Deutsche Wirtschaftskommission
ebd.	ebenda
ECA	Economic Cooperation Administration
FDGB	Freier Deutscher Gewerkschaftsbund
FDJ	Freie Deutsche Jugend
FVO	Fürsorgeverordnung nach SMAD-Befehl Nr. 92/1947 vom 22. April 1947
GBl.	Gesetzblatt
GV	Gemeinschaftsverpflegte
H.	Heft
HA	Hauptabteilung

ha.	Hektar
Habil.	Habilitationsschrift
HdWW	Handwörterbuch der Wirtschaftswissenschaften
HO	Staatliche Handelsorganisation
HR	Hauptreferat
Hrsg.	Herausgeber
HV	Hauptverwaltung
HVAS	Hauptverwaltung für Arbeit und Sozialfürsorge
HVHV	Hauptverwaltung für Handel und Versorgung
Jb.	Jahrbuch
kcal	Kilokalorien
KG	Kartengruppe
KPD	Kommunistische Partei Deutschlands
LDP(D)	Liberal-Demokratische Partei (Deutschlands)
MdF	Ministerium der Finanzen
MdI	Ministerium des Inneren
MfA	Ministerium für Arbeit
NDPD	National-Demokratische Partei Deutschlands
NDV	Nachrichtendienst des deutschen Vereins für öffentliche und private Fürsorge
N.F.	Neue Folge
NL	Nachlaß
NSV	Nationalsozialistische Volkswohlfahrt
OdF	Opfer des Faschismus
Ref.	Referat
RFV	Reichsfürsorgeverordnung über die Fürsorgepflicht vom 13. Februar 1924
RGBl.	Reichsgesetzblatt
RGW	Rat für gegenseitige Wirtschaftshilfe
RM	Reichsmark
SAPMO	Stiftung Archiv der Parteien und Massenorganisationen der DDR im Bundesarchiv
SBZ	Sowjetische Besatzungszone
SED	Sozialistische Einheitspartei Deutschlands
SMA	Sowjetische Militäradministration (in den Territorien)
SMAD	Sowjetische Militäradministration in Deutschland
Sp.	Spalte
SPK	Staatliche Plankommission
Stat. Jb.	Statistisches Jahrbuch
SV	Selbstversorger
USBZ	US-amerikanische Besatzungszone
VAS	Verordnung über Allgemeine Sozialfürsorge vom 23. Februar 1956

VdgB	Vereinigungen der gegenseitigen Bauernhilfe
VdN	Verfolgter des Naziregimes
VEB	volkseigener Betrieb
VEG	volkseigenes Gut
VS	Volkssolidarität
VSWG	Vierteljahrschrift für Sozial- und Wirtschaftsgeschichte
VVN	Vereinigung der Verfolgten des Naziregimes
WFVG	Wehrmachtsfürsorge- und -versorgungsgesetz (1938)
ZFV	Zentrale Finanzverwaltung
ZK	Zentralkomitee der SED
ZPA	Zentrales Parteiarchiv der SED
ZS	Zentralsekretariat der SED
ZV	Zentralverwaltung
ZVAS	Zentralverwaltung für Arbeit und Sozialfürsorge
ZVOBl.	Zentralverordnungsblatt der SBZ
ZVU	Zentralverwaltung für deutsche Umsiedler

QUELLEN- UND LITERATURVERZEICHNIS

1. ARCHIVE

1.1. Stiftung Archiv der Parteien und Massenorganisationen der DDR im Bundesarchiv (SAPMO)

1.1.1. Zentrales Parteiarchiv der SED (ZPA)

Protokolle des Parteivorstandes und des Zentralkomitees der SED	IV/2/1
ZK-Abteilung Gewerkschaften und Sozialpolitik	IV/2/2027
	IV/2/611
Nachlaß Walter Ulbricht	NL 182

1.1.2. Bundesvorstand FDGB (Buvo FDGB)

Bundesvorstand
Bundesvorstand, Büro Jendretzky
Bundesvorstand, Büro Göring
Bundesvorstand, Büro Warnke
Bundesvorstand, Büro Stark
Vorstandssekretariat
Bundesvorstand, Abteilung Arbeit und Sozialpolitik

1.2. Bundesarchiv, Abteilung Potsdam (BAP)

Ministerium für Gesundheitswesen	DQ-1
Ministerium für Arbeit	DQ-2
Ministerium des Inneren, örtliche Räte	DO-1/8
Ministerium des Inneren, Zentralverwaltung für deutsche Umsiedler	DO-1/10
Deutsche Wirtschaftskommission (DWK)	DC-15
Ministerrat	DC-20
Sitzungen und Beschlüsse des Ministerrates	DC-20 I/3
Plenum des Ministerrates	DC-20 I/4
Staatliche Plankommission	DE-1
Ministerium für Handel und Versorgung	DL-1
SMAD-Befehle	DX-1

2. GEDRUCKTE QUELLEN

Arbeit und Sozialfürsorge 1946 ff.

Bundesgesetzblatt 1949 ff.

Bundesministerium für Vertriebene (Hrsg.): Die Eingliederung der Flüchtlinge in die deutsche Gemeinschaft. Bericht der ECA Technical Assistance Commission für die Eingliederung der Flüchtlinge in die deutsche Bundesrepublik, dem Bundeskanzler am 21. März 1951 überreicht. Bonn 1951.

Decken, Eberhard S. von der (Hrsg.): Die Front gegen den Hunger. Ernährungskrieg 1939/43. Berlin 1944.

Demokratischer Aufbau 1946 ff.

Deutsche Finanzwirtschaft 1947 ff.

Deutsche Verwaltung für Arbeit und Sozialfürsorge (Hrsg.): Jahrbuch für Arbeit und Sozialfürsorge. Bd. 1: von 1945 bis 31.3.1947. Berlin o. J. [1947].

Deutsches Institut für Wirtschaftsforschung: Wirtschaftsprobleme der Besatzungszonen. Berlin 1948.

DIW-Wochenberichte 1950-1954.

Eick, Jürgen: Die wirtschaftlichen Folgen der Zonengrenzen. Versuch einer Theorie der volkswirtschaftlichen Entflechtung. Hamburg 1948.

Fetscher, Iring (Hrsg.): Paul Lafargue: Das Recht auf Faulheit & Persönliche Erinnerungen an Karl Marx. Frankfurt/Main 1966, S. 17-53.

Frenkel, Erdmann: Steuerverwaltung und Steuerrecht in der sowjetischen Besatzungszone (Bonner Berichte aus Mittel- und Ostdeutschland). Bonn [3]1956.

Gesetzblatt der DDR 1949 ff.

Gesetzblatt der Verwaltung des Vereinigten Wirtschaftsgebietes 1949.

Hauptverwaltung für Arbeit und Sozialfürsorge (Hrsg.): Jahrbuch für Arbeit und Sozialfürsorge. Bd. 2: 1947/48. Berlin 1948.

Helbling, E.: Die öffentliche Fürsorge im Jahre 1925, in: Statistisches Jahrbuch deutscher Städte 22 (1927), S. 431-445.

Holling, Werner: Sozialrecht in der sowjetischen Besatzungszone Deutschlands. Arbeitsrecht, Sozialversicherungsrecht, Sozialfürsorgerecht. Berlin 1949.

Leutwein, Alfred: Die Sozialen Leistungen in der Sowjetischen Besatzungszone (Bonner Berichte aus Mittel- und Ostdeutschland), 1. Aufl. Bonn 1954.

Losowsky, A.: Die Betriebskomitees, in: Kommunistische Internationale (Hrsg.): Jahrbuch für Politik-Wirtschaft-Arbeiterbewegung, Bd.1: 1922-23. Hamburg 1922, S. 491-492.

Meimberg, Rudolf / Rupp, Franz: Die öffentlichen Finanzen in der sowjetischen Zone und im Sowjetsektor von Berlin (Bonner Berichte aus Mittel- und Ostdeutschland). Bonn 1951.

Mischler, Ernst: Die Methode der Armenstatistik, in: Bulletin de l'Institut International de Statistique 14,2 (1904), S. 108-142.

Nachrichtendienst des deutschen Vereins für öffentliche und private Fürsorge 1948-1950.

Osius, Rudolf: Heranziehung von Frauen zur öffentlichen Armenpflege (Schriften des Deutschen Vereins für Armenpflege und Wohlthätigkeit, Bd. 25). Leipzig 1896.

Reichsgesetzblatt 1896 / 1924.

Seraphim, Peter-Heinz: Die Heimatvertriebenen in der sowjetischen Besatzungszone (Bonner Berichte aus Mittel- und Ostdeutschland). Bonn 1955.

Statistisches Jahrbuch der DDR 1955 ff. Berlin (DDR) 1956 ff.

Statistisches Jahrbuch des Deutschen Reichs. Berlin 1941/42.

Statistisches Reichsamt (Bearb.): Die öffentliche Fürsorge im Deutschen Reich in den Rechnungsjahren 1932-1936, Heft 1: Die Richtsätze der öffentlichen Fürsorge am 1. Oktober 1936 (Statistik des Deutschen Reichs, Bd. 512,1). Berlin 1938.

dass. (Bearb.): Die Richtsätze der öffentlichen Fürsorge am 1. Januar 1941 (Statistik des Deutschen Reichs, Bd. 582). Berlin 1941.

dass. (Bearb.): Die Richtsätze der öffentlichen Fürsorge am 1. Juli 1942 (Statistik des Deutschen Reichs, Bd. 595). Berlin 1944 (Nachdruck Osnabrück 1975).

Wirtschaft und Statistik 1940 ff., N. F. 1949/50-1951.

Zentralverordnungsblatt der SBZ 1947-1949.

Ziegelmeyer, Wilhelm: Die Ernährung des deutschen Volkes. Ein Beitrag zur Erhöhung der deutschen Nahrungsmittelproduktion. Dresden / Leipzig 1947.

3. LITERATUR

Abelshauser, Werner: Wirtschaftsgeschichte der Bundesrepublik Deutschland 1945-1980. Frankfurt/Main 1983.

Ackermann, Volker: Der „echte“ Flüchtling. Deutsche Vertriebene und Flüchtlinge aus der DDR (1945-1961). Osnabrück 1995.

Badstübner, Rolf / Heitzer, Heinz (Hrsg.): Die DDR in der Übergangsperiode. Studien zur Vorgeschichte und Geschichte der DDR 1945-1961. Berlin (DDR) 1979.

Barthel, Horst: Die Einführung des doppelten Preissystems für Einzelverkaufspreise in der DDR durch die Schaffung der HO-Läden von 1948 bis 1950/51 als komplexe Maßnahme der Wirtschaftspolitik, in: Jahrbuch für Geschichte 31 (1984), S. 273-297.

ders.: Die Sozialpolitik in der antifaschistisch-demokratischen Umwälzung (1945 bis 1949), in: Winkler, Gunnar (Hrsg.): Geschichte der Sozialpolitik der DDR 1945-1985. Berlin (DDR) 1989, S. 21-69.

ders.: Die wirtschaftlichen Ausgangsbedingungen der DDR. Zur Wirtschaftsentwicklung auf dem Gebiet der DDR 1945-1949/50 (Forschungen zur Wirtschaftsgeschichte, Bd. 14). Berlin (DDR) 1979.

Bauerkämper, Arnd: Problemdruck und Ressourcenverbrauch. Wirtschaftliche Auswirkungen der Bodenreform in der SBZ/DDR (1945-1952), in: Buchheim, Christoph (Hrsg.): Wirtschaftliche Folgelasten des Krieges in der SBZ/DDR. Baden-Baden 1995, S. 295-322.

Beyme, Klaus von/Eisenstadt, S.N.: Bürokratismus, in: Sowjetsystem und demokratische Gesellschaft. Eine vergleichende Enzyklopädie, Bd. 1. Freiburg / Basel / Wien 1966, Sp. 963-966.

Bloch, Ernst: Naturrecht und menschliche Würde. Frankfurt/Main 1961.

Boelcke, Willi A.: Der Schwarzmarkt 1945-1948: Vom Überleben nach dem Krieg. Braunschweig 1986.

Boldorf, Marcel: ders.: Massenzwangsmigrationen in Mittel- und Osteuropa (1933-1950), in: Tessmer, Carsten (Hrsg.): Deutschland und das Weltflüchtlingsproblem. Opladen 1994, S. 21-34.

ders.: Armenfürsorge im annektierten Elsaß-Lothringen am Beispiel Saargemünds (1871-1914), in: Scripta Mercaturae 29 (1995), S. 80-97.

ders.: Eingliederung der Kriegsopfer und Schwerbeschädigten Ostdeutschlands in den Arbeitsprozeß, in: Buchheim, Folgelasten, S. 403-415.

ders.: Fürsorgeunterstützung in Deutschland unter dem Einfluß der Zwangsmigrationen der Nachkriegszeit (1945-1952), in: Tagungsband des Instituts für Zeitgeschichte zu: „Flüchtlingsintegration und Notstandsgesellschaft: Gesellschaftlicher Strukturwandel und 'Umsiedler'-Integrationspolitik in der SBZ/DDR 1945-1952“ (im Druck).

Broszat, Martin/ Weber, Hermann (Hrsg.): SBZ-Handbuch. Staatliche Verwaltungen, Parteien, gesellschaftliche Organisationen und ihre Führungskräfte in der Sowjetischen Besatzungszone Deutschlands 1945-1949. München 1990.

Brühl, Günter: Die bürgerlich-rechtliche Unterhaltspflicht (Kleine Schriften des Deutschen Vereins für öffentliche und private Fürsorge, Bd. 30). Frankfurt/Main 1968.

Buchheim, Christoph: Die Wiedereingliederung Westdeutschlands in die Weltwirtschaft 1945-1958 (Quellen und Darstellungen zur Zeitgeschichte, Bd. 31). München 1990.

ders. (Hrsg.): Wirtschaftliche Folgelasten des Krieges in der SBZ/DDR. Baden-Baden 1995.

ders.: Wirtschaftliche Folgen der Integration der DDR in den RGW, in: ders., Folgelasten, S. 341-361.

ders.: Wirtschaftliche Hintergründe des Arbeiteraufstandes vom 17. Juni 1953 in der DDR, in: Vierteljahrshefte für Zeitgeschichte 38 (1990), S. 415-433.

ders.: Die Wirtschaftsordnung als Barriere des gesamtwirtschaftlichen Wachstums in der DDR, in: Vierteljahrschrift zur Sozial- und Wirtschaftsgeschichte 82 (1995), S. 194-210.

Deutsches Institut für Wirtschaftsforschung (Hrsg.): Handbuch DDR-Wirtschaft. Reinbek ^{4}1984.

Dowidat, Christel: Zur Veränderung der Mitgliederstrukturen von Parteien und Massenorganisationen in der SBZ/DDR (1945-1952), in: Weber, Hermann (Hrsg.): Parteiensystem zwischen Demokratie und Volksdemokratie. Dokumente und Materialien zum Funktionswandel der Parteien und Massenorganisationen in der SBZ/DDR 1945-1950 (Mannheimer Untersuchungen zu Politik und Geschichte der DDR, Bd. 1). Köln 1982, S. 497-543.

Eckert, Rainer: Zur Rolle der Massenorganisationen im Alltag der DDR-Bevölkerung, in: Deutscher Bundestag (Hrsg.): Materialien der Enquete-Kommission „Aufarbeitung von Geschichte und Folgen der SED-Diktatur in Deutschland" (12. Wahlperiode des Deutschen Bundestages), Bd. II/2: Machtstrukturen und Entscheidungsmechanismen im SED-Staat und die Frage der Verantwortung. Baden-Baden / Frankfurt am Main 1995, S. 1243-1300.

Erker, Paul: Ernährungskrise und Nachkriegsgesellschaft. Bauern und Arbeiter in Bayern (Industrielle Welt, Bd. 50). Stuttgart 1990.

Faust, Anselm: Arbeitsmarktpolitik in Deutschland: Die Entstehung der öffentlichen Arbeitsvermittlung 1890-1927, in: Pierenkemper, Toni / Tilly, Richard (Hrsg.): Historische Arbeitsmarktforschung. Entstehung, Entwicklung und Probleme der Vermarktung von Arbeitskraft. Göttingen 1982, S. 253-273.

Fischer, Alexander (Hrsg.): Studien zur Geschichte der SBZ/DDR (Schriftenreihe der Gesellschaft für Deutschlandforschung, Bd. 38). Berlin 1993.

Foitzik, Jan (Bearb.): Inventar der Befehle des obersten Chefs der Sowjetischen Militäradministration in Deutschland (SMAD) 1945-1949 (Offene Serie). München u.a. 1995.

Frerich, Johannes / Frey, Martin: Handbuch der Geschichte der Sozialpolitik in Deutschland, 3 Bde. München / Wien 1993.

Gaertner, Horst: Materielle Versorgung und das Versorgungssystem in der SBZ/DDR 1945 bis 1961/63. Soz.wiss. Diss. Bochum 1991.

Glaeßner, Gert-Joachim: Herrschaft durch Kader. Leitung der Gesellschaft und Kaderpolitik in der DDR am Beispiel des Staatsapparates (Schriften des Zentralinstituts für Sozialwissenschaftliche Forschung der Freien Universität Berlin, Bd. 28). Opladen 1977.

Gleitze, Bruno: Ostdeutsche Wirtschaft. Industrielle Standorte und volkswirtschaftliche Kapazitäten des ungeteilten Deutschland. Berlin 1956.

Glemnitz, Karl: Die Agrarpolitik der Deutschen Demokratischen Republik, in: Autorenkollektiv (Hrsg.): Die Volkswirtschaft der Deutschen Demokratischen Republik. Berlin (DDR) 1960, S. 163-204.

Goschler, Christian: Wiedergutmachung. Westdeutschland und die Verfolgten des Nationalsozialismus (1945-1954). München 1992.

ders.: Nicht bezahlt? Die Wiedergutmachung für die Opfer der nationalsozialistischen Verfolgung in der SBZ/DDR, in: Buchheim, Folgelasten, S. 169-191.

Gries, Rainer: Die Rationengesellschaft. Versorgungskampf und Vergleichsmentalität: Leipzig, München und Köln nach dem Kriege. Münster 1991.

Groehler, Olaf: Integration und Ausgrenzung von NS-Opfern. Zur Anerkennungs- und Entschädigungsdebatte in der Sowjetischen Besatzungszone Deutschlands 1945 bis 1949, in: Kocka, Jürgen (Hrsg.): Historische DDR-Forschung. Aufsätze und Studien. Berlin 1993, S. 105-127.

Hachtmann, Rüdiger: Lebenshaltungskosten und Reallöhne während des „Dritten Reichs“, in: Vierteljahrschrift für Sozial- und Wirtschaftsgeschichte 75 (1988), S. 32-73.

Hansen, Eckhard: Wohlfahrtspolitik im NS-Staat. Motivationen, Konflikte und Machtstrukturen im „Sozialismus der Tat“ des Dritten Reichs (Beiträge zur Sozialpolitik-Forschung, Bd. 6). Augsburg 1991.

Heidemeyer, Helge: Flucht und Zuwanderung aus der SBZ/DDR (1945/1949-1961). Bonn 1994.

Heisig, Michael: Armenpolitik im Nachkriegsdeutschland (1945-1964). Die Entwicklung der Fürsorgeunterstützungssätze im Kontext allgemeiner Sozial- und Fürsorgereform. Phil. Diss. Bremen 1990.

Henke, Klaus-Dietmar: Der Weg nach Potsdam - Die Alliierten und die Vertreibung, in: Benz, Wolfgang (Hrsg.): Die Vertreibung der Deutschen aus dem Osten. Ursachen, Ereignisse, Folgen. Frankfurt/Main 1985, S. 49-69.

Hentschel, Volker: Geschichte der deutschen Sozialpolitik (1880-1980). Soziale Sicherung und kollektives Arbeitsrecht. Frankfurt/Main 1983.

Herbst, Ludolf/Goschler, Constantin (Hrsg.): Wiedergutmachung in der Bundesrepublik Deutschland. München 1989.

Heßdörfer, Karl: Die finanzielle Dimension, in: Herbst / Goschler, S. 55-59.

Heyden, Erk Volkmar (Hrsg.): Bürokratisierung und Professionalisierung der Sozialpolitik in Europa (1870-1918). (Jahrbuch für europäische Verwaltungsgeschichte, Bd. 5). Baden-Baden 1993.

Hockerts, Hans Günter: Sozialpolitische Entscheidungen im Nachkriegsdeutschland. Alliierte und deutsche Sozialversicherungspolitik 1945 bis 1947 (Forschungen und Quellen zur Zeitgeschichte, Bd. 1). Stuttgart 1980.

Hoffmann, Dierk: Sozialpolitische Neuordnung in der SBZ/DDR. Der Umbau der Sozialversicherung 1945-1956 (Studien zur Zeitgeschichte, Bd. 47). München 1996.

ders.: Zentralisierung und soziale Disziplinierung. Zum Neuanfang in der Krankenversicherung und zum Aufbau des Systems der Bevollmächtigten der Sozialversicherung in den Betrieben, in: Buchheim, Folgelasten, S. 417-440.

Hoffmann, Johannes / Wille, Manfred / Meinicke, Wolfgang: Flüchtlinge und Vertriebene im Spannungsfeld der SBZ-Nachkriegspolitik, in: Wille, Manfred / Hoffmann, Johannes / Meinicke, Wolfgang (Hrsg.): Sie hatten alles verloren. Flüchtlinge und Vertriebene in der sowjetischen Besatzungszone Deutschlands (Studien der Forschungsstelle Ostmitteleuropa an der Universität Dortmund, Bd. 13). Wiesbaden 1993, S. 12-26.

Hübner, Peter: Konsens, Konflikt und Kompromiß: soziale Arbeiterinteressen und Sozialpolitik in der SBZ/DDR 1945-1970 (Zeithistorische Studien, Bd. 3). Berlin 1995.

Hudemann, Rainer: Sozialpolitik im deutschen Südwesten zwischen Tradition und Neuordnung 1945-1953: Sozialversicherung und Kriegsopferversorgung im Rahmen französischer Besatzungspolitik. Mainz 1988.

ders.: Kriegsopferpolitik nach den beiden Weltkriegen, in: Pohl, Hans (Hrsg.): Staatliche, städtische, betriebliche und kirchliche Sozialpolitik vom Mittelalter bis zur Gegenwart (VSWG-Beiheft, Bd. 95). Stuttgart 1991, S. 269-293.

Hunecke, Volker: Überlegungen zur Geschichte der Armut im vorindustriellen Europa, in: Geschichte und Gesellschaft 9 (1983), S. 480-512.

Jacobmeyer, Wolfgang: Vom Zwangsarbeiter zum heimatlosen Ausländer. Die Displaced Persons in Westdeutschland 1945-1951 (Kritische Studien zur Geschichtswissenschaft, Bd. 65). Göttingen 1985.

ders.: Ortlos am Ende des Grauens: „Displaced Persons“ in der Nachkriegszeit, in: Bade, Klaus J. (Hrsg.): Deutsche im Ausland - Fremde in Deutschland. Migration in Geschichte und Gegenwart. München 1992, S. 367-373.

Jahn, Manfred: Sachsen als Durchgangs- und Aufnahmeland für zwangsausgesiedelte Deutsche, in: Wille, Manfred (Hrsg.): 50 Jahre Flucht und Vertreibung. Gemeinsamkeiten und Unterschiede bei der Aufnahme und Integration der Vertriebenen in die Gesellschaften der Westzonen/Bundesrepublik und der SBZ/DDR. Magdeburg 1997, S. 149-163.

Jasper, Gotthard: Die disqualifizierten Opfer. Der Kalte Krieg und die Entschädigung für Kommunisten, in: Herbst / Goschler, S. 361-384.

Just, Regine: Die Lösung der Umsiedlerfrage auf dem Gebiet der Deutschen Demokratischen Republik, dargestellt am Beispiel des Landes Sachsen (1945-1952). Diss. Magdeburg 1985.

Kaeble, Hartmut / Kocka, Jürgen / Zwahr, Helmut (Hrsg.): Sozialgeschichte der DDR. Stuttgart 1994.

Kaiser, Monika: Sowjetischer Einfluß auf die ostdeutsche Politik und Verwaltung 1945-1970, in: Jarausch, Konrad / Siegrist, Hannes (Hrsg.): Amerikanisierung und Sowjetisierung in Deutschland 1945-1970. Frankfurt am Main / New York 1997, S. 111-133.

Kaltenborn, Steffi: Der Versuch zur Wiederbelebung des Gablonzer Kunsthandwerks im Land Thüringen - Utopie oder reale Möglichkeit? In: Buchheim, Folgelasten, S. 383-402.

Karlsch, Rainer: Allein bezahlt? Die Reparationsleistungen der SBZ/DDR 1945-1953. Berlin 1993.

Kieser, Alfred: Max Webers Analyse der Bürokratie, in: ders.: Organisationstheorien, Stuttgart u.a. [2]1995, S. 31-56.

Koblitz, Horst Georg/Ruban, Maria-Elisabeth: Soziale Sicherheit, in: Kernig, Claus D. (Hrsg.): Sowjetsystem und demokratische Gesellschaft, Bd. 5. Freiburg / Basel / Wien 1972, Sp. 964 ff.

Kofrányi, Ernst / Wirths, Willi: Einführung in die Ernährungslehre. Frankfurt/Main [11]1994.

Kowalczuk, Ilko-Sascha / Mitter, Armin: „Die Arbeiter sind geschlagen worden, aber nicht besiegt!“ Die Arbeiterschaft während der Krise 1952/53, in: Kowalczuk, Ilko-Sascha / Mitter, Armin / Wolle, Stefan (Hrsg.): Der Tag X - 17. Juni 1953. Die „Innere Staatsgründung“ der DDR als Ergebnis der Krise 1952/54. Berlin 1995, S. 31-74.

Kramer, David: Das Fürsorgesystem im Dritten Reich, in: Landwehr, Rolf / Baron, Rüdeger (Hrsg.): Geschichte der Sozialarbeit. Hauptlinien ihrer Entwicklung im 19. und 20. Jahrhundert. Weinheim / Basel 1983, S. 173-217.

Külow, Marion (Bearb.): Archivalische Quellennachweise zum Einsatz von ausländischen Zwangsarbeitern und Kriegsgefangenen während des Zweiten Weltkrieges (Zwangsarbeiter-Inventar), (Veröffentlichungen des Sächsischen Staatsarchivs Leipzig, Bd. 4). Leipzig [2]1994.

Lampert, Heinz: Sozialpolitik. Berlin / Heidelberg / New York 1980.

Laufer, Jochen: Die Reparationsplanungen im sowjetischen Außenministerium während des Zweiten Weltkrieges, in: Buchheim, Folgelasten, S. 21-43.

Leenen, Wolfgang: Zur Frage der Wachstumsorientierung der marxistisch-leninistischen Sozialpolitik in der DDR. Berlin 1977.

Leibfried, Stephan (Hrsg.): Die Entwicklung der Richtsätze in der öffentlichen Fürsorge 1926-1942. Quantitative Studien. Arbeitspapiere des Forschungsschwerpunkts Reproduktionsrisiken, soziale Bewegungen und Sozialpolitik. Bremen 1986.

ders. u.a.: Armutspolitik und die Entstehung des Sozialstaats. Bremen 1985.

ders.: Existenzminimum und Fürsorge-Richtsätze in der Weimarer Republik, in: Sachße, Christoph / Tennstedt, Florian (Hrsg.): Jahrbuch der Sozialarbeit 4. Reinbek 1981, S. 469-523.

Leinweber, Ralf: Das Recht auf Arbeit im Sozialismus. Die Herausbildung einer Politik des Rechts auf Arbeit in der SBZ/DDR 1945 bis 1961. Marburg 1983.

Loth, Wilfried: Stalins ungeliebtes Kind. Warum Moskau die DDR nicht wollte. Berlin 1994.

Mählert, Ulrich: Die Freie Deutsche Jugend 1945-1949. Von den „Antifaschistischen Jugendausschüssen" zur SED-Massenorganisation: Die Erfassung der Jugend in der Sowjetischen Besatzungszone. Paderborn u.a. 1995.

Matschke, Werner: Die industrielle Entwicklung in der Sowjetischen Besatzungszone Deutschlands (SBZ) 1945 bis 1948 (Wirtschaft und Gesellschaft im geteilten Deutschland, Bd. 2). Berlin 1988.

Mehlhase, Torsten: Erste Bestrebungen zur Eingliederung der Flüchtlinge und Vertriebenen in Sachsen-Anhalt 1945 bis 1949 unter besonderer Berücksichtigung der Sudetendeutschen, in: Bohemia 33 (1992), S. 338-353.

Meier, Hellmut: Die Entwicklung des Haushaltswesens in der Sowjetischen Besatzungszone Deutschlands. Berlin 1960.

Meinicke, Wolfgang: Zur Integration der Umsiedler in die Gesellschaft 1945-1952, in: Zeitschrift für Geschichtswissenschaft 36 (1988), S. 867 ff.

ders.: Probleme der Integration der Vertriebenen in der Sowjetischen Besatzungszone, in: Jahrbuch für ostdeutsche Volkskunde 35 (1992), S. 1-31.

Meinicke, Wolfgang: Zur Eingliederung der Vertriebenen in den Arbeitsprozeß, in: Wille, 50 Jahre Flucht und Vertreibung, S. 273-285.

Meja, Marita: Die Entwicklung der Sozialfürsorge auf dem Gebiet der sowjetischen Besatzungszone Deutschlands bzw. DDR während der antifaschistisch-demokratischen Umwälzung und der Schaffung erster Grundlagen des Sozialismus. Diss. rer. oec. Berlin (DDR) 1987.

Merz, Kai-Uwe: Kalter Krieg als antikommunistischer Widerstand. Die Kampfgruppe gegen Unmenschlichkeit 1948-1959 (Studien zur Zeitgeschichte, Bd. 34). München 1987.

Meuschel, Sigrid: Legitimation und Parteiherrschaft in der DDR. Zum Paradox von Stabilität und Revolution in der DDR 1945-1989. Frankfurt/Main 1992.

Milert, Werner / Tschirbs, Rudolf: Von den Arbeiterausschüssen zum Betriebsverfassungsgesetz. Geschichte der betrieblichen Interessenvertretung in Deutschland (Gewerkschaften in Deutschland, Bd. 6). Köln 1991.

Mitzscherling, Peter: Soziale Sicherung in der DDR. Ziele, Methoden und Erfolge mitteldeutscher Sozialpolitik (DIW-Sonderheft 81). Berlin 1968.

Nehrig, Christel: Zur sozialen Entwicklung der Bauern in der DDR 1945-1960, in: Zeitschrift für Agrargeschichte und Agrarsoziologie 41 (1993), S. 66-76.

Ökonomisches Lexikon, 2 Bde. Berlin (DDR) 1967.

Olk, Thomas: Abschied vom Experten. Sozialarbeit auf dem Weg zu einer alternativen Professionalität. Weinheim, München 1986.

Orthbandt, Eberhard: Der Deutsche Verein in der Geschichte der deutschen Fürsorge 1880-1980. Frankfurt/Main 1980.

ders.: Tarife, Richtsätze, Regelsätze. Dokumentarischer Bericht über eine hundertjährige Problemdiskussion. Stuttgart 1986.

Pankoke, Eckart: Die Arbeitsfrage. Arbeitsmoral, Beschäftigungskrisen und Wohlfahrtspolitik im Industriezeitalter. Frankfurt/Main 1990.

Plato, Alexander von / Meinicke, Wolfgang: Alte Heimat - neue Zeit. Flüchtlinge, Umgesiedelte, Vertriebene in der Sowjetischen Besatzungszone und in der DDR. Berlin 1991.

Richter, Hans: Sozialfürsorge in der Deutschen Demokratischen Republik. Erläuterung der gesetzlichen Bestimmungen der Sozialfürsorge. Berlin ²1967.

Ritter, Gerhard A.: Der Sozialstaat. Entstehung und Entwicklung im internationalen Vergleich. München ²1991.

Roesler, Jörg: Die Herausbildung der sozialistischen Planwirtschaft in der DDR. Berlin (DDR) 1978.

ders.: Handelsgeschäfte im Kalten Krieg. Die wirtschaftlichen Motivationen für den deutsch-deutschen Handel zwischen 1949 und 1961, in: Buchheim, Folgelasten, S. 193-220.

Roggemann, Herwig: Die DDR-Verfassungen: Einführung in das Verfassungsrecht der DDR; Grundlagen und neuere Entwicklung. Berlin ⁴1989.

Roustang, Guy: Développement économique de l'Allemagne Orientale depuis 1945. Paris 1963.

Rückert, Joachim / Friedrich, Wolfgang: Betriebliche Arbeiterausschüsse in Deutschland, Großbritannien und Frankreich im späten 19. und frühen 20. Jahrhundert. Eine vergleichende Studie zur Entwicklung des kollektiven Arbeitsrechts (Rechtshistorische Studien, Bd. 7). Frankfurt am Main / Bern / Las Vegas 1979.

Rusche, Michael: Die Eingliederung der Vertriebenen in Mecklenburg-Vorpommern, dargestellt unter besonderer Berücksichtigung der Wohnraumproblematik, in: Wille / Hoffmann / Meinicke, S. 133-147.

Sachße, Christoph / Tennstedt, Florian: Geschichte der Armenfürsorge in Deutschland. Bd. 1: Vom Spätmittelalter bis zum 1. Weltkrieg, Bd. 2: Fürsorge und Wohlfahrtspflege 1871 bis 1929, Bd. 3: Der Wohlfahrtsstaat im Nationalsozialismus. Stuttgart u.a. 1980 / 1988 / 1992.

ders.: Mütterlichkeit als Beruf. Sozialarbeit, Sozialreform und Frauenbewegung 1871-1929. Frankfurt/Main 1986.

Schenk, Fritz: Entscheidungsstrukturen in der SED-Führung - Verknüpfung von Partei und Staat in der DDR - Mittel und Wege der sowjetischen Einflußnahme in den fünfziger Jahren, in: Deutscher Bundestag (Hrsg.): Materialien der Enquete-Kommission „Aufarbeitung von Geschichte und Folgen der SED-Diktatur in Deutschland" (12. Wahlperiode des Deutschen Bundestages), Bd. II/1: Machtstrukturen und Entscheidungsmechanismen im SED-Staat und die Frage der Verantwortung. Baden-Baden / Frankfurt am Main 1995, S. 431-436.

Scherstjanoi, Elke: „Friedenshektarerträge" auf Vorkriegsanbauflächen. Zur Bewältigung von Kriegslasten in der ostdeutschen Landwirtschaft (1950), in: Buchheim, Folgelasten, S. 323-340.

Schillinger, Reinhold: Der Entscheidungsprozeß beim Lastenausgleich. St. Katharinen 1985.

Schön, Irmgard: Wandlungen in den Verzehrsgewohnheiten bei Fleisch von 1945 bis zur Gegenwart, in: Protzner, Wolfgang (Hrsg.): Vom Hungerwinter zum kulinarischen Schlaraffenland (Beiträge zur Wirtschafts- und Sozialgeschichte, Bd. 35). Stuttgart 1987, S. 93-121.

Schön, Paul: Armenfürsorge im Nationalsozialismus. Die Wohlfahrtspflege in Preußen zwischen 1933 und 1939 am Beispiel der Wirtschaftsfürsorge. Weinheim / Basel 1985.

Schulze, Rainer u.a. (Hrsg.): Flüchtlinge und Vertriebene in der westdeutschen Nachkriegsgeschichte. Bilanzierung der Forschung und Perspektiven für die künftige Forschungsarbeit. Hildesheim 1987.

Schwartz, Michael: Zwischen Zusammenbruch und Stalinisierung. Zur Ortsbestimmung der Zentralverwaltung für deutsche Umsiedler (ZVU) im politisch-administrativen System der SBZ, in: Mehringer, Hartmut (Hrsg.): Von der SBZ zur DDR. Studien zum Herrschaftssystem in der Sowjetischen Besatzungszone und in der Deutschen Demokratischen Republik. München 1995, S. 43-96.

Schwarz, Walter: Die Wiedergutmachung nationalsozialistischen Unrechts durch die Bundesrepublik Deutschland, Ein Überblick, in: Herbst / Goschler, S. 33-54.

Schwarzenbach, Rudolf: Die Kaderpolitik der SED in der Staatsverwaltung. Ein Beitrag zur Entwicklung des Verhältnisses von Partei und Staat in der DDR (1945-1975). Köln 1976.

Silbernagl, Stefan / Despopoulos, Agamemnon: Taschenatlas der Physiologie. Stuttgart / New York / München [3]1988.

Sperling, Hans: Die Ernährung in Physiologie und Volkswirtschaft. Berlin 1955.

Staritz, Dietrich: Die Gründung der DDR. Von der sowjetischen Besatzungsherrschaft zum sozialistischen Staat. München [3]1995.

ders.: Geschichte der DDR. Frankfurt/Main [2]1996.

ders.: Die National-Demokratische Partei Deutschlands 1948-1953. Ein Beitrag zur Untersuchung des Parteiensystems der DDR. Diss. rer. pol. Berlin 1968.

Steiner, André: Wirtschaftliche Lenkungsverfahren in der Industrie der DDR Mitte der fünfziger Jahre, in: Buchheim, Folgelasten, S. 271-293.

Steyer, Stephan: Strukturen der Kriegsopferversorgung in rechtsvergleichender Sicht. Heilbronn 1985.

Stolper, Wolfgang: The Structure of the East German Economy. Cambridge/Mass. 1960.

Teuteberg, Hans J. / Wiegelmann, Günter: Unsere tägliche Kost. Geschichte und regionale Prägung (Studien zur Geschichte des Alltags, Bd. 6). Münster 1986.

Trieb, Sabine: Zu Fragen der Schaffung gesetzlicher Grundlagen für einen Lastenausgleich in der SBZ, dargestellt am Land Sachsen-Anhalt, in: Wille, 50 Jahre Flucht und Vertreibung, S. 358-365.

Trittel, Günter J.: Hunger und Politik. Die Ernährungskrise in der Bizone (1945-1949). Frankfurt / New York 1990.

Türke, Joachim: Demokratischer Zentralismus und demokratische Selbstverwaltung in der sowjetischen Besatzungszone Deutschlands. Göttingen 1960.

Ulbricht, Helga: Aufgaben der sozialistischen Sozialpolitik bei der Gestaltung der sozialen Sicherheit in der Deutschen Demokratischen Republik. Habil. Leipzig 1965.

Volkmann, Hans-Erich: Landwirtschaft und Ernährung in Hitlers Europa 1939-45, in: Militärgeschichtliche Mitteilungen 35 (1984), S. 9-74.

Vorländer, Herwart: NS-Volkswohlfahrt und Winterhilfswerk des deutschen Volkes, in: Vierteljahrshefte für Zeitgeschichte 34 (1986), S. 341-380.

Weber, Gerda: Zur Vorgeschichte und Entwicklung des Demokratischen Frauenbundes (DFD) von 1945 bis 1950, in: Weber, Parteiensystem, S. 421-452.

Weber, Hermann: Geschichte der DDR. München [2]1986.

ders.: Die DDR 1945-1990 (Oldenbourg-Grundriß der Geschichte, Bd. 20). München [2]1993.

ders. (Hrsg.): Parteiensystem zwischen Demokratie und Volksdemokratie. Dokumente und Materialien zum Funktionswandel der Parteien und Massenorganisationen in der SBZ/DDR 1945-1950 (Mannheimer Untersuchungen zu Politik und Geschichte der DDR, Bd. 1). Köln 1982

Weisbrod, Bernd: Wohltätigkeit und „symbolische Gewalt" in der Frühindustrialisierung. Städtische Armut und Armenpolitik im Wuppertal, in: Mommsen, Hans / Schulze, Winfried (Hrsg.): Vom Elend der Handarbeit. Probleme historischer Unterschichtenforschung. Stuttgart 1981, S. 334-357.

Welsh, Helga A.: Revolutionärer Wandel auf Befehl? Entnazifizierungs- und Personalpolitik in Thüringen und Sachsen (1945-1949) (Schriftenreihe der Vierteljahrshefte für Zeitgeschichte, Bd. 58). München 1989.

Wernet, Bernhard: Zur Rolle und Funktion der Vereinigung der gegenseitigen Bauernhilfe (VdgB) und der Demokratischen Bauernpartei Deutschlands (DBD) im Parteiensystem der SBZ/DDR (1945-1952), in: Weber, Parteiensystem, S. 241-280.

Wiegand, Lutz: Der Lastenausgleich in der Bundesrepublik Deutschland 1949 bis 1985. Frankfurt/Main u.a. 1992.

Wildt, Michael: Am Beginn der „Konsumgesellschaft". Mangelerfahrung, Lebenshaltung, Wohlstandshoffnung in Westdeutschland in den fünfziger Jahren. Hamburg 1994.

Wille, Manfred: Entnazifizierung in der Sowjetischen Besatzungszone Deutschlands 1945-48. Magdeburg 1993.

ders. (Hrsg.): 50 Jahre Flucht und Vertreibung. Gemeinsamkeiten und Unterschiede bei der Aufnahme und Integration der Vertriebenen in die Gesellschaften der Westzonen/Bundesrepublik und der SBZ/DDR. Magdeburg 1997.

ders.: Die Zentralverwaltung für deutsche Umsiedler - Möglichkeiten und Grenzen ihres Wirkens (1945-1948), in: Wille / Hoffmann / Meinicke, S. 27-54.

Winkel, Harald: Die Wirtschaft im geteilten Deutschland 1945-1970. Wiesbaden 1974.

ders.: Wirtschaftsgeschichte Deutschlands 1945-1965, in: HdWW Bd. 9, S. 107.

Winkler, Gerhard: Betrachtungen zur Entwicklung der Nahrungsmittelversorgung und des Verbrauchs an wichtigen Nahrungsmitteln in der Deutschen Demokratischen Republik seit 1945 unter besonderer Berücksichtigung der Abhängigkeit des Nahrungsmittelkonsums von der Einkommenshöhe vor allem in Arbeiter- und Angestelltenhaushaltungen. Agrarwiss. Habil. Leipzig 1961.

Winkler, Gunnar (Hrsg.): Lexikon der Sozialpolitik. Berlin (DDR) 1987.

ders. (Hrsg.): Sozialpolitik in der DDR 1945-1985. Berlin (DDR) 1989.

Wirths, Willi: Lebensmittel in ernährungsphysiologischer Bedeutung. Paderborn u.a. ^{3}1985.

Zank, Wolfgang: Wirtschaft und Arbeit in Ostdeutschland 1945-49. Probleme des Wiederaufbaus in der Sowjetischen Besatzungszone Deutschlands (Studien zur Zeitgeschichte, Bd. 31). München 1987.

VIERTELJAHRSCHRIFT FÜR SOZIAL- UND WIRTSCHAFTSGESCHICHTE (VSWG) BEIHEFTE

Herausgegeben von **Hans Pohl, Rainer Gömmel, Friedrich-Wilhelm Henning, Karl Heinrich Kaufhold, Frauke Schönert-Röhlk, Wolfgang Zorn**

---

63. **Hans Pohl: Die Portugiesen in Antwerpen (1567–1648).** Zur Geschichte einer Minderheit. 1977. X, 439 S., 2 Faltktn., kt., **2380-1;** Ln. **2381-X**
64. **Hannah Rabe: Das Problem Leibeigen-schaft.** Eine Untersuchung über die Anfänge einer Ideologisierung und des verfassungsrechtlichen Wandels von Freiheit und Eigentum im deutschen Bauernkrieg. 1977. XII, 128 S., kt. **2678-9**
65. **Franz Irsigler: Die wirtschaftliche Stellung der Stadt Köln im 14. und 15. Jahrhundert.** Strukturanalyse einer spätmittelalterlichen Exportgewerbe- und Fernhandelsstadt. 1979. VIII, 413 S. m. 7 Ktn. u. 15 Graphiken, kt. **2743-2**
66. **Ludolf Kuchenbuch: Bäuerliche Gesellschaft und Klosterherrschaft im 9. Jahrhundert.** 1978. XVI, 443 S., 20 Ktn., 1 Abb., 4 Tab., kt. **2829-3**
67. **Jörg Jarnut: Bergamo 568–1098.** Verfassungs-, Sozial- und Wirtschaftsgeschichte einer lombardischen Stadt im Mittelalter. 1979. X,330 S., 6 Ktn., kt. **2789-0**
68. **Erich Maschke: Städte und Menschen.** Beiträge zur Geschichte der Stadt, der Wirtschaft und Gesellschaft 1959–1977. 1980. XX, 532 S., kt. **3329-7**
69. **Helmut Grieser: Die ausgebliebene Radikalisierung.** Zur Sozialgeschichte der Kieler Flüchtlingslager im Spannungsfeld von sozialdemokratischer Landespolitik und Stadtverwaltung 1945–1950. 1980. XII, 185 S. m. 1 Taf., kt. **3110-3**
70. **Reinhard Liehr: Sozialgeschichte spanischer Adelskorporationen.** Die Maestranzas de Caballería (1670–1808). 1981. X, 380 S. m. 4 Abb., 4 Ktn. u. 3 Schaubilder, kt. **2923-0**
71. **Wilfried Reininghaus: Die Entstehung der Gesellengilden im Spätmittelalter.** 1981. X, 361 S., kt. **3428-5**
72. **Wolfgang Hartung: Die Spielleute.** Eine Randgruppe in der Gesellschaft des Mittelalters. 1982. VIII, 112 S. m. 5 Abb., kt. **3690-3**
73. **–: Süddeutschland in der frühen Merowingerzeit.** Studien zu Gesellschaft, Herrschaft, Stammesbildung bei Alamannen und Bajuwaren. 1983. X, 227 S., kt. **3418-8**
74. **Marian Biskup / Klaus Zernack**, Hrsg.: **Schichtung und Entwicklung der Gesellschaft in Polen und Deutschland im 16. und 17. Jahrhundert.** Parallelen, Verknüpfungen, Vergleiche. 1983. VIII, 310 S., kt. **3805-1**
75. **Rudolf A. Helling †: Socio-Economic History of German-Canadians.** They, too, founded Canada. A research report by Rudolf A. Helling, Jack Thiessen, Fritz Wieden, Elizabeth and Kurt Wangenheim, Karl Heeb. Edited and with a preface by **Bernd Hamm.** 1984. 156 S. m. 1 Abb. u. 2 Tab., kt. **4014-5**
76. **Reinhard R. Doerries: Iren und Deutsche in der Neuen Welt.** Akkulturationsprozesse in der amerik. Gesellschaft im späten 19. Jh.. 1986. 363 S., kt. **4102-8**
77. **Josef Rosen: Verwaltung und Ungeld in Basel 1360–1535.** Zwei Studien zu Stadtfinanzen im Mittelalter. 1986. 231 S. m. 12 Tab., kt. **3348-3**
78. **Hans Pohl**, Hrsg.: **Gewerbe- und Industrielandschaften vom Spätmittelalter bis ins 20. Jahrhundert.** Referate der 10. Arbeitstagung der Gesellschaft für Sozial- und Wirtschaftsgeschichte vom 5.–9.April.1983 in Graz. 1986. 497 S. m. 73 Ktn., 7 Graph., 2 Diagr. u. zahlr. Tab., u. 6 Faltktn, kt. **4392-6**
79. **Anselm Faust: Arbeitsmarktpolitik im Deutschen Kaiserreich.** Arbeitsvermittlung, Arbeitsbeschaffung und Arbeitslosenunterstützung 1890–1918. 1986. VIII, 338 S., kt. **4422-1**
80. **Hans Pohl** Hrsg.: **Die Auswirkungen von Zöllen und anderen Handelshemmnissen auf Wirtschaft und Gesellschaft vom Mittelalter bis zur Gegenwart.** Referate der 11. Arbeitstagung der Gesellschaft für Sozial- und Wirtschaftsgeschichte vom 9. – 13. April. 1985 in Hohenheim. 1987. 397 S. m. 21 Abb. u. 14 Ktn., kt. **4739-5**
81. **Werner Abelshauser,** Hrsg.: **Die Weimarer Republik als Wohlfahrtsstaat.** Zum Verhältnis von Wirtschafts- und Sozialpolitik in der Industriegesellschaft. 1987. 337 S., kt. **4738-7**
82. **Toni Pierenkemper: Arbeitsmarkt und Angestellte im Deutschen Kaiserreich 1880–1913.** Interessen und Strategien als Elemente der Integration eines segmentierten Arbeitsmarktes. 1987. 391 S. m. 53 Tab. u. Schaubildern, kt. **4747-6**
83. **Uta Lindgren,** Hrsg.: **Alpenübergänge vor 1850.** Landkarten – Straßen – Verkehr. Symposium am 14. und 15. Februar 1986 in München. 1987. 188 S., 26 Abb., kt. **4847-2**
84. **Hermann Kellenbenz / Hans Pohl,** Hrsg.: **Historia socialis et oeconomica.** Festschrift für **Wolfgang Zorn** zum 65. Geburtstag. 1987. 369 S., kt. **4959-2**
85. **Renate Pieper: Die spanischen Kronfinanzen in der zweiten Hälfte des 18. Jahr-hunderts.** Ökonomische und soziale Auswirkungen. 1988. 333 S., 27 Tab., 17 Abb., 144 Tab. i. Anh., kt. **5086-8**
86. **Ulrich Kluge: Bauern, Agrarkrise und Volksernährung in der europäischen Zwischenkriegszeit.** Studien zur Agrargesellschaft und -wirtschaft der Republik Österreich 1918 bis 1938. 1988. 515 S., kt. **4802-2**
87. **Hans Pohl,** Hrsg.: **Die Bedeutung der Kommunikation für Wirtschaft und Gesellschaft.** Referate der 12. Arbeitstagung der Gesellschaft für Sozial- und Wirtschaftsgeschichte vom 22.–25.April 1987 in Siegen. 1989. 485 S., kt. **5320-4**
88. **Rüdiger vom Bruch / Rainer A. Müller,** Hrsg.: **Formen außerstaatlicher Wissenschaftsförderung im 19. und 20. Jahrhun-dert.** Deutschland im europäischen Vergleich. 1990. 304 S., kt. **5337-9**
89. **Hans Pohl,** Hrsg.: **The European Discovery of the World and its Economic Effects on Pre-Industrial Society, 1500–1800.** Papers of the Tenth International Economic History Congress. Edited on Behalf of the International Economic History Association. 1990. X, 330 S., kt. **5546-0**
90. **Peer Schmidt: Die Privatisierung des Besitzes der Toten Hand in Spanien.** Die Sä-kularisation unter König Karl IV. in Andalusien (1798–1808). 1990. 356 S. m. 22 Abbildungen, zahlreichen Tabellen und Karten., 1 Faltplan, kt. **5585-1**
91. **Brigitte Maria Wübbeke: Das Militärwesen der Stadt Köln im 15. Jahrhundert.** 1991. 308 S., kt. **5702-1**

92-94. **Hermann Kellenbenz †: Kleine Schriften**

92. **I. Europa, Raum wirtschaftlicher Begegnung.** 1991. 441 S., kt. **5805-2**

93. **II. Dynamik in einer quasi-statischen Welt.** 1991. 300 S., kt. **5854-0**

94. **III. Wirtschaftliche Leistung und gesellschaftlicher Wandel.** Aus dem Nachlaß hrsg. sowie mit einem Nachwort, einem Schriftenverzeichnis des Verfassers und einem Register für alle 3 Bände versehen von **Rolf Walter**. 1991. VI, 534 S., kt. **5896-6**

95. **Hans Pohl,** Hrsg.**: Staatliche, städtische, betriebliche und kirchliche Sozialpolitik vom Mittelalter bis zur Gegenwart.** Referate der 13. Arbeitstagung der Gesellschaft für Sozial- und Wirtschaftsgeschichte vom 28.3.–1.4.1989 in Heidelberg. 1991. 395 S., kt. **5824-9**

96. **Ursula Beyenburg-Weidenfeld: Wettbewerbstheorie, Wirtschaftspolitik und Mittelstandsförderung 1948–1963.** Die Mittelstandspolitik im Spannungsfeld zwischen wettbewerbstheoretischem Anspruch und wirtschaftspolitischem Pragmatismus. 1992. 413 S. m. 25 Tab., kt. **5799-4**

97. **Wolfram Pyta: Landwirtschaftliche Interessenpolitik im Deutschen Kaiserreich.** Der Einfluß agrarischer Interessen auf die Neuordnung der Finanz- und Wirtschaftspolitik am Ende der 1870er Jahre am Beispiel von Rheinland und Westfalen. 1991. 157 S., kt. **5883-4**

98. **Ian Blanchard / Anthony Goodman / Jennifer Newman, Ed.: Industry and Finance in Early Modern History.** Essays presented to **George Hammersley** on the occasion of his 74th birthday. 1992. 272 S. m. 10 Abb., 18 Tab., 5 Ktn., kt. **5806-0**

99. **Markus Bittmann: Kreditwirtschaft und Finanzierungsmethoden.** Studien zu den wirtschaftlichen Verhältnissen des Adels im westlichen Bodenseeraum 1300-1500. 1991. 303 S., kt. **5914-8**

100. **Wolfgang Zorn: Wirtschaftlich-soziale Bewegung und Verflechtung.** Ausgewählte Aufsätze. 1992. 530 S. m. 2 Faltktn. u. 29 Abb., geb. **6135-5**

101. **Dietrich Ebeling: Der Holländerholzhandel in den Rheinlanden.** Zu den Handelsbeziehungen zwischen den Niederlanden und dem westlichen Deutschland im 17. und 18. Jahrhundert. 1992. 241 S. m. 33 Abb., 3 Ktn., 2 Tab., kt. **5972-5**

102. **Ruth M. Vornefeld: Spanische Geldpolitik in Hispanoamerika 1750-1808.** Konzepte und Maßnahmen im Rahmen der bourbonischen Reformpolitik. 1992. 300 S. m. 5 Abb., 14 Tab., kt. **6015-4**

103. **Manfred Pix / Hans Pohl,** Hrsg.**: Invention – Innovation – Diffusion.** Die Entwicklung des Spar- und Sparkassengedankens in Europa. Zweites Europäisches Kolloquium für Sparkassengeschichte am 28./29. Mai 1990 in München. 1992. 236 S., kt. **6104-5**

104. **Peter Lewek: Arbeitslosigkeit und Arbeitslosenversicherung in der Weimarer Republik 1918-1927.** 1992. 483 S. m. 23 Tab., kt. **6008-1**

105. **Christian Windler: Lokale Eliten, seigneurialer Adel und Reformabsolutismus in Spanien (1760–1808).** Das Beispiel Niederandalusien. 1992. 577 S., kt. **6212-2**

106. **Eckart Schremmer,** Hrsg.: **Geld und Währung in der Neuzeit vom 16. Jahrhundert bis zur Gegenwart.** Referate der 14. Arbeitstagung der Gesellschaft für Sozial- und Wirtschaftsgeschichte vom 9. bis 13. April 1991 in Dortmund. 1993. 343 S., kt. **6220-3**

107. **Karlheinz Wiegmann**: **Textilindustrie und Staat in Westfalen 1914-1933**. 1993. 289 S., kt. **6194-0**

108. **Hartmut Benz: Finanzen und Finanzpolitik des Heiligen Stuhls.** Römische Kurie und Vatikanstaat seit Papst Paul VI. 1993. 183 S., kt. **6204–1**

109. **Siegfried Epperlein: Waldnutzung, Waldstreitigkeiten und Waldschutz in Deutschland im hohen Mittelalter.** 2. Hälfte 11. Jahrhundert bis ausgehendes 14. Jahrhundert.1993. 108 S., kt. **6305–6**

110. **Rudolf Holbach: Frühformen von Verlag und Großbetrieb in der gewerblichen Produktion (13.–16. Jahrhundert).** 1994. 764 S., geb.**5820-6**

111. **Karl-Heinz Spieß: Familie und Verwandtschaft im deutschen Hochadel des Spätmittelalters** 13. bis Anfang des 16. Jahrhunderts. 1993. XIV, 627 S., kt. **6418-4**

112. **Lambert F. Peters: Der Handel Nürnbergs am Anfang des Dreißgjährigen Krieges.** Strukturkomponenten, Unternehmen und Unternehmer. Eine quantitative Analyse. 1994. 694 S., geb. **6288-2**

113. **Thomas Südbeck: Motorisierung, Verkehrsentwicklung und Verkehrspolitik in der Bundesrepublik Deutschland der 1950er Jahre.** Umrisse der allgemeinen Entwicklung und zwei Beispiele: Hamburg und das Emsland. 1994. 379 S. m. 14 Abb., 62 Tab, kt. **6488-5**

114. **Eckart Schremmer**, Hrsg.: **Steuern, Abgaben und Dienste vom Mittelalter bis zur Gegenwart.** Referate der 15. Arbeitstagung der Gesellschaft für Sozial- und Wirtschaftsgeschichte vom 14. bis 17. April 1993 in Bamberg. 1994. 247 S. m. 8 Abb., kt. **6518-0**

115. **Ekkehard Westermann,** Hrsg.: **Vom Bergbau- zum Industrierevier.** Montandistrikte des 17./18. Jahrhunderts auf dem Wege zur industriellen Produktionsweise des 19. Jahrhunderts. III. Ettlinger Tagung zur europäischen Bergbaugeschichte, 19.-25. September 1993. 1995. 492 S., zahlr. Abb., kt. **6469-9**

116. **Ian Blanchard,** Ed.: **Labour and Leisure in Historical Perspective, Thirteenth to Twentieth Centuries.** Papers presented at Session B-3a of the Eleventh International Economic History Congress, Milan 12th-17th September 1994. 1994. 198 S., kt. **6595-4**

117. **Markus Schreiber: Marranen in Madrid 1600–1670.** 1994. 455 S. m. 2 Ktn., kt. **6559-8**

118. **Paul Thomes: Kommunale Wirtschaft und Verwaltung zwischen Mittelalter und Moderne.** Bestandsaufnahme - Strukturen - Konjunkturen. Die Städte Saarbrücken und St. Johann im Rahmen der allgemeinen Entwicklung (1321-1768). 1995. 446 S., Kartenmappe m. 3 Faltktn., 17 Tab., kt. **6555-5**

119. **Karl Christian Führer: Mieter, Hausbesitzer, Staat und Wohnungsmarkt.** Wohnungsmangel und Wohnungszwangswirtschaft in Deutschland 1914–1960. 1995. 463 S., kt. **6673-X**

120a. **Wilfried Feldenkirchen, Frauke Schönert-Röhlk und Günther Schulz** (Hg.): **Wirtschaft – Gesellschaft – Unternehmen.** Festschrift für **Hans Pohl** zum 60. Geburtstag. 1. Teilband: Wirtschaft.